Christian Jülich • Joachim Fehrmann

**Schulgesetz Nordrhein-Westfalen**

Praxishilfen Schule
Einführung und Erläuterungen

Christian Jülich und Joachim Fehrmann

# Schulgesetz
# Nordrhein-Westfalen

vom 15. Februar 2005
in der Fassung der letzten Änderungen
durch das Dienstrechtsmodernisierungsgesetz
und das Inklusionsstärkungsgesetz
vom 14. Juni 2016 und das Gesetz zur Neuregelung
des Gleichstellungsrechts vom 6. Dezember 2016

**Schulrecht NRW im Überblick
mit Erläuterungen für Ausbildung und Praxis**

6., überarbeitete Auflage

 Carl Link

**Bibliografische Information der Deutschen Nationalbibliothek**

Die Deutsche Nationalbibliothek verzeichnet diese Publikation in der Deutschen Nationalbibliografie; detaillierte bibliografische Daten sind im Internet über http://dnb.d-nb.de abrufbar.

ISBN 978-3-556-07059-8

www.wolterskluwer.de
www.carllink.de

Umschlaggestaltung: Martina Busch, Grafikdesign, Homburg Kirrberg
Satz: Innodata Inc., Noida, India
Druck und Weiterverarbeitung: Williams Lea & tag GmbH, München

Gedruckt auf säurefreiem, alterungsbeständigem und chlorfreiem Papier

# Vorwort

Seit dem Erscheinen der Vorauflage (2014) ist das Schulgesetz Nordrhein-Westfalen mehrfach novelliert worden. Die Änderungen durch das 11. und das 12. Schulrechtsänderungsgesetz (2015) haben zahlreiche Paragrafen erfasst. Weitere kleine Änderungen (2016) sind inzwischen hinzu gekommen. Für diese Auflage ist das Werk durchgehend überarbeitet und aktualisiert worden.

Weil die Schule so wichtig ist für den Einzelnen wie für die Gesellschaft, ist sie eingebunden in unsere Rechtsordnung. Diesen Rahmen sollte wenigstens in den Grundzügen kennen, wer sich näher mit der Schule beschäftigt – ob in entscheidender oder mitwirkender Funktion oder einfach nur als Betroffener. Hierin aktuell einzuführen, Zusammenhänge aufzuzeigen und praktische Hinweise zu geben, ist das Ziel dieser Schrift.

Wenn Sie, liebe Leserin und lieber Leser, sich mit dem Thema Schulrecht befassen, so werden Sie Gründe dafür haben – sei es in der Schulleitung, als Mitglied eines Leitungsgremiums, im Prozess einer beruflichen Veränderung (Ausbildung, Bewerbung), in der Ausbildung oder in einer Konfliktsituation z.B. bei der Beratung oder Entscheidung in einem Streitfall oder auch nur in der Unsicherheit vor einer gestaltenden Entscheidung. Oder um Rechte einzufordern oder sich zu beschweren.

Zwei Feststellungen sind vorab nötig. Das Schulwesen ist nicht durch bundesrechtliche Vorschriften geregelt, sondern durch Landesrecht. Und das Schulrecht ist ständig im Wandel, weil auch die Schule sich wandeln soll. Daraus folgt: Wenn Sie sich bisher schon durch allgemeine Literatur über schulrechtliche Fragen informiert haben, so tun Sie recht daran, sich auch die aktuelle landesspezifische Ausgestaltung anzusehen.

Dieses Buch wendet sich als Adressaten also nicht an besonders juristisch vorgebildete Leserinnen und Leser, sondern an alle, die sich in der oder für die Schule betätigen: ob als pädagogische Schulpraktiker, Verwaltungspersonal oder Eltern. Oder in Organisationen, Verbänden, Kommunen und Politik. Es führt mit einem *doppelten Ansatz* in das Schulrecht des Landes Nordrhein-Westfalen ein:

Der einführende **Überblick über das Schulrecht NRW** (zitiert: **E** für Einführung und Gliederungsnummern) informiert schnell über die wichtigen Themenbereiche und die letzten Entwicklungen und verknüpft diese mit dem geltenden Schulgesetz.

Die **Kommentierung zum Schulgesetz** (zitiert: nach Paragrafen) zeigt die Zusammenhänge zwischen den aktuellen Vorschriften des Schulgesetzes auf und gibt erläuternde Hinweise und weitere Informationen für die Praxis.

Wer sich weiter und vertieft mit Fragen des Schulrechts NRW beschäftigen muss, sei auf das *Schulrechtshandbuch Nordrhein-Westfalen* hingewiesen, das als aktuelle Loseblattausgabe u.a. einen Ratgeber Schule und einen ausführlichen Kommentar zum Schulgesetz enthält. Aktuelle Informationen bietet im Übrigen neben dem Amtsblatt (Schule NRW) auch die Zeitschrift *SchulVerwaltung NRW*. Auf die aktuellen Beiträge in diesen Zeitschriften, die auch entsprechende Online-Angebote haben, wird hier besonders hingewiesen.

Im Januar 2017

Christian Jülich

Joachim Fehrmann

# Inhaltsübersicht

# Abkürzungsverzeichnis

## A

| | |
|---|---|
| ABl. NRW. | Amtsblatt NRW (des Schulministeriums) |
| Abs. | Absatz |
| ADO | Allgemeine Dienstordnung für Lehrerinnen und Lehrer, Schulleiterinnen und Schulleiter (BASS 21–02 Nr. 4; SchR 3.2.3/1; SchRHB V 81) |
| ADV | Automatisierte Datenverarbeitung |
| AO | Ausbildungsordnung |
| AO-GS | AO Grundschule (BASS 13–11 Nr. 1.1; SchR 4.1/101; SchRHB V 41) |
| AO-SF | AO Sonderpädagogische Förderung (BASS 14–03 Nr. 2.1; SchR 4.2/11; SchRHB V 45) |
| APO | Ausbildungs- und Prüfungsordnung |
| APO-BK | APO Berufskolleg (BASS 13–33 Nr. 1.1; SchR 4.4.8/5) |
| APO-GOSt | APO Gymnasiale Oberstufe (BASS 13–32 Nr. 3.1; SchR 4.4.2/1; SchRHB V 43) |
| APO-S I | APO Bildungsgänge in der Sekundarstufe I (BASS 13–21 Nr. 1.1; SchR 4.3.1/61; SchRHB V 42) |
| APO-SpA | APO Spätaussiedler (BASS 13–62 Nr. 6.1; SchR 4.5.3/101) |
| APO-WbK | APO Weiterbildungskolleg (BASS 19–11 Nr. 1.1; SchR 4.5.1/21) |
| ASchO | Allgemeine Schulordnung (aufgehoben) |
| AVO | VO zu § 93 SchulG (BASS 11–11 Nr. 1; SchR 2.4/5; SchRHB V 71) |
| 4. AVOzSchOG | Vierte Verordnung zur Ausführung des Ersten Gesetzes zur Ordnung des Schulwesens im Lande Nordrhein-Westfalen (jetzt: BestVerfVO) |
| 6. AVOzSchVG | Sechste Verordnung zur Ausführung des Schulverwaltungsgesetzes (jetzt: MindestgrößenVO) |

## B

| | |
|---|---|
| BAG | Bundesarbeitsgericht |
| BASS | Bereinigte Amtliche Sammlung der Schulvorschriften |
| BayVGH | Bayerischer Verwaltungsgerichtshof |
| BB2009 | Bildungsbericht 2009 (hrsg. vom MSW) |
| BBiG | Berufsbildungsgesetz (SchR 1.6/1) |
| BeamtStG | Gesetz zur Regelung des Statusrechts der Beamtinnen und Beamten in den Ländern (SchR 6.1.1/71) |
| BestVerfVO | Bestimmungsverfahrensverordnung (BASS 10–02 Nr. 2; SchR 2.1/51; SchRHB V 68) |
| BezReg | Bezirksregierung |
| BGB | Bürgerliches Gesetzbuch |
| BGBl. | Bundesgesetzblatt |
| BK | Berufskolleg |
| BRK | Behindertenrechtskonvention der Vereinten Nationen |
| BSHG | Bundessozialhilfegesetz (SchR 5.6.3/1) |
| BVerfG | Bundesverfassungsgericht |
| BVerwG | Bundesverwaltungsgericht |

## D

| | |
|---|---|
| Delfin | Diagnostik, Elternarbeit, Förderung der Sprachkompetenz In Nordrhein-Westfalen |
| Drs. | Drucksache |
| DSG | Datenschutzgesetz NRW (SchR 3.9.4/51) |

## E

| | |
|---|---|
| E | Einführung (Überblick über das Schulrecht) |
| EGMR | Europäischer Gerichtshof für Menschenrechte |
| Erl. | Erlass |
| ESchVO | Ersatzschul-Verordung (BASS 10–02 Nr. 1; SchR 2.7/1; SchRHB V 91) |
| ev. | evangelisch |

## F

| | |
|---|---|
| FESchVO | VO Ersatzschulfinanzierung (BASS 11–03 Nr. 7.1; SchR 8.3/101; SchRHB V 92) |

## G

| | |
|---|---|
| GEMA | Gesellschaft für musikalische Aufführungs- und mechanische Vervielfältigungsrechte |
| Gem. RdErl. | Gemeinsamer Runderlass |
| GFG | Gemeindefinanzierungsgesetz (SchR 2.4/51) |
| GG | Grundgesetz (SchR 1.1/1; SchRHB V 11) |
| GKG | Gesetz über kommunale Gemeinschaftsarbeit (SchR 1.4/101) |
| GlVO | Gleichwertigkeitsverordnung (BASS 13-73 Nr. 22; SchR 9.4/151) |
| GO | Gemeindeordnung NRW |
| GOSt | Gymnasiale Oberstufe |
| GS | Grundschule |
| GV. NRW. | Gesetz- und Verordnungsblatt für das Land Nordrhein-Westfalen |

## H

| | |
|---|---|
| HwO | Handwerksordnung (SchR 1.6/101) |

## I

| | |
|---|---|
| i.d.F. | in der Fassung |

## J

| | |
|---|---|
| JuSchG | Jugendschutzgesetz (SchR 5.6.2/51) |

## K

| | |
|---|---|
| kath. | Katholisch |
| KiBiz | Kinderbildungsgesetz (SchR 5.6.1/301) |
| KJHG | Kinder- und Jugendhilfegesetz (SchR 5.6.1/1) |
| KM | Kultusministerium (NRW: bis 1995), Kultusminister |
| KMK | Kultusministerkonferenz |
| KreisO | Kreisordnung NRW |
| KRM | Koordinationsrat der Muslime |

## L

| | |
|---|---|
| LABG | Lehrerausbildungsgesetz (BASS 1–8; SchR 7.1.1/1) |
| LBG | Beamtengesetz für das Land Nordrhein-Westfalen (SchR 6.1.1/1) |
| LGG | Landesgleichstellungsgesetz (SchR 6.3.6/51) |
| LOG | Landesorganisationsgesetz (SchR 3.7.1/151) |
| LPO | Lehramtsprüfungsordnung (BASS 20–02 Nr. 11; SchR 7.1.3/201) |
| LPVG | Landespersonalvertretungsgesetz (SchR 6.1.2/1) |
| LSV | Landesschülervertretung |
| LT-Drs. | Landtagsdrucksache |

| | |
|---|---|
| LV | Landesverfassung (SchR 1.1/51; SchRHB V 11) |
| LVO | Laufbahnverordnung (SchR 6.1.5/1) |

**M**

| | |
|---|---|
| MBl. NRW | Ministerialblatt Nordrhein-Westfalen |
| MSJK | Ministerium für Schule, Jugend und Kinder (NRW, 2002–2005) |
| MSW | Ministerium für Schule und Weiterbildung (NRW, 1995–1998 und seit 2005) |
| MSWWF | Ministerium für Schule, Weiterbildung, Wissenschaft und Forschung (NRW 1998–2000); MSWF (2000–2002) |
| MuSchG | Mutterschutzgesetz (SchR 6.3.5/111) |

**N**

| | |
|---|---|
| NiSchG NRW | Nichtraucherschutzgesetz NRW (BASS 21–91 Nr. 3; SchRHB V 17/1) |
| NRW | Nordrhein-Westfalen |
| NWVBL. | Nordrhein-Westfälische Verwaltungsblätter (Zeitschrift) |

**O**

| | |
|---|---|
| OVG | Oberverwaltungsgericht |
| OVP | Ordnung des Vorbereitungsdienstes und der Zweiten Staatsprüfung (BASS 20–03 Nr. 11; SchR 7.1.4/1) |
| OWiG | Gesetz über Ordnungswidrigkeiten (SchR 1.4/51) |

**P**

| | |
|---|---|
| PersNRW | Personal- und Stellenbewirtschaftungssystem des Landes NRW |
| PO | Prüfungsordnung |
| PO-Externe-A | Externen-Abiturprüfungsordnung (BASS 19–33 Nr. 2; SchR 4.4.2/501) |
| PO-Externe-BK | Externenprüfungsordnung Berufskolleg (BASS 19–33 Nr. 4.1; SchR 4.4.7/61) |
| PO-Externe-S I | Externenprüfungsordnung zum Erwerb der Abschlüsse der Sekundarstufe I (BASS 19–32 Nr. 4.1; SchR 4.3.1/161) |
| PO-FeP-Hochschule | Feststellungsprüfungsordnung Hochschule (BASS 13–73 Nr. 29.1; SchR 4.5.5/21) |
| PO-S I-WbG | PO Weiterbildung (BASS 19–22 Nr. 1; SchR 4.3.1/201) |
| PO-Waldorf | PO Waldorfschulen (BASS 13–51; SchR 8.6/61) |

**Q**

| | |
|---|---|
| QA-VO | Qualitätsanalyse-Verordnung (BASS 10–32 Nr. 65; SchR 3.7.1/21; SchRHB V 31/1) |
| QUA-LiS | Qualitätsagentur - Landesinstitut für Schule |

**R**

| | |
|---|---|
| RAA | Regionale Arbeitsstellen zur Förderung von Kindern und Jugendlichen aus Zuwandererfamilien |
| RdErl. | Runderlass (des Schulministeriums) |
| RKEG | Gesetz über die religiöse Kindererziehung (BASS 2–1; SchR 1.3/1) |

**S**

| | |
|---|---|
| SchFG | Schulfinanzgesetz (1956) |
| SchfkVO | Schülerfahrkostenverordnung (BASS 11–04 Nr. 3.1; SchR 5.4/1; SchRHB V 73) |
| SchMG | Schulmitwirkungsgesetz (1967) |
| SchOG | Schulordnungsgesetz (1952) |

| | |
|---|---|
| SchR | Schulrecht NRW (Loseblattausgabe) |
| SchRÄG | Schulrechtsänderungsgesetz (vgl. vor § 1) |
| SchRHB | Schulrechtshandbuch NRW (Loseblattausgabe) |
| Schule NRW | Amtsblatt des MSW (redaktioneller Teil) |
| SchulG | Schulgesetz |
| SchulG-ÄG | Schulgesetz-Änderungsgesetz |
| SchuR | SchulRecht (Informationsdienst) |
| SchVG | Schulverwaltungsgesetz (1956) |
| SchVw NRW | SchulVerwaltung (Zeitschrift, Ausgabe Nordrhein-Westfalen) |
| SF | Sonderpädagogische Förderung |
| SGB VII | Sozialgesetzbuch Teil VII – Unfallversicherung (SchR 3.3.1/1) |
| SGB VIII | Sozialgesetzbuch Teil VIII – Kinder- und Jugendhilfe (SchR 5.6.1/1) |
| SPE | Sammlung schul- und prüfungsrechtlicher Entscheidungen (Loseblattausgabe) |
| SV-Erlass | Die Mitwirkung der Schülervertretung in der Schule |

## V

| | |
|---|---|
| VerfGH | Verfassungsgerichtshof |
| VG | Verwaltungsgericht |
| VGH B-W | Verwaltungsgerichtshof Baden-Württemberg |
| VN-BRK | Behindertenrechtskonvention der Vereinten Nationen vom 13.12.2006 |
| VO | Verordnung |
| VO-DV I | Verordnung Datenverarbeitung Schüler und Eltern (BASS 10–44 Nr. 2.1; SchR 3.9.4/201; SchRHB V 64) |
| VO-DV II | Verordnung Datenverarbeitung Lehrer (BASS 10–41 Nr. 6.1; SchR 3.9.4/301) |
| VV | Verwaltungsvorschriften |
| VVzAO-GS | Verwaltungsvorschriften zur Ausbildungsordnung Grundschule |
| VVzAPO-S I | Verwaltungsvorschriften zur Verordnung über die Ausbildung und die Abschlussprüfungen in der Sekundarstufe I |
| VwGO | Verwaltungsgerichtsordnung (SchR 1.5/1) |
| VwVfG NRW. | Verwaltungsverfahrensgesetz NRW (SchR 1.4/1) |

## W

| | |
|---|---|
| WbG | Weiterbildungsgesetz (BASS 1–9; SchR 2.9/1) |
| WbK | Weiterbildungskolleg |
| WRL | Wanderrichtlinien (BASS 14–12 Nr. 2; SchR 3.4.1/1; SchRHB V 38); jetzt: Richtlinien für Schulfahrten |

## Z

| | |
|---|---|
| ZustVO BR | Zuständigkeitsverordnung Beamtenrecht (BASS 10–32 Nr. 44; SchR 3.7.1/111; SchRHB V 86) |
| ZustVOSchAuf | Zuständigkeitsverordnung Schulaufsicht (BASS 10–32 Nr. 47; SchR 3.7.1/31) |

**Hinweis:**

Bei den Abkürzungen von Gesetzen und Verordnungen sind die Fundstellen in den beiden Sammlungen angegeben, die in den Schulen und sonstigen Stellen im Schulbereich in der Regel zur Verfügung stehen: die **BASS** und die Loseblattausgabe **Schulrecht NRW (SchR).**

Der Zugriff auf gesetzliche Vorschriften auch außerhalb des Schulbereichs ist im Internet über den **Bürgerservice Landesrecht** möglich: www.recht.nrw.de.

# Einführung: Das Schulrecht NRW im Überblick

## Erstes Kapitel: Vom Auftrag der Schule und ihrer Stellung im Recht

## 1 Was vorab zu sagen ist

Mit dem Schlagwort „**Schule im Recht – Recht in der Schule**" ist kurz umrissen, worum es hier gehen soll. Denn es handelt sich beim Schulrecht eigentlich um zwei große Rechtsbereiche:

- Einmal ist da von außen betrachtet das Recht **der** Schule, also ihre Rechtsstellung im System des Schulwesens und ihre Rechtsbeziehungen nach außen.
- Zum anderen geht es um das Recht **in der** Schule, also die Rechtsbeziehungen der beteiligten Personen und Gruppen zur Schule und untereinander, also insbesondere das Recht zur Schulverfassung und zum Schulverhältnis.

Für den Juristen liegt dieses pädagogisch durchtränkte Sachgebiet außerhalb seines normalen Blickfeldes. Und für den Schulpraktiker sind die rechtlichen Formulierungen und Zusammenhänge oft schwer zu durchschauen.

**Oder wissen Sie bereits,**

- was eine Sekundarschule ist und wie sie zustande kommt?
- wer welche Erziehungs- und Ordnungsmaßnahmen in der Schule ergreifen darf?
- wie die schulischen Gremien gebildet werden und arbeiten?
- welche Änderungen das Landesschulgesetz (2005) inzwischen schon erfahren hat?
- was Inklusion für die Schulen bedeutet?
- wie es sich mit islamischem Religionsunterricht verhält?

In diesem einführenden Überblick über das Schulrecht Nordrhein-Westfalen soll es durchgängig um **drei Fragen** gehen:

- Welche Themen stellen sich und wie sind sie geregelt?
- Was hat sich in der letzten Zeit geändert?
- Was ist wichtig für mich?

Auf diese Einführung wird im weiteren Text (und in den Erläuterungen zum Schulgesetz NRW) durch **E** und die entsprechende Gliederungsnummer hingewiesen.

## 2 Warum es so komplizierte Regelungen gibt

Mancher fragt sich: Müssen denn im Schulgesetz so viele komplizierte Regelungen enthalten sein und was muss ich davon überhaupt wissen? Solche Fragen sind verständlich angesichts des Umfangs von schulrechtlichen Regelungen, die zudem in einer für Nichtjuristen ungewohnten Sprache abgefasst sind.

Vor Jahren hat einmal ein Kollege gefragt, wo einer denn nachschlagen könne, der ganz weit her von außen komme und sich kurz und knapp über die rechtliche Ordnung des Schulwesens informieren möchte. Wir haben ihm erklärt, dass nach dem Grundgesetz das Schulrecht Landesrecht ist, und ihn für Nordrhein-Westfalen auf die verschiedenen teils sehr alten Gesetze und die vielfältigen Rechtsverordnungen verwiesen und ihm ein längeres Studium derselben angeraten. Hier hat sich zum Glück inzwischen einiges getan.

Früher wurde die Schule als staatliche Anstalt überwiegend durch Erlasse des Ministeriums geregelt, die zumeist viel konkreter als Gesetze, in ihrer Gesamtzahl aber auch viel unübersichtlicher waren. Seit den 1970er Jahren hat sich nach der Rechtsprechung des Bundesverfassungsgerichts die Lehre vom **Gesetzesvorbehalt im Schulwesen** durchgesetzt. Sie hat das Schulrecht ziemlich umgekrempelt.

Wesentliche Fragen, insbesondere zu Rechten und Pflichten der Beteiligten, bedürfen danach einer gesetzlichen Regelung, mindestens aber einer gesetzlichen Grundlage.

Die Folgen waren zunächst vielfältige gesetzliche Novellierungen der alten Schulgesetze. Die Lage blieb aber zunächst ebenso unsystematisch wie unübersichtlich. Erst 2005 wurden die bis dahin bestehenden acht Schulgesetze und die Allgemeine Schulordnung zu diesem neuen und **einheitlichen Landesschulgesetz NRW** zusammengefasst.

Damit ist heute alles schon viel übersichtlicher, wenngleich nicht einfach. Das Schulgesetz regelt nicht nur die Strukturen des Schulwesens mit seinen öffentlichen Schulen und Privatschulen (Schulen in freier Trägerschaft), das Verhältnis von Schulträgern und Schulaufsicht, sondern auch die Rechtsverhältnisse der unterschiedlichen Personengruppen in der Schule (insbesondere Lehrer, Eltern, Schüler).

Ein Gesetz muss eine Vielzahl von Problemen und Fallgestaltungen regeln. Es soll Ziele bestimmen, aber nicht schon alle Wege festlegen, wie diese erreicht werden. Dafür muss es abstrakt und generell und in einer knappen Rechtssprache formuliert sein. Diese soll für die Beteiligten auch noch möglichst verständlich sein. Hinzu kommt: Alle Gesetze sind Ergebnis aufwändiger fachlicher Vorbereitungen und Beteiligungen sowie parlamentarischer Beratungen und damit eherne Abbilder der vorherrschenden Bildungs- und Finanzpolitik.

Das Schulgesetz ist das **Abbild konkreter Bildungspolitik**, die in juristisch tragfähige Formen gegossen wird. Es soll nicht nur politische Ziele umsetzen, sondern muss auch Gleichbehandlung und Rechtssicherheit gewährleisten.

> **Tipp**
> Wem also eine verantwortliche Tätigkeit im Schulbereich übertragen ist oder wer sich darauf vorbereitet, tut gut daran, den rechtlichen Rahmen zu kennen, in dem er sich bewegt. Wer seine Rechte und Pflichten kennt, kann sich umso freier bewegen, kann sicherer entscheiden und auch andere in Konflikten beraten.

Es gilt also, den Überblick zu gewinnen und zu wissen, wo Sie was nachschlagen können.

## 3  Was ist im Schulrecht alles geregelt?

Die einzelnen Themenbereiche des Schulrechts werden später abgehandelt. Jetzt muss erst einmal eine formale Differenzierung vorgenommen werden. Im Schulrecht begegnen uns verschiedene Arten von Vorschriften, die in einem hierarchischen Verhältnis zueinander stehen. Die jeweils niedrigere Norm muss sich nach der höherrangigen richten.

### Verfassung
Auf der obersten Ebene regelt die Verfassung elementare Grundsätze. Das ist bundesweit also das Grundgesetz (GG) und in Nordrhein-Westfalen auch noch die Landesverfassung (LV). Ersteres enthält im Rahmen der Grundrechte nur einen Schulartikel (Art. 7 GG), während die Landesverfassung mehrere grundsätzliche Aussagen zur Schule trifft (Art. 7 ff. LV). Denn das Schulrecht fällt nach dem Grundgesetz in die Kompetenz des Landes.

## Neu

Zuletzt ist 2011 nach dem Schulkonsens die Hauptschulgarantie aus der Landesverfassung gestrichen worden (Art. 12 LV).

## Gesetz

Auf der Ebene des einfachen Gesetzes gibt es zwar einige bundesrechtliche Regelungen, die das Schulwesen berühren (z.B. Beamtenrecht, Berufsbildungsrecht, Jugendrecht). Das eigentliche Schulrecht wird aber im Schulgesetz NRW geregelt, das der Landtag beschlossen hat. Daneben gibt es auch noch andere Landesgesetze, die Auswirkungen auf die Schule haben (z.B. Landesbeamtengesetz, Lehrerausbildungsgesetz).

## Rechtsverordnungen

Auch diese enthalten Regelungen mit allgemeiner Verbindlichkeit. Sie werden vom zuständigen Schulministerium erlassen und müssen auf konkrete Ermächtigungen im (Schul-)Gesetz zurückgeführt werden können. Als Rechtssätze müssen sie genau formuliert sein, weil sie Pflichten auferlegen und Rechte schützen, die eingeklagt werden können.

## Verwaltungsvorschriften

Das sind Vorschriften, die unter verschiedenen Bezeichnungen (VV, Runderlass, Richtlinien) vom Ministerium erlassen werden, um eine gleichmäßige Anwendung von Rechtsvorschriften zu gewährleisten oder um einheitliche Verfahren zu erreichen. Sie binden die nachgeordneten Stellen in Schulaufsicht und Schulen (auch Gremien) und verpflichten diese zu gleichmäßiger Anwendung, lassen sich aber nicht einklagen. Auch die Richtlinien und Lehrpläne (Unterrichtsvorgaben) sind solche Verwaltungsvorschriften.

---

**Was das Schulgesetz dazu sagt**

Den Bildungs- und Erziehungsauftrag der Schule aus der Landesverfassung (Art. 7 LV) wiederholt das Schulgesetz gleich einleitend (§ 2 Abs. 2).

Für die Rechtsverordnungen enthält es die erforderlichen Ermächtigungsgrundlagen: so z.B. in § 52 für die Ausbildungs- und Prüfungsordnungen (APO), § 93 Abs. 2 zum Unterrichtsbedarf (Lehrerpflichtstunden, Klassenbildung, Relationen), § 96 Abs. 5 für die Lernmittelfreiheit, § 97 Abs. 4 für die Schülerfahrkosten, § 104 Abs. 6 für die Aufsicht über Ersatzschulen. Verwaltungsvorschriften werden in § 128 und § 130 angesprochen.

---

## 4 Wo finde ich welche Regelungen?

Kernregelung des Schulrechts wie auch dieses Buches ist das **Schulgesetz Nordrhein-Westfalen**, auf das sich alle weiteren Vorschriften zurückführen lassen. Deshalb sind die Ausführungsverordnungen zu einzelnen Themen auch bei den jeweiligen Paragrafen des Schulgesetzes aufgeführt.

Wer sich außerhalb dieses Buches mit den weiteren Vorschriften befassen will, kann dazu das **Schulrechtshandbuch (SchRHB)** nutzen, das einen Vorschriftenteil enthält.

Umfangreiche Sammlungen der Schulvorschriften sind die **BASS** sowie die mehrbändige Loseblattsammlung **Schulrecht NRW (SchR)**, die zugleich auch die Nebengesetze (Beamtenrecht, Lehrerausbildungsgesetz, Jugendrecht, Verwaltungsrecht) und als Anhang eine Rechtsprechungssammlung (SPE) enthält. Diese Sammlungen sind auch online verfügbar.

> **Tipp**
> Bei dieser Gelegenheit soll auch auf das vom Schulministerium im Rahmen von **Schule NRW** herausgegebene **Amtsblatt (ABl. NRW.)** hingewiesen werden sowie auf die Fachzeitschrift **SchulVerwaltung Nordrhein-Westfalen (SchVw NRW)**. Hier wie dort sind Informationen zur aktuellen Diskussion und Entwicklung sowie zu vielen spezifischen Themen zu finden. Auf sie wird in diesem Buch mehrfach verwiesen.

Eine vertiefende länderübergreifende Darstellung, insbesondere der allgemeinen Grundlagen und Prinzipien des Schulrechts, enthält das Handbuch **Schulrecht** (Hrsg. H. *Avenarius*, 8. Aufl. 2010). Dort sind auch die Zusammenhänge mit anderen Rechtsgebieten dargestellt, die nicht unmittelbar zum Schulrecht gehören wie z.b. das Lehrerdienstrecht, das Jugendrecht oder das Urheberrecht.

## 5 Schule ändert sich: Schüler stehen im Blickpunkt

Die Schulen ändern sich. Diesen Wandel will auch das Schulgesetz. Früher wurden Organisations- und Strukturfragen an den Beginn gesetzlicher Regelungen gestellt. Heute stehen die individuellen Rechte junger Menschen am Beginn des Schulgesetzes. Die **individuelle Förderung** ist eine zentrale Aufgabe. Sie soll das „pädagogische Grundprinzip" sein. Schulische Selbstständigkeit, Eigenverantwortung und Qualitätsentwicklung sind Eckpunkte der Schulentwicklung.

Der Staat muss Bildung gewährleisten. Die Schule ist nicht mehr als staatliche Anstalt zu begreifen, die nur ein Angebot vorhält, das angenommen oder abgelehnt werden kann. Sondern sie hat einen **Bildungs- und Erziehungsauftrag** zu erfüllen. Der erfolgreiche Abschluss aller Schülerinnen und Schüler ist also grundsätzlich eine Bringschuld der Lehrerinnen und Lehrer und nicht allein eine Holschuld von Eltern und Schülern.

Damit kein Missverständnis entsteht: Wie die Bildung so gehört auch die Erziehung junger Menschen zur Aufgabe der Schule. Insoweit steht der Schule neben dem elterlichen Erziehungsrecht ein eigener schulischer Erziehungsauftrag zu. Dies kommt auch darin zum Ausdruck, dass in Vorschriften immer wieder vom Bildungs- und Erziehungsauftrag der Schule gesprochen wird. Im Schulgesetz sind dazu nicht nur alte und neue Erziehungsziele normiert, es werden auch besondere Verfahren (Erziehungsvereinbarungen) und Maßnahmen (Zusammenarbeit, Erzieherische Einwirkungen) genannt.

---

**Was das Schulgesetz dazu sagt**

Das Schulgesetz enthält am Beginn einen ersten Teil zu den allgemeinen Grundlagen (§§ 1 bis 9). Zum Auftrag der Schule nimmt es als politisches Signal Bezug auf die Landesverfassung (§ 2). Durchgängiges Prinzip ist die individuelle Förderung der Schülerinnen und Schüler (z.B. § 1 Abs. 1, § 2 Abs. 8 bis 11). Zur Integration von Schülern mit nichtdeutscher Muttersprache durch Sprachangebote siehe § 2 Abs. 9, zur Förderung besonders begabter Schülerinnen und Schüler § 2 Abs. 11. Neu ist die Entwicklung hin zu einem System der inklusiven Bildung (§ 2 Abs. 5); siehe bei **E 10.**

Die Schulaufsicht ist gehalten, die Schulen in ihrer Selbstständigkeit dabei zu beraten und zu unterstützen (§ 3 Abs. 1 Satz 3).

Eine Erweiterung ist unter dem Thema „gesunde Schule" aufgenommen. Dazu gehört auch, dass Schülerinnen und Schüler lernen sollen, Freude an der Bewegung und am gemeinsamen Sport zu entwickeln, sich gesund zu ernähren und gesund zu leben. Dazu passt das Rauch- und Alkoholverbot in der Schule (§ 54 Abs. 5).

Zu den Erziehungsvereinbarungen siehe § 45 Abs. 2 und § 65 Abs. 2 Nr. 12. Zu den erzieherischen Einwirkungen siehe § 53 Abs. 1 und 2.

---

# 6 Wie ist die Schule rechtlich organisiert?

Sie mögen sich fragen: Wer ist eigentlich der Herr der Schule und hat über sie zu bestimmen? Ist es das Schulministerium und was bestimmt der Schulträger? Die rechtliche Stellung der Schule ist nicht ganz einfach zu durchschauen, zumal die Praxis manchmal die Grenzen verwischt.

Die öffentliche Schule ist eine nicht rechtsfähige Anstalt des Schulträgers, das ist in der Regel die Gemeinde. Das gesamte Schulwesen steht unter staatlicher Aufsicht. Es besteht somit eine staatlich-kommunale Verantwortungsgemeinschaft im Schulwesen. Dabei lassen sich folgende Grundsätze festhalten:

Alles, was zum Unterricht und zum Lehrpersonal der Schule gehört, betrifft die inneren Schulangelegenheiten. Für sie ist das **Land** zuständig, das auch die Lehrerpersonalkosten finanzieren muss. Für das Land handeln – im gesetzlichen Rahmen (Landtag) – die Schulaufsichtsbehörden (Schulministerium, Bezirksregierung, Schulamt).

Die öffentliche Schule ist nicht nur eine Unterrichtseinrichtung, sondern zugleich auch eine staatliche Behörde, soweit sie – z.B. bei Zeugnissen, Prüfungen und Ordnungsmaßnahmen – Verwaltungsakte setzt, die vor dem Verwaltungsgericht angegriffen werden können.

Für die äußeren Schulangelegenheiten ist der – in der Regel kommunale – **Schulträger** zuständig. Das betrifft die Planung, Errichtung und Verwaltung von Schulen ebenso wie den Unterhalt und die Finanzierung der Sachkosten. In manchen Bereichen (z.B. beim Ganztag und bei der Beratung in der Schule) zeigt sich, wie innere und äußere Schulangelegenheiten zusammenwachsen können. Für den kommunalen Schulträger handeln z.B. der Rat, der Schulausschuss und das Schulverwaltungsamt.

Schulen in freier Trägerschaft (Ersatzschulen, Ergänzungsschulen) haben eigene Träger und einen abgestuft größeren Freiraum gegenüber staatlichen Rahmenbedingungen.

---

**Was das Schulgesetz dazu sagt**

Regelungen zur Rechtsstellung der Schule und zum Geltungsbereich des Gesetzes sind in den §§ 6 ff. SchulG zu finden. Aussagen zur Eigenverantwortlichkeit, zum Schulprogramm und zur Zusammenarbeit nach außen enthalten die §§ 3 ff. Zum Schulträger siehe bei E 29 und 30, zur Schulaufsicht siehe bei E 31 und 32.

Die Schulen in freier Trägerschaft sind in den §§ 100 ff. geregelt.

---

## 7 Auf dem Weg zur selbstständigeren Schule

In den letzten Jahren sind den Schulen zunehmend Freiräume zur eigenen Gestaltung eingeräumt worden. Der bereits Anfang der 90er Jahre eingeschlagene Weg zu einem neuen Steuerungssystem für Schulen ist fortgesetzt worden. Schulaufsicht und Schulverwaltung sollen auf Detailregelungen verzichten. Alle Schulen sollen schrittweise zu eigenverantwortlichen Schulen werden. Stichworte wie Unterrichtsentwicklung, Personalentwicklung und Organisationsentwicklung kennzeichnen diesen Prozess. Durch die Eigenverantwortung soll die Qualität schulischer Arbeit entwickelt und gesichert werden.

So haben die Schulen inzwischen personalrechtliche Befugnisse und Entscheidungsspielräume erhalten. **Schulleiter** übernehmen auch Aufgaben einer dienstvorgesetzten Stelle. Das hat dann weitere Konsequenzen.

Die Ausstattung der **Lehrerräte** mit beteiligungsrechtlichen Kompetenzen hat Einfluss auf ihre Wahl und ihre Zusammensetzung. Begleitend zur Übertragung der Dienstvorgesetztenaufgaben sind gleichstellungsrechtliche Beteiligungen und Aufgaben auf Ansprechpartnerinnen für Gleichstellungsfragen an Schulen übertragen worden.

**Tipp**

Schulleiterinnen und Schulleiter nehmen die neuen Aufgaben seit 2008 bzw. spätestens 2015 schrittweise wahr. Dafür gibt es abgestufte Termine, die auf Antrag vorgezogen werden können.

Die Schulen sollen in ihrem **Schulprogramm** ihr Profil verankern. Qualitätssicherung und Öffnung von Schule sind zentrale Anforderungen. Diese Entwicklung zur erweiterten Selbstständigkeit (eigenverantwortliche Schule) ist noch nicht abgeschlossen.

Die Entwicklung zur Eigenverantwortung aktiv in der Schule mitzugestalten gehört nicht nur zu den Aufgaben der Schulleitung, sondern ist Aufgabe aller Lehrerinnen und Lehrer und der in den Mitwirkungsgremien tätigen Vertreter von Eltern und Schülern.

**Was das Schulgesetz dazu sagt**
Die Experimentierklausel ermöglicht den Schulen die Erprobung von Modellen erweiterter Selbstständigkeit (§ 25 SchulG). Zu den neuen Befugnissen der Schulleitung siehe § 59 Abs. 4. Zum Lehrerrat siehe § 69. Zur Mitarbeit der Lehrkräfte siehe etwa § 3 Abs. 4 und § 57 Abs. 2. Zu den Aufgaben in der Mitwirkung siehe § 62 Abs. 1.

## Zweites Kapitel: Schulstruktur im Wandel

## 8 Schulvielfalt in Nordrhein-Westfalen

Wer sich einen Überblick über das Schulwesen in Nordrhein-Westfalen verschaffen will, hat es nicht ganz einfach. Denn das Schulsystem ist vielfältig strukturiert in Schulformen, Schulstufen und Schularten. Das ist nicht überall gleich in allen Ländern. Die Bezeichnungen für vergleichbare Schulformen stimmen auch nicht immer überein.

**Schulformen** sind etwa die Grundschule, die Hauptschule, die Realschule, die Sekundarschule, die Gesamtschule und das Gymnasium. Die Förderschule bildet ein eigenes System mit verschiedenen Förderschwerpunkten. Ebenso das Berufskolleg und das Weiterbildungskolleg mit ihren differenzierten Bildungsgängen.

**Schulstufen** sind die Primarstufe (Grundschule), die Sekundarstufe I (Klassen 5 bis 10, beim Gymnasium Klassen 5 bis 9) sowie die anschließende Sekundarstufe II (Gymnasiale Oberstufe, Berufskolleg).

**Schularten** bezeichnen – so nur in Nordrhein-Westfalen – die noch weltanschaulich gegliederten Grundschulen und Hauptschulen, also in der Praxis die Gemeinschaftsschulen und die Bekenntnisschulen.

**Neu**
Die Vorgaben für die Bekenntnisschulen sind durch das 11. Schulrechtsänderungsgesetz (2015) der Realität angepasst worden; Bekenntnisgrundschulen können seitdem leichter umgewandelt werden.

Die Struktur des Schulwesens unterscheidet sich sicher auch von dem, was Sie während der eigenen Schulzeit erlebt haben. Und dabei hatten Sie vermutlich auch nur Ihren eigenen Bildungsgang im Blick. Diese Schulstruktur ist weiter in Bewegung.

**Tipp**
Einen detaillierten Überblick über das Schulwesen in Nordrhein-Westfalen geben die jährlich vom MSW veröffentlichten Statistischen Übersichten (siehe Bildungsportal: www.schulministerium.nrw.de).

Zunächst war im SchulG 2005 die frühere Schulstruktur zwar grundsätzlich erhalten geblieben, hat aber durch die **Schulzeitverkürzung bis zum Abitur** (G8) eine gravierende Veränderung erfahren. Denn nun reicht die

Sekundarstufe I des Gymnasiums nur bis Klasse 9, die Jahrgangsstufe 10 bildet im Gymnasium die Einführungsphase der gymnasialen Oberstufe. Diese Regelungen sind Gegenstand der aktuellen bildungspolitischen Diskussion.

**Neu**

Sie dürfte bald zu einer weiteren Schulgesetzänderung führen, um – mindestens auch – den neunjährigen Bildungsgang am Gymnasium zu ermöglichen.

Eine wichtige Regelung bezieht sich auf die **Schulabschlüsse**. Die qualifizierten Abschlüsse der Sekundarstufe I, also der Hauptschulabschluss nach Klasse 10 und der mittlere Schulabschluss (Fachoberschulreife), die früher ohne Prüfung vergeben wurden, werden in einem Abschlussverfahren mit Prüfung erworben, für deren schriftlichen Teil landeseinheitliche Aufgaben gestellt werden wie auch beim Abitur.

**Neu**

Als eine neue Schulform ist nach dem Schulkonsens (2011) zusätzlich die **Sekundarschule** eingeführt worden. Siehe dazu bei E 9. Zur **sonderpädagogischen Unterstützung** siehe bei E 10. Zur Sicherung von Schullaufbahnen kann - seit 2015 - an einer Realschule ein Bildungsgang eingerichtet werden, der zu den Abschlüssen der Hauptschule führt (§ 132c). Zur sonderpädagogischen Unterstützung siehe bei E 10.

Das **Berufskolleg** ist das recht komplizierte Haus für das vielfältige berufliche Schulwesen und vereinigt unter seinem Dach eine Fülle unterschiedlicher, schwer überschaubarer Bildungsgänge in einem komplexen System: von der Berufsschule, über die Berufsfachschulen bis zur Fachschule. Durch das Gesetz zur Weiterentwicklung des Berufskollegs (2015) sind hier verschiedene Bildungsgänge neu geordnet worden.

**Was das Schulgesetz dazu sagt**

Aussagen zu Aufbau und Gliederung des Schulwesens enthält der zweite Teil des Schulgesetzes (§§ 10 bis 28). Der erste Abschnitt (§§ 10 bis 25) regelt die Schulstruktur (Schulstufen, Schulformen). Zur Grundschule siehe etwa § 11. Für die Schulformen der Sekundarstufe I sind spezifische Zielsetzungen normiert (§§ 14 bis 17a). Zur Schulzeitverkürzung siehe § 10 Abs. 3, § 16 Abs. 2 und 4 sowie § 18 Abs. 1, zu den Abschlüssen siehe § 12 Abs. 3 und § 18 Abs. 4.

Der zweite Abschnitt (§§ 26 bis 28) befasst sich mit der weltanschaulichen Gliederung der Grundschule und der Hauptschule (Schularten). Die Verfassungsgarantie der Hauptschule ist zwar nach dem Schulkonsens (2011) aufgehoben worden; die weltanschauliche Gliederung der Hauptschulen besteht im Schulgesetz jedoch fort.

Die zentralen Regelungen zum Berufskolleg – in neuer Fassung ab 2015 – enthält § 22, die weiteren erschließen sich über das Stichwortverzeichnis.

## 9 Nach dem Schulkonsens: die neue Sekundarschule

Wie soll eine Schule aussehen, die die die längst absehbaren strukturellen Probleme im Schulsystem lösen hilft? Die 2010 neu gebildete Landesregierung (2010) hatte in ihrem Programm angekündigt, dazu die Schulstruktur in der Sekundarstufe I grundlegend zu ändern. Sie wollte damit auf den weiteren Schülerrückgang reagieren und das geänderte Schulwahlverhalten von Eltern (Abkehr von der Hauptschule) berücksichtigen.

Das löste zunächst einen Streit um das neue Projekt „Gemeinschaftsschule" aus, die als Modellvorhaben erprobt und schrittweise eingeführt werden sollte. Bevor jedoch die ersten Gemeinschaftsschulen im Schuljahr 2011/2012 an den Start gingen, hat der überraschende **Schulkonsens vom 19.07.2011** eine mit der größten Oppositionsfraktion (CDU) abgestimmte große Lösung gebracht. Er wurde vorbereitet durch die bemerkenswerte und eigentlich modellhafte Bildungskonferenz, in der die verschiedenen Organisationen sach- und ergebnisbezogen mit dem Schulministerium zusammengearbeitet haben. Damit ist der jahrzehntelange unfruchtbare Streit um die Schulstruktur in der Sekundarstufe I jedenfalls auf der Landesebene beendet worden.

Was auf den ersten Blick unlogisch erscheint, wird sich in den nächsten Jahren wohl als folgerichtig erweisen: die Einführung einer neuen zusätzlichen Schulform bei vielerorts zurückgehenden Schülerzahlen. Denn die kommunalen **Schulträger** haben damit nun eine neue Option erhalten. Sie können, insbesondere in ländlichen Gebieten, ihre notleidenden Hauptschulen und Realschulen zusammenführen und vor Ort ein attraktives Schulangebot vorhalten. Zum Schuljahr 2016/2017 waren 117 öffentliche und private Sekundarschulen errichtet. Weitere fünf ursprünglich als Sekundarschulen errichtete Schulen wurden inzwischen in Gesamtschulen umgewandelt.

Die Sekundarschule soll als Schule der Sekundarstufe I in der Regel im Ganztagsbetrieb geführt werden. Sie soll nach einer integrierten Erprobungsstufe in unterschiedlichen Organisationsformen unterrichten und dabei auch gymnasiale Standards gewährleisten. Nicht an der Schule selbst, aber in Kooperation mit einer gymnasialen Oberstufe soll damit die Möglichkeit zum Abitur gesichert werden.

### Tipp
Nicht nur die Schulträger, sondern auch die schulischen Gremien in den betroffenen Regionen sollten sich frühzeitig mit den Möglichkeiten und Konsequenzen der neuen Schulform befassen.

---

**Was das Schulgesetz dazu sagt**
Die besonderen Vorschriften zur Sekundarschule finden sich in § 17a sowie bei den schulorganisatorischen Regelungen in § 82 Abs. 4. Auch die Ausbildungsordnung (APO-SI) ist entsprechend ergänzt worden.

Das Schulministerium hat dazu eine Sonderausgabe von *Schule NRW* herausgegeben.

---

## 10 Von der Förderschule zur Inklusion

Die Frage, wie unser Schulsystem mit behinderten Schülern umgeht, gehört zu den großen aktuellen Themen. Nordrhein-Westfalen hat ein differenziertes System der sonderpädagogischen Förderung. Es folgt dem Verfassungsauftrag, wonach niemand wegen seiner Behinderung benachteiligt werden darf (Art. 3 Abs. 3 GG). Die früheren Sonderschulen wurden zu Förderschulen mit unterschiedlichen Schwerpunkten. Gemeinsamer Unterricht von behinderten und nichtbehinderten Schülern an allgemeinen Schulen ist möglich, wenn die Schule dafür personell und sächlich ausgestattet ist.

Schulträger haben neue organisatorische Gestaltungsräume erhalten, um Förderschulen unterschiedlicher Förderschwerpunkte im Verbund als eine Schule in kooperativer oder integrativer Form zu führen. Förderschulen konnten zu Kompetenzzentren für die sonderpädagogische Förderung ausgebaut werden.

Durch die Behindertenrechtskonvention der Vereinten Nationen (BRK), die seit 2009 für Deutschland völkerrechtlich verbindlich ist, ist eine neue Lage eingetreten. Sie enthält die Verpflichtung, ein **inklusives Bildungssystem** zu gewährleisten (Art. 24): Menschen mit Behinderungen müssen einen diskriminierungsfreien Zugang zu allgemeinen Schulen haben. Die für das Schulwesen zuständigen Länder müssen dies umsetzen, also nicht nur ihr Schulrecht entsprechend ändern, sondern auch die Schulen entsprechend gestalten. Welche Dimension dies hat, wird aus den Zahlen deutlich: Im Schuljahr 2012/2013 gab es in NRW 714 Förderschulen mit 21.000 Lehrkräften und 97.000 Schülern.

**Neu**

Das Erste Gesetz zur Umsetzung der VN Behindertenrechtskonvention (9. Schulrechtsänderungsgesetz) vom 05.11.2013 schafft die Rechtsgrundlagen für die Inklusion in den Schulen. Es sieht vor, dass seit dem Schuljahr 2014/2015 der **Rechtsanspruch** im Schulgesetz besteht und für die Klassen 1 und 5 eingelöst werden kann. Seit dem 01.08.2016 gilt Inklusion auch für die Sekundarstufe II.

**Tipp**

Künftig werden sich Eltern von Kindern mit sonderpädagogischem Förderbedarf also verstärkt durchsetzen können, wenn sie für ihr Kind den Besuch einer allgemeinen Schule einfordern. Aber sie werden sich auch auf die BRK dahin berufen können, dass es gerade dem Wohl ihres Kindes entspreche, wenn es eine Förderschule besucht.

Die weitere Umgestaltung zu einem inklusiven Schulsystem wird die Schulen in den nächsten Jahren also noch sehr beschäftigen. Dabei geht es nicht nur um eine Neuordnung der Förderschullandschaft, sondern auch um die Ausstattung der Schulen in sächlicher und personeller Hinsicht.

Mit dem Gesetz zur Förderung kommunaler Aufwendungen für die schulische Inklusion vom 09.07.2014 leistet das Land den Trägern der öffentlichen Schulen einen Belastungsausgleich für die Sachkosten, die infolge der Inklusion entstehen. Der größte Anteil davon entfällt auf bauliche Investitionen wie Rampen, Aufzüge und zusätzliche Räume in Schulen. Der Belastungsausgleich im Schuljahr 2016/2017 beträgt 20 Mio. Euro. Außerdem erhalten die Kommunen 20 Mio € für ihre zusätzlichen Personalkosten.

Im Schuljahr 2015/2016 haben sich in der Primarstufe die Eltern in 41,3% der Fälle für das Gemeinsame Lernen entschieden, in der Sekundarstufe I in 36 %. Damit sind innerhalb von fünf Jahren die so genannten Inklusionsquoten in der Primarstufe um rd. 13 Prozentpunkte (2011/2012: 28,5%), in der Sekundarstufe I um 22 Prozentpunkte (2011/2012: 14 %) gestiegen. Interessanterweise ist auch die Zahl der Kinder mit Bedarf an sonderpädagogischer Förderung in den letzten Jahren weiter angestiegen, er beläuft sich inzwischen auf 7, 5 %. Bei den Förderschulen ist die Zahl der Schulen mit dem Förderschwerpunkt lernen stark zurückgegangen auf nunmehr 135 Schulen, die aber zumeist mehrere Standorte haben.

---

**Was das Schulgesetz dazu sagt**
Die zentralen Regelungen zur sonderpädagogischen Förderung und zu den Orten, wo diese Förderung erfolgt, enthalten § 2 Abs. 3 sowie die §§ 19 und 20 SchulG. Die unterschiedlichen Förderschwerpunkte werden in § 19 Abs. 2 benannt. Gemeinsames Lernen setzt voraus, dass die Schule dafür personell und sächlich ausgestattet ist (§ 20 Abs. 5). In der Regel beantragen Eltern den sonderpädagogischen Unterstützungsbedarf; die Schulaufsichtsbehörde schlägt ihnen einen Förderort vor, darunter mindestens eine allgemeine Schule.

---

## Drittes Kapitel: Was in der Schule gelernt wird

## 11 Vorgaben für den Unterricht

Was Kinder und Jugendliche in der Schule lernen sollen, darüber ist schon immer gestritten worden. Die Frage kann auch nicht im Schulgesetz beantwortet werden, dazu gibt es zu viele unterschiedliche Bildungsgänge und Fächer. Aber es gibt Leitentscheidungen auf verschiedenen Ebenen.

Auf der obersten Ebene sind dies die allgemeinen **Bildungs- und Erziehungsziele**, die in der Landesverfassung enthalten sind. Sie sind in das Schulgesetz übernommen worden und dort angereichert durch einen Katalog von Aussagen, die den schulischen Bildungs- und Erziehungsauftrag beschreiben. Das sollten Sie einmal im Gesetz nachlesen!

Für die konkrete Arbeit der Lehrenden sind die schulformspezifischen **Unterrichtsvorgaben** verbindlich, die vom Ministerium erlassen werden. Sie können unterschiedlich als Richtlinien, Rahmenvorgaben oder Lehrpläne bezeichnet sein. Sie sollen die Ziele und Inhalte für den Unterricht festlegen und auch die erwarteten Lernergebnisse bestimmen. Rechtlich sind sie als Verwaltungsvorschriften für die Schule verbindlich. Allerdings müssen sie so offen sein, dass die Schule sie weiter ausfüllen und – gemäß ihrem jeweiligen Schulprogramm – daraus schuleigene Unterrichtsvorgaben konkretisieren kann. Dies ist ein Kern schulischer Eigenverantwortung. Auch neue Unterrichtsformen dürfen erprobt werden.

Die von der Kultusministerkonferenz (KMK) seit 2003 beschlossenen **Bildungsstandards** werden in Nordrhein-Westfalen in den **Kernlehrplänen** umgesetzt. Diese enthalten kompetenzorientierte Vorgaben (Output statt Input) und bezeichnen Anforderungen und Abschlussprofile. Siehe dazu www.standardsicherung.schulministerium.nrw.de.

> **Tipp**
> Die geltenden Lehrpläne finden Sie im Bildungsportal beim Lehrplannavigator. Das ist die Plattform, auf der das Schulministerium die Unterrichtsvorgaben einstellt.

Alle diese Vorgaben müssen immer noch so gestaltet sein, dass für die einzelnen Lehrerinnen und Lehrer ein **pädagogischer Gestaltungsspielraum** bleibt. Auch Konferenzbeschlüsse dürfen ihre Freiheit und Verantwortung bei der Gestaltung des Unterrichts und der Erziehung nicht unzumutbar einschränken. Dafür können sie sich auf die Allgemeine Dienstordnung (ADO) berufen, die in neuer Fassung vom 18.06.2012 veröffentlicht worden ist.

Für das **erzieherische Handeln** gibt es ähnlich konkrete Vorgaben nicht. Hier kann aber der Blick auf die erwähnten Bildungs- und Erziehungsziele den Blick schärfen. Und auch das Schulgesetz selbst eröffnet konkrete Möglichkeiten erzieherischen Handelns.

Für die Unterrichtsarbeit haben die **Lernmittel** praktisch eine Leitfunktion. Über ihre Einführung an der einzelnen Schule entscheidet die Schulkonferenz nach Vorbereitung durch die Lehrerkonferenz und die jeweilige Fachkonferenz.

---

**Was das Schulgesetz dazu sagt**
Das Schulgesetz widmet einen eigenen Teil den Unterrichtsinhalten (§§ 29 bis 33). Zu Qualitätssicherung und Schulprogramm siehe § 3. Bildungs- und Erziehungsvereinbarungen werden in § 42 Abs. 5 empfohlen. Zu den Lernmitteln siehe § 30 sowie § 65 Abs. 2 Nr. 10, § 68 Abs. 3 Nr. 5 und § 70 Abs. 4 SchulG. Die ADO enthält in § 5 weitere Aussagen zur pädagogischen Freiheit.

---

## 12 Besondere Fächer: nicht nur Religion und Philosophie

Auch für die Inhalte der Schule stellt sich die Frage nach ihrer gesetzlichen Grundlage. Für die meisten Unterrichtsfächer genügt es als Leitentscheidung, dass sie zum herkömmlichen Fächerkanon gehören und in die allgemeinen Bildungsziele eingebettet sind. Daneben gibt es aber auch Fächer, die eine besondere Regelung erfordern, weil sie nicht ohne weiteres zum staatlichen Bildungs- und Erziehungsauftrag gehören oder weil sie umstritten sind und die Grundrechtssphäre von Eltern und Schülern berühren.

So ein Fach ist der **Religionsunterricht**. Denn der Staat darf auf Grund seiner Verpflichtung zur Neutralität nicht selbst weltanschauliche Inhalte definieren und zum verbindlichen Unterrichtsgegenstand machen. Deshalb enthält schon das Grundgesetz (Art. 7 Abs. 3 GG) die wesentlichen Eckpunkte dafür, unter welchen Voraussetzungen Religionsunterricht zum Auftrag der Schule gehört. Er ist danach in den öffentlichen Schulen ordentliches Lehrfach und darf nur in Übereinstimmung mit den Grundsätzen der jeweiligen Religionsgemeinschaft erteilt werden. Kein Lehrer darf gezwungen werden, ihn zu erteilen.

Die Landesverfassung Nordrhein-Westfalen (Art. 14 LV) übernimmt dies für alle Schulen (mit Ausnahme der Weltanschauungsschulen, die es in der Praxis aber nicht gibt) und bindet die Erteilung von Religionsunterricht an die Bevollmächtigung der Lehrer durch die Kirche. Lehrpläne und Lehrbücher sind im Einvernehmen mit dieser einzuführen. Auch die Befreiung vom Religionsunterricht durch Eltern oder religionsmündige Schüler (ab 14 Jahre) sieht die Verfassung vor. Bestrebungen zur Einführung auch von Weltanschauungsunterricht sind vor dem OVG NRW gescheitert (2014).

Auseinandersetzungen hat es bei der Einführung der schulischen **Sexualerziehung** gegeben. Eltern sahen darin einen Eingriff in ihr Erziehungsrecht und bestritten der Schule das Recht, diese Fragen zum Unterrichtsgegenstand machen zu dürfen. An einem derartigen Fall hat das Bundesverfassungsgericht die Lehre vom Gesetzesvorbehalt im Schulwesen entwickelt und eine ausdrückliche Entscheidung des Gesetzgebers verlangt. Für Nordrhein-Westfalen ist eine solche rechtliche Grundlage im Schulgesetz geschaffen worden. Auch danach hat es noch gelegentlich Streitfälle gegeben, wenn Eltern eine Befreiung ihrer Kinder von diesem Unterricht verlangt haben.

Auch die Einführung eines Ersatzfachs (Philosophie, Praktische Philosophie) für Schüler, die vom Religionsunterricht abgemeldet sind, hat eine Entscheidung des Gesetzgebers verlangt.

**Neu**

Und schließlich ist zu erwähnen, dass Nordrhein-Westfalen als erstes Land die Entscheidung dafür getroffen hat, dass seit dem Schuljahr 2012/2013 auch bekenntnisorientierter **islamischer Religionsunterricht** als ordentliches Lehrfach erteilt werden kann. Hier leben nämlich fast 1,5 Millionen Muslime (ca. 320 000 Schüler).

---

**Was das Schulgesetz dazu sagt**

Regelungen zum Religionsunterricht finden sich in § 31, die gesetzliche Absicherung des neuen Unterrichtsfachs Praktische Philosophie enthält § 32, für die Sexualerziehung § 33. Durch eine Schulgesetzänderung (2011) ist islamischer Religionsunterricht als ordentliches Unterrichtsfach ermöglicht worden; das Verfahren dafür regelt § 132a.

---

## Viertes Kapitel: Die Schule als Pflichtveranstaltung

## 13 Wie weit reicht die Schulpflicht?

Die Schulpflicht ist der stärkste staatliche Eingriff in die Freiheitsrechte des einzelnen Schülers und auch in die Erziehungsrechte seiner Eltern (Art. 6 Abs. 2 GG). Erinnern Sie sich noch an die Familie Kelly und die Rechtsstreitigkeiten wegen Verletzung der Schulpflicht? Auch später hat es immer wieder Versuche gegeben von Eltern, die ihre Kinder vom Besuch der öffentlichen Schule fernhalten und selbst unterrichten wollten. Meistens sind dafür Glaubens- und Gewissensgründe wegen bestimmter Unterrichtsinhalte vorgetragen worden.

Die Gerichte haben dies nicht akzeptiert, weil der staatliche Bildungs- und Erziehungsauftrag die elterlichen Erziehungsrechte zu Recht beschränkt. Das Bundesverfassungsgericht hat dies bestätigt und auf die Gebote der Neutralität und Toleranz in öffentlichen Schulen hingewiesen.

Die Schulpflicht ist erforderlich, weil der Staat verpflichtet ist, den nach dem Grundgesetz und der Landesverfassung verbürgten Anspruch eines jeden jungen Menschen auf Bildung und Erziehung zu garantieren (Art. 7 GG). Sie soll **Mindeststandards schulischer Bildung** in einer pluralistischen Gesellschaft sichern. Wegen des Eingriffes in die genannten Individualrechte erfordert der verfassungsrechtliche Gesetzesvorbehalt, dass die Regelungen über die Schulpflicht in einem Gesetz niedergelegt sind. In Nordrhein-Westfalen sind die entsprechenden Regelungen des Schulpflichtgesetzes in das Schulgesetz übergegangen.

Schulpflichtig sind in Nordrhein-Westfalen alle Kinder und Jugendlichen, die hier wohnen, ausgebildet werden oder arbeiten. Das sind Deutsche ebenso wie Ausländer (auch Asylbewerber). Durch vorschulische **Sprachstandserhebungen** (Delfin) wird festgestellt, ob Kinder die deutsche Sprache hinreichend beherrschen.

Die Schulpflicht umfasst in NRW die **Vollzeitschulpflicht** in der Primarstufe und in der Sekundarstufe I sowie die Schulpflicht in der Sekundarstufe II. Letztere kann im Berufskolleg (Berufsschule mit Teilzeitunterricht oder anderer Bildungsgang) oder an einer anderen Schule der Sekundarstufe II erfüllt werden. Der Besuch einer Ersatzschule statt einer öffentlichen Schule ist möglich, der Besuch einer Ergänzungsschule nur unter bestimmten Voraussetzungen.

**Neu**

Für den Beginn der Schulpflicht mit sechs Jahren ist der **Stichtag** seit dem Schuljahr 2011/2012 dauerhaft auf den 30. September festgelegt worden. Zurückstellungen von der Schulpflicht sind nur aus erheblichen gesundheitlichen Gründen möglich.

Ausnahmen vom Besuch der deutschen Schule können nur bei Vorliegen eines wichtigen Grundes zugelassen werden. In bestimmten Fällen ist das Ruhen der Schulpflicht möglich. Bei hartnäckigen **Schulpflichtverletzungen** können Maßnahmen verhängt werden wie Zuführung, Zwangsgeld oder Bußgeld. Das Familiengericht kann äußerstenfalls sogar teilweise das elterliche Sorgerecht entziehen und einen Pfleger bestellen.

---

**Was das Schulgesetz dazu sagt**
Die näheren Regelungen zu Umfang und Dauer der Schulpflicht enthält der vierte Teil des Schulgesetzes (§§ 34 bis 41). Zur Verantwortung der Eltern für die Erfüllung der Schulpflicht und zum Verfahren bei Schulpflichtverletzungen siehe § 41. Zu Ausnahmen von der Schulpflicht siehe § 34 Abs. 5.

---

## 14 Aufnahme in die richtige Schule

Welche Schule zuständig ist und welche auch richtig für ihr Kind ist, darum sollten sich die Eltern frühzeitig kümmern. Denn auch hier haben sich in den vergangenen Jahren Änderungen ergeben.

Zunächst geht es um die **Einschulung in die Grundschule.** Wahrscheinlich hat der Schulträger den Eltern schon lange vorher schriftlich mitgeteilt, welche Schulen in Betracht kommen. Bis vor einigen Jahren haben die Schulträger die örtlich zuständige Schule dadurch bestimmt, dass sie Schulbezirke festlegten. Alle Kinder, die in einem Schulbezirk wohnten, mussten eine bestimmte Grundschule besuchen; sie konnten dabei allerdings zwischen einer Gemeinschaftsschule und einer konfessionellen Grundschule wählen. Nach Aufhebung der Schulbezirke (2006) bestand eine Zeit lang ein völliges Wahlrecht der Eltern.

**Neu**

Seit 2010 haben die Schulträger wieder die Möglichkeit, das Eltern-wahlverhalten dadurch zu steuern, dass sie **Schuleinzugsbereiche** bilden. Eltern können zwar zunächst frei die Schule auswählen. Aber die Schule kann die Aufnahme von Kindern von außerhalb des Schul-einzugsbereichs ablehnen, wenn die Eltern keinen wichtigen Grund gerade für diese Schule darlegen können. Einen Rechtsanspruch haben die Eltern auf den Besuch der nächstgelegenen Grundschule. Bei einer Bekenntnisgrundschule haben Kinder, die dem Bekenntnis angehören, in der Regel Vorrang gegenüber den anderen Kindern.

Nach der Grundschule steht die Entscheidung über die **weiterführende Schule der Sekundarstufe I** an. Das Übergangsverfahren ist seit 2010 wie-der zugunsten der Elternentscheidung vereinfacht worden. Die verbindli-che Empfehlung der Grundschule und der Prognoseunterricht sind wie-der abgeschafft worden. Jetzt entscheiden allein die Eltern darüber, welche Schule ihr Kind nach der Grundschule besucht. Auch hier ist es möglich, dass der Schulträger Schuleinzugsbereiche bildet.

Nun kann es sein, dass die nächstgelegene Schule einer bestimmten Schul-form gar nicht im **Gemeindegebiet** vorhanden ist. Das ist im ländlichen Raum häufig der Fall. Es stellt sich also die Frage, ob ein Schulträger Kin-der aus einem anderen Gemeindegebiet ablehnen darf, wenn seine Schule bereits durch Anmeldungen gemeindeeigener Kinder die Grenzen ihrer Aufnahmefähigkeit erreicht.

**Neu**

Die Eltern können sich darauf berufen, dass die Schulleitung nach den zulässigen Kriterien der Ausbildungsordnung entscheidet. Hier hat aber aktuell (2014) eine gesetzliche Änderung des § 46 die Rechte des kommunalen Schulträgers gestärkt.

---

**Was das Schulgesetz dazu sagt**
Zur Aufnahme in die Schule siehe § 46. Die Regelung über die Schulein-zugsbereiche findet sich in § 84. Die Bekenntnisschule ist in § 26 geregelt.

---

## 15 Allgemeine Rechte und Pflichten der Schüler

Mit der Aufnahme in eine öffentliche Schule wird zwischen dieser und dem Schüler ein öffentlich-rechtliches **Schulverhältnis** begründet. Das ist nicht mehr wie früher ein rechtsfreies sog. besonderes Gewaltverhältnis, sondern es ist als ein Rechtsverhältnis zu begreifen, in dem auch die Schüler gesetzlich festgelegte Rechte und Pflichten haben. Waren diese zuvor in der Allgemeinen Schulordnung (ASchO) geregelt, so ist seit deren Aufhebung (2005) das Schulgesetz heranzuziehen.

Ein alle Einzelregelungen übergreifendes Prinzip ist der Grundsatz der **vertrauensvollen Zusammenarbeit** zwischen allen Beteiligten. Das sind die Lehrer, Schüler und Eltern. Ergänzende Regelungen kann die Schule im Rahmen einer eigenen Schulordnung treffen oder auch Bildungs- und Erziehungsvereinbarungen mit Eltern und Schülern abschließen. Aufgabe der Schule ist es, jedem Anschein von Vernachlässigung oder Misshandlung von Schülern nachzugehen. Die Schule hat als Ganzes einen Auftrag zur Förderung aller Schüler.

Zu den allgemeinen **Rechten der Schüler** gehört, dass sie an der Gestaltung der Bildungs- und Erziehungsarbeit mitwirken und ihre Interessen wahrnehmen können. Dazu haben sie Informations-, Beratungs- und Beteiligungsrechte sowie das Recht auf Meinungsfreiheit, Schülerzeitungen und Schülergruppen.

Zu den **Pflichten der Schüler** gehört nicht nur die regelmäßige Teilnahme am Unterricht, sondern auch die aktive Mitarbeit daran (Vorbereitung, Beteiligung, Arbeiten, Hausaufgaben). Entsprechendes gilt für sonstige Schulveranstaltungen, wenn diese als verbindlich erklärt worden sind (siehe bei **E 18**). Beurlaubungen und Befreiungen setzen voraus, dass ein Antrag gestellt wird und ein wichtiger Grund vorliegt.

---

**Was das Schulgesetz dazu sagt**
Der fünfte Teil des Schulgesetzes enthält die Regelungen zum Schulverhältnis (§§ 42 bis 56). Das sind die Kernregelungen der früheren Allgemeinen Schulordnung (ASchO), die durch das Schulgesetz aufgehoben worden ist (§ 130 Abs. 3). Zur eigenen Schulordnung siehe § 65 Abs. 2 Nr. 23, zu Bildungs- und Erziehungsvereinbarungen § 42 Abs. 5. Beurlaubungen und Befreiungen regelt § 43.

---

# 16 Leistungen werden bewertet

Die Bewertung der Schülerleistungen gehört seit jeher zur Aufgabe der Schule. Sie zieht sich durch von der Bewertung einzelner mündlicher oder schriftlicher Leistungen über Zeugnis und Versetzung bis hin zu Abschlüssen und Berechtigungen und den entsprechenden schulischen Abschlussprüfungen. Auch dafür gibt es rechtliche Grundsätze und entsprechende Regelungen.

Die Leistungsbewertung hat zwei Aufgaben: Sie gibt Aufschluss über den Leistungsstand des Schülers und sie ist die Grundlage für die Entscheidungen über seine weitere schulische Laufbahn. Sie bezieht sich auf das, was der Schüler im Unterricht gelernt hat, und wird durch die definierten Notenstufen, manchmal auch durch schriftliche Aussagen oder ein Punktsystem ausgedrückt.

Aus der Pflicht der Schule zur individuellen Förderung folgt ein wichtiger Grundsatz für Versetzungsentscheidungen: Die Schule hat ihren Unterricht so zu gestalten und die Schülerinnen und Schüler so zu fördern, dass die Versetzung der Regelfall ist.

Versetzungszeugnisse und Prüfungsentscheidungen haben rechtliche Wirkungen und können als Verwaltungsakt durch Widerspruch (bei der Schule) und Klage (beim Verwaltungsgericht) angefochten werden.

**Neu**
Die Beurteilung des **Arbeits- und Sozialverhaltens** von Schülern in Zeugnissen war umstritten. Die entsprechenden Bewertungen und Rückmeldungen bleiben weiter vorgeschrieben, Kopfnoten als Ziffernnoten sind aber wieder abgeschafft worden. Im Einzelfall entscheidet die Versetzungskonferenz. Grundsätze für die einheitliche Handhabung in der Schule beschließt die Schulkonferenz.

Ein besonderes **Engagement von Schülern** im außerunterrichtlichen und sogar im außerschulischen Bereich kann auf Wunsch im Zeugnis gewürdigt werden. Hier wird ein zusätzliches Signal gesetzt, dass Schule mehr sein soll und auch sein kann als Unterricht und schulkonformes Sozialverhalten.

Nähere Regelungen zu den einzelnen Bildungsgängen und ihren Anforderungen enthalten die Ausbildungs- und Prüfungsordnungen. Dabei geht es um Fragen, die für die Schullaufbahn aller Schüler wichtig sind, die aber als Detailregelungen im Gesetz selbst in dieser konkreten Form nicht getroffen werden können.

**Neu**

In der **Grundschule** sind seit dem Schuljahr 2012/2013 wieder die reinen Berichtszeugnisse (ohne Noten) bis einschließlich Klasse 3 möglich, wenn die Schulkonferenz entsprechend beschließt.

---

**Was das Schulgesetz dazu sagt**

Der zweite Abschnitt des fünften Teils regelt die Grundsätze der Leistungsbeurteilung (§ 48), der Zeugnisse (§ 49) und der Versetzung (§ 50). Regelungen zum Arbeits- und Sozialverhalten in Zeugnissen werden in § 49 Abs. 2 getroffen. § 52 enthält die gesetzliche Ermächtigung des Schulministeriums zum Erlass von Ausbildungs- und Prüfungsordnungen.

---

## 17 Einen guten Abschluss erreichen

Das ist die ständige Frage für alle Eltern wie für alle Lehrerinnen und Lehrer: Wie führe ich das Kind so durch seine schulische Laufbahn, dass es den seinen Fähigkeiten entsprechenden Abschluss erreicht? Unser hoch differenziertes Schulsystem gibt dazu den Rahmen und die Verfahren vor, damit verantwortliche Entscheidungen getroffen und individuelle Fördermaßnahmen ergriffen werden können.

In der **Sekundarstufe I** können folgende Abschlüsse an allen Schulen erworben werden:

– der Hauptschulabschluss bzw. ein ihm gleichwertiger Abschluss nach neun Schuljahren,
– der Hauptschulabschluss nach Klasse 10 bzw. ein ihm gleichwertiger Abschluss nach zehn Schuljahren,
– der mittlere Schulabschluss (Fachoberschulreife) nach zehn Schuljahren. Er kann mit der Berechtigung zum Besuch der gymnasialen Oberstufe verbunden sein.

Der Erwerb der beiden qualifizierten Abschlüsse nach Klasse 10 setzt voraus, dass ein Abschlussverfahren erfolgreich durchlaufen wird. Für das Gymnasium besteht eine Sonderregelung.

In der **Sekundarstufe II** können folgende Abschlüsse erworben werden:

– die Fachhochschulreife (schulischer Teil, sog. Fachabitur) nach dem ersten Jahr der Qualifikationsphase der gymnasialen Oberstufe sowie
– die allgemeine Hochschulreife nach Bestehen der Abiturprüfung.

In den Bildungsgängen des Berufskollegs können alle Abschlüsse erworben werden.

> **Was das Schulgesetz dazu sagt**
> Die Abschlüsse und Berechtigungen der Sekundarstufe I regeln § 12 (allgemein), § 14 Abs. 3 (Hauptschule), § 15 Abs. 3 (Realschule), § 16 Abs. 3 (Gymnasium), § 17 Abs. 4 (Gesamtschule) und § 17a Abs. 4 (Sekundarschule).
>
> Die Abschlüsse und Berechtigungen der Sekundarstufe II regelt § 18 Abs. 4 (Gymnasiale Oberstufe). Zu Förderschulen siehe § 19 Abs. 3 und 4, zum Berufskolleg § 22 Abs. 2, zum Weiterbildungskolleg § 23 Abs. 2.

## 18 Klassenfahrten und andere Schulveranstaltungen

Das Schulleben prägen auch Veranstaltungen außerhalb des normalen Unterrichts. Was eine solche Schulveranstaltung ist, lässt sich generell definieren, nämlich: eine Veranstaltung, die in der Verantwortung und unter Aufsicht der Schule stattfindet. Solche Veranstaltungen können für die Schüler verbindlich gemacht werden, wenn sie z.b. im Klassen- oder Kursverband durchgeführt werden sollen. Eine Befreiung von der Teilnahme setzt dann voraus, dass die Eltern einen Antrag stellen und besondere wichtige Gründe vortragen.

Während einer Schulveranstaltung besteht die Aufsichtspflicht der Schule. Sie ist von den damit beauftragten Lehrerinnen und Lehrern altersgemäß wahrzunehmen. Für die Schüler besteht dabei (und auf dem Schulweg) der Schutz der gesetzlichen Unfallversicherung.

Klassenfahrten sind der typische Fall solcher Schulveranstaltungen, die in der Praxis immer wieder auch besondere Fragen aufwerfen. Sehr wichtig ist die frühzeitige Planung solcher Veranstaltungen. Über die Rahmenplanung (auch den Kostenrahmen) entscheidet die Schulkonferenz.

**Tipp**
Bei der einzelnen Veranstaltung ist die Klassenpflegschaft zu beteiligen. Sie entscheidet über Ziel, Programm und Dauer. Die Kosten müssen möglichst niedrig gehalten werden, damit sie zumutbar sind und kein Kind deswegen ausgeschlossen bleibt. Lehrkräfte haben Anspruch auf Ersatz der Reisekosten und dürfen nicht zum Verzicht angehalten werden.

Dass die Unsitte mancher Abi-Reisen (Sauftour) nicht zu den Schulveranstaltungen gehört, versteht sich von selbst. Schulleiter und Lehrer könnten nach Inhalt und Ablauf dafür nicht die Verantwortung übernehmen. Selbst organisierte Veranstaltungen, die volljährige Schüler in ihrer Freizeit (nach den Klausuren) unternehmen, lassen sich rechtlich kaum unterbinden. Allerdings kann und sollte die Schule nicht kapitulieren und sich ihren Ruf nicht kaputt machen lassen. Pädagogische Phantasie ist gefragt; die Abschlussfeier steht noch bevor.

---

**Was das Schulgesetz dazu sagt**
Das Schulgesetz enthält dazu allgemeine Aussagen in § 43. Zu den Klassenfahrten siehe die Richtlinien für Schulfahrten (früher: Wanderrichtlinien – WRL): BASS 14–12 Nr. 2; SchR 3.4.1/1. Zur Schulkonferenz siehe § 65 Abs. 2 Nr. 6, zur Teilnahme von Eltern an Schulveranstaltungen siehe § 44 Abs. 3.

---

## 19 Stellung und Aufgaben der Eltern in der Schule

Aus dem Schulverhältnis ergeben sich auch für die Eltern gesetzlich geregelte Rechte und Pflichten. Eltern sollen die Schule bei ihrer Arbeit unterstützen und ihr Kind – seinem Alter entsprechend – dazu anhalten, seine schulischen Pflichten zu erfüllen.

Ein wichtiger Grundsatz für das Verhältnis der Schule zu den Eltern ist das **Gebot der vertrauensvollen Zusammenarbeit**. Eltern sollen nicht nur einzeln, sondern auch gemeinsam als Gruppe in den schulischen Gremien mitwirken.

Es gehört auch zu den Pflichten der Eltern, ihr Kind für den Schulbesuch angemessen auszustatten. Die dadurch entstehenden Kosten sind Elternkosten. Die Kosten für die erforderlichen Lernmittel werden dagegen im Rahmen der Lernmittelfreiheit überwiegend vom Schulträger bereitgestellt; für die Eltern verbleibt der Eigenanteil. Siehe dazu **E 31**.

Oft zögern Eltern, sich auch noch in der Schule um die Angelegenheiten ihrer Kinder zu kümmern. Sie mischen sich erst ein, wenn es fast zu spät ist. Es gibt auch Lehrerinnen und Lehrer, die Eltern in solcher Passivität eher bestärken. Beide Seiten verkennen dabei ihre Rechte und Pflichten. Eltern sind für die schulische Erziehung ihrer Kinder mitverantwortlich, sie sollen aktiv die Schule mitgestalten.

**Tipp**
Wenn Eltern sich also einschalten, ist das nicht unangemessene Aufdringlichkeit, sondern die vom Gesetz erwartete Wahrnehmung ihrer Aufgaben. Wo Eltern aus Desinteresse oder Unerfahrenheit abseits bleiben, sollten die Lehrkräfte sie zur Mitarbeit ermutigen und einladen.

Bei **volljährigen Schülern** tritt für die Eltern eine neue Situation ein. Ihr elterliches Sorgerecht ist erloschen, Schülerinnen und Schüler nehmen ihre Rechte selbst wahr. Gleichwohl ist in der Schule die Mitwirkung der Eltern damit nicht ganz beendet.

---

**Was das Schulgesetz dazu sagt**
Die Aufgaben der Eltern werden insbesondere in den §§ 41 bis 44 angesprochen. Zum Elternbegriff und zum Eintritt der Volljährigkeit siehe § 123 und § 120 Abs. 8 sowie § 64 Abs. 3 und § 73 Abs. 1.

Näher zu den Aufgaben der Eltern in den schulischen Gremien siehe §§ 62 ff.

---

## 20 Wie die Schule auf Fehlverhalten von Schülern reagiert

Wenn Schüler sich nicht so verhalten, wie von ihnen zu Recht erwartet wird, hat die Schule ein System abgestufter Reaktionsmöglichkeiten. Zunächst einmal ist es selbstverständliche Aufgabe der Lehrkräfte, mit geeigneten pädagogischen Mitteln gegen Pflichtverletzungen und Störungen vorzugehen.

Solche **erzieherischen Einwirkungen**, so nennt sie das Schulgesetz, haben keinen Rechtswert, weil sie nicht in die Rechtssphäre der Schüler eingreifen. Sie sind Erziehungsmittel, keine Verwaltungsakte, also z.B.:

- das erzieherische Gespräch, die Ermahnung, Gruppengespräche mit Schülern,
- mündliche oder schriftliche Missbilligung des Fehlverhaltens,
- Ausschluss aus der laufenden Unterrichtsstunde,
- Nacharbeit unter Aufsicht, um versäumten Unterrichtsstoff nachzuholen (nach vorheriger Benachrichtigung der Eltern!),
- zeitweilige Wegnahme von Gegenständen (z.B. Handy für den Rest des Tages),
- Maßnahmen mit dem Ziel der Wiedergutmachung des angerichteten Schadens (z.B. Reinigungsarbeiten) sowie
- die Beauftragung mit Aufgaben, die geeignet sind, das Fehlverhalten zu verdeutlichen (z.B. förmliche Entschuldigung).

Auch für diese den Ordnungsmaßnahmen vorgelagerten Maßnahmen gilt der Grundsatz der **Verhältnismäßigkeit** (Nicht mit Kanonen auf Spatzen!). In welchen Fällen die Eltern benachrichtigt werden, entscheidet der Lehrer in eigener Verantwortung. Er kann sich dadurch die Unterstützung der Eltern verschaffen, sie aber auch im Vorfeld von Ordnungsmaßnahmen vorwarnen.

**Tipp**
Es kann auch eine mit Schülern besetzte Schulschiedsstelle (beim Schulamt) eingeschaltet werden.

**Kollektivmaßnahmen** sind nur zulässig, wenn die Pflichtverletzung jedem einzelnen Schüler zugerechnet werden kann. Das ist in der Praxis bei einer gemeinsamen Verweigerung einfach, nicht aber, wenn ein Täter von einer Gruppe gedeckt wird. Hier ist im Einzelfall pädagogische Phantasie gefragt, um auf die Gruppe erzieherisch einzuwirken (z.B. Streichen einer geplanten Veranstaltung).

**Ordnungsmaßnahmen** haben schon ein anderes Kaliber. Sie sind als Verwaltungsakte einzustufen, setzen also schon ein erhebliches subjektives Fehlverhalten voraus. Ihre Verhängung muss geeignet sein, erforderlich sein (Mildere Maßnahmen reichen nicht) und verhältnismäßig zum Fehlverhalten sein. Sie können durch Widerspruch bei der Schule (Schulaufsicht) und durch Klage beim Verwaltungsgericht angefochten werden.

Welche Maßnahmen zulässig sind, hat das Schulgesetz in einem abschließenden Katalog abgestufter Maßnahmen festgelegt:

– der schriftliche Verweis,
– die Überweisung in eine parallele Klasse oder Lerngruppe,
– der vorübergehende Ausschluss vom Unterricht (ein Tag bis zwei Wochen) und von sonstigen Schulveranstaltungen (z.B. Klassenfahrt)

*durch die Schulleiterin oder den Schulleiter;*

– die Androhung der Entlassung von der Schule und
– die Entlassung von der Schule

*durch eine Teilkonferenz der Lehrerkonferenz sowie*

bei äußerster Sicherheitsgefährdung

– die Androhung der Verweisung von allen öffentlichen Schulen und
– die Verweisung von allen öffentlichen Schulen des Landes

*durch die Bezirksregierung als obere Schulaufsichtsbehörde.*

**Tipp**

Wichtig ist, dass bei Ordnungsmaßnahmen die Zuständigkeiten und bestimmte Verfahrensregelungen eingehalten werden. Dazu gehören das rechtliche Gehör, die Einbeziehung der Eltern und die Schriftform (einschließlich Begründung), aber auch die Ursachenforschung. In der Regel hat das geeignete mildere Mittel den Vorrang.

Erzieherische Einwirkungen und Ordnungsmaßnahmen richten sich gegen Fehlverhalten auf dem Schulgelände oder während einer Schulveranstaltung. Es kann aber auch sein, dass ein **außerschulisches Verhalten** von Schülern einen direkten Schulbezug aufweist und in die Schule hineinwirkt.

Ein solches pflichtwidriges Fehlverhalten ist beispielsweise anzunehmen bei einer Gewalttätigkeit an der Bushaltestelle vor der Schule, bei Cybermobbing oder bei einem Flugblatt, das zum Schulboykott aufruft.

Besteht gegen Schülerinnen oder Schüler der Verdacht einer **strafbaren Handlung**, hat der Schulleiter zu prüfen, ob wegen der Schwere der Tat eine Meldung an die Polizei erfolgen muss.

---

**Was das Schulgesetz dazu sagt**
§ 53 SchulG beschreibt die erzieherischen Einwirkungen und enthält die gesetzlichen Anforderungen für die Verhängung von Ordnungsmaßnahmen.

---

**Fünftes Kapitel: Lehrkräfte, Schulleitung und anderes Schulpersonal**

## 21 Lehrerinnen und Lehrer

Die Ausbildung von Lehrkräften regelt das Lehrerausbildungsgesetz (LABG), ihre dienstrechtliche Stellung das Landesbeamtengesetz (LBG) und das Beamtenstatusgesetz (des Bundes) oder der Tarifvertrag. Denn die Lehrer sind in der Regel Beamte im Landesdienst. Das Schulgesetz (§ 57) beschreibt ihre Aufgabe wie folgt:

*Lehrerinnen und Lehrer unterrichten, erziehen, beraten, beurteilen, beaufsichtigen und betreuen Schülerinnen und Schüler in eigener Verantwortung im Rahmen der Bildungs- und Erziehungsziele, der geltenden Rechts- und Verwaltungsvorschriften, der Anordnungen der Schulaufsichtsbehörden und der Konferenzbeschlüsse; sie fördern alle Schülerinnen und Schüler umfassend.*

Über diese pauschale Aussage hinaus wird der Aufgabenbereich der Lehrkräfte durch die Allgemeine Dienstordnung (ADO) konkretisiert. Sie beschreibt auch die **pädagogische Freiheit und Verantwortung**. Vorgaben für die Unterrichts- und Erziehungsarbeit enthalten die Richtlinien und Lehrpläne. Diese Unterrichtsvorgaben müssen aber – ebenso wie die schuleigenen Vorgaben – den pädagogischen Gestaltungsspielraum erhalten. Auch Konferenzbeschlüsse dürfen ihn nicht unzumutbar einschränken.

Schulleiter dürfen in die Unterrichts- und Erziehungsarbeit nur im Rahmen ihrer Befugnisse im Einzelfall eingreifen. Unterrichtsbesuche gehören dazu – auch unangemeldet (außer bei Beurteilungen).

Zu den wichtigsten Aufgaben der Lehrkräfte gehört die **Aufsichtspflicht**. Eltern müssen sich darauf verlassen können, dass ihre Kinder in der Schule angemessen beaufsichtigt werden, damit weder sie selbst noch außenstehende Dritte durch sie gefährdet oder geschädigt werden. Was das im Einzelnen erfordert, hängt von den Umständen des Einzelfalles ab (Alter, Einsichtsfähigkeit, Situation).

Die **Arbeitszeit** der Lehrerinnen und Lehrer wird durch die Pflichtstundenregelungen bestimmt. Über den darüber hinausgehenden Teil ihrer Arbeitszeit können Lehrkräfte weitgehend in eigener Verantwortung bestimmen. Alle Lehrkräfte sind verpflichtet, über die Unterrichtstätigkeit hinaus an der Gestaltung des Schullebens, an der Organisation der Schule und in der Qualitätssicherung mitzuarbeiten.

Lehrer sollen keine Einzelkämpfer sein. Sie müssen sich in der pädagogischen Arbeit miteinander abstimmen und also auch in fachlichen und erzieherischen Fragen zusammenarbeiten. Darüber hinaus müssen sie natürlich auch mit allen anderen Personen in der Schule vertrauensvoll zusammenarbeiten.

Ein besonderes Mitwirkungsorgan für die Belange der Lehrkräfte ist der **Lehrerrat**. Siehe dazu **E 26**.

**Neu**
Dass Lehrkräfte verpflichtet sind, die Neutralität der Schule nicht zu beeinträchtigen, ist im Zusammenhang mit den strengeren Voraussetzungen für ein Kopftuchverbot ausdrücklich im erweiterten § 2 geregelt.

---

**Was das Schulgesetz dazu sagt**
Der sechste Teil des Schulgesetzes enthält die wesentlichen schulrechtlichen Regelungen für das vom Land im Schuldienst beschäftigte Personal (§ 2 Abs. 8, § 57 und § 58). Dies sind insbesondere die Lehrkräfte. Pflichtstunden regelt die Verordnung zu § 93 (sog. AVO). Unberührt von den schulgesetzlichen Vorschriften bleibt das Lehrerdienstrecht, d.h. die beamtenrechtlichen Vorschriften (für Beamte) und die arbeits- und tarifrechtlichen Vorschriften (für Tarifbeschäftigte). Siehe dazu SchR 6.1 und 6.4 ff.

Für das in den Schulen tätige Personal der kommunalen Schulträger gilt der sechste Teil nicht.

---

## 22 Stellung und Aufgaben der Schulleitung

Schulleiterinnen und Schulleiter haben eine doppelte Funktion. Sie sind Lehrer (mit reduzierten Pflichtstunden) und zugleich nicht nur Verwaltungschefs der Schule. Sie tragen nach innen die Verantwortung dafür, dass „der Laden läuft", und vertreten die Schule nach außen – gegenüber dem Schulträger, der Schulaufsichtsbehörde und der Öffentlichkeit. Was das alles im Einzelnen bedeutet, ist im Schulgesetz und in der Allgemeinen Dienstordnung (ADO) nachzulesen.

**Neu**
Das Amt des Schulleiters befindet sich schon seit einiger Zeit in einem Prozess der Veränderung. Mit der größeren Eigenverantwortung der einzelnen Schule ändert sich auch weiter die Rolle der Schulleitung.

Schulleiterinnen und Schulleiter tragen nicht nur die Verantwortung für die Unterrichtserteilung und Schulentwicklung, für die Organisation und Verwaltung, sondern auch zunehmend für die Personalführung der Schule. Sie nehmen auch Aufgaben des Dienstvorgesetzten wahr.

Wie man Schulleiter werden kann, dafür gibt es Voraussetzungen und Verfahren. Zu den Voraussetzungen gehören die richtige Lehramtsbefähigung und vor allem die entsprechenden Kenntnisse und Fähigkeiten. Zu den Verfahrensanforderungen gehören insbesondere die Ausschreibung, die Beteiligung der Schulkonferenz, das kommunale Vorschlagsrecht und das Eignungsfeststellungsverfahren. Die Letztentscheidung liegt bei der staatlichen Schulaufsichtsbehörde.

---

**Was das Schulgesetz dazu sagt**
Aufgaben und Stellung der Schulleitung regeln die §§ 59 ff. SchulG. Zum Verfahren der Bestellung des Schulleiters siehe § 61. Ausdrücklich geregelt ist, dass der Schulleitung weitere Personen angehören können (erweiterte Schulleitung) und dass einzelne Leitungsaufgaben Lehrkräften zur eigenständigen Wahrnehmung übertragen werden können (§ 60).

---

## 23 Sonstiges Personal an der Schule

Neben den akademisch ausgebildeten Lehrkräften gibt es weitere Personengruppen, die an den Schulen in unterschiedlichen Funktionen tätig sind. Sie stehen entweder im Dienst des Landes oder des Schulträgers.

Auf Lehrerstellen werden vom Land auch **pädagogische und sozialpädagogische Mitarbeiter** finanziert. Soweit an Schulen solche Personen tätig sind, werden sie weitgehend wie Lehrer behandelt und haben im Rahmen der allgemeinen Arbeitszeit (nicht Pflichtstunden) auch deren Pflichten. So sind insbesondere an Gesamtschulen sozialpädagogische Fachkräfte tätig, an den Berufskollegs viele Fachlehrer (z.B. Werkstattlehrer). Grundsätzlich können an allen Schulen Fachkräfte für Schulsozialarbeit eingesetzt werden.

**Neu**
Zu besserer Integration von neu Zugewanderten können in den den Schulen Fachkräfte für multiprofessionelle Teams eingestellt werden (RdErl. vom 02.02.2016; BASS 21-13 Nr. 9; SchR 3.1.6/101).

Auch an Berufskollegs werden verstärkt multiprofessionelle Teams für die Förderung insbesondere in der Arbeitsvorbereitung mit Fachkräften gebildet.

Das **Verwaltungspersonal** der Schule, also insbesondere Schulsekretärin und Hausmeister, steht im Dienst des Schulträgers. Dieser stellt mancherorts auch zusätzliche sozialpädagogische Kräfte ein.

**Tipp**

Ein besonderes Projekt des Landes ist der begrenzte Einsatz von Schulverwaltungsassistenten; das sind Landesbedienstete aus anderen Bereichen, die zur Entlastung der Lehrkräfte mit Verwaltungsaufgaben in Schulen betraut werden. Das ist zwar (noch) nicht Standard der öffentlichen Schulen, aber durchaus empfehlenswert.

**Sonstige Mitarbeiter** können in der Schule eingesetzt werden, so z.B. in der offenen Ganztagsschule im Rahmen von Kooperationsverträgen durch den Schulträger oder durch Dritte. Integrationshelfer, die für Schüler mit sonderpädagogischem Förderbedarf den Schulbesuch ermöglichen sollen, werden über die Sozialhilfe finanziert. Es handelt sich insoweit nicht um Schulkosten im Sinne des Schulrechts, für die der Schulträger aufkommen müsste.

---

**Was das Schulgesetz dazu sagt**
Zum pädagogischen Hilfspersonal siehe § 58 sowie § 68 Abs. 1, § 69 Abs. 1 und § 71 Abs. 1. Die Kostenträgerschaft bei Personalkosten und Sachkosten regelt § 92. Zur offenen Ganztagsschule siehe § 9 Abs. 3.

---

## Sechstes Kapitel: Mitwirkung im Zentrum der Schulverfassung

## 24 Alle wirken mit in der Schulkonferenz

Die Grundlagen für die heutige Schulverfassung wurden 1977 mit dem Schulmitwirkungsgesetz gelegt. War zuvor nur die Beteiligung der Eltern rechtlich abgesichert (Klassenpflegschaft, Schulpflegschaft), so wurde daraus nun ein umfassendes System schulischer Mitwirkungsgremien. Dieses besteht im Grundsatz auch heute noch so, nachdem das Schulmitwirkungsgesetz im Schulgesetz aufgegangen ist.

Die in der Schule vertretenen Personengruppen haben ihre eigenen Gremien:

– die Lehrkräfte die Klassenkonferenzen, die Fachkonferenzen und zentral die Lehrerkonferenz sowie den Lehrerrat,
– die Eltern die Klassenpflegschaften und die Schulpflegschaft,
– die Schüler die Schülervertretung.

**Oberstes Mitwirkungsorgan** der Schulverfassung ist die Schulkonferenz, in der die Lehrkräfte, Schüler und Eltern zusammenwirken. Sie ist das zentrale Entscheidungsorgan der Schule in grundsätzlichen Fragen und setzt sich nach einem bestimmten Schlüssel aus Vertretern der einzelnen Gruppen zusammen. Ihre Mitglieder werden durch die zentralen Gremien der Gruppen gewählt. Sie wird von der Schulleiterin oder vom Schulleiter geleitet.

**Tipp**
Wie groß die Schulkonferenz ist, hängt von der Größe der Schule ab: sechs, zwölf oder 18 Mitglieder. Schulen können die Mitgliederzahl aber auch aufstocken.

Politisch umstritten war in den letzten Jahren die Zusammensetzung der Schulkonferenz in der Sekundarstufe I. Zwei Landtagswahlen haben ein Hin und Her bewirkt. Zunächst hatte das Schulgesetz 2005 für das Verhältnis von Lehrer-, Eltern- und Schülervertretern die **Drittelparität** eingeführt. Sie wurde 2006 abgeschafft und ist 2010 wieder eingeführt worden.

Die **Aufgaben der Schulkonferenz** sind in einem ausführlichen Katalog geregelt, soweit es um Entscheidungen geht. Das ist deshalb wichtig, weil es hierbei auch um die Machtbalance in der Schule geht und weil die Beschlüsse der Schulkonferenz rechtliche Wirkungen entfalten. Ansonsten kann die Schulkonferenz sich mit allen grundsätzlichen Fragen der Schule befassen, also z.B. auch mit den Ursachen und Folgen von Unterrichtsausfall.

Eine wichtige Voraussetzung für ein gutes Schulleben ist es, dass in der Praxis das Verhältnis zwischen Schulkonferenz und Schulleitung stimmt, also getragen wird von der gebotenen vertrauensvollen Zusammenarbeit. Als Vorsitzende der Schulkonferenz tragen Schulleiterin oder Schulleiter viel dazu bei.

**Neu**

Mit der Entwicklung der Schule zu mehr Eigenverantwortung wachsen auch die Aufgaben der Schulkonferenz. Denn sie entscheidet dort, wo früher die Schule an Vorgaben gebunden war, jetzt aber selbst ihre Gestaltungsspielräume ausfüllen kann.

---

**Was das Schulgesetz dazu sagt**
Grundsätze der Schulmitwirkung sowie Regelungen zu Verfahren und Wahlen sind in den §§ 62 bis 64 zu finden. Zu den Aufgaben der Schulkonferenz siehe § 65, zur Zusammensetzung § 66. Zum Bericht über die Unterrichtsversorgung siehe § 59 Abs. 7.

---

## 25 Lehrer arbeiten in Konferenzen zusammen

Auf der Ebene der Klasse arbeiten die Lehrerinnen oder Lehrer im Rahmen der **Klassenkonferenz** zusammen. Unter Vorsitz des Klassenlehrers berät sie alle Fragen der Bildungs- und Erziehungsarbeit der Klasse und entscheidet über Zeugnisse und Versetzungen (Versetzungskonferenz). An den allgemeinen Beratungen nehmen auch Vertreter der Schüler (Klassensprecher) und Eltern (Vorsitzender der Klassenpflegschaft) teil. Soweit der Klassenverband nicht mehr besteht, gibt es die Jahrgangskonferenz.

Zentrales Gremium der Lehrer ist die **Lehrerkonferenz**. Ihr gehören auch die pädagogischen Mitarbeiter an. Die Lehrerkonferenz kann über alle Angelegenheiten der Schule beraten. Ihre Entscheidungskompetenzen sind in einem Katalog geregelt, soweit sie über Angelegenheiten der Lehrkräfte hinausgehen. Den Vorsitz hat die Schulleiterin oder der Schulleiter.

Die Teilnahme an den Sitzungen ist für alle Mitglieder verpflichtend. Sie müssen in den Sitzungen mitarbeiten und auch Wahlen annehmen. Teilzeitbeschäftigte Lehrkräfte haben zwar reduzierte Dienstpflichten bei der Unterrichtsverpflichtung und bei außerunterrichtlichen Aufgaben, sind aber ebenso zur Teilnahme an Konferenzen verpflichtet.

> **Tipp**
> Die weiblichen Mitglieder der Lehrerkonferenz können darauf hinwirken, dass der Schulleiter eine **Ansprechpartnerin für Gleichstellungsfragen** bestellt.

In den **Fachkonferenzen** beraten die Lehrer über alle Fragen des jeweiligen Faches. An ihren Sitzungen nehmen auch je zwei Vertreter der Schüler und Eltern teil. Bei Berufskollegs sind auch Vertretungen der Ausbildenden und der Auszubildenden beteiligt.

---

**Was das Schulgesetz dazu sagt**
Zur Lehrerkonferenz siehe näher in § 68 SchulG, zu den Fachkonferenzen siehe § 70, zur Klassenkonferenz siehe § 71.

---

## 26 Der Lehrerrat hat neue Aufgaben

Der Lehrerrat ist ein vermittelndes Mitwirkungsorgan ohne eigene Entscheidungsrechte. Er soll die Schulleiterin oder den Schulleiter in Angelegenheiten der Lehrer (und der übrigen Mitarbeiter) beraten und bei Konflikten in dienstlichen Angelegenheiten vermitteln, wenn Betroffene sich an ihn wenden.

Mit den neuen Befugnissen der Schulleitung haben sich auch die Aufgaben der Lehrerräte geändert. Sie sind mit beteiligungsrechtlichen Kompetenzen ausgestattet worden. Das wiederum hat Einfluss auf ihre Wahl und ihre Zusammensetzung. Entsprechend den Regelungen im Landespersonalvertretungsgesetz (LPVG) ist die Amtszeit der Mitglieder von einem auf vier Schuljahre verlängert worden. Das Schulministerium hat für Lehrerräte eine Handreichung herausgegeben (2013).

Der Lehrerrat hat einmal im Schuljahr in der Lehrerkonferenz über seine Tätigkeit zu berichten. Hierdurch wird wie bei einer Personalversammlung das gesamte pädagogische und nichtpädagogische Personal der Schule erreicht.

---

**Was das Schulgesetz dazu sagt**
Zu den Aufgaben und Verfahren des Lehrerrats siehe § 69 SchulG.

---

## 27 Die Schülervertretung hat Aufgaben und Rechte

Schülerinnen und Schüler nehmen ihre Interessen in der Schülervertretung auf allen Stufen der Mitwirkung wahr. Das geschieht durch eigene Organe und durch die Mitwirkung in den schulischen Gremien.

Auf der untersten Ebene wählen sie ihre **Klassensprecher**.

Im **Schülerrat** wirken diese gewählten Vertreter zusammen. Diese wählen einen **Schülersprecher**. Er oder sie vertritt dann die Schülerschaft nach außen, auch in den überschulischen Gremien der Schülervertretung.

Vom Schülerrat gewählte Vertreter wirken beratend mit in der Schulkonferenz und in Fachkonferenzen.

**Tipp**
Wenn der Schülerrat dies für zweckmäßig hält, kann er nach Absprache mit der Schulleiterin oder dem Schulleiter eine **Schülerversammlung** einberufen.

Die Schülervertretung wird durch **Verbindungslehrer** unterstützt. Dazu wählt sie je nach Schulgröße einen bis drei Lehrerinnen oder Lehrer ihres Vertrauens.

Schüler dürfen wegen ihrer Mitwirkung in der Schülervertretung weder bevorzugt noch benachteiligt werden. Das gilt für die Bewertung ihrer schulischen Leistungen. Aber eine aktive Mitarbeit in der Schülervertretung kann auf Wunsch im Zeugnis vermerkt werden und kann dann ein positives Signal für ein besonderes Engagement sein.

Schülervertretungen können auch über die Schule hinaus auf örtlicher und überörtlicher Ebene tätig sein. So können sie gegenüber dem Schulträger oder auch der Schulaufsichtsbehörde Stellungnahmen abgeben. Dazu wirken sie in Bezirksschülervertretungen und in der **Landesschülervertretung** zusammen.

Gewählte Schülervertreter sollen die Belange von Schülern wahrnehmen. Die Frage, inwieweit sie dabei auch für spezielle politische Zielsetzungen im Namen ihrer Schülerbasis eintreten dürfen, hat vor Jahren noch heftigen Streit ausgelöst. Die Problematik hat sich angesichts der allgemeinen Entpolitisierung in der Schülerschaft verflüchtigt. Die gewählten Schülervertretungen haben kein allgemeines politisches Mandat, es bezieht sich nur auf schulpolitische Belange. Freier sind politische Schülergruppen, die auch in der Schule tätig sein können.

> **Was das Schulgesetz dazu sagt**
> Regelungen zur Schülervertretung finden sich in § 74. Zur Landesschülervertretung siehe § 77 Abs. 3 Nr. 3. Zur Betätigung von Schülergruppen siehe § 45 Abs. 4 und § 65 Abs. 2 Nr. 14.

## 28 Elternmitwirkung auf allen Ebenen

Nach der Landesverfassung (Art. 10 Abs. 2 LV) wirken die Eltern durch Elternvertretungen an der Gestaltung des Schulwesens mit. Dieses kollektive Elternrecht ist durch den Gesetzgeber einzulösen, was er in Anknüpfung an das vorherige Schulmitwirkungsgesetz im Schulgesetz auch getan hat. Das vertraute abgestufte System auf verschiedenen Ebenen ist also weiterhin Praxis.

Die organisatorische Basis der Elternmitwirkung ist die **Klassenpflegschaft**, in der die Eltern einer Klasse (entsprechend auch für die Jahrgangsstufe) zusammenwirken. Hier können – und sollen auch! – alle Eltern sich einbringen und in enger Partnerschaft mit den Lehrkräften die Belange ihrer Kinder diskutieren. Sie wählen Vorsitzende, die sie zur Mitwirkung in weiteren Gremien vertreten.

Auch wenn die Eltern eines Kindes für jedes Kind gemeinsam nur eine Stimme haben, spricht nichts dagegen, wenn beide Elternteile sich an den Sitzungen der Klassenpflegschaft beteiligen.

Auf der Ebene der ganzen Schule nimmt die **Schulpflegschaft** die Belange aller Eltern wahr. Sie wird aus den Vorsitzenden der Klassenpflegschaften (bzw. den Vertretern der Jahrgangsstufen) gebildet. Sie wählt ihre Vorsitzende oder ihren Vorsitzenden und die Vertreter der Elternschaft für die weiteren Gremien, insbesondere also für die Schulkonferenz und für die Fachkonferenzen. Sie kann auch eine Elternversammlung einberufen.

Ist also die Schulpflegschaft das repräsentative Organ der Elternschaft auf der Ebene der Schule, so gibt es auch Fragen und Interessen von Eltern, die auf einer höheren Ebene zu diskutieren sind. So wollen z.B. Eltern mehrerer Gymnasien in einer Stadt gemeinsam ein Votum gegenüber der Stadt als Schulträger oder gegenüber der Schulaufsichtsbehörde abgeben.

Dazu können die Schulpflegschaften nicht nur informell zusammenarbeiten. Sie können auch auf der Ebene der Gemeinde/Stadt (oder eines Kreises) eine **Stadtschulpflegschaft** bilden. Das kann für eine Schulform, für mehrere Schulformen einer Stufe oder auch für alle Schulen der Stadt gemeinsam geschehen. Elternvertreter können auch als sachverständige Bürger in den Schulausschuss einer Kommune berufen werden.

Für die Mitwirkung der Eltern auf der Landesebene ist oft die Frage diskutiert worden, wie dies denn sinnvoll und praktikabel zu gestalten sei. Nach dem Schulmitwirkungsgesetz war eine institutionalisierte überörtliche Elternvertretung nicht vorgesehen. Der umstrittene Versuch, mit dem Schulgesetz (2005) einen offiziellen **Landeselternbeirat** einzuführen, ist bereits vor dem Inkrafttreten der Regelung (2006) mit neuer Mehrheit wieder aufgehoben worden. Denn dieses Gremium hätte nach Auffassung der neuen Koalition im Landtag zu viel zu verwaltungsaufwändigen Konstruktionen und Verfahren geführt.

Deshalb ist es bisher also bei dem sog. Verbändemodell geblieben, bei dem die verschiedenen frei gebildeten **Elternverbände** unmittelbar gegenüber dem Schulministerium in regelmäßigen Besprechungen oder bei Anhörungen im Landtag mitwirken können. In der Praxis haben sich überwiegend schulformbezogene Elternverbände gebildet.

### Neu

Nach einem fraktionsübergreifend gefassten Beschluss des Landtags (2016) ist nunmehr geplant einen "Elterntag" im Landtag durchzuführen, zu dem sowohl Elternverbände als auch Stadt-/Kreisschulpflegschaften eingeladen werden sollen.

### Tipp

Welche Elternverbände bestehen, ergibt sich aus der Adressenliste, die im Bildungsportal des Schulministeriums eingestellt ist. Siehe www.schulministerium.nrw.de/BP/Eltern/Elternverbaende.

---

**Was das Schulgesetz dazu sagt**

Die Regelungen zur Klassenpflegschaft finden sich in § 73, zur Schulpflegschaft in § 72. Zur überschulischen Mitwirkung beim Schulträger siehe § 76, zur Beteiligung beim Schulministerium § 77.

Zur Liste der schulischen Verbände und Organisationen siehe auch BASS sowie SchR 2.6/201.

---

## Siebtes Kapitel: Der Schulträger und seine Aufgaben

## 29 Was sind äußere Schulangelegenheiten?

Das Land hat die Aufsicht über das Schulwesen. Zu diesem umfassenden Bestimmungsrecht gehören die Planung und Organisation des Schulsystems. Bei Aufgaben mit einem örtlichen Bezug ist das in der Verfassung garantierte kommunale Selbstverwaltungsrecht (Art. 78 LV) betroffen. Land und Gemeinden haben die Pflicht, Schulen zu errichten und zu fördern (Art. 8 Abs. 3 LV).

Damit die Kommunen für ein ausreichendes Schulangebot sorgen können, brauchen sie ausreichende Gestaltungsräume. Schulträger für die öffentlichen Schulen sind in der Regel die Gemeinden, manchmal auch die Kreise und kreisfreien Städte (Berufskollegs) und die Landschaftsverbände (Förderschulen).

**Schulträger** ist, wer für die Errichtung, die Organisation und Verwaltungsführung der einzelnen Schule rechtlich unmittelbar die Verantwortung trägt und zur Unterhaltung der Schule eigene Leistungen erbringt. Mit dieser Legaldefinition hatte das frühere Schulverwaltungsgesetz (§ 2 SchVG) den Schulträgerbegriff für das gesamte Schulrecht des Landes festgelegt.

Es gibt eine sog. Verantwortungsgemeinschaft zwischen Land und Kommunen. Zur Abgrenzung der Kompetenzen zwischen kommunalen Schulträgern und staatlicher Schulaufsicht kann das früher verwendete Begriffspaar „innere und äußere Schulangelegenheiten" zwar immer noch herangezogen werden. In der Praxis werden die alten Grenzen aber häufig verwischt, weil die Schulträger im Zuge der Öffnung und Vernetzung von Schulen mit ihrem Umfeld neue Aufgaben übernommen haben (erweiterte Schulträgerschaft, regionale Bildungsnetzwerke).

**Neu**
Diskussionen hat es in den vergangenen Jahren darüber gegeben, ob und wie Schülerströme gelenkt werden dürfen (sog. Sprengelpflicht) oder ob auch insoweit das Elternwahlrecht Vorrang hat. Verbindliche Schulbezirke für die Grundschulen wurden abgeschafft, die weicheren **Schuleinzugsbereiche** können inzwischen wieder gebildet werden. Siehe dazu oben bei E 14.

> **Was das Schulgesetz dazu sagt**
> Der achte Teil des Schulgesetzes (§§ 78 bis 85) enthält die grundlegenden Vorschriften für die kommunale Schulträgerschaft und für das Verhältnis zwischen dem Schulträger und dem Land. Zu den Schuleinzugsbereichen siehe § 84.

## 30 Von der Schulentwicklungsplanung zur Schulerrichtung

Kern der kommunalen Schulträgerschaft ist das Recht und die Pflicht, im Rahmen einer geordneten Schulentwicklungsplanung für ein umfassendes Schulangebot zu sorgen. Dieses muss sich grundsätzlich auf alle Schulformen und Schularten beziehen. Gemeinden sind deshalb verpflichtet, ihr Angebot mit den Planungen benachbarter Schulträger abzustimmen. Das heißt aber nicht, dass benachbarte Schulträger ein Vetorecht gegen jede Form von „Schülerklau" haben.

Grundsatz ist die kommunale Selbstversorgung, bei der zunächst jede Gemeinde für ihre Bürger sorgt. Entscheidend ist aber, dass alle Kinder und Jugendlichen überall im Lande unter möglichst gleichen Bedingungen die vorgesehenen Bildungs- und Abschlussangebote wahrnehmen können. Deshalb dürfen Schüler nicht abgelehnt werden, nur weil sie aus einer anderen Gemeinde kommen.

**Neu**
Bei interkommunalen Streitfällen zwischen benachbarten Schulträgern soll ein neues Moderationsverfahren helfen.

Ob eine Schule errichtet, fortgeführt oder aufgelöst werden muss (oder darf), hängt wesentlich davon ab, ob ein **Bedürfnis** für das entsprechende schulische Angebot besteht und ob die dafür vorgeschriebenen Mindestgrößen erreicht werden. Denn sehr kleine Schulen mögen zwar auch noch – jedenfalls in der Primarstufe und Sekundarstufe I – sinnvolle pädagogische Arbeit leisten können. Sie führen jedoch für das Land zu unvertretbar hohen Personalkosten, weil sie mehr Lehrer erfordern, als nach der Relation vorgesehen ist.

Die Frage, wie bei weiter **zurückgehenden Schülerzahlen** (Geburtenrückgang) und einem geänderten Wahlverhalten der Eltern (Hauptschulflucht) ein vernünftiges Schulangebot in der Sekundarstufe I aufrechterhalten werden kann, hat die Politik lange beschäftigt und über Jahrzehnte in einem unfruchtbaren Streit über die Schulstruktur verharren lassen: vom Streit über die kooperative Schule und über die Gesamtschule, über die

Verbundschule und zuletzt über die Gemeinschaftsschule. Das neue Schulgesetz von 2005 hatte Teilstandorte (Dependancen) und organisatorische Zusammenschlüsse zugelassen.

**Neu**

Mit dem **Schulkonsens** (2011) ist der Knoten endlich durchschlagen worden. Das 6. Schulrechtsänderungsgesetz (2011) hat diesen politischen Kompromiss rechtlich umgesetzt. Er ermöglicht die Errichtung von **Sekundarschulen** als eine neue Schulform und wird die Schullandschaft wohl nicht nur in ländlichen Regionen erheblich verändern. Siehe zur Sekundarschule auch oben E 9. Außerdem ist es unter erleichterten Bedingungen möglich, Schulen an Teilstandorten zu errichten.

Auch für die **Primarstufe** ergab sich eine breite politische Bereitschaft, die bisherigen Anforderungen an die Mindestgrößen (und die Klassenfrequenzen) von Grundschulen abzusenken, um in allen Gemeinden solche Angebote aufrechterhalten zu können (Prinzip: kurze Beine, kurze Wege).

**Neu**

Das 8. Schulrechtsänderungsgesetz (2012) ist die Grundlage dafür, pädagogisch sinnvolle und schulorganisatorisch machbare Schulangebote auf der einen und eine wohnungsnahe Schulversorgung auf der anderen Seite zu verbinden. Künftig können auch Grundschulen mit nur einer statt wie bisher mindestens zwei Klassen pro Jahrgang bestehen bleiben. Für die kommunalen Schulträger soll eine kommunale Klassenrichtzahl mehr Freiheit und Planungssicherheit bringen.

Betroffene Eltern können gegen Organisationsentscheidungen des Schulträgers zur Auflösung einer Schule gerichtlich vorgehen, wenn dadurch ihr Recht auf zumutbare Erreichung der Schulform verletzt wird. Sie haben keinen Anspruch auf Erhalt eines bestimmten Standortes.

---

**Was das Schulgesetz dazu sagt**

Zur Schulentwicklungsplanung siehe § 80, zu den schulorganisatorischen Maßnahmen und Verfahren des Schulträgers siehe § 81. Die Mindestgrößen sind in § 82 geregelt. Zur Sekundarschule siehe § 17a und § 83 Abs. 4, zu Grundschulverbünden § 83. Zu Teilstandorten siehe § 81 Abs. 2 und § 83. Zum Moderationsverfahren siehe § 80 Abs. 2.

---

## Achtes Kapitel: Die Schulaufsicht als Freund und Helfer

# 31 Die Aufgaben der Schulaufsicht

Nach Grundgesetz und Landesverfassung steht das gesamte Schulwesen unter der Aufsicht des Staates (Art. 7 Abs. 1 GG, Art. 8 Abs. 3 LV). Daraus wurde früher abgeleitet, dies sei für die zuständigen Behörden die umfassende Ermächtigung zu allen schulrechtlichen Regelungen. Mit dem Abschied vom besonderen Gewaltverhältnis und mit der Entwicklung hin zur selbstständigeren und **eigenverantwortlichen Schule** ist ein Wandel eingeleitet worden. Er lenkt die Aufgaben der Schulaufsichtsbehörden in eine neue Richtung und ist noch keineswegs abgeschlossen.

Das Schulgesetz bezeichnet die Schulaufsicht als *„Gesamtheit der Befugnisse zur zentralen Ordnung, Organisation, Planung, Leitung und Beaufsichtigung des Schulwesens mit dem Ziel, ein Schulsystem zu gewährleisten, das allen jungen Menschen ihren Fähigkeiten entsprechende Bildungsmöglichkeiten eröffnet"*. Es geht, wie die Gesetzesbegründung zum Schulgesetz 2005 ausführte, darum, wie die „notwendige Balance zwischen Aufsicht und Beratung einerseits und selbstständiger handelnden Schulen andererseits gewährleistet" wird.

**Neu**

Die Schulaufsichtsbehörden sollen besonders auf **Beratung und Unterstützung** der einzelnen Schule als Ganzes ausgerichtet sein, um Qualität und Gleichwertigkeit zu sichern (systemische Beratung). Sie sind verpflichtet, die Schulen in ihrer Selbstständigkeit und Eigenverantwortung zu beraten und zu unterstützen.

Hier wird also eine Veränderung erwartet. Sie soll wegführen von einer Schulaufsicht, die ihre Kräfte auf Personalbewirtschaftung und Lehrerbeurteilung konzentriert. Das bedeutet, dass für das schulaufsichtliche Handeln gegenüber Schulen weniger einzelne Aufsichtsmaßnahmen als vielmehr kontinuierliche Beratung und Qualitätskontrolle im Vordergrund stehen sollen. Von schulaufsichtlichen Weisungen soll nur im erforderlichen und angemessenen Maß Gebrauch gemacht werden.

Für die Praxis müssen wir hier erst einmal eine wichtige Unterscheidung vornehmen, die auch für die Frage nach der zuständigen Schulaufsichtsbehörde wichtig ist (siehe bei **E 32**). Nach dem Landesorganisationsrecht unterstehen die Schulen nämlich wie alle nachgeordneten Landesbehörden der Dienstaufsicht und der Fachaufsicht durch übergeordnete Behörden.

Die **Dienstaufsicht** über die Schulen erstreckt sich danach auf den Aufbau, die innere Ordnung, die allgemeine Geschäftsführung und die Personalangelegenheiten der Schulen.

Die **Fachaufsicht** erstreckt sich auf die rechtmäßige und zweckmäßige Wahrnehmung der schulischen Aufgaben.

Die Schulaufsicht bezieht sich auf alle Schulen, bei Schulen in freier Trägerschaft allerdings nur eingeschränkt. Aufgabe der Schulaufsicht ist auch, die kommunalen Schulträger, mit denen sie eng zusammenarbeitet, zur Erfüllung ihrer Aufgaben anzuhalten.

Deshalb kann die zuständige Schulaufsichtsbehörde angerufen werden, wenn es zwischen Schulträger und Schule zu Streitigkeiten kommt. Im Konfliktfall kann die Schulaufsichtsbehörde die Kommunalaufsicht einschalten.

Nicht zur Schulaufsicht gehört das Landesinstitut für Schule (QUA-LIS NRW), das als Nachfolgeeinrichtung des alten Landesinstituts wieder in Soest errichtet worden ist (2013). Es soll das Ministerium als zentrale Einrichtung für pädagogische Dienstleistungen unterstützen, die den Schulen zugute kommen.

Eine besondere Form der Schulaufsicht – und dementsprechend ein besonderer Teil der oberen Schulaufsichtsbehörde – ist die **Qualitätsanalyse**. Dazu werden Qualitätsteams gebildet, die die Schulen besuchen und überprüfen, um deren Qualität zu sichern und nachhaltige Impulse für die Weiterentwicklung zu geben. Die Qualitätsanalyse ist damit – jedenfalls im Ansatz – das unverzichtbare Gegenstück zur eigenverantwortlichen Schule. In anderen Ländern gibt es entsprechende Schulvisitationen oder Schulinspektionen.

---

**Was das Schulgesetz dazu sagt**
Zur eigenverantwortlichen Schule siehe § 3. Die Aufgaben der Schulaufsicht sind in § 86 beschrieben, zur Qualitätsanalyse siehe dort Abs. 5. Zum Landesorganisationsrecht siehe das LOG (SchR 3.71 / 151).

---

## 32 Schulaufsichtsbehörden und Zuständigkeiten

Die Schulaufsicht ist mehrstufig und schulformbezogen organisiert.

Auf der den Schulen nächsten Ebene besteht zunächst das staatliche **Schulamt als untere Schulaufsichtsbehörde**. Es sind davon insgesamt 53 in den kreisfreien Städten und in den Kreisen eingerichtet. Das Schulamt ist nicht zu verwechseln mit dem kommunalen Schulverwaltungsamt, in dem der Schulträger seine Verwaltungsaufgaben für die Schulen erledigt. Diese Unterscheidung ist manchmal auf den ersten Blick nicht gleich erkennbar, weil die kreisfreien Städte und Kreise auch für die verwaltungsmäßige Ausstattung der Schulämter zu sorgen haben und beide Aufgaben in einem Amt wahrnehmen.

Das Schulamt ist generell die Aufsichtsbehörde für die Grundschulen. Für Hauptschulen und Förderschulen nimmt es nur die Fachaufsicht wahr, nachdem die Dienstaufsicht nach oben auf die Bezirksregierungen verlagert worden ist.

Als **obere Schulaufsichtsbehörde** üben die **Bezirksregierungen** in ihrem jeweiligen Bezirk die Schulaufsicht aus. Sie sind damit für alle Schulformen zuständig. Denn sie beaufsichtigen auch die Schulämter. Auf dieser Ebene gibt es also spezialisierte Schulaufsichtbeamte für einzelne Schulformen und Unterrichtsfächer.

**Oberste Schulaufsichtsbehörde** ist das **Ministerium für Schule und Weiterbildung (MSW),** das früher als Kultusministerium bezeichnet wurde. Seit 1995 (er-) trägt es wechselvolle Bezeichnungen und Abkürzungen, so dass wir hier einfach vom Schulministerium sprechen.

Die lange diskutierte Frage einer **Reform der Schulaufsicht** war bei der Schaffung des Schulgesetzes (2005) heftig diskutiert worden. Initiativen für eine einheitliche Schulaufsicht führten zu großen politischen Kontroversen (Vorwurf: Einheitsschule), wurden deshalb zunächst ausgeklammert, dann durch eine Leitentscheidung vertagt (alter § 88 Abs. 5) und später wieder aufgehoben. Damit ist der Ansatz wieder entfallen, dass die Schulämter schulformübergreifend tätig werden.

Geblieben ist aber ein kleiner Katalog von besonderen Zuständigkeiten der Schulämter für alle Schulformen. Er bezieht sich z.B. auf Schüler mit Zuwanderungsgeschichte, auf Verkehrserziehung und Schulsport.

Neurdings sind Aufbau und Aufgaben der Schulaufsicht aufgrund der vielfältigen Veränderungen der Schullandschaft in den letzten Jahren und der geänderten Anforderungen wieder in der Diskussion.

**Neu**
Bei der Dienstaufsicht sind inzwischen den Schulleitungen selbst bestimmte Aufgaben des Dienstvorgesetzten übertragen worden.

---

**Was das Schulgesetz dazu sagt**
Zur Organisation der Schulaufsicht siehe §§ 88 ff., zum Schulamt § 91. Zu den neuen dienstrechtlichen Befugnissen des Schulleiters siehe § 59 Abs. 4 und 5.

## Neuntes Kapitel: Was die Schule kostet

# 33 Wie viele Lehrer wir uns leisten: die Personalkosten

Bei der Finanzierung der öffentlichen Schulen sind unterschiedliche Schulkosten zu unterscheiden. Die Personalkosten für die Lehrkräfte (und das pädagogische Hilfspersonal) werden vom Land getragen. Die Sachkosten und die Kosten für das übrige Personal trägt der kommunale Schulträger. Die von den Eltern für den Schulbesuch ihrer Kinder zu tragenden Kosten (Ausstattungskosten) sind keine Schulkosten. Schulgeld darf für den Besuch öffentlicher Schulen nicht erhoben werden.

Welche Personalkosten für das lehrende Personal entstehen, bestimmt sich danach, wie viele Lehrkräfte erforderlich sind, um damit die vorgesehene **Unterrichtsversorgung der Schulen** zu gewährleisten. Dafür gibt es in den Stundentafeln komplizierte Berechnungsschlüssel, um eine sachgemäße und gleichmäßige Ausstattung der Schulen zu erreichen. Früher – und zum Teil auch heute noch in anderen Ländern – wurde dafür die Zahl der gebildeten Klassen als Maßstab genommen. In Nordrhein-Westfalen ist die **Schüler-Lehrer-Relation** maßgeblich. Das heißt: Es gibt schulformspezifische Schlüssel, mit denen – unabhängig von der Klassenbildung – aus der Schülerzahl auch die Zahl der erforderlichen Lehrerstellen berechnet werden kann.

Es ist ein allgemeines Ziel und eine Verpflichtung für die Schulaufsicht wie für die Schulleitung, jeglichen **Unterrichtsausfall** möglichst zu vermeiden. Dazu gibt es konkrete Aussagen im Gesetz, die in der Praxis immer noch Probleme bereiten. Sie betreffen zwei Fragen:

In der Vergangenheit sind die Relationen nicht immer exakt nach den veränderten Parametern (Pflichtstunden, Klassengrößen, Schülerwochenstunden) berechnet und verändert worden. Dadurch sind hier Lücken entstanden, die in der Folge nur ungefähr nach den politischen Möglichkeiten angepasst worden sind. Dies führt immer wieder einmal zur Diskussion über den noch vorhandenen **strukturellen Lehrermangel** (sog. *Kienbaum-Lücke*), der Unterrichtskürzungen (im Stundenplan gegenüber der Stundentafel) nach sich zieht.

Eine andere Diskussion betrifft die Frage, wie mit dem ad-hoc-Unterrichtsausfall umzugehen ist, der bei Abwesenheit (etwa durch Krankheit) von Lehrern entsteht. Dann kann der Stundenplan nicht eingehalten werden. Dafür hat es früher eine pauschalierte **Vertretungsreserve** gegeben, mit der die Schulen eigenverantwortlich umgehen konnten. Wegen der oben erwähnten Lücken in der Unterrrichtsversorgung setzten die Schulen diese

Stellen aber oft für den normalen Unterricht ein. Also wurde die Stellen-
reserve (weil angeblich erfolglos) im Zuge der Haushaltskonsolidierung
von den Finanzpolitikern wieder kassiert. Geblieben sind noch flexibel ein-
setzbare Haushaltsmittel, um den Unterrichtsausfall wenigstens auf das
unvermeidbare Maß zu beschränken.

**Tipp**

Der zunehmenden Eigenverantwortung der Schulen entspricht es,
dass den Schulen auch Personalmittel zur eigenen Bewirtschaftung
zugewiesen werden (Budgetierung). Fragen der Unterrichtsversorgung sind auch ein wichtiges Thema für die Schulkonferenz.

---

**Was das Schulgesetz dazu sagt**

Die Regelungen zur Bestimmung der Personalkosten und zum Unterrichtsbedarf enthalten § 92 und § 93 (und die dazu erlassene Rechtsverordnung: sog. AVO). Zum Gebot der Vermeidung von Unterrichtsausfall
siehe § 57 Abs. 3, § 59 Abs. 2 Nr. 4 und Abs. 7 sowie § 62 Abs. 7 (Sitzungs-
termine). Zum Bericht der Schulleitung über die Unterrichtsversorgung
siehe § 59 Abs. 7.

Zur Butgetierung siehe § 95. Über den Schulhaushalt entscheidet die
Schulkonferenz gemäß § 59 Abs. 9 und § 65 Abs. 2 Nr. 17. Zu den Elternkosten siehe § 41 Abs. 1 sowie § 96 (Lernmittel) und § 97 (Schülerfahrkosten).

---

## 34 Sachkosten finanziert der Schulträger

Die Verpflichtung der Schulträger zur Aufbringung der Sachkosten bezieht
sich zunächst auf alles, was mit dem Schulgrundstück, dem Schulgebäude
und den sonstigen Anlagen für den Schulbetrieb zu tun hat.

Dazu gehört auch die erforderliche **Sachausstattung**, soweit die Schule
sie benötigt, um den vorgesehenen Unterricht ordnungsgemäß erteilen zu
können. Das bezieht sich insbesondere auf die herkömmlichen Lehrmittel
(für die Lehrer). Die Schule hat auch einen Anspruch darauf, dass sie mit
den erforderlichen technischen Anlagen so ausgestattet wird, wie dies dem
allgemeinen Stand der Technik und Informationstechnologie entspricht.

Zu den vom Schulträger zu tragenden Kosten gehört sodann das Personal,
das die Schule nicht unmittelbar für Unterrichtszwecke einsetzt, aber je
nach Größe der Schule für einen ordnungsgemäßen Schulbetrieb benötigt.
Das ist einmal das herkömmliche **Verwaltungspersonal** (wie Schulsekretärin und Schulhausmeister). Dazu gehört aber auch der Einsatz von ent-

sprechend qualifizierten Personen zur Wartung der Anlagen für die elektronische Datenverarbeitung.

**Tipp**

Auch für die Sachkosten gilt die Tendenz zur Einrichtung von pauschalierten **Schulbudgets**, die von den Schulen eigenverantwortlich bewirtschaftet werden. Über den Schulhaushalt bestimmt dann die Schulkonferenz.

Schulen können sich durch **Sponsoring** eigene Mittel von privaten Geldgebern verschaffen. Dabei müssen sie aber darauf achten, dass sie nicht die Grenzen zur unzulässigen Werbung für Produkte eines Unternehmens überschreiten. Jegliche Werbewirkung muss hinter den schulischen Nutzen zurücktreten. Auch müssen werbende Hinweise (z.B. auf Werbetafeln, in Schulzeitungen oder auf Trikots) mit dem Bildungs- und Erziehungsauftrag der Schule vereinbar sein. Damit ist etwa Werbung für Alkohol oder Zigaretten unzulässig.

---

**Was das Schulgesetz dazu sagt**
Zur Verpflichtung der Schulträger für die Sachkosten siehe § 79 sowie § 92 Abs. 3 und § 94. Zur Bewirtschaftung von Schulmitteln siehe § 95. Die Zuständigkeit der Schulkonferenz ergibt sich aus § 59 Abs. 9 und § 65 Abs. 2 Nr. 17. Zum Thema Zuwendungen und Sponsoring siehe § 99 und § 100.

---

## 35 Lernmittelfreiheit und Schülerfahrkosten

Für die Kosten der Lernmittel, also insbesondere der Schulbücher und ähnlichen Unterrichtsmittel, wie auch für die Kosten der Beförderung von Schülern zur Schule hat der Gesetzgeber besondere Regelungen getroffen. Denn diese Kosten sollen nicht ausschließlich von den Eltern getragen werden. Beide Kostenbereiche hat der Gesetzgeber deshalb den Sachkosten zugeordnet, die vom Schulträger zu übernehmen sind – jedenfalls prinzipiell.

Für die **Lernmittelfreiheit** enthält schon die Landesverfassung (Art. 9 Abs. 2 LV) den Auftrag an den Gesetzgeber, deren Einführung und Durchführung zu regeln. Dem hatte der Landtag auch in zeitlichen Stufen entsprochen. Vor dem Schulgesetz gab es bis 2005 dafür sogar ein besonderes Lernmittelfreiheitsgesetz. Es wurde allerdings im Laufe der Jahre zur Entlastung der kommunalen Haushalte wieder schrittweise zurückgefahren.

Heute sind die Kosten der Lernmittelfreiheit weiterhin Sachkosten, die der Schulträger zu tragen hat. Aber der Umfang der Lernmittelfreiheit ist systematisch eingeschränkt.

Einmal müssen die Eltern in Höhe eines Eigenanteils die Lernmittel auf eigene Kosten selbst beschaffen. Der Eigenanteil bezieht sich auf die durchschnittlichen Kosten für die Beschaffung der erforderlichen Lernmittel in einem Schuljahr und darf bis zu einem Drittel dieser Kosten gehen.

Zum anderen werden die übrigen Lernmittel zwar auf Kosten des Schulträgers von der Schule beschafft; sie werden aber den Schülern nur zum befristeten Gebrauch ausgeliehen. Bei unverhältnismäßigen Beschädigungen kann bei der Rückgabe von den Eltern Ersatz gefordert werden.

**Tipp**
Bei besonders schwierigen Finanzverhältnissen können Eltern bei den Kosten der Lernmittel weiter entlastet werden; darüber entscheidet der Schulträger.

**Schülerfahrkosten** beziehen sich auf den Schulweg. Im Sinne der Erstattungsregelungen geht es immer nur um die notwendig entstehenden Kosten für die wirtschaftlichste Beförderung zur nächstgelegenen Schule. Dabei müssen bestimmte Mindestentfernungen beim Schulweg überschritten sein. Also z.B. für Grundschüler 2 km, in der Sekundarstufe I 3,5 km und in der Sekundarstufe II 5 km.

**Neu**
Die Klasse 10 des Gymnasiums gehört zwar nicht mehr zur Sekundarstufe I, ist aber den anderen Klassen 10 gleichgestellt.

Welche Schule als die nächstgelegene anzusehen ist, entscheidet sich nach der Schulform, der Schulart oder besonderen Fachrichtungen. Wählen Eltern eine andere als die nächstgelegene Schule, können sie unter Umständen einen Anspruch auf Erstattung der fiktiven Kosten haben.

Grundsätzlich werden nur die Kosten für die wirtschaftlichste Beförderung erstattet. Das werden in der Regel Fahrzeuge im öffentlichen Personennahverkehr sein. Der Schulträger kann aber auch eigene Schulbusse einsetzen (Schülerspezialverkehr). Eine Beförderungspflicht hat der Schulträger nicht.

**Tipp**
Über Entlastungen entscheidet der Schulträger. Wenn er Schülerzeitkarten für öffentliche Verkehrsmittel zur Verfügung stellt, kann er einen Eigenanteil in Höhe bis zu 12 Euro monatlich fordern, wenn diese Karten auch außerhalb des Schulweges sonst genutzt werden können.

---

**Was das Schulgesetz dazu sagt**
Zur Lernmittelfreiheit siehe § 94 Abs. 1 und § 96 SchulG, zu den Schülerfahrkosten siehe § 94 Abs. 1 und § 97 SchulG sowie die Schülerfahrkostenverordnung (SchfkVO).

## Zehntes Kapitel: Privatschulen als Alternative

## 36 Schulen in freier Trägerschaft: Ersatzschulen

Nicht alle Schulen sind öffentliche Schulen. Denn es gibt kein staatliches Schulmonopol. Das Grundgesetz (Art. 7 Abs. 4 GG) gewährleistet das Recht zur Errichtung privater Schulen. Es bestimmt zugleich, dass diese als Ersatz für öffentliche Schulen nur mit staatlicher Genehmigung betrieben werden dürfen. Das sind also die Schulen, die wir als **Ersatzschulen** bezeichnen. Alle übrigen privaten Schulen sind Ergänzungsschulen (siehe dazu **E 37**).

Die Landesverfassung NRW (Art. 8 Abs. 4 LV) ist – im Unterschied zu anderen Ländern – noch über das Grundgesetz hinausgegangen. Sie gewährt nämlich allen so genehmigten Ersatzschulen die gleichen Berechtigungen wie öffentlichen Schulen und einen Anspruch auf die erforderlichen Zuschüsse.

Wie in manchen anderen Ländern auch werden die Privatschulen in Nordrhein-Westfalen seit 2005 als *Schulen in freier Trägerschaft* bezeichnet. Das hat zwar ihren rechtlichen Status nicht verändert, macht aber deutlich, dass auch sie einen öffentlichen Auftrag erfüllen sollen. Sie ergänzen und bereichern das öffentliche Schulwesen, so das Schulgesetz.

An Ersatzschulen kann selbstverständlich die Schulpflicht erfüllt werden. Dabei haben sie im Vergleich zu den öffentlichen Schulen einen noch größeren Gestaltungsraum bei ihren Unterrichtskonzepten sowie bei der Auswahl von Lehrern und Schülern.

Maßstab und Genehmigungsvoraussetzung für eine Ersatzschule ist die **Gleichwertigkeit** (nicht: Gleichartigkeit) mit der entsprechenden öffentlichen Schule. Bei den Anforderungen an Zeugnisse, Abschlüsse und Berechtigungen sowie Prüfungen sind Ersatzschulen wegen der unmittelbaren Rechtsfolgen (Anerkennung) strikt an die staatlichen Vorgaben gebunden.

Eine Bindung an staatliche Vorschriften besteht bei der **Finanzierung der Ersatzschulen**; hier gibt es komplizierte Regelungen. Wichtige Grundlage ist das sog. Defizitdeckungsprinzip, nach dem einer Ersatzschule bestimmte Prozentsätze (85 bis 94 %) derjenigen Personalkosten vom Land erstattet werden, die auch bei vergleichbaren öffentlichen Schulen anfallen.

**Neu**

Mit dem Schulgesetz 2005 ist die Ersatzschulfinanzierung etwas reformiert worden in Richtung auf eine Pauschalierung. Wer die Kompliziertheit dieser Regelungen beklagt, muss wissen, dass es vorher noch komplizierter war und dass es dabei immer um viel Geld geht.

Ersatzschulen gibt es in Nordrhein-Westfalen – häufig in kirchlicher Trägerschaft – insbesondere bei den Gymnasien und Realschulen sowie bei Förderschulen. Private Grundschulen sind nur in ganz besonderen Ausnahmefällen erlaubt; Vorrang hat die öffentliche Grundschule als Schule für alle Kinder.

---

**Was das Schulgesetz dazu sagt**
Die Regelungen zu den Ersatzschulen finden sich in den §§ 100 ff. SchulG. Zur Schulpflicht siehe § 34 Abs. 2. Regelungen zur Schulaufsicht über Ersatzschulen enthält § 104 sowie die Ersatzschulverordnung (ESchVO). Zur Ersatzschulfinanzierung siehe §§ 105 bis 115 SchulG sowie die detaillierten Vorschriften in der entsprechenden Verordnung (FESchVO) und den Verwaltungsvorschriften dazu.

---

## 37 Von sonstigen Privatschulen

Zu den Schulen in freier Trägerschaft gehören neben den Ersatzschulen die **Ergänzungsschulen**. Sie entsprechen nicht dem Angebot öffentlicher Schulen; sie ergänzen diese. Solche Schulen gibt es insbesondere im Bereich des beruflichen Schulwesens.

Ergänzungsschulen haben einen noch größeren Freiraum als Ersatzschulen. Ihr Betrieb muss nicht genehmigt werden, sondern ist der oberen Schulaufsichtsbehörde nur vorher anzuzeigen. Diese kann dann bei Rechtsverstößen eingreifen, äußerstenfalls sogar den Betrieb untersagen.

Durch den Besuch von Ergänzungsschulen kann die Vollzeitschulpflicht nur unter bestimmten Voraussetzungen erfüllt werden. Das ist dann der Fall, wenn eine Schule den Status einer **anerkannten Ergänzungsschule** erhält – wie die ausländischen und internationalen Schulen. Eine staatliche Anerkennung des Abschlusses ist damit allerdings nicht verbunden.

Eine staatliche Finanzierung erhalten Ergänzungsschulen nicht. Sie können deshalb auch Schulgeld erheben.

**Freie Unterrichtseinrichtungen** (z.B. Nachhilfeinstitute) sind im Rechtssinne nicht Schulen. Sie dürfen nur so auftreten, dass sie nicht mit öffentlichen Schulen oder Ersatzschulen verwechselt werden können. Auch hier kann die Schulaufsicht bei Verstößen einschreiten, äußerstenfalls bis hin zur Untersagung.

---

**Was das Schulgesetz dazu sagt**

Der dritte Abschnitt (§§ 116 ff.) regelt die Rechte und Pflichten bei der Errichtung und dem Betrieb von Ergänzungsschulen. Dort finden sich auch die Voraussetzungen, unter denen Ergänzungsschulen staatlich anerkannt werden können (§ 118). Zur Schulpflicht siehe § 34 Abs. 3 bis 5. Zu den freien Unterrichtseinrichtungen siehe § 119.

---

### Elftes Kapitel: Datenschutz und Sonderregelungen

## 38 Vom Schutz persönlicher Daten

Technische Entwicklungen und beängstigende Praktiken zeigen immer wieder, dass gesetzliche Vorschriften zum Schutz der Daten von Schülern, Eltern und Lehrern unerlässlich sind. Dazu gibt es inzwischen nicht nur spezielle Regelungen im Schulgesetz, sondern auch sehr detaillierte Rechtsverordnungen, die nur von Spezialisten zu überschauen sind. Sie gehen dem allgemeinen Datenschutzrecht vor.

Grundsatz ist, dass personenbezogene Daten in der Schule nur verarbeitet werden dürfen, soweit dies **für schulische Aufgaben erforderlich** ist. Und diese Daten dürfen dann auch nur den Personen zugänglich gemacht werden, die sie für ihre Aufgaben benötigen. Hintergrund ist das vom Bundesverfassungsgericht beim Volkszählungsurteil (1983) entwickelte *„Recht auf informationelle Selbstbestimmung"*. Deshalb enthalten die Regelungen auch konkrete Aufzählungen zu sensiblen Bereichen wie Tests und Befragungen, Gesundheitsdaten oder Sprachstandserhebungen.

Der Datenschutz bezieht sich auf alle **personenbezogenen Daten**, gleich wie und wo sie gespeichert oder sonst verarbeitet werden. Das fängt also nicht erst beim PC, sondern schon beim Klassenbuch an. Personenbezogen sind Einzelangaben zu persönlichen oder sachlichen Verhältnissen einer bestimmten Person, also etwa Geburtstag, Religionszugehörigkeit, Beruf des Vaters, Krankheiten, auch Fotos.

Nicht für Aufgaben der Schule benötigte Daten dürfen nur mit **Einwilligung** des Betroffenen erhoben werden. Minderjährige Schüler können einwilligen, wenn sie nach ihrer Reife die Bedeutung und Tragweite einer solchen Einwilligung richtig einschätzen können.

> **Tipp**
> Schüler und Eltern haben Anspruch auf Einsicht in die sie betreffenden Unterlagen und Daten. Eltern **volljähriger Schüler** haben ein Auskunftsrecht nur noch bei wichtigen schulischen Angelegenheiten ihrer Kinder.

Bei einem Verstoß gegen Datenschutzvorschriften kann man sich nach dem Datenschutzgesetz unmittelbar an den Landesbeauftragten für Datenschutz wenden.

> **Was das Schulgesetz dazu sagt**
> Die Regelungen zum Datenschutz in der Schule sind in den §§ 120 bis 122 zu finden. Zum Auskunftsrecht bei volljährigen Schülern siehe § 120 Abs. 8 und § 123. Zum Datenschutzgesetz NRW siehe SchR 3.9.4/51.

## 39 Neue Medien und Digitalisierung: kein rechtsfreier Raum

Wer mit neuen Medien umgeht, bewegt sich nicht im rechtsfreien Raum. Das weiß jeder, der schon einmal schlechte Erfahrungen gemacht hat oder neue Entscheidungen zur Kenntnis genommen hat.

Wahrscheinlich werden Sie sich fragen, warum dieses Thema erst hier am Ende abgehandelt wird. Das hat seinen Grund darin, dass es sich um aktuelle Fragen handelt, für die es (noch) keine speziellen schulgesetzlichen Regelungen gibt. Sie sind nach allgemeinen rechtlichen Regelungen zu beurteilen.

Das erste Stichwort heißt **Urheberrecht**. Vor Jahren ging es um das Kopieren von Texten: Was darf in der Schule zum Unterrichtsgebrauch kopiert werden? Die Schulen wurden auf das Urheberrechtsgesetz aufmerksam. Es schützt den Urheber eines Werkes der Kunst, Literatur, Wissenschaft oder Musik davor, dass andere sein Werk nutzen, ohne ihn zu beteiligen. Wer dagegen verstößt, macht sich strafbar.

Nun, das Problem des Kopierens ist längst gelöst. Die Kultusminister der Länder haben mit der Verwertungsgesellschaft WORT, die die Rechte von Autoren wahrnimmt, einen Gesamtvertrag geschlossen und leisten dafür pauschale Zahlungen. Kleine Teile aus Büchern oder Zeitungen dürfen also im Klassensatz für den Unterrichtsgebrauch vervielfältigt werden. Solche Kopien ergänzen die Lernmittel, dürfen sie aber nicht ersetzen.

Ein anderer Anwendungsbereich ist die öffentliche Wiedergabe von Musik, z.B. bei einem Schulfest. Dazu ist die GEMA zu fragen. Auch Rundfunksendungen und Computerprogramme sind urheberrechtlich geschützt.

Wer als Schüler ein **Handy in der Schule** benutzt, kann Ärger mit dem Lehrer bekommen. Das weiß inzwischen jeder und die Praxis hat sich darauf eingestellt. Wer mit dem Handy den Unterricht stört, muss sich darauf einstellen, dass es für den Rest des Schultages eingezogen wird.

Ohne **Internet** geht es auch in der Schule nicht. Die Digitalisierung der Schule schreitet voran. 2016 hat die Landesregierung ein Leitbild zur digitalen Bildung vorgelegt. Die Schule präsentiert sich längst mit einer aufwändigen Website. Das Internet ist Unterrichtsgegenstand und -mittel.

Es ist aus der pädagogischen Arbeit nicht mehr wegzudenken. Aber die damit verbundenen Möglichkeiten des freien Zugangs und der freien Verbreitung werfen so manche rechtliche Fragen auf. Die Schule hat Einzelheiten wohl längst in einer Internet-Nutzungsordnung festgelegt.

Nicht zuletzt werden mit der Digitalisierung in der Schule auch Fragen des Datenschutzes und der Datensicherheit aufgeworfen. Anstelle des Austausches über Whatsapp und Dropbox steht daher künftig das Instrument logineo (www.logineo.nrw.de) als geschützte und geprüfte Plattform für Schulen zur Verfügung.

Die Aufsichtspflicht der Schule besteht grundsätzlich auch bei der Nutzung des Internets in der Schule – nicht nur im Unterricht, auch bei sonstigem freiem Zugang für Schüler. Die Aufsicht soll verhindern, dass Schüler selbst oder Dritte durch Schüler zu Schaden kommen oder gefährdet werden.

Wie Schüler sich **außerhalb der Schule** im Internet bewegen, entzieht sich der Verantwortung der Schule. Es kann aber in die Schule hineinwirken und schulische Konsequenzen auslösen, also bei Fällen von *Cybermobbing*. Unabhängig von schulischen Sanktionen müssen unbelehrbare Täter mit den Mitteln des Strafrechts (Anzeige) und – wohl noch wirksamer – des Zivilrechts (Abmahnung durch Anwalt) konfrontiert werden.

Was Schüler durch das Anbieten von Musik in Online-Tauschbörsen auslösen können, zeigt ein Urteil des LG Köln (27.01.2010), das den Vater von zwei minderjährigen Schülern verurteilt hat, die Abmahnkosten eines Tonträgerherstellers in Höhe von 2.500 Euro zu zahlen (SchVw NRW 2010, S. 153).

Dagegen ist die Lehrerbewertung im Internet (www.spickmich.de) zulässig, wie der Bundesgerichtshof durch Urteil vom 23.06.2009 (SPE 420 Nr. 9) abschließend entschieden hat.

### Tipp
Rechtsfragen bei der Nutzung des Internets an Schulen sind im Bildungsportal abgehandelt; dort ist auch ein Muster für eine Nutzungsordnung eingestellt: www.schulministerium.nrw.de/BP/Unterricht/Internetzugang.

**Was das Schulgesetz dazu sagt**

Zum Erlass einer Schulordnung durch die Schulkonferenz siehe § 65 Abs. 2 Nr. 23.

Zu den neuen Medien ist auf die vielfältige Literatur hinzuweisen. Einen guten Überblick bietet *Avenarius*, S. 250 ff. Zum Thema Internet und Jugendschutz siehe *Wittmann*, SchVw NRW. 2011, S. 41 und 81. Praktische Hinweise zum Umgang mit Handys und Co. in der Schule gibt *Levin*, SchVw NRW 2014, S. 118; die Aufsichtspflichten bei der Computernutzung in der Schule behandelt *Levin*, SchVw NRW 2014, S. 314. Zum Lernen in der digitalen Welt siehe *Vaupel/Giering*, SchVw NRW 2015, S. 112, und das Leitbild der Landesregierung (2016): www.land.nrw/sites/default/files/asset/document/leitbild_lernen_im_digitalen_wandel.pdf)

## 40 Konflikte und Rechtsschutz in der Schule

Am Schluss dieser Einführung soll noch ein kurzer Blick auf die Frage geworfen werden, wie bei Konflikten in der Schule vorgegangen werden sollte. Dafür gibt es nicht nur unterschiedliche Beteiligte, sondern auch sehr verschiedene Verfahren.

Am Beginn muss die Aussage stehen, dass nach dem Grundsatz der **vertrauensvollen Zusammenarbeit** bei allen Konfliktfällen in der Schule zunächst das Gespräch zwischen den Beteiligten zu suchen ist. Sodann können auch schulische Instanzen (Schulleitung, Vertrauensperson) oder Gremien (Schulkonferenz, Vertrauensausschuss, Lehrerrat) eingeschaltet werden.

Ein **formloser Rechtsbehelf** ist es, wenn Eltern oder Schüler sich in schulischen Angelegenheiten mit einer Beschwerde an die Schulleitung oder an die Schulaufsichtsbehörde wenden. Das kann eine Fachaufsichtsbeschwerde (zur Überprüfung einer Sachentscheidung) oder eine Dienstaufsichtsbeschwerde (zur Überprüfung des persönlichen Verhaltens eines Lehrers) sein. Dafür gibt es keine Fristen oder Formvorschriften.

**Tipp**

Es ist ratsam, eine solche Beschwerde grundsätzlich bei der Schulleitung einzulegen, da diese sowieso von der Schulaufsichtsbehörde zu beteiligen wäre.

**Förmliche Rechtsbehelfe** sind gegen schulische Maßnahmen zu richten, die als Verwaltungsakte mit rechtlicher Außenwirkung zu qualifizieren sind, also z.b. eine Ordnungsmaßnahme oder eine Nichtversetzung. Dafür gibt es rechtliche Vorschriften und Verfahren. Zunächst muss – innerhalb eines Monats – der Widerspruch eingelegt werden, dem die Schule abhelfen kann. Andernfalls entscheidet darüber die Schulaufsichtsbehörde. Nach einem erfolglosen Widerspruchsverfahren kann Klage vor dem Verwaltungsgericht erhoben werden.

Auch **Lehrkräfte** können sich im Rahmen ihres Petitionsrechtes mit einer formlosen Beschwerde an die Schulaufsichtsbehörde wenden. Zunächst werden sie aber die innerschulischen Möglichkeiten für Konfliktregelungen (Lehrerrat, Vertrauensausschuss, Ansprechpartnerin für Gleichstellungsfragen) ausschöpfen. Sie können sich auch an den zuständigen Personalrat wenden.

Wer einen Verstoß gegen Vorschriften zum **Datenschutz** überprüfen lassen will, kann sich auch unmittelbar an den Landesbeauftragten für Datenschutz wenden.

---

**Was das Schulgesetz dazu sagt**

Zur vertrauensvollen Zusammenarbeit siehe § 42, zur Schulkonferenz § 65 Abs. 1, zum Vertrauensausschuss § 67 Abs. 2, zum Lehrerrat § 69.

Zum förmlichen Rechtsschutz in der Schule siehe bei *Avenarius* Kap. 26 sowie die Regelungen in der Verwaltungsgerichtsordnung (VwGO) – SchR 1.5/1.

Zur Anrufung des Landesbeauftragten für Datenschutz siehe § 25 Datenschutzgesetz NRW – DSG NRW – (SchR 3.9.4/51).

---

## 41 Aktuelle Aufgabe: Flüchtlinge integrieren

Zu den Aufgaben aller Schulen gehört es längst, die Integration von Schülerinnen und Schülern zu fördern, deren Muttersprache nicht Deutsch ist. Die so stark angestiegenen Flüchtlingszahlen des Jahres 2015 und die Zuwanderung vor allem aus Südost-Europa bedeuten quantativ und qualitativ auch für das Schulwesen zusätzliche große Herausforderungen. Aufnahme und Integration der neuen Flüchtlinge aus aller Herren Länder fordern von allen Verantwortlichen und Beteiligten in unseren Schulen neue Formen der Hilfen, der Toleranz und des Miteinander.

Die schulrechtlichen Vorschriften sind darauf grundsätzlich vorbereitet, bilden aber nur den unverzichtbaren Rahmen. Festzuhalten ist, dass die Schulpflicht grundsätzlich unabhängig vom rechtlichen Status auch für ausländische Kinder und Jugendliche gilt, die sich hier aufhalten. Asylbewerber müssen sie dort erfüllen, wohin sie zugewiesen worden sind.

Für die Beraung neu zugewanderter und geflüchteter Kinder und Jugendliche gibt es in fast allen kreisfreien Städten und Kreisen die Kommunalen Integrationszentren.

Für alle Schulen gehört es zum Bildungs- und Erziehungsauftrag, den Erwerb der deutschen Sprache zu fördern und zugewanderte Schüler mit allen anderen Kindern gemeinsam zu unterrichten. Alle Schüler sollen lernen, vorurteilsfrei und tolerant miteinander zu leben.

---

**Was das Schulgesetz dazu sagt**

Zur Integration als Aufgabe der Schule siehe § 2 Abs. 10 SchulG, zu den Lernzielen der Toleranz § 2 Abs. 6 Nr. 5. Zu den Kommunalen Integrationszentren siehe zu § 2 Abs. 10.

Die Vorschriften zur Schulpflicht sind in den §§ 34 ff SchulG enthalten, für Asylbewerber insbesondere in § 34 Abs. 6. Siehe dazu *Smolka*, SchVw NRW 2016, S. 46. Siehe auch die Erläuterungen oben bei **E 13**.

Rahmenbedingungen zum Unterricht für neu zugewanderte Schülerinnen und Schüler enthält der neue RdErl. vom 28.06.2016 (BASS 13-63 Nr. 3; SchR 3.6.2/11). Herkunftssprachlicher Unterricht wird gemäß RdErl. vom 28.06.2016 (BASS 13-61 Nr. 2) erteilt. Die Orientierungshilfe Schule und Zuwanderung des QUA-LiS erläutert *Missal*, SchVw NRW 2016, S. 284. Bildungswege für junge Flüchtlinge beschreibt *Schneckenburger*, SchVw NRW 2016, S. 260.

---

# Schulgesetz NRW mit Erläuterungen

## Vorbemerkungen zum Schulgesetz NRW

### I.   Die Entstehung des Schulgesetzes 2005

Die Verfassung vom 28.06.1950 (LV) hatte – nach einer vorhergehenden Volksabstimmung – dem neuen Land Nordrhein-Westfalen eine demokratische Grundlage gegeben. Die noch frischen Erfahrungen mit Nationalsozialismus, Diktatur und Krieg waren der Hintergrund bei der Erarbeitung und den parlamentarischen Beratungen der Landesverfassung. Einen besonderen Schwerpunkt bildeten dabei die Schulartikel (Art. 7 ff. LV).

Auf dieser verfassungsrechtlichen Grundlage wurden später erst nach und nach schulrechtliche Vorschriften durch den Landtag beschlossen: vom Schulordnungsgesetz (SchOG, 1952), über das Schulverwaltungsgesetz (SchVG, 1956) bis zum Schulmitwirkungsgesetz (SchMG, 1967). Diese Gesetze wurden im Laufe der Jahre vielfach geändert. Es entstand ein kaum überschaubares System schulgesetzlicher Vorschriften. Ein einheitliches Schulgesetz wie in anderen Ländern kam nicht zustande. Denn anders als in anderen Ländern wurde die Chance einer schulrechtlichen Neuordnung nicht genutzt. Es gelang angesichts der großen bildungspolitischen Auseinandersetzungen nicht, solche „formaljuristischen" Gesichtspunkte gegenüber anderen vorrangigen Schwerpunkten durchzusetzen oder mit ihnen zu verbinden.

Hatte schon KM *Jürgen Girgensohn* 1977 die Arbeit an einem neuen Landesschulgesetz im Landtag angekündigt und KM *Hans Schwier* 1982 den Arbeitsauftrag erteilt, so sollte es doch noch Jahrzehnte dauern, bis die langjährigen Vorarbeiten von Schulministerin *Ute Schäfer* aufgegriffen wurden und die sieben alten Schulgesetze des Landes grundlegend überarbeitet und zu einem einheitlichen Schulgesetz zusammengefasst werden konnten.

Durch das 2005 vom Landtag erst kurz vor dem Ende der Legislaturperiode von den damaligen Regierungsfraktionen SPD/Die Grünen beschlossene Landesschulgesetz gingen also die bisherigen sieben Schulgesetze und die Allgemeine Schulordnung im neuen Schulgesetz NRW auf.

Zahl und der Umfang der Regelungen wurden dabei deutlich reduziert (Deregulierung), Kompetenzen auf die Schulen delegiert und Entscheidungsspielräume der Schulen vergrößert. Die Selbstständigkeit der Schulen wurde gestärkt und der Auftrag der Schulaufsicht neu bestimmt. Zugleich wurde die gemeinsame Verantwortung von Lehrkräften, Eltern und Schülern für ihre Schule beispielsweise durch die Einführung der Drittelparität in der Schulkonferenz ausgebaut.

## II.   Die späteren Novellierungen

Das Schulgesetz hat inzwischen insgesamt mehrere Novellierungen erfahren, die allerdings unterschiedliche Bedeutung haben. Als wichtige Änderungen sind hier zu erwähnen:

Nach der Landtagswahl 2005 wurde dieses Gesetz von Schulministerin *Barbara Sommer* und der neuen Koalition (CDU/FDP) sofort geändert. Die ersten beiden Schulrechtsänderungsgesetze vom 13.06.2006 und 27.06.2006 hoben einige Reformmaßnahmen wieder auf.

Es folgten Änderungen im Zuge der Reform des Personalvertretungsrechts (09.10.2007) und des Nichtraucherschutzes (20.12.2007).

Das 3. Schulrechtsänderungsgesetz vom 24.06.2008 brachte Änderungen zur Stärkung der Eigenverantwortung von Schulen in Verbindung mit dem Auslaufen des Modellversuchs „Selbstständige Schule".

Weitere Änderungen geschahen im Zusammenhang mit dem Dienstrechtsänderungsgesetz (21.04.2009) und der Umsetzung der EG-Dienstleistungsrichtlinie (17.12.2009).

Nach dem erneuten Regierungswechsel (SPD/Grüne) auf Grund der Landtagswahl 2010 wurden durch das 4. Schulrechtsänderungsgesetz vom 21.12.2010 schnell wieder Teile der Änderungen der Vorgängerregierung von Schulministerin *Sylvia Löhrmann* und der neuen Koalition aufgehoben.

Mit dem **Schulkonsens** vom 19.07.2011 fanden die Koalitionsparteien mit der CDU (aber ohne FDP und Linke) zu einem Kompromiss über die Schulstruktur, der den Streit um die Schule auf lange Zeit wieder versachlicht. Das 6. Schulrechtsänderungsgesetz vom 25.10.2011 hat diese zur Weiterentwicklung der Schulstruktur in Nordrhein-Westfalen verabredeten Reformen umgesetzt (insbesondere die Sekundarschule); siehe Schule NRW 2011, S. 672. [Hinweis: zum weiteren Text des Änderungsgesetzes siehe hier auch im Anschluss an § 133 SchulG]

Schließlich hat das 7. Schulrechtsänderungsgesetz vom 22.12.2011 die gesetzliche Grundlage zur Einführung von islamischem Religionsunterricht als ordentliches Lehrfach gebracht; siehe Schule NRW 2012, S. 90.

Das Gesetz zur Förderung der gesellschaftlichen Teilhabe und Integration in Nordrhein-Westfalen vom 14.02.2012 hat punktuell die Bildungs- und Erziehungsziele der Schule erweitert (§ 2 Abs. 5 Nr. 5 SchulG). Andere angekündigte Maßnahmen konnten erst nach der überraschenden Auflösung des Landtags und der Neuwahl vom 13.05.2012 geregelt werden.

Durch das 8. Schulrechtsänderungsgesetz vom 13.11.2012 ist das neue Grundschulkonzept (zur Erhaltung kleiner Schulen) im Schulgesetz umgesetzt worden; siehe Schule NRW 2012, S. 636.

Das 9. Schulrechtsänderungsgesetz (Erstes Gesetz zur Umsetzung der VN-Behindertenrechtskonvention) vom 05.11.2013 hat die rechtlichen Grundlagen für die **Inklusion** in der Schule geschaffen; siehe Schule NRW 2013, S. 610.

Das 10. Schulrechtsänderungsgesetz (Gesetz zur Weiterentwicklung der Berufskollegs und zur Änderung schulgesetzlicher Vorschriften), das der Landtag NRW am 9.04.2014 verabschiedet hat, enthält Anpassungen beim Berufskolleg (§ 22). Grundlage war der gemeinsame Entwurf der Konsens-Fraktionen vom 22.01.2014 (LT Drs. 16/4807). Mit dem KiBiz-Änderungsgesetz vom 17.06.2014 (GV. NRW. S. 336) ist § 36 geändert worden.

Das 11. Schulrechtsänderungsgesetz vom 25. März 2015 (GV. NRW. S. 309) hat die Umwandlung von Bekenntnisschulen erleichtert; siehe §§ 26 bis 28.

Mit dem 12. Schulrechtsänderungsgesetz vom 25. Juni 2015 (GV. NRW. S. 499) ist die Rechtsprechung des BVerfG zur Glaubens- und Bekenntnisfreiheit an öffentlichen Schulen umgesetzt worden (Kopftuchentscheidung vom 27.01.2015); siehe dazu § 2 Abs. 8. Das Verfahren zur Schulleiterbestellung (§ 61) ist an die Rechtsprechung angepasst worden. Außerdem ist § 132c zur Sicherung von Schullaufbahnen aufgenommen worden. Schließlich sind verschiedene kleinere Änderungen und Folgeänderungen vorgenommen worden; sie betreffen § 5 Abs. 2, § 17a Abs. 3, § 34 Abs. 5, § 37 Abs. 1, § 43, § 48, § 49, § 57 und § 58.

Das Dienstrechtsmodernisierungsgesetz (Art. 11) vom 14. Juni 2016 (GV. NRW. S. 310) hat in seinem Art. 11 lediglich redaktionelle Änderungen des Schulgesetzes vorgenommen, die § 61 Abs. 3 und § 77 Abs. 3 betreffen.

Durch das Inklusionsstärkungsgesetz (Art. 5) vom 14. Juni 2016 (GV. NRW. S. 442) sind in § 42 Abs. 4 und § 100 Abs. 3 SchulG kleine Ergänzungen aufgenommen worden, die die Kommunikationsunterstützung für Eltern betreffen.

Eine vorerst letzte Änderung des Schulgesetzes ist durch das Gesetz zur Neuregelung des Gleichstellungsrechts vom 6. Dezember 2016 (GV. NRW. S. 1052) eingetreten, das hauptsächlich das Landesgleichstellungsgesetz betrifft (siehe bei § 59 Abs. 4 und § 68 Abs. 6). Damit sind in seinem Art. 2 auch einige kleinere Anpassungen im Schulgesetz verbunden worden.

# Schulgesetz für das Land Nordrhein-Westfalen (Schulgesetz NRW – SchulG)

**Vom 15. Februar 2005 (GV. NRW. S. 102), zuletzt geändert durch Gesetz vom 6. Dezember 2016 (GV. NRW. S. 1052)**

## Erster Teil – Allgemeine Grundlagen

### Erster Abschnitt – Auftrag der Schule

**§ 1    Recht auf Bildung, Erziehung und individuelle Förderung**

(1) Jeder junge Mensch hat ohne Rücksicht auf seine wirtschaftliche Lage und Herkunft und sein Geschlecht ein Recht auf schulische Bildung, Erziehung und individuelle Förderung. Dieses Recht wird nach Maßgabe dieses Gesetzes gewährleistet.

(2) Die Fähigkeiten und Neigungen des jungen Menschen sowie der Wille der Eltern bestimmen seinen Bildungsweg. Der Zugang zur schulischen Bildung steht jeder Schülerin und jedem Schüler nach Lernbereitschaft und Leistungsfähigkeit offen.

**Erläuterungen**

**Allgemeines**

1    Am Beginn aller Aussagen stehen nicht die Strukturen des Schulwesens, sondern die subjektiven Rechte der Schüler und Eltern. Durch das SchulG-ÄG 2006 ist der Anspruch auf individuelle Förderung als Leitprinzip der inneren Schulreform erstmals gesetzlich verankert worden. Das ist mehr als ein Programmsatz und einzulösen durch die öffentlichen Schulen. Individuelle Förderung meint einen kompetenzorientierten Unterricht, bei dem nicht die unterschiedslose Wissensvermittlung und Leistungsbewertung im Vordergrund stehen. Die Förderungsorientierung beginnt nicht erst, wenn Leistungsdefizite festgestellt werden, sondern ist als ein durchgängiges Prinzip zu verstehen. Siehe auch **E 5**.

Zu Eckpunkten der individuellen Förderung aus der Sicht der Schulministerin siehe *Löhrmann*, Schule NRW 2011, S. 279, sowie *Held/Giesel* zur Förderstrategie der KMK, SchVw NRW 2011, S. 21. Eine Zwischenbilanz zur Praxis in NRW zieht *Haenisch*, SchVw NRW 2010, S. 265.

Mit dem „Gütesiegel Individuelle Förderung" werden in NRW beispielhafte Schulen ausgezeichnet, die weiteren Schulen Orientierung und Unterstützung bieten. Siehe dazu die fortlaufende Dokumentation ausgezeichneter Schulen in der SchVw NRW sowie unter www.chancen-nrw.de.

**Zu Absatz 1**

2    Diese subjektiven Rechte gelten für Schülerinnen und Schüler mit deutscher oder anderer Staatsangehörigkeit gleichermaßen. Sie sind einklagbar, soweit das Gesetz konkrete Rechte gewährt.

Zur Integration von Schülern nichtdeutscher Muttersprache siehe § 2 Abs. 10.

**Zu Absatz 2**

Wie der Begriff „Eltern" in diesem Gesetz zu verstehen ist, regelt § 123.

Welche durchsetzbaren Ansprüche sich aus dem Zugangsrecht zur Bildung ergeben, richtet sich nach den konkreten Regelungen dieses Gesetzes, also insbesondere zu Berechtigungen und Eingangsvoraussetzungen (z.B. § 11 Abs. 4, § 12 Abs. 3 und § 19). Zum Recht der Eltern, die konfessionelle Ausrichtung der öffentlichen Grundschulen zu bestimmen, siehe §§ 26 ff.

## § 2 Bildungs- und Erziehungsauftrag der Schule

(1) Die Schule unterrichtet und erzieht junge Menschen auf der Grundlage des Grundgesetzes und der Landesverfassung. Sie verwirklicht die in Artikel 7 der Landesverfassung bestimmten allgemeinen Bildungs- und Erziehungsziele.

(2) Ehrfurcht vor Gott, Achtung vor der Würde des Menschen und Bereitschaft zum sozialen Handeln zu wecken, ist vornehmstes Ziel der Erziehung. Die Jugend soll erzogen werden im Geiste der Menschlichkeit, der Demokratie und der Freiheit, zur Duldsamkeit und zur Achtung vor der Überzeugung des Anderen, zur Verantwortung für Tiere und die Erhaltung der natürlichen Lebensgrundlagen, in Liebe zu Volk und Heimat, zur Völkergemeinschaft und Friedensgesinnung.

(3) Die Schule achtet das Erziehungsrecht der Eltern. Schule und Eltern wirken bei der Verwirklichung der Bildungs- und Erziehungsziele partnerschaftlich zusammen.

(4) Die Schule vermittelt die zur Erfüllung ihres Bildungs- und Erziehungsauftrags erforderlichen Kenntnisse, Fähigkeiten, Fertigkeiten und Werthaltungen und berücksichtigt dabei die individuellen Voraussetzungen der Schülerinnen und Schüler. Sie fördert die Entfaltung der Person, die Selbstständigkeit ihrer Entscheidungen und Handlungen und das Verantwortungsbewusstsein für das Gemeinwohl, die Natur und die Umwelt. Schülerinnen und Schüler werden befähigt, verantwortlich am sozialen, gesellschaftlichen, wirtschaftlichen, beruflichen, kulturellen und politischen Leben teilzunehmen und ihr eigenes Leben zu gestalten. Schülerinnen und Schüler werden in der Regel gemeinsam unterrichtet und erzogen (Koedukation).

(5) Die Schule fördert die vorurteilsfreie Begegnung von Menschen mit und ohne Behinderung. In der Schule werden sie in der Regel gemeinsam unterrichtet und erzogen (inklusive Bildung). Schülerinnen und Schüler, die auf sonderpädagogische Unterstützung angewiesen sind, werden nach ihrem individuellen Bedarf besonders gefördert, um ihnen ein möglichst hohes Maß an schulischer und beruflicher Eingliederung, gesellschaftlicher Teilhabe und selbstständiger Lebensgestaltung zu ermöglichen.

(6) Die Schülerinnen und Schüler sollen insbesondere lernen

1. selbstständig und eigenverantwortlich zu handeln,
2. für sich und gemeinsam mit anderen zu lernen und Leistungen zu erbringen,
3. die eigene Meinung zu vertreten und die Meinung anderer zu achten,
4. in religiösen und weltanschaulichen Fragen persönliche Entscheidungen zu treffen und Verständnis und Toleranz gegenüber den Entscheidungen anderer zu entwickeln,
5. Menschen unterschiedlicher Herkunft vorurteilsfrei zu begegnen, die Werte der unterschiedlichen Kulturen kennenzulernen und zu reflektieren sowie für ein friedliches und diskriminierungsfreies Zusammenleben einzustehen,
6. die grundlegenden Normen des Grundgesetzes und der Landesverfassung zu verstehen und für die Demokratie einzutreten,

7. die eigene Wahrnehmungs-, Empfindungs- und Ausdrucksfähigkeit sowie musisch-künstlerische Fähigkeiten zu entfalten,
8. Freude an der Bewegung und am gemeinsamen Sport zu entwickeln, sich gesund zu ernähren und gesund zu leben,
9. mit Medien verantwortungsbewusst und sicher umzugehen.

(7) Die Schule ist ein Raum religiöser wie weltanschaulicher Neutralität. Sie wahrt Offenheit und Toleranz gegenüber den unterschiedlichen religiösen, weltanschaulichen und politischen Überzeugungen und Wertvorstellungen. Sie achtet den Grundsatz der Gleichberechtigung der Geschlechter und wirkt auf die Beseitigung bestehender Nachteile hin. Sie vermeidet alles, was die Empfindungen anders Denkender verletzen könnte. Schülerinnen und Schüler dürfen nicht einseitig beeinflusst werden.

(8) Die Schule ermöglicht und respektiert im Rahmen der freiheitlich-demokratischen Grundordnung unterschiedliche Auffassungen. Schulleiterinnen und Schulleiter, Lehrerinnen und Lehrer sowie Mitarbeiterinnen und Mitarbeiter gemäß § 58 nehmen ihre Aufgaben unparteilich wahr. Sie dürfen in der Schule keine politischen, religiösen, weltanschaulichen oder ähnlichen Bekundungen abgeben, die die Neutralität des Landes gegenüber Schülerinnen und Schülern sowie Eltern oder den politischen, religiösen oder weltanschaulichen Schulfrieden gefährden oder stören. Insbesondere ist ein Verhalten unzulässig, welches bei Schülerinnen und Schülern oder den Eltern den Eindruck hervorruft, dass eine Schulleiterin oder ein Schulleiter, eine Lehrerin oder ein Lehrer oder eine Mitarbeiterin oder ein Mitarbeiter gemäß § 58 gegen die Menschenwürde, die Gleichberechtigung nach Artikel 3 des Grundgesetzes, die Freiheitsgrundrechte oder die freiheitlich-demokratische Grundordnung auftritt. Die Besonderheiten des Religionsunterrichts und der Bekenntnis- und Weltanschauungsschulen bleiben unberührt.

(9) Der Unterricht soll die Lernfreude der Schülerinnen und Schüler erhalten und weiter fördern. Er soll die Schülerinnen und Schüler anregen und befähigen, Strategien und Methoden für ein lebenslanges Lernen zu entwickeln. Drohendem Leistungsversagen und anderen Beeinträchtigungen von Schülerinnen und Schülern begegnet die Schule unter frühzeitiger Einbeziehung der Eltern mit vorbeugenden Maßnahmen.

(10) Die Schule fördert die Integration von Schülerinnen und Schülern, deren Muttersprache nicht Deutsch ist, durch Angebote zum Erwerb der deutschen Sprache. Dabei achtet und fördert sie die ethnische, kulturelle und sprachliche Identität (Muttersprache) dieser Schülerinnen und Schüler. Sie sollen gemeinsam mit allen anderen Schülerinnen und Schülern unterrichtet und zu den gleichen Abschlüssen geführt werden.

(11) Besonders begabte Schülerinnen und Schüler werden durch beratende und ergänzende Bildungsangebote in ihrer Entwicklung gefördert.

(12) Die Absätze 1 bis 11 gelten auch für Ersatzschulen.

## Erläuterungen

### Allgemeines

1   Diese Grundsatzaussagen zum Bildungs- und Erziehungsauftrag der Schule bilden – erstmals für Nordrhein-Westfalen – die Grundlage und den Rahmen für das Handeln aller Beteiligten in der Schule. Siehe auch **E 11**. Zu den Bekenntnisschulen siehe §§ 26 ff. Durch das 12. SchRÄG (2015) ist die Neutralitätsklausel des bisherigen § 57 Abs. 4 an die Rechtsprechung des BVerfG angepasst und nach § 2 Abs. 8 transferiert worden.

**Zu Absatz 1**

Junge Menschen sind nach Bundesrecht (§ 7 SGB VIII) alle, die noch nicht 27 Jahre alt sind. **2** Die Bezugnahme auf die Verfassungen meint insbesondere die Grundrechte in Art. 1 ff. GG und Art. 6 und 7 LV.

**Zu Absatz 2**

Dieser Absatz entspricht wörtlich Art. 7 Abs. 1 und 2 LV. Die wörtliche Übernahme in das **3** SchulG soll die genannten Erziehungsziele bewusst machen und für die schulische Praxis hervorheben.

**Zu Absatz 3**

Das Elternrecht – siehe auch § 1 Abs. 2 – steht in der schulischen Erziehung nach der **4** Rechtsprechung des BVerfG gleichberechtigt neben dem staatlichen Erziehungsauftrag. Dies verpflichtet die Schule dazu, die Eltern als Erziehungspartner ernst zu nehmen. Umgekehrt sind auch die Eltern in der Pflicht; siehe z.B. §§ 42, 44 und 62.

**Zu Absatz 4**

Die hier aufgeführten Lernziele sind in den Unterrichtsvorgaben (§ 29) und in den **5** Ausbildungs- und Prüfungsordnungen (§ 52) zu konkretisieren und umzusetzen. Ein wichtiger Auftrag der Schule ist die Vermittlung sozialer Kompetenz (Werthaltungen, Selbstständigkeit, Verantwortungsbewusstsein). Zur individuellen Förderung siehe zu § 1 Abs. 1. Zur Wertebildung in der Schule siehe *Ladenthin*, Schule NRW 2009, S. 591, sowie *Poelchau*, Schule NRW 2010, S. 549.

Die Formulierung zur Koedukation (Satz 3) lässt es zu, in begründeten Einzelfällen den Unterricht für Mädchen und Jungen getrennt zu erteilen. Nachweise zur faktischen Benachteiligung von Jungen bringen *Frein/Möller*, SchVw NRW 2011, S. 185.

**Zu Absatz 5**

Dieser neue Absatz (2013) erweitert den Bildungs- und Erziehungsauftrag in Umsetzung **6** von Art. 24 VN-BRK. Diese neue Aussage ist nicht nur ein Programmsatz, sondern eine Zielbestimmung, die nach dem Willen des Gesetzgebers Folgen auslösen soll und nach Maßgabe der anderen Vorschriften des Schulgesetzes umzusetzen ist. Der neue Begriff „inklusive Bildung" (aus Art. 24 VN-BRK) soll das Regelsystem im Sinne des gemeinsamen Lernens pädagogisch verändern. Den Vorrang des Pädagogischen betont *Schlee*, SchVw NRW 2012, S. 262; zur neuen Gesetzeslage siehe *van den Hövel*, SchVw NRW 2013, S. 222.

Nähere Regelungen zur sonderpädagogischen Förderung enthalten insbesondere die neuen §§ 19 und 20. Entwicklungsverzögerungen liegen unterhalb der Schwelle einer Behinderung. Zum Nachteilsausgleich siehe § 52 Abs. 1 Nr. 18.

**Zu Absatz 6**

Die hier aufgeführten Lernziele sind nicht abschließend. **7**

Zu Nr. 3: Näheres zur Meinungsfreiheit von Schülern in der Schule siehe bei § 45.

Zu Nr. 4: Zur Toleranz in religiösen Fragen siehe §§ 31 bis 33.

Zu Nr. 5: Eingefügt durch das Teilhabe- und Integrationsgesetz vom 14.02.2012. Zu Hintergrund und Zielen siehe *Bainski*, SchVw NRW 2012, S. 169.

Zu Nr. 6: Siehe dazu Absatz 1.

Zu Nr. 7: Zum Landesprogramm Kultur und Schule siehe RdErl. vom 15.03.2007 (BASS 11–02 Nr. 22) und *Große-Brockhoff*, SchVw NRW 2007, S. 258, sowie die neue Reihe beginnend in SchVw

NRW 2012, S. 97. Anregungen zur kulturellen Bildung in der Schule enthält das Sonderheft des MSW (2013). Ein Fazit zum Landesprogramm zieht *Krings*, SchVw NRW 2016, S. 310.

Zu Nr. 8: Zur Gesundheitserziehung siehe bei § 54, zur Schulverpflegung siehe Schule NRW Beilage 10/2009, Schule NRW 2011, S. 651, sowie SchVw NRW 2009, S. 80 und SchVw NRW 2011, S. 109. Siehe auch das Schulsportportal www.schulsport-nrw.de. Für Jungenförderung im Schulsport plädiert *Neuber*, Schule NRW 2013, S. 422.

**Zu Absatz 7**

8  Die Gebote der Toleranz, Ideologiefreiheit und Unparteilichkeit binden alle schulischen Organe. Sie gelten für alle Unterrichtsfächer und die gesamte schulische Arbeit. Diese Regelung wird ergänzt durch das Werbeverbot in § 56.

Zur reflexiven Koedukation siehe *Klimeck/Kirfel*, Schule NRW 2013, S. 310, sowie empirische Befunde bei *Kessels/Heyder*, SchVw NRW 2014, S. 22.

Zum Kopftuchverbot siehe bei Absatz 8.

Zum Religionsunterricht siehe § 31, zu den Bekentnisschulen siehe § 26

**Zu Absatz 8**

9  Politische Meinungsäußerungen von Lehrkräften sind damit nicht ausgeschlossen, es besteht aber eine Pflicht zu ausgewogener Darstellung und Zurückhaltung. Fallbeispiele zur politischen Neutralität der Schule bei *Jülich*, Schule und politische Parteien, SchVw NRW 2004, S. 153. Zur Unparteilichkeit vor Wahlen siehe SchVw NRW 2009, S. 126. Bei Einladung von Wahlbewerbern ist der Grundsatz der Chancengleichheit der Parteien zu beachten.

Mit der Anfügung der Sätze 2 ff sind die bisherigen Regelungen der § 57 Abs. 4 und § 58 Satz 2 in einer geänderten Fassung hier aufgenommen worden. Die Neuregelung folgt der Entscheidung des BVerfG vom 27.01.2015 (SPE 371 Nr. 12) zum Kopftuchverbot. Danach reicht nicht mehr die abstrakte Gefahr der Störung des Schulfriedens für ein Verbot aus, sondern es bedarf einer konkreten Gefährdung. Die Neuregelung konkretisiert dies nicht; zur Kontroverse darüber: *Bertrams*, SchVw 2015, S. 234, und *Schrapper*, SchVw NRW 2016, S. 80. Generell zum Kopftuch in der Schule: *Fehrmann*, SchVw NRW 2016, S. 335.

Zum Kopftuchverbot einer weltanschaulich neutralen Privatschule siehe LG Bonn vom 12.11.2014 (SPE 371 Nr. 13).

**Zu Absatz 9**

10  Zur schulischen Weiterbildung siehe das Weiterbildungskolleg (§ 23). Die außerschulische Weiterbildung regelt das Weiterbildungsgesetz (WbG). Der Handlungsauftrag der Schule bei Lernproblemen und anderen Beeinträchtigungen folgt aus dem Auftrag zur individuellen Förderung (§ 1 Abs. 1).

**Zu Absatz 10**

11  Der Auftrag zur Einrichtung von deutschen Sprachkursen richtet sich an Schulaufsicht, Schulverwaltung und alle Schulen. Zur Sprachstandsfeststellung siehe § 36. Vorgaben zum Unterricht für neu zugewanderte Schülerinnen und Schüler enthält der neue RdErl. vom 28.06.2016 (BASS 13–63 Nr. 3).

Besondere Serviceeinrichtungen für Zuwandererfamilien sind die Kommunalen Integrationszentren (früher: Regionale Arbeitsstellen – RAA) in den Kommunen; siehe dazu den Gem. RdErl. vom 25.06.2012/23.03.2015 (BASS 11–02 Nr. 10; SchR 5.5.3/21) sowie *Bainski*, Schule NRW 2013, S. 116, und *Teepe*, Schule NRW 2016 Nr. 1 S. 6. Die Integration durch Bildung behandelt *Copur*, Schule NRW 2015, S. 150. Beziehungen zwischen traditioneller islamischer Erziehung und Schulerfolg beleuchtet *Spenlen*, SchVw NRW 2014, S. 179 und 209.

**Zu Absatz 11**

Der Auftrag zur Förderung besonders Begabter richtet sich an die Schulaufsicht, die **12** Schulverwaltung und die Schulen direkt. Sie sind verpflichtet entsprechende Angebote zu schaffen. Individuelle Rechtsansprüche sollen nach der Gesetzesbegründung dadurch nicht geschaffen werden. Zur Begabungsförderung: *B. Sommer*, SchVw NRW 2006, S. 167; dazu ein Beispiel: *Jansen*, SchVw NRW 2009, S. 101. Siehe auch Bildungsbericht 2009, S. 23 sowie z.b. www.chancen-nrw.de und www.lernferien.de. Aktuell siehe *Berkemeyer/Junker*, Schule NRW 2014, S. 50.

**Zu Absatz 12**

Ersatzschulen sind die in den §§ 100 ff. geregelten Schulen in freier Trägerschaft. **13**

**§ 3   Schulische Selbstständigkeit, Eigenverantwortung, Qualitätsentwicklung und Qualitätssicherung**

**(1) Die Schule gestaltet den Unterricht, die Erziehung und das Schulleben im Rahmen der Rechts- und Verwaltungsvorschriften in eigener Verantwortung. Sie verwaltet und organisiert ihre inneren Angelegenheiten selbstständig. Die Schulaufsichtsbehörden sind verpflichtet, die Schulen in ihrer Selbstständigkeit und Eigenverantwortung zu beraten und zu unterstützen.**

**(2) Die Schule legt auf der Grundlage ihres Bildungs- und Erziehungsauftrags die besonderen Ziele, Schwerpunkte und Organisationsformen ihrer pädagogischen Arbeit in einem Schulprogramm fest und schreibt es regelmäßig fort. Auf der Grundlage des Schulprogramms überprüft die Schule in regelmäßigen Abständen den Erfolg ihrer Arbeit, plant, falls erforderlich, konkrete Verbesserungsmaßnahmen und führt diese nach einer festgelegten Reihenfolge durch.**

**(3) Schulen und Schulaufsicht sind zur kontinuierlichen Entwicklung und Sicherung der Qualität schulischer Arbeit verpflichtet. Qualitätsentwicklung und Qualitätssicherung erstrecken sich auf die gesamte Bildungs- und Erziehungsarbeit der Schule.**

**(4) Schülerinnen und Schüler sowie Lehrerinnen und Lehrer sind verpflichtet, sich nach Maßgabe entsprechender Vorgaben der Schulaufsicht an Maßnahmen der Qualitätsentwicklung und Qualitätssicherung zu beteiligen. Dies gilt insbesondere für die Beteiligung an Vergleichsuntersuchungen, die von der Schulaufsicht oder in deren Auftrag von Dritten durchgeführt werden.**

### Erläuterungen

**Allgemeines**

Leitideen der Entwicklung des Schulwesens sind die größere Eigenverantwortung der **1** einzelnen Schule und die Sicherung der Qualität ihrer Arbeit. Notwendige Kehrseite der größeren Selbstständigkeit der Schule sind deshalb die Maßnahmen zur Qualitätssicherung. Siehe auch E 7. Den Bericht „Bildung in Deutschland 2014" erläutert *Möller*, SchVw NRW 2014, S. 245.

**Zu Absatz 1**

Bei der Ausgestaltung der Ausbildungs- und Prüfungsordnungen (§ 52 Abs. 1) ist das **2** Schulministerium gehalten, den Grundsatz der eigenverantwortlichen Schule zu beachten. Die Bindung der Schule auch an Verwaltungsvorschriften mahnt zugleich die Schulaufsicht bei deren Ausgestaltung zu angemessener Zurückhaltung; siehe in diesem Sinne auch § 86

Abs. 3 Satz 4. Prozessvertretung siehe: Vertretungserlass (BASS 10–32 Nr. 66; SchR 3.7.4/11). Rolle und Wirksamkeit der Schulaufsicht werden kritisch betrachtet von *Fuchs*, SchVw NRW 2015, S. 263. Die Schulaufsicht als "schlafender Riese" sieht *Röken*, SchVw NRW 2016, S. 332.

Die Zuständigkeiten der Mitwirkungsorgane innerhalb der Schule ergeben sich aus den Vorschriften über die Schulverfassung; siehe §§ 62 ff.

Über die Schule als Dienstleistungseinrichtung und über Schüler als Bildungsmanager in eigener Sache schreibt *Hurrelmann*, SchVw NRW 2014, S. 46 und 71.

**Zu Absatz 2**

3 Das Schulprogramm ist zentrales Steuerungsinstrument der Schule; darüber beschließt die Schulkonferenz (§ 65 Abs. 2 Nr. 1). Näheres ist im RdErl. vom 16.09.2005 (BASS 14–23 Nr. 1; SchR 3.2.2/1) geregelt. Zur Auswertung gehören Verfahren der internen und externen Evaluation. Grundlegend zum Schulprogramm: *Avenarius*, SchVw NRW 2008, S. 130.

Zur neuen Aufgabe der Qualitätsanalyse siehe § 86 Abs. 5. Zur Praxis siehe *Brügmann* u.a., Schule NRW 2011, S. 172; zur Neuausrichtung *Jäger*, Schule NRW 2013, S. 493 Den Referenzrahmen Schulqualität NRW als Instrument für die innere Schulentwicklung beschreiben *Egyptien/Groot-Wilken*, Schule NRW 2013, S. 163, sowie *Kühne/Groot-Wilken*, SchVw NRW 2015, S. 338, und *Groot-Wilken*, Schule NRW 2016, H. 10 S. 10. Einen kritischen Blick auf die institutionelle Schulentwicklung in NRW gibt *Schlee*, SchVw NRW 2014, S. 11 und 2015, S. 327. Empirische Befunde zur externen Schulentwicklungsberatung bei *Dedering* u.a, SchVw NRW 2013, S. 234.

Schulen können mehr Freiräume für innovative schulische Vorhaben bei der Unterrichtsgestaltung und Unterrichtsorganisation nutzen; nähere Regelungen enthält der RdErl. vom 02.07.2012 (BASS 14–23 Nr. 4; SchR 3.2.2/51). Zu den Schulentwicklungskonferenzen siehe *Blombach/Haschke-Hirth*, Schule NRW 2009, S. 112, sowie *Otterbeck*, SchVw NRW 2013, S. 214.

**Zu Absatz 3**

4 Zur Schulaufsicht siehe § 86. Wesentliche Instrumente der Qualitätssicherung sind außer den zentralen Prüfungen (§ 12 Abs. 3 und § 18 Abs. 4) die Zentralen Lernstandserhebungen (Vergleichsarbeiten) gemäß RdErl. vom 20.12.2006 (BASS 12–32 Nr. 4; SchR 3.1.3/151). Sie finden bundesweit in Klasse 3 und Klasse 8 statt. Sie werden nicht (mehr) bei der Leistungsbewertung berücksichtigt, auch nicht für die Schulformempfehlung. Siehe auch www.standardsicherung.nrw.de/vera3. Das Standorttypenkonzept bei Lernstandserhebungen beschreibt *Isaac*, Schule NRW 2011, S. 300.

Zum neuen Landesinstitut für Schule (Qualitäts- und Unterstützungsagentur QUA-LiS) in Soest siehe den RdErl. vom 25.11.2013 (BASS 10-31 Nr. 7; SchR 3.7.3/1) sowie *Egyptien*, SchVw NRW 2015, S. 149. Erste Erfahrungen mit dem Referenzrahmen Schulqualität NRW schildert *Groot-Wilken*, Schule NRW 2016 Nr. 10, S. 10.

**Zu Absatz 4**

5 Es kommt darauf an, dass die Vergleichsuntersuchung von der Schulaufsicht veranlasst und verantwortet wird. Hierbei ist der Datenschutz eingeschränkt; siehe § 120 Abs. 3 und § 121 Abs. 1

## § 4 Zusammenarbeit von Schulen

(1) Schulen sollen pädagogisch und organisatorisch zusammenarbeiten. Dies schließt auch die Zusammenarbeit mit Schulen in freier Trägerschaft ein.

(2) Die Zusammenarbeit zwischen Schulen verschiedener Schulstufen erstreckt sich insbesondere auf die Vermittlung der Bildungsinhalte und auf die Übergänge von einer Schulstufe in die andere.

(3) Die Zusammenarbeit zwischen den Schulen einer Schulstufe erstreckt sich insbesondere auf die Abstimmung zwischen den Schulformen über Bildungsgänge, den Wechsel der Schülerinnen und Schüler von einer Schule in die andere und Bildungsabschlüsse. Diese Zusammenarbeit soll durch das Angebot gemeinsamer Unterrichtsveranstaltungen für mehrere Schulen und durch den Austausch von Lehrerinnen und Lehrern für Unterrichtsveranstaltungen gefördert werden. Vereinbarungen über die Zusammenarbeit von Schulen bedürfen der Zustimmung der beteiligten Schulkonferenzen.

(4) Zur Sicherstellung eines breiten und vollständigen Unterrichtsangebotes können Schulen durch die Schulaufsicht zur Zusammenarbeit verpflichtet werden.

(5) Das Einvernehmen mit dem Schulträger ist herzustellen, soweit ihm zusätzliche Kosten durch die Zusammenarbeit der Schulen entstehen.

### Erläuterungen

#### Allgemeines

§ 4 enthält die gesetzliche Grundlage für die Zusammenarbeit der Schulen, damit diese **1** attraktive schulische Angebote besser und kostengünstiger vorhalten können. Zum Netzwerk „Zukunftsschulen NRW" siehe im Anschluss an *Koch*, Schule NRW 2013, S. 371, die Beiträge dort 2014, S. 98, 198, 258, 314 sowie von *Rüken-Hennes/Brügmann* 2015, S. 312.

#### Zu Absatz 1

Die Zusammenarbeit ist damit eine Aufgabe aller Schulen. Die Soll-Vorschrift verlangt **2** eine grundsätzliche Bereitschaft zur Zusammenarbeit. Abweichungen wegen besonderer Bedingungen müssen begründbar sein. Satz 2 bezieht sich insbesondere auf Ersatzschulen (§§ 100 ff.).

Die Schulleitung legt einen Vorschlag vor, über den die Schulkonferenz nach § 65 Abs. 2 Nr. 2 entscheidet; siehe Abs. 3 Satz 3.

#### Zu Absatz 2

Ziel dieser Zusammenarbeit ist, dass Schüler ohne Probleme in die nächste Stufe übergehen **3** können. Zur Sekundarschule siehe § 17a Abs. 2 im Hinblick auf die gymnasiale Oberstufe. Über einen Lehrersprechtag zwischen allen Grundschulen und weiterführenden Schulen einer Gemeinde (Dülmen) berichtet Schule NRW 2010, S. 555.

#### Zu Absatz 3

Gerade benachbarte Schulen können gemeinsame Unterrichtsangebote machen und **4** Lehrkräfte austauschen. Zur Förderung der Zusammenarbeit zwischen den Schulformen siehe auch § 10 Abs. 1.

**Zu Absatz 4**

5 Besonders in der gymnasialen Oberstufe (§ 18) kann dies nötig sein für das erforderliche Differenzierungsangebot (§ 6 Abs. 3 APO-GOSt). Bei kleinen Grundschulen siehe § 82 Abs. 2, bei kleinen Hauptschulen § 82 Abs. 4.

**Zu Absatz 5**

6 Solche Kosten des Schulträgers können sich z.b. aus § 94 und § 97 ergeben. Über den modellhaften Kooperationsverband Aachen berichtet *Lindlar*, Schule NRW 2010, S. 109. Kommunale Bildungslandschaften behandelt *Rombey* in SchVw NRW 2015, S. 89 und 121.

## § 5 Öffnung von Schule, Zusammenarbeit mit außerschulischen Partnern

**(1) Die Schule wirkt mit Personen und Einrichtungen ihres Umfeldes zur Erfüllung des schulischen Bildungs- und Erziehungsauftrages und bei der Gestaltung des Übergangs von den Tageseinrichtungen für Kinder in die Grundschule zusammen.**

**(2) Schulen sollen in gemeinsamer Verantwortung mit den Trägern der öffentlichen und der freien Jugendhilfe, mit Religionsgemeinschaften und mit anderen Partnern zusammenarbeiten, die Verantwortung für die Belange von Kindern, Jugendlichen und jungen Volljährigen tragen, und Hilfen zur beruflichen Orientierung geben.**

**(3) Vereinbarungen nach den Absätzen 1 und 2 bedürfen der Zustimmung der Schulkonferenz.**

### Erläuterungen

**Allgemeines**

1 § 5 enthält die rechtliche Grundlage dafür und zugleich ein Gebot, dass die Schulen sich für ihr Umfeld öffnen.

**Zu Absatz 1**

2 Den Rahmen für die Öffnung von Schulen bildet der Bildungs- und Erziehungsauftrag (§ 2). Für Vereinbarungen der Schule ist Abs. 3 zu beachten.

Über die Regionalen Bildungsnetzwerke informieren *Zentara*, Schule NRW 2011, S. 11, *Lexis/ Garbe*, SchVw NRW 2011, S. 209 und 230, sowie *Stern*, Schule NRW 2015, S. 241.

**Zu Absatz 2**

3 Träger der öffentlichen Jugendhilfe sind die Kreise, kreisfreien Städte und großen Gemeinden; Träger der freien Jugendhilfe sind insbesondere die anerkannten Jugend- und Wohlfahrtsverbände. Ein besonderer Anwendungsfall ist die Offene Ganztagsschule (§ 9 Abs. 3).

Kooperationsvereinbarungen zwischen Kindertagesstätten und Grundschulen beschreibt *Riskop*, SchVw NRW 2008, S. 242.

Zur Zusammenarbeit mit der Jugendhilfe siehe *Reichel*, SchVw NRW 2006, S. 51, sowie 2009, S. 2. Den Landesarbeitskreis Jugendhilfe, Polizei und Schule beschreiben *Trenz/Rex*, Schule NRW 2014, S. 475. Zur Zusammenarbeit zwischen Feuerwehr und Schule siehe *Dax*, Schule NRW 2016 Nr. 1 S. 6.

Zur Zusammenarbeit mit der Wirtschaft siehe *Berger*, Schule NRW 2009, S. 58, sowie *Gathen/ Hunecke*, Schule NRW 2015, S. 194. Die Zusammenarbeit von Schule und Wirtschaft fördert die Stiftung *Partner für Schule NRW*; siehe *Berger*, Schule NRW 2013, S. 540.

Über die Bibliotheken als Partner von Schulen berichtet *Büning*, SchVw NRW 2007, S. 237.

**Zu Absatz 3**

Die Schulkonferenz entscheidet gemäß § 65 Abs. 2 Nr. 2 über Vorschläge der Schulleitung. **4** Sie kann sich auch schon im Vorfeld der Entscheidung einschalten, aber nicht ohne die Schulleitung entscheiden.

# Zweiter Abschnitt – Geltungsbereich, Rechtsstellung und innere Organisation der Schule

§ 6     Geltungsbereich, Rechtsstellung und Bezeichnung

(1) Schulen im Sinne dieses Gesetzes sind Bildungsstätten, die unabhängig vom Wechsel der Lehrerinnen und Lehrer sowie der Schülerinnen und Schüler nach Lehrplänen Unterricht in mehreren Fächern erteilen.

(2) Dieses Gesetz gilt für die öffentlichen Schulen. Für Schulen in freier Trägerschaft und für freie Unterrichtseinrichtungen gilt es nach Maßgabe der Vorschriften des Elften Teils. Dieses Gesetz gilt nicht für die Verwaltungsschulen, die Ausbildungseinrichtungen für Heilberufe und Heilhilfsberufe sowie für die Einrichtungen der Weiterbildung, soweit nicht gesetzlich etwas anderes bestimmt ist.

(3) Öffentliche Schulen sind die Schulen, für die das Land, eine Gemeinde oder ein Gemeindeverband Schulträger ist. Öffentliche Schulen sind nichtrechtsfähige Anstalten des Schulträgers.

(4) Öffentliche Schulen sind auch Schulen, deren Schulträger eine Innung, eine Handwerkskammer, eine Industrie- und Handelskammer oder eine Landwirtschaftskammer ist.

(5) Schulen in freier Trägerschaft sind alle anderen Schulen, die in den Absätzen 3 und 4 nicht genannt sind.

(6) Jede Schule führt eine Bezeichnung, die den Schulträger, die Schulform und die Schulstufe angibt. Bei Grundschulen und Hauptschulen ist auch die Schulart anzugeben, bei Förderschulen der Förderschwerpunkt, in dem sie vorrangig unterrichten. Berufskollegs mit Bildungsgängen, die gemäß § 22 Abs. 5 zur allgemeinen Hochschulreife führen, können dafür den Zusatz „Berufliches Gymnasium" führen. Der Name der Schule muss sich von dem anderer Schulen am gleichen Ort unterscheiden. Dies gilt auch für Ersatzschulen, die auch als solche erkennbar sein müssen.

## Erläuterungen

**Allgemeines**

1   § 6 regelt den Schulbegriff und die Stellung der Schule in der Rechtsordnung. Siehe auch E 6.

**Zu Absatz 1**

2   Diese gesetzliche Definition grenzt die Schule von anderen Einrichtungen ab, die nicht dem Schulrecht unterliegen (Kindergärten, Hochschulen, Weiterbildung).

**Zu Absatz 2**

3   Schulen in freier Trägerschaft sind die Ersatzschulen (§§ 100 ff.) und die Ergänzungsschulen (§§ 116 ff.). Zu den freien Unterrichtseinrichtungen siehe § 119, zur Weiterbildung siehe bei § 2 Abs. 7. Zu den Ausbildungsstätten für Heilberufe und Heilhilfsberufe gehören z.B. die Krankenpflegeschulen und die Ausbildungsstätten für Altenpflegerinnen und Altenpfleger.

**Zu Absatz 3**

4   Es besteht eine staatlich-kommunale Verantwortungsgemeinschaft; dazu *Lexis/Garbe*, SchVw NRW 2009, S. 277. Zu den Rechtsbeziehungen zwischen Schule, Land und Kommune siehe *Avenarius*, SchVw NRW 2015, S. 21 und 47.

Gemeindeverbände als Träger öffentlicher Schulen sind die Kreise und die Landschaftsverbände sowie die Schulverbände als Zweckverbände. Siehe dazu die Erläuterungen zu § 78 Abs. 8.

Verfahrensrechtlich ist die Schule als Behörde anzusehen; Klagegegner ist aber das Land bei der Anfechtung eines Verwaltungsakts in inneren Schulangelegenheiten (z.B. Nichtversetzung); vgl. OVG NRW vom 14.01.2011 – 19 B 14/11 – (SchVw NRW 2011, S. 150). Siehe dazu Nr. 3 im Vertretungserlass NRW (BASS 10-32 Nr. 66; SchR 3.7.4/11).

Bei der Bewirtschaftung von Sachmitteln kann die Schule eine Teilrechtsfähigkeit erhalten; siehe § 95 Abs. 2.

**Zu Absatz 4**

Die Träger der Kammerschulen sind Körperschaften des öffentlichen Rechts.                    5

**Zu Absatz 5**

Zu den Schulen in freier Trägerschaft siehe die Erläuterungen zu Abs. 2.                    6

**Zu Absatz 6**

Die Bezeichnung der Schule mit den in Abs. 6 aufgeführten verbindlichen Bestandteilen legt    7
der Schulträger (§§ 78 ff) fest. Für die Schulformen und Schulstufen sind die in den §§ 10 ff.
enthaltenen Bezeichnungen zu verwenden. Die Schulart bezeichnet bei Grundschulen und
Hauptschulen die Gemeinschaftsschule oder Bekenntnisschule (§ 26).

Auch den Namen der Schule bestimmt der Schulträger, bei Änderungen unter Beteiligung
der Schulkonferenz.

Zu den Förderschwerpunkten bei Förderschulen siehe § 19 Abs. 2.

Die Bezeichnung „Berufliches Gymnasium" soll es den entsprechenden Bildungsgängen des
Berufskollegs (siehe § 22 Abs. 5) ermöglichen, mit dieser zusätzlichen Angabe zu werben.
Siehe dazu *Schoell*, Schule NRW 2009, S. 13. Für andere Bildungsgänge fehlt das noch.

## § 7    Schuljahr, Ferien

**(1) Das Schuljahr beginnt am 1. August und endet am 31. Juli des folgenden Jahres. Das
Ministerium kann zulassen, dass in einzelnen Schulstufen oder Schulformen das Schul-
jahr in Semester (Schulhalbjahre) oder andere Zeitabschnitte gegliedert wird, und deren
Beginn und Ende festlegen.**

**(2) Das Ministerium erlässt die Ferienordnung. Sie sieht neben den landesweiten Ferien
bewegliche Ferientage vor, über deren Termine die Schulkonferenz entscheiden kann.**

### Erläuterungen

**Allgemeines**

Diese Vorschrift sichert eine landeseinheitliche Organisation des Schuljahres.                1

**Zu Absatz 1**

Die zeitliche Lage des Schuljahres und die Dauer der Ferien sind zwischen den Ländern in    2
der Bundesrepublik Deutschland abgestimmt (Hamburger Abkommen). Der Termin für die
Aushändigung der Halbjahreszeugnisse liegt in der Regel Ende Januar bzw. Anfang Februar.
Er hängt jeweils von der Lage der Sommerferien ab.

**Zu Absatz 2**

**3**  Die Gesamtdauer der Ferien beträgt in allen Ländern 75 Werktage (einschl. Samstage). Die Ferienordnung NRW 2016/17 bis 2023/24 ist durch RdErl. vom 10.11.2014 (BASS 12-65 NR. 1; SchR 3.1.2/44e) festgelegt. Er regelt auch das Verfahren zur Festlegung der beweglichen Ferientage. Die langfristige Sommerferienregelung bis 2024 ist abgedruckt in BASS unter S/72 und in SchR 3.1.2/61. Zu den Hintergründen in der KMK für die Jahre 2018 bis 2024 siehe *Bade* in SchVw NRW 2013, S. 251, und *Stillemunkes*, SchVw NRW 2014, S. 237.

Schulferien sind für Lehrer keine arbeitsfreie Zeit; sie können deshalb vom Schulleiter zu Präsenzzeiten in der Schule (Ferienbesetzung) herangezogen werden; vgl. BAG vom 16.10.2007 – 9 AZR 144/07 – (SPE 131a Nr. 11). Das Förderangebot zur Nutzung der Schulferien als Lernferien beschreiben *Hermes/Lambertz*, Schule NRW 2013, S. 433. Individuelle Ferienverlängerungen sind unzulässig; Nr. 5.4 des RdErl. vom 29.05.2015 (BASS 12-52 Nr. 1; SchR 3.1.2/51).

**§ 8     Unterrichtszeit, Unterrichtsorganisation**

**(1) Der Unterricht wird als Vollzeitunterricht in der Regel an wöchentlich fünf Tagen erteilt. Über Ausnahmen entscheidet die Schulkonferenz im Einvernehmen mit dem Schulträger.**

**(2) Das Ministerium kann die Unterrichtszeit und die Unterrichtsorganisation in den Ausbildungs- und Prüfungsordnungen, insbesondere für den Teilzeitunterricht und den Blockunterricht im Berufskolleg, abweichend von Absatz 1 regeln.**

<mark>Erläuterungen</mark>

**Allgemeines**

**1**  Diese gesetzliche Grundentscheidung zur Unterrichtszeit und Unterrichtsorganisation gilt grundsätzlich für alle Schulen.

**Zu Absatz 1**

**2**  Durch diese Bestimmung ist die Fünf-Tage-Woche gesetzlich verankert. Nähere Regelungen enthält Nr. 2 des RdErl. vom 05.05.2015 (BASS 12–63 Nr. 3; SchR 3.1.2/1). Für die Durchführung der Fünf-Tage-Woche bestehen besondere Bindungen für die Unterrichtsverteilung: In der Sekundarstufe I muss mindestens ein Nachmittag pro Woche frei von Nachmittagsunterricht oder anderen pflichtigen Angeboten sein. Vormittags- und Nachmittagsunterricht dürfen in der Primarstufe 270 Minuten, in der Sekundarstufe I 360 Minuten nicht überschreiten.

**3**  Die Dauer der Unterrichtsstunde ist im Regelfall mit 45 Minuten angesetzt. Über den Unterrichtsbeginn zwischen 7:30 Uhr und 8:30 Uhr entscheidet der Schulleiter nach Beteiligung des Schulträgers und der Schulkonferenz; vgl. obigen RdErl. vom 05.05.2015 sowie § 3 Abs. 1 AO-GS. Erfahrungsberichte zur 60-Minuten-Stunde siehe *Göcke* u.a., SchVw NRW 2007, S. 75 und *Schulte*, SchVw NRW 2009, S. 42.

**Zu Absatz 2**

**4**  Grundeinheiten für die Organisation innerhalb einer Schule sind die Jahrgangsstufen und die Klassen. Zu Klassengrößen und Klassenbildung siehe § 81 Abs. 2, § 82 sowie § 93 Abs. 2 Nr. 3 und die dazu gehörige AVO. Die Zahl der Parallelklassen bestimmt die Zügigkeit einer Schule.

Zur Unterrichtsorganisation in der Sekundarstufe I siehe § 4 APO-SI, zur gymnasialen Oberstufe § 6 APO-GOSt.

Zu Umfang und Organisation des Unterrichts in der Berufsschule siehe § 5 Anl. A zur APO-BK (BASS 13–33 Nr. 1.2 A). Blockunterricht liegt vor, wenn – anstelle des Teilzeitunterrichts – an fünf Unterrichtstagen in einer Woche Unterricht erteilt wird.

## § 9 Ganztagsschule, Ergänzende Angebote, Offene Ganztagsschule

**(1) Schulen können als Ganztagsschulen geführt werden, wenn die personellen, sächlichen und schulorganisatorischen Voraussetzungen erfüllt sind. Die Förderschule mit dem Förderschwerpunkt Geistige Entwicklung und die Förderschule mit dem Förderschwerpunkt Körperliche und motorische Entwicklung werden in der Regel als Ganztagsschule geführt. Die Entscheidung des Schulträgers bedarf der Zustimmung der oberen Schulaufsichtsbehörde.**

**(2) An Schulen können außerunterrichtliche Ganztags- und Betreuungsangebote eingerichtet werden, die der besonderen Förderung der Schülerinnen und Schüler dienen.**

**(3) Der Schulträger kann mit Trägern der öffentlichen und der freien Jugendhilfe und anderen Einrichtungen, die Bildung und Erziehung fördern, eine weitergehende Zusammenarbeit vereinbaren, um außerunterrichtliche Angebote vorzuhalten (Offene Ganztagsschule). Dabei soll auch die Bildung gemeinsamer Steuergruppen vorgesehen werden. Die Einbeziehung der Schule bedarf der Zustimmung der Schulkonferenz. Die Erhebung von Elternbeiträgen richtet sich nach § 10 Abs. 5 des Zweiten Gesetzes zur Ausführung des Gesetzes zur Neuordnung des Kinder- und Jugendhilferechts (Gesetz über Tageseinrichtungen für Kinder – GTK).[1]**

## Erläuterungen

### Allgemeines

Durch das SchulG-ÄG 2006 ist hier die Gesamtschule gestrichen worden, die damit bei **1** der Einführung von Ganztagsbetrieb den anderen Schulformen gleichgestellt ist. Es gibt also von Rechts wegen keinen Vorrang bestimmter Schulformen bei der Genehmigung des Ganztagsbetriebs.

Die Landesregierung fördert den Ausbau von Ganztagsschulen. Im Schuljahr 2012/2013 gab es von 6302 Schulen insgesamt 2.977 offene Ganztagsschulen (besonders im Primarbereich), und 1146 gebundene Ganztagsschulen. Insgesamt besuchten mehr als 30 % der Schüler eine Ganztagsschule. Grundlegend zur Ganztagsschule in NRW: *Reichel*, SchVw NRW 2011, S. 130 und 166 sowie *Adelt*, SchVw NRW 2013, S. 115, und *Schäfer*, SchVw NRW 2013, S. 228. Zu Basisinformationen und Entwicklungstrends siehe www.ganztag.nrw.de. Zum Ländervergleich siehe *Möller*, SchVw NRW 2013, S. 340; zur Entwicklung in NRW *Möller*, SchVw NRW 2014, S. 221. Für Gymnasien als Ganztagsschulen plädiert *Tillmann*, SchVw NRW 2013, S. 123. Kritisch zu den Lernergebnissen: *Voigt*, SchVw NRW 2016, S. 15.

### Zu Absatz 1

Die Ganztagsschule im eigentlichen Sinn erfordert ein pädagogisches Konzept. Allgemeine **2** Festlegungen für die Ganztagsschulen in der Primarstufe und in der Sekundarstufe I, für die gebundenen und offenen Ganztagsschulen sowie für außerunterrichtliche Ganztags- und Betreuungsangebote in Primarbereich und Sekundarstufe I enthält der zusammenfassende Grundlagenerlass vom 23.12.2010 (BASS 12–63 Nr. 2; SchR 3.8.4/1). Zur gesunden

---

1 Seit 01.08.2008 Kinderbildungsgesetz (KiBiz); siehe dort § 5 Abs. 2 (SchR 5.6.1/301).

Schulverpflegung siehe Erl. zu § 54. Zu Haftungsfragen an Ganztagsschulen siehe *Reichel/ Schmidt*, SchVw NRW 2012, S. 203.

**Zu Absatz 2**

3 Über außerunterrichtliche Ganztags- und Betreuungsangebote entscheidet die Schule mit Zustimmung der Schulkonferenz (§ 65 Abs. 2 Nr. 6). Der Schulträger ist zu beteiligen. Zur OGS als Arbeitsplatz für Erzieher siehe *Börner*, SchVw NRW 2014, S. 55. Einen Überblick über die verschiedenen Förderprogramme und Unterstützungsleistungen gibt *Reichel*, SchVw 2011, S. 166. Zur Serviceagentur Ganztag siehe *Boßhammer*, Schule NRW 2015, S. 159 und 182.

**Zu Absatz 3**

4 Über Erfahrungen mit der Offenen Ganztagsschule berichtet *Haenisch*, SchVw NRW 2010, S. 2. Die Organisation der Offenen Ganztagsschule ist gesetzlich nicht näher festgelegt. Siehe aber den Grundsatzerlass vom 23.12.2010. Die außerunterrichtlichen Angebote der Offenen Ganztagsschule gelten als schulische Veranstaltungen. Sie dürfen nicht zur Vertretung von Unterricht eingesetzt werden. Siehe auch *Reichel*, Schule NRW 2011, S. 6.

Ob eine Schule als Offene Ganztagsschule geführt wird, entscheidet der Schulträger mit Zustimmung der Schulkonferenz. Die Schulkonferenz kann sich frühzeitig einschalten; sie entscheidet über die Zustimmung zur Vereinbarung gemäß § 65 Abs. 2 Nr. 3. Einzelne externe Schüler haben regelmäßig keinen Anspruch auf Aufnahme in eine offene Ganztagsschule; so das OVG NRW vom 31.08.2016 – 19 B 984/15.

5 Elternbeiträge – in sozialer Staffelung – können nur für freiwillige Angebote, nicht aber für verpflichtende Angebote erhoben werden. Einzelheiten regelt der Grundsatzerlass vom 23.12.2010. Eine spezielle Fahrkostenerstattung für Ganztagsschulen besteht nicht; vgl. § 9 Abs. 7 SchfkVO. Eine Beitragsermäßigung für Geschwisterkinder ist nicht zwingend, wenn ein Kind eine Kindertagesstätte besucht; so OVG NRW vom 19.05.2008 (SPE 270 Nr. 4). Zuwendungen des Landes für die Betreuung von Schülern an Offenen Ganztagsschulen richten sich nach dem RdErl. vom 20.12.2013 (BASS 11-02 Nr. 9; SchR 3.7.6/101); im Primarbereich: RdErl. vom 12.02.2003/09.03.2016 (BASS 11-02 Nr. 19; SchR 3.7.6/131).

Zur Mittagsverpflegung: RdErl. vom 11.02.2016 (BASS 11-02 Nr. 26; (SchR 3.7.6/131).

# Zweiter Teil – Aufbau und Gliederung des Schulwesens
## Erster Abschnitt – Schulstruktur

**§ 10   Schulstufen, Schulformen, besondere Einrichtungen**

(1) Das Schulwesen ist nach Schulstufen aufgebaut und in Schulformen gegliedert. Schulstufen sind die Primarstufe, die Sekundarstufe I und die Sekundarstufe II. Die Schulformen sind so zu gestalten, dass die Durchlässigkeit zwischen ihnen gewahrt und die Zusammenarbeit zwischen den einzelnen Schulen gefördert wird.

(2) Die Primarstufe besteht aus der Grundschule.

(3) Die Sekundarstufe I umfasst die Hauptschule, die Realschule, die Sekundarschule und die Gesamtschule bis Klasse 10, das Gymnasium bis Klasse 9, in der Aufbauform bis Klasse 10.

(4) Die Sekundarstufe II umfasst das Berufskolleg, das Berufskolleg als Förderschule und die gymnasiale Oberstufe des Gymnasiums und der Gesamtschule.

(5) Das Gymnasium und die Gesamtschule werden in der Regel als Schulen der Sekundarstufen I und II geführt.

(6) Den Stufenaufbau der Förderschulen und der Schule für Kranke regelt das Ministerium durch Rechtsverordnung. Sie werden als Schulen einer oder mehrerer Schulstufen geführt.

(7) Das Weiterbildungskolleg, das Kolleg für Aussiedlerinnen und Aussiedler und das Studienkolleg an einer Hochschule sind keiner Schulstufe zugeordnet.

## Erläuterungen

### Allgemeines

§ 10 bestimmt die Struktur des Schulwesens in Nordrhein-Westfalen mit dem Aufbau nach Schulstufen und der Gliederung in Schulformen. Siehe auch **E 8**. **1**

### Zu Absatz 1

Im Unterschied zu anderen Ländern bezeichnen Schularten in NRW verschiedene Ausprä- **2** gungen der weltanschaulichen Gliederung bei Grundschulen und Hauptschulen; siehe dazu näher § 26.

Die noch strikter gefasste Verpflichtung zur Durchlässigkeit ist eine Vorgabe für den Inhalt der nach § 52 zu erlassenden Ausbildungsordnungen. Zur Zusammenarbeit von Schulen siehe § 4 Abs. 3.

### Zu Absatz 2

Die näheren Regelungen zur Grundschule enthält § 11. **3**

Zu den verschiedenen Schularten bei der Grundschule siehe § 26. Der der Primarstufe vorgelagerte Elementarbereich zur Bildung und Erziehung drei- bis sechsjähriger Kinder richtet sich nach dem Kinder- und Jugendrecht (KJHG, KiBiz).

Zur Sprachstandsfeststellung zwei Jahre vor der Einschulung und zur vorschulischen Sprachförderung siehe bei § 36 Abs. 2.

**Zu Absatz 3**

4  Die Sekundarschule ist nach dem Schulkompromiss 2011, der den langen Streit über die Schulstruktur beendet hat, in das Gesetz aufgenommen worden. Zu dieser neuen Fünfgliedrigkeit in der Sekundarstufe I siehe bei §§ 12 ff. Die Bildungsgänge sind gemeinsam in der APO-S I vom 02.11.2012 (BASS 13-21 Nr. 1.1; SchR 4.3.1/13) geregelt.

Die Schulzeitverkürzung im Gymnasium bis zum Abitur nach zwölf Jahren zeigt sich hier wie in § 16 Abs. 2 und 4. Der KMK-Beschluss vom 06.03.2008 ist abgedruckt in Schule NRW 2008, S. 172. Einen Rückblick auf die Strukturänderungen der letzten 25 Jahre gibt *Möller*, SchVw NRW 2014, S. 5. Über die andauernde Schulstrukturdebatte informiert *van den Hövel*, SchVw NRW 2016, S. 222 unter Bezug auf den Sachstandsbericht des MSW vom 08.04.2016 (LT-Vorlage 16/3851). Nach der Landtagswahl 2017 stehen wohl neue Entscheidungen an.

**Zu Absatz 4**

5  Die verschiedenen Schulformen der Sekundarstufe II sind in § 22 (Berufskolleg) sowie in § 17 Abs. 2 und § 18 (gymnasiale Oberstufe) näher geregelt.

**Zu Absatz 5**

6  Die beiden Schulformen Gymnasium und Gesamtschule sind also gleichermaßen Langzeitschulformen von Klasse 5 bis zum Abitur. Siehe näher bei §§ 16 bis 18. Im Ausnahmefall können einzelne Schulen dieser beiden Schulformen aber auch auf die Sekundarstufe I beschränkt bleiben. Bei der Gesamtschule macht dies allerdings keinen Sinn, weil dort die Sekundarschule als Schulform zur Verfügung steht. Umgekehrt ergibt sich daraus, dass auch ein Oberstufenzentrum ohne Sekundarstufe I rechtlich möglich wäre.

**Zu Absatz 6**

7  Förderschulen sind die früheren Sonderschulen; siehe dazu näher bei § 20. Die weiteren Regelungen zur Förderschule und zur Schule für Kranke sind in der Ausbildungsordnung für die sonderpädagogische Förderung (AO-SF) enthalten. Die Schülerzahlen und Mindestgrößen der Förderschulen und der Schulen für Kranke regelt die Verordnung (MindestgrößenVO) vom 16.10.2013 (BASS 10-12 Nr. 1; SchR 4.2/3).

**Zu Absatz 7**

8  Die näheren Regelungen zum Weiterbildungskolleg enthält § 23, zu den Aussiedlerkollegs und den Studienkollegs § 24. Die öffentlichen Studienkollegs sind ausgelaufen.

### § 11   Grundschule

**(1) Die Grundschule umfasst die Klassen 1 bis 4. Sie vermittelt ihren Schülerinnen und Schülern grundlegende Fähigkeiten, Kenntnisse und Fertigkeiten, führt hin zu systematischen Formen des Lernens und legt damit die Grundlage für die weitere Schullaufbahn. Die Grundschule arbeitet mit den Eltern, den Tageseinrichtungen für Kinder und den weiterführenden Schulen zusammen.**

**(2) Die Klassen 1 und 2 werden als Schuleingangsphase geführt. Darin werden die Schülerinnen und Schüler nach Entscheidung der Schulkonferenz entweder getrennt nach Jahrgängen oder in jahrgangsübergreifenden Gruppen unterrichtet, sofern nicht auf Grund der Vorschriften für die Klassengrößen nur jahrgangsübergreifende Gruppen gebildet werden können. Die Schulkonferenz kann frühestens nach vier Jahren über die Organisation der Schuleingangsphase neu entscheiden. Die Schuleingangsphase dauert in der Regel zwei Jahre. Sie kann auch in einem Jahr oder in drei Jahren durchlaufen werden.**

(3) Die Klassen 3 und 4 sind entweder aufsteigend gegliedert oder können durch Beschluss der Schulkonferenz auf der Grundlage eines pädagogischen Konzeptes mit der Schuleingangsphase verbunden und jahrgangsübergreifend geführt werden, sofern nicht auf Grund der Vorschriften für die Klassengrößen nur jahrgangsübergreifende Gruppen gebildet werden können. Bei jahrgangsübergreifender Organisation in der Schuleingangsphase sind die Klassen 3 und 4 jahrgangsübergreifend zu führen, wenn jahrgangsbezogener Unterricht auf Grund der Vorschriften für die Klassengrößen die Bildung einer zusätzlichen Klasse zur Folge hätte. Absatz 2 Satz 3 gilt entsprechend.

(4) Jahrgangsübergreifender Unterricht entsprechend Absätzen 2 und 3 kann auch die Klassen 1 bis 4 umfassen.

(5) Die Grundschule erstellt mit dem Halbjahreszeugnis der Klasse 4 auf der Grundlage des Leistungsstands, der Lernentwicklung und der Fähigkeiten der Schülerin oder des Schülers eine zu begründende Empfehlung für die Schulform, die für die weitere schulische Förderung geeignet erscheint. Ist ein Kind nach Auffassung der Grundschule für eine weitere Schulform mit Einschränkungen geeignet, wird auch diese mit dem genannten Zusatz benannt. Die Eltern entscheiden nach Beratung durch die Grundschule über den weiteren Bildungsgang ihres Kindes in der Sekundarstufe I.

## Erläuterungen

### Allgemeines

§ 11 enthält die gesetzlichen Grundlagen für den Bildungsgang in der Grundschule. Zur **1** weltanschaulichen Gliederung (Schularten) siehe § 26. Zur Mindestgröße von Grundschulen siehe § 82 Abs. 1 und 2, zum Grundschulverbund siehe § 83. Die Probleme zum Erhalt kleiner Grundschulen haben *Möller/Rösner*, SchVw NRW 2012, S. 6, 34 aufgezeigt; Änderungen in § 11 durchdas 8. SchRÄG (2012) beschreibt *van den Hövel*, SchVw NRW 2013, S. 19.

### Zu Absatz 1

Die Grundschule ist als Pflichtschule für alle Kinder verfassungsrechtlich verankert (Art. 10 **2** LV). Eine private Grundschule ist nur im Ausnahmefall zulässig; siehe § 101 Abs. 4 und § 118 Abs. 3 Satz 2. Der Bildungsgang der Grundschule dauert in der Regel vier Jahre. Er ist im Einzelnen in der Ausbildungsordnung für die Grundschule (AO-GS) vom 23.03.2013 (BASS 13-11 Nr. 1.1; SchR 4.1/101) geregelt. Zur freien Grundschulwahl siehe bei § 84. Kritisch zum Fremdsprachenlernen in der Grundschule *Klippel*, SchVw NRW 2016, S. 277.

Über die praktische Kooperation zwischen Elementarbereich und Primarbereich berichten *Schulte/Futter*, SchVw NRW 2010, S. 277.

Zum Schulversuch PRIMUS (Grundschule/Sekundarstufe I) siehe § 132 b.

### Zu Absatz 2

Für die Gestaltung der Schuleingangsphase gibt das Gesetz zwei Optionen, über die die **3** Schulkonferenz gemäß § 65 Abs. 2 Nr. 7 entscheidet. Es gibt nur eine einheitliche Schuleingangsphase an einer Schule. Auch der Wechsel zu einer anderen gleichwertigen Organisationsform bedarf einer Entscheidung der Schulkonferenz. In der Regel wird dies auf Vorschlag der Schulleitung geschehen, die Schulkonferenz kann aber auch ohne einen solchen Vorschlag das Thema behandeln.

Zum jahrgangsübergreifenden Unterricht in der Grundschule siehe *Heintz/Metzger*, SchVw NRW 2013, S. 103, und *Wellenreuther*, SchVw NRW 2013, S. 307. Die inklusive Schuleingangsphase erläutern *Werning/Lichtblau*, SchVw NRW 2015, S. 314.

**Zu Absatz 3**

**4** Das Verfahren für die Schulkonferenz entspricht dem in Abs. 2. Satz 2 besagt, dass durch die jahrgangsübergreifende Organisation die Anforderungen an die Mindestgröße einer Grundschule gemäß § 82 Abs. 2 nicht verringert werden.

**Zu Absatz 4**

**5** Zur Fortführung der einzigen Grundschule einer Gemeinde siehe § 82 Abs. 2.

**Zu Absatz 5**

**6** Mit dem 4. SchRÄG (2010) ist nach dem Regierungswechsel das alte Übergangsverfahren (seit 2006: Prognoseunterricht) wieder aufgehoben worden. Es gibt keine verbindliche Grundschulempfehlung mehr. Das Grundschulgutachten ist eine Beratungsgrundlage für die Eltern. Der Übergang in die Sekundarstufe I liegt in der Entscheidung der Eltern.

Das Verfahren für den Übergang ist in § 8 AO-GS näher geregelt: Information – Beratungsgespräch – Empfehlung mit Begründung. Kritisch zum Ländervergleich: *Möller*, SchVw NRW 2016, S. 88 und 122.

### § 12 Sekundarstufe I

(1) Die Schulformen der Sekundarstufe I bauen auf der Grundschule auf. Im Rahmen des besonderen Bildungs- und Erziehungsauftrags der Schulformen (§ 14 Abs. 1, § 15 Abs. 1, § 16 Abs. 1, § 17 Abs. 1, § 17a Abs. 1) haben sie die Aufgabe, den Schülerinnen und Schülern eine gemeinsame Grundbildung zu vermitteln und sie zu befähigen, eine Berufsausbildung aufzunehmen oder in vollzeitschulische allgemein bildende oder berufliche Bildungsgänge der Sekundarstufe II einzutreten.

(2) Die Bildungsgänge der Sekundarstufe I enden mit Abschlüssen. Abschlüsse sind

1. der Hauptschulabschluss und ein ihm gleichwertiger Abschluss,
2. der Hauptschulabschluss nach Klasse 10 und ein ihm gleichwertiger Abschluss,
3. der mittlere Schulabschluss (Fachoberschulreife), der mit der Berechtigung zum Besuch der gymnasialen Oberstufe verbunden sein kann.

Abweichend von Satz 1 werden im Gymnasium nach der Einführungsphase vergeben:

1. der mittlere Schulabschluss (Fachoberschulreife),
2. ein dem Hauptschulabschluss nach Klasse 10 gleichwertiger Abschluss.

(3) Der Hauptschulabschluss nach Klasse 10 und der mittlere Schulabschluss (Fachoberschulreife) werden an der Hauptschule, der Realschule, der Sekundarschule und der Gesamtschule in einem Abschlussverfahren erworben, das sich aus den schulischen Leistungen in der zehnten Klasse und einer Prüfung zusammensetzt. Für die schriftliche Prüfung werden landeseinheitliche Aufgaben gestellt.

(4) Schülerinnen und Schüler mit Bedarf an sonderpädagogischer Unterstützung, die nicht nach den Unterrichtsvorgaben der allgemeinen Schulen unterrichtet werden (zieldifferent), werden zu eigenen Abschlüssen geführt (§ 19 Absatz 4).

## Allgemeines

§ 12 enthält die allgemeinen Regelungen für die Schulformen der Sekundarstufe I, insbesondere zum Erwerb der Abschlüsse. Spezielle Regelungen siehe §§ 13 ff. Durch das 6. SchRÄG ist nach dem Schulkompromiss (2011) die Sekundarschule in Abs. 1 und 3 eingefügt worden. Siehe **E 8** und **E 9**. **1**

## Zu Absatz 1

Die Schulformen sind in § 10 Abs. 2 aufgeführt. Zu ihrem jeweiligen Auftrag siehe die zitierten Paragrafen, die den Schulformdefinitionen der Kultusministerkonferenz entsprechen. Die nähere Ausgestaltung der Bildungsgänge ergibt sich aus der Ausbildungs- und Prüfungsordnung für die Sekundarstufe I (APO-S I) und den Verwaltungsvorschriften dazu (VVzAPO- S I) sowie aus den Vorgaben für den Unterricht; siehe dazu näher § 29. **2**

Der Pflichtunterricht in der Sekundarstufe I besteht nach Maßgabe der Stundentafeln (Anlagen zur APO-S I) aus Kernstunden (verbindlicher Unterricht und Wahlpflichtunterricht) und Ergänzungsstunden (insbesondere individuelle Förderung). Er umfasst 188 Wochenstunden (Gymnasium bis Klasse 9 insgesamt 163 Wochenstunden).

Zur Berufsorientierung und zum Betriebspraktikum in der Sekundarstufe I siehe RdErl. vom 21.10.2010 (BASS 12–21 Nr. 1) sowie www.betriebspraktikum.de. Zur Ausbildungsreife aus Sicht der Wirtschaft siehe *Klein/Schöpper-Grabe*, SchVw 2013, S. 86. Das landesweite Gesamtsystem "Übergang Schule – Hochschule/Beruf" beschreiben *Fülling/Kabelitz*, Schule NRW 2014, S. 6.

## Zu Absatz 2

Der (einfache) Hauptschulabschluss wird weiterhin nach Klasse 9 erworben. Die Jahrgangsstufe 10 gehört im Gymnasium schon als Einführungsphase zur Sekundarstufe II; siehe § 18 Abs. 1. Die Entwicklung der Abschlüsse in NRW beschreibt *Möller*, SchVw NRW 2015, S. 27. Zu den Änderungen der APO-SI siehe *Fehrmann*, SchVw NRW 2013, S. 21, und 2015, S. 222. **3**

## Zu Absatz 3

Die Bedingungen der Abschlussvergabe richten sich nach §§ 28 ff. APO-S I. Am Gymnasium findet am Ende der Sekundarstufe I kein Abschlussverfahren statt, wohl aber eine zentrale schriftliche Leistungsüberprüfung; siehe § 16 Abs. 4 Satz 4. **4**

Vorgaben zur Vorbereitung auf die zentralen Prüfungen sind im Internet über den Bildungsserver des Landes (www.standardsicherung.nrw.de) abrufbar.

## Zu Absatz 4

Zieldifferent ist der Gegenbegriff zur zielgleichen Förderung (§ 19 Abs. 3 Satz 1). **5**

### § 13    Erprobungsstufe

**(1) In der Hauptschule, der Realschule und im Gymnasium werden jeweils die Klassen 5 und 6 als Erprobungsstufe geführt.**

**(2) Die Erprobungsstufe dient der Erprobung, Förderung und Beobachtung der Schülerinnen und Schüler, um in Zusammenarbeit mit den Eltern die Entscheidung über die Eignung der Schülerinnen und Schüler für die gewählte Schulform sicherer zu machen.**

(3) Am Ende der Erprobungsstufe entscheidet die Klassenkonferenz, ob die Schülerin oder der Schüler den Bildungsgang in der gewählten Schulform fortsetzen kann. Nach jedem Schulhalbjahr in der Erprobungsstufe befindet sie außerdem darüber, ob sie den Eltern leistungsstarker Schülerinnen und Schüler der Hauptschule einen Wechsel ihres Kindes zur Realschule oder zum Gymnasium und den Eltern leistungsstarker Schülerinnen und Schüler der Realschule einen Wechsel ihres Kindes zum Gymnasium empfiehlt.

## Erläuterungen

### Allgemeines

1  Die Erprobungsstufe wird schulformspezifisch an den genannten Schulformen geführt. Nähere Regelungen enthält die Ausbildungs- und Prüfungsordnung; siehe §§ 10 ff. APO-S I.

### Zu Absatz 1

2  Die Klassen 5 und 6 sind eine pädagogische Einheit; der Übergang erfolgt ohne Versetzungsentscheidung. Siehe § 10 APO-S I. In der Gesamtschule und in der Sekundarschule gibt es keine Erprobungsstufe.

### Zu Absatz 2

3  Die Lehrkräfte beraten mehrmals im Jahr in Erprobungsstufenkonferenzen über die Entwicklung, etwaigen Schwierigkeiten und Fördermöglichkeiten der Schüler. Die Erprobungsstufenkonferenz entspricht der Versetzungskonferenz gemäß § 50 Abs. 2. Zusätzlich können auch beratend Lehrkräfte teilnehmen, die die Schüler in der Grundschule unterrichtet haben (§ 10 Abs. 4 APO-SI).

### Zu Absatz 3

4  Zur Durchlässigkeit der Schulformen (siehe § 10 Abs. 1 Satz 2) gehört insbesondere, dass Eltern leistungsfähiger Schülerinnen und Schüler ggf. ein „aufsteigender" Schulwechsel empfohlen wird. Dem dient die obligatorische Prüfung einer Empfehlung nach jedem Schulhalbjahr. Siehe zum Schulformwechsel auch § 46 Abs. 8. Der Wechsel wird zum Schulhalbjahr vorgenommen.

Zur Vermeidung eines „Abstiegs" siehe die Fördermaßnahmen gemäß § 50 Abs. 3. Wenn der Verbleib am Gymnasium oder an der Realschule nicht gewährleistet werden kann, ist es nach dem Wegfall der Hauptschule oft schwierig, eine aufnahmefähige Schule zu finden. Darauf will der neue § 132 c eine Antwort geben.

### § 14    Hauptschule

(1) Die Hauptschule vermittelt ihren Schülerinnen und Schülern eine grundlegende allgemeine Bildung, die sie entsprechend ihren Leistungen und Neigungen durch Schwerpunktbildung befähigt, nach Maßgabe der Abschlüsse ihren Bildungsweg vor allem in berufs-, aber auch in studienqualifizierenden Bildungsgängen fortzusetzen.

(2) Die Hauptschule umfasst die Klassen 5 bis 10.

(3) Der Unterricht wird im Klassenverband und in Kursen erteilt, die nach Leistung und Neigung gebildet werden. Andere Unterrichtsformen können für begrenzte Zeit an die Stelle des Unterrichts im Klassenverband und in Kursen treten. Der Unterricht für Schülerinnen und Schüler im zehnten Jahr der Vollzeitschulpflicht, die für den Übergang in Ausbildung und Beruf einer besonderen Förderung bedürfen, kann insbesondere durch

die Zusammenarbeit der Schule mit außerschulischen Partnern abweichend von der Stundentafel gestaltet werden.

(4) An der Hauptschule werden der Hauptschulabschluss, der Hauptschulabschluss nach Klasse 10 und der mittlere Schulabschluss (Fachoberschulreife) vergeben. Mit dem mittleren Schulabschluss wird nach Maßgabe der Ausbildungs- und Prüfungsordnung die Berechtigung zum Besuch der Einführungsphase der gymnasialen Oberstufe erteilt.

## Erläuterungen

### Allgemeines

Diese Vorschrift enthält die Grundentscheidungen für den Bildungsgang der Hauptschule. **1** Diese Schulform, die aus der früheren Volksschule hervorgegangen ist, ist nach dem Schulkompromiss (2011) nicht mehr verfassungsrechtlich verankert in Art. 8 Abs. 2 und Art. 12 LV. Es gibt (2015) noch 448 öffentliche Hauptschulen in NRW, davon 44 katholische und fünf evangelische Bekenntnisschulen. Von diesen sind 260 bereits "auslaufend". Außerdem gibt es acht private Hauptschulen. Zur Perspektive siehe *Möller*, SchVw NRW 2013, S. 253. Siehe auch **E 9**.

### Zu Absatz 1

Dieser Auftrag der Hauptschule, der der KMK-Vereinbarung entspricht, unterscheidet sie **2** von den anderen Schulformen der Sekundarstufe I; siehe dazu bei §§ 15, 16, 17 und 17a. Zur Berufsorientierung siehe bei § 12 Abs. 1.

### Zu Absatz 2

Die Hauptschule umfasst damit alle Klassen der Sekundarstufe I; sie ist eine gleichberechtigte **3** Schulform der Sekundarstufe I. Zu den Klassen 5 und 6 (Erprobungsstufe) siehe bei § 13. Zur Mindestgröße von Hauptschulen siehe § 82 Abs. 3. Zum Hauptschulbildungsgang an Realschulen siehe § 132c sowie § 47 APO-SI.

### Zu Absatz 3

Die näheren Regelungen zu Unterrichtsorganisation, Unterrichtsfächern und Versetzung enthält die APO-S I in den §§ 4, 14 und 25. Eine alternative Erfüllung der Schulpflicht im zehnten **4** Jahr der Vollzeitschulpflicht sieht § 37 Abs. 2 SchulG vor.

### Zu Absatz 4

Zum förmlichen Abschlussverfahren siehe oben § 12 Abs. 3 sowie §§ 30 ff. APO-S I. **5**

## § 15 Realschule

(1) Die Realschule vermittelt ihren Schülerinnen und Schülern eine erweiterte allgemeine Bildung, die sie entsprechend ihren Leistungen und Neigungen durch Schwerpunktbildung befähigt, nach Maßgabe der Abschlüsse ihren Bildungsweg in berufs- und studienqualifizierenden Bildungsgängen fortzusetzen.

(2) Die Realschule umfasst die Klassen 5 bis 10, in der Aufbauform die Klassen 7 bis 10.

(3) Der Unterricht wird im Klassenverband und in Kursen als Wahlpflichtunterricht erteilt. Andere Unterrichtsformen können für begrenzte Zeit an die Stelle des Unterrichts im Klassenverband und in Kursen treten.

(4) An der Realschule wird der mittlere Schulabschluss (Fachoberschulreife) vergeben. Mit dem mittleren Schulabschluss wird nach Maßgabe der Ausbildungs- und Prüfungsord-

nung die Berechtigung zum Besuch der Einführungsphase, für Schülerinnen oder Schüler mit besonders guten Leistungen zum Besuch der Qualifikationsphase der gymnasialen Oberstufe erteilt. Außerdem werden an der Realschule ein dem Hauptschulabschluss und ein dem Hauptschulabschluss nach Klasse 10 gleichwertiger Abschluss vergeben.

## Erläuterungen

### Allgemeines

1 Diese Vorschrift enthält die Grundentscheidungen für den Bildungsgang der Realschule. Es gibt (2015) 499 öffentliche Realschulen in NRW und 60 in freier Trägerschaft.

### Zu Absatz 1

2 Dieser Auftrag der Realschule, der der KMK-Vereinbarung entspricht, unterscheidet sie von den anderen Schulformen der Sekundarstufe I; siehe §§ 14, 16, 17 und 17a.

### Zu Absatz 2

3 Die Realschule umfasst damit alle Klassen der Sekundarstufe I; sie ist eine gleichberechtigte Schulform der Sekundarstufe I. Zu den Klassen 5 und 6 (Erprobungsstufe) siehe bei § 13. Zur Mindestgröße siehe § 82 Abs. 4.

4 Es gibt in NRW 6 Realschulen in Aufbauform; siehe dazu § 16 APO-SI.

### Zu Absatz 3

5 Die näheren Regelungen zu Unterrichtsorganisation, Unterrichtsfächern und Versetzung enthält die APO-S I in den §§ 4, 15, 16 und 26.

### Zu Absatz 4

6 Zum förmlichen Abschlussverfahren siehe oben § 12 Abs. 3 SchulG sowie §§ 30 ff. APO-S I.

## § 16   Gymnasium

**(1) Das Gymnasium vermittelt seinen Schülerinnen und Schülern eine vertiefte allgemeine Bildung, die sie entsprechend ihren Leistungen und Neigungen durch Schwerpunktbildung befähigt, nach Maßgabe der Abschlüsse in der Sekundarstufe II ihren Bildungsweg an einer Hochschule, aber auch in berufsqualifizierenden Bildungsgängen fortzusetzen.**

**(2) Das Gymnasium umfasst die Klassen 5 bis 9, in der Aufbauform die Klassen 7 bis 10, (Sekundarstufe I) und die gymnasiale Oberstufe (Sekundarstufe II).**

**(3) Der Unterricht wird in der Sekundarstufe I im Klassenverband und in Kursen als Wahlpflichtunterricht erteilt. Andere Unterrichtsformen können für begrenzte Zeit an die Stelle des Unterrichts im Klassenverband und in Kursen treten.**

**(4) Das Gymnasium erteilt mit der Versetzung am Ende der Klasse 9 die Berechtigung zum Besuch der Einführungsphase der gymnasialen Oberstufe und der Bildungsgänge der Berufskollegs, die zur allgemeinen Hochschulreife führen. Es erteilt mit der Versetzung am Ende der Einführungsphase die Berechtigung zum Besuch der Qualifikationsphase der gymnasialen Oberstufe und den mittleren Schulabschluss (Fachoberschulreife). Außerdem werden am Gymnasium in der Klasse 9 ein dem Hauptschulabschluss gleichwertiger Abschluss oder nach Maßgabe der Ausbildungs- und Prüfungsordnungen ein dem Hauptschulabschluss nach Klasse 10 gleichwertiger Abschluss vergeben. Am Ende der Jahrgangs-**

stufe 10 findet nach Maßgabe der Ausbildungs- und Prüfungsordnung eine zentrale schriftliche Leistungsüberprüfung statt, für die landeseinheitliche Aufgaben gestellt werden.

## Erläuterungen

### Allgemeines

Diese Vorschrift enthält die Grundentscheidungen für den Bildungsgang des Gymnasiums. **1**
Zum Konzept des achtjährigen Gymnasiums (G8) siehe *B. Sommer*, Schule NRW 2008, S. 210;
zur Standortbestimmung für das Gymnasium siehe *Winands*, SchVw NRW 2010, S. 337. Es
gibt (2015) 511 öffentliche Gymnasien in NRW und 114 in freier Trägerschaft. Eine Orientierungshilfe zur Weiterentwicklung des Gymnasiums (Empfehlungen Runder Tisch G8/G9)
aktualisiert das Landesinstitut: www.qua-lis.nrw.de.

### Zu Absatz 1

Dieser Auftrag des Gymnasiums, der der KMK-Vereinbarung entspricht, unterscheidet es **2**
von den anderen Schulformen der Sekundarstufe I; siehe §§ 14, 15, 17 und 17a. Beispiele für
individuelle Förderung am Gymnasium zeigen *Schorlemmer*, SchVw NRW 2009, S. 231, und
*Meyhoefer*, SchVw NRW 2010. S. 77. Siehe auch *Adelt*, Schule NRW 2013, S. 317. Die Umsetzung der Inklusion am Gymnasium behandelt *Bartz*, SchVw NRW 2013, S. 1.

Zum beruflichen Gymnasium siehe § 6 Abs. 6 Satz 3 und § 22 Abs. 5 Nr. 3 und Abs. 7 Nr. 2.

### Zu Absatz 2

Das Gymnasium wird in der Regel als Schule der Sekundarstufen I und II geführt; siehe § 10 **3**
Abs. 5. Zu den Klassen 5 und 6 siehe bei § 13. Mit der Schulzeitverkürzung bis zum Abitur
umfasst die Sekundarstufe I nur noch die Klassen 5 bis 9, da die Klasse 10 bereits als Einführungsphase der gymnasialen Oberstufe zugeordnet ist. An den 5 Aufbaugymnasien in NRW gilt
noch die Dauer bis zur Klasse 10, weil sonst der Vorlauf zu kurz wäre. Siehe dazu § 18 APO-SI.

Die Ausgestaltung der gymnasialen Oberstufe enthält § 18 SchulG. Zur Mindestgröße von
Gymnasien siehe § 82 Abs. 6.

### Zu Absatz 3

Die näheren Regelungen zu Unterrichtsorganisation, Unterrichtsfächern und Versetzung im **4**
Gymnasium enthält die APO-S I in den §§ 4, 1, 18 und 27. Kritisch aus Elternsicht: *Custodis*,
SchVw NRW 2011, S. 112.

### Zu Absatz 4

Die Abschlüsse der Sekundarstufe I (nach Klasse 10) werden auch im Gymnasium erst am **5**
Ende der Klasse 10 vergeben. Siehe § 42 Abs. 2 APO-SI und § 40 Abs. 2 APO-GOSt (B).

## § 17    Gesamtschule

**(1) Die Gesamtschule ermöglicht in einem differenzierten Unterrichtssystem Bildungsgänge, die ohne Zuordnung zu unterschiedlichen Schulformen zu allen Abschlüssen der Sekundarstufe I führen.**

**(2) Die Gesamtschule umfasst die Klassen 5 bis 10 (Sekundarstufe I) und die gymnasiale Oberstufe (Sekundarstufe II).**

(3) Der Unterricht wird in der Sekundarstufe I im Klassenverband und in Kursen erteilt. Der leistungsdifferenzierte Unterricht kann binnendifferenziert im Klassenverband oder in Kursen erteilt werden. Für den Unterricht nach Neigung werden Kurse gebildet. Andere Unterrichtsformen können für begrenzte Zeit an die Stelle des Unterrichts im Klassenverband und in Kursen treten. Der Unterricht für Schülerinnen und Schüler im zehnten Jahr der Vollzeitschulpflicht, die für den Übergang in Ausbildung und Beruf einer besonderen Förderung bedürfen, kann insbesondere durch die Zusammenarbeit der Schule mit außerschulischen Partnern abweichend von der Stundentafel gestaltet werden.

(4) An der Gesamtschule werden in der Sekundarstufe I der Hauptschulabschluss, der Hauptschulabschluss nach Klasse 10 und der mittlere Schulabschluss (Fachoberschulreife) vergeben. Mit dem mittleren Schulabschluss wird nach Maßgabe der Ausbildungs- und Prüfungsordnung die Berechtigung zum Besuch der Einführungsphase, für Schülerinnen und Schüler mit besonders guten Leistungen auch zum Besuch der Qualifikationsphase der gymnasialen Oberstufe erteilt.

## Erläuterungen

### Allgemeines

1 Diese Vorschrift enthält die Grundentscheidungen für die Bildungsgänge der Gesamtschule. Es gibt (2015) 314 öffentliche und private Gesamtschulen in NRW, davon 27 in freier Trägerschaft. Im Schuljahr 2016/2017 starteten weitere 13.

### Zu Absatz 1

2 Die Gesamtschule als eine die traditionellen Schulformen übergreifende integrierte Schulform steht in der Sekundarstufe I gleichrangig neben den anderen drei Schulformen gemäß §§ 14, 15 und 16. Zusätzlich entwickelt sich die neue Sekundarschule je nach Organisationsform auch zur kleinen Gesamtschule (ohne Oberstufe); siehe § 17a.

### Zu Absatz 2

3 Die Gesamtschule wird wie das Gymnasium in der Regel als Schule der Sekundarstufen I und II geführt. Nur im Einzelfall kann eine Gesamtschule auf die Sekundarstufe I beschränkt werden; siehe bei § 10 Abs. 5. Im Unterschied zum Gymnasium schließt die Sekundarstufe I auch die Klasse 10 ein. Zur Mindestgröße von Gesamtschulen siehe § 82 Abs. 7. Leitungsteams an Gesamtschulen beschreibt *Dahlhaus*, SchVw NRW 2015, S. 104.

### Zu Absatz 3

4 Die näheren Regelungen zu Unterrichtsorganisation, Unterrichtsfächern und Versetzung in der Gesamtschule enthält die APO-S I in den §§ 4, 19 und 28.

Die äußere Differenzierung wird in Fachleistungskursen auf zwei Anspruchsebenen (Grundkurse, Erweiterungskurse) durchgeführt; bei der Binnendifferenzierung wird innerhalb des Klassenverbandes auf zwei Anspruchsebenen unterrichtet. Daneben gibt es Neigungsdifferenzierung im Wahlpflichtbereich.

5 Eine alternative Erfüllung der Schulpflicht im zehnten Jahr der Vollzeitschulpflicht sieht § 37 Abs. 2 SchulG vor.

### Zu Absatz 4

6 Zum förmlichen Abschlussverfahren siehe oben § 12 Abs. 3 SchulG sowie §§ 30 ff. APO-S I.

## § 17a  Sekundarschule

(1) In der Sekundarschule können alle Abschlüsse der Sekundarstufe I mit oder ohne Zuordnung zu unterschiedlichen Schulformen erreicht werden. Sie bereitet die Schülerinnen und Schüler darauf vor, ihren Bildungsweg in der gymnasialen Oberstufe, an einem Berufskolleg oder in der Berufsausbildung fortzusetzen.

(2) Die Sekundarschule umfasst die Klassen 5 bis 10. Sie gewährleistet in allen Organisationsformen auch gymnasiale Standards und stellt die Möglichkeit zum Erwerb der allgemeinen Hochschulreife über mindestens eine verbindliche Kooperation mit einem Gymnasium, einer Gesamtschule oder einem Berufskolleg sicher.

(3) Der Unterricht wird im Klassenverband und in Kursen erteilt. Andere Unterrichtsformen können für begrenzte Zeit an die Stelle des Unterrichts im Klassenverband und in Kursen treten. In den Klassen 5 und 6 findet der Unterricht in integrierter und binnendifferenzierender Form statt. Ab der Klasse 7 kann der Unterricht integriert, teilintegriert oder in mindestens zwei getrennten Bildungsgängen (kooperativ) erteilt werden. Bei Einrichtung von zwei Bildungsgängen werden diese auf der Grundlage unterschiedlicher Anforderungsebenen gebildet. Die Grundebene orientiert sich an den Anforderungen der Hauptschule und der Realschule, die Erweiterungsebene an denen der Realschule und des Gymnasiums. Bei teilintegrierter oder kooperativer Unterrichtsorganisation kann der Unterricht teilweise in gemeinsamen Lerngruppen erteilt werden.

(4) An der Sekundarschule werden der Hauptschulabschluss, der Hauptschulabschluss nach Klasse 10 und der mittlere Schulabschluss (Fachoberschulreife) vergeben. Mit dem mittleren Schulabschluss wird nach Maßgabe der Ausbildungs- und Prüfungsordnung die Berechtigung zum Besuch der Einführungsphase der gymnasialen Oberstufe, für Schülerinnen und Schüler mit besonders guten Leistungen auch zum Besuch der Qualifikationsphase erteilt.

## Erläuterungen

### Allgemeines

Die Sekundarschule ist – anstelle der Gemeinschaftsschule – das wesentliche Ergebnis des Schulkompromisses vom 19.07.2011. Mit ihr soll – insbesondere, aber nicht nur: in ländlichen Gebieten – auf den Schülerrückgang und das geänderte Wahlverhalten der Eltern reagiert werden. Die Schulträger erhalten die Möglichkeit, mit dieser neuen Schulform bisherige Schulangebote zusammen zu fassen und ortsnah zu erhalten. Die Regelung ist durch das 6. SchRÄG eingefügt worden und zum Schuljahr 2012/13 in Kraft getreten. Siehe auch E 9.   **1**

Es gibt (Stand Schuljahr 2016/2017) 117 öffentliche und private Sekundarschulen; Überblick bei *Chromik*, SchVw NRW 2013, S. 187. Kritik an den Errichtungsvoraussetzungen übt *Rösner*, SchVw NRW 2014, S. 336.

Zur Errichtung der ersten Sekundarschulen siehe Schule NRW 2012, S. 6 sowie SchVw NRW 2012, S. 122. Die Errichtung (§ 81) bedarf bis 2016 der Genehmigung durch das Schulministerium (Art. 2 Abs. 5 des 6. SchRÄG).

Eine Würdigung der den Schulkonsens vorbereitenden Bildungskonferenz findet sich bei *von Moritz*, SchVw NRW 2012, S. 2.; zum regionalen Konsens: *Löhrmann*, SchVw NRW 2012, S. 153. Zur Evaluation siehe den Bericht der Landesregierung vom 16.12.2016 (LT-Vorl. 16/4598).

**Zu Absatz 1**

**2** Mit ihrer Zielsetzung erscheint die Sekundarschule als Zwischenform zwischen den traditionellen Schulformen (vgl. §§ 14, 15 und 16) und der Gesamtschule (vgl. § 17). Dies hängt bei der einzelnen Schule von der gewählten Organisationsform gemäß Absatz 3 ab. Zur Mindestgröße siehe § 82 Abs. 1 und 5. Das Konzept der Sekundarschule beschreibt *Michaelis*, SchVw NRW 2012, S. 258.

**Zu Absatz 2**

**3** Wie bei der Hauptschule, der Realschule und der Gesamtschule wird die Sekundarstufe aus den Klassen 5 bis 10 gebildet. Eine Erprobungsstufe entfällt, weil der Unterricht in den Klassen 5 und 6 integriert erteilt wird.

Die für gymnasiale Standards erforderliche Differenzierung ist in der APO-SI geregelt; siehe dort § 20. Für die Kooperation ist eine entsprechende Vereinbarung zu schließen; siehe dazu auch bei § 4 SchulG. Zur Mindestgröße von Sekundarschulen siehe § 82 Abs. 5, zu Teilstandorten siehe § 83 Abs. 4.

**Zu Absatz 3**

**4** Die Entscheidung über die Unterrichtsorganisation (integriert, teilintegriert oder kooperativ) ist im Errichtungsbeschluss (vgl. § 81) zu treffen. Die näheren Regelungen zu Unterrichtsorganisation, Unterrichtsfächern und Versetzung in der Sekundarschule enthält die APO-S I in den §§ 4, 20 und 29. Der eingefügte Satz 2 (2015) entspricht der Regelung bei den anderen Schulformen.

**Zu Absatz 4**

**5** Damit werden an der Sekundarschule alle Abschlüsse der Sekundarstufe I vergeben.

Zum förmlichen Abschlussverfahren siehe oben § 12 Abs. 3 SchulG sowie §§ 30 ff. APO-S I.

**§ 18    Gymnasiale Oberstufe**

**(1) Die gymnasiale Oberstufe gliedert sich in die einjährige Einführungsphase und die zweijährige Qualifikationsphase. Sie umfasst**

**1. im Gymnasium die Jahrgangsstufen 10 bis 12,**
**2. in der Gesamtschule die Jahrgangsstufen 11 bis 13.**

**(2) Der Unterricht in der gymnasialen Oberstufe wird in einem Kurssystem erteilt, das nach Maßgabe der Ausbildungs- und Prüfungsordnung Kurse auf unterschiedlichen Anforderungsebenen in einem Pflichtbereich und in einem Wahlbereich umfasst.**

**(3) In der Qualifikationsphase werden verbindliche und wählbare Unterrichtsfächer dem sprachlich-literarisch-künstlerischen, dem gesellschaftswissenschaftlichen und dem mathematisch-naturwissenschaftlich-technischen Aufgabenfeld zugeordnet. Durch den Unterricht in den drei Aufgabenfeldern sowie in den Fächern Religionslehre und Sport werden eine gemeinsame Grundbildung in angemessener Breite und eine individuelle vertiefte Bildung in Schwerpunktbereichen gewährleistet.**

**(4) Die gymnasiale Oberstufe schließt mit der Abiturprüfung ab, mit der die allgemeine Hochschulreife verliehen wird. Für den schriftlichen Teil der Abiturprüfung werden landeseinheitliche Aufgaben gestellt. Die Gesamtqualifikation setzt sich aus den Leistungen in der Qualifikationsphase und in der Abiturprüfung zusammen. In der gymnasialen Oberstufe kann auch der schulische Teil der Fachhochschulreife erworben werden. Der**

fachpraktische Teil der Fachhochschulreife wird nach Maßgabe der Ausbildungs- und Prüfungsordnung innerhalb von acht Jahren nach dem Verlassen der gymnasialen Oberstufe durch ein Praktikum oder eine Berufsausbildung erworben.

## Erläuterungen

### Allgemeines

§ 18 regelt die neue Struktur der gymnasialen Oberstufe, wie sie sich nach der Schulzeitverkürzung bis zum Abitur darstellt. Zur Schulzeitverkürzung siehe auch bei § 10 Abs. 3.  **1**

### Zu Absatz 1

Die näheren Regelungen enthält die Ausbildungsordnung (APO-GOSt). Die derzeitige APO-  **2**
GOSt (Fassung vom 05.10.1998/11.05.2016) gilt für Schüler, die seit dem Schuljahr 2010/2011 in die gymnasiale Oberstufe (zwölf Jahre) eingetreten sind (Gesamtschule ein Jahr später). Siehe dazu BASS 13–32 Nr. 3.1.

### Zu Absatz 2

Als Mindestgröße der gymnasialen Oberstufe in der Qualifikationsphase verlangt § 82 Abs. 7  **3**
eine Jahrgangsbreite von 42 Schülern. Der Schulträger entscheidet im Rahmen seiner Schulentwicklungsplanung. Zur Kooperation mit einer Sekundarschule siehe § 17a Abs. 2.

### Zu Absatz 3

Die Zuordnung der Fächer ergibt sich aus § 7 APO-GOSt. Über individuelle Lern- und Leis-  **4**
tungsmöglichkeiten (Projektkurse) berichten *Dicken-Begrich/Defort*, Schule NRW 2013, S. 211.

### Zu Absatz 4

Zur Abiturprüfung siehe näher in §§ 20 ff. APO-GOSt. Die Rahmentermine für die Abitur-  **5**
prüfungen werden fortlaufend in BASS 12–65 Nr. 2 abgedruckt. Zur länderübergreifenden Entwicklung und Nutzung von Abituraufgaben siehe *Bade*, SchVw NRW 2013, S. 328. Über Abiturnoten im Ländervergleich berichtet *Möller*, SchVw NRW 2014, S. 332; kritisch auch *Dollase*, SchVw NRW 2016, S. 208.

Hinweise auf die Vorgaben für die Prüfung enthält BASS 13–32 Nr. 6. Zur Qualitätssicherung der zentralen Prüfungen siehe *Ferchow/Pfuhl*, SchVw NRW 2011, S. 219.

Über den Umgang mit heterogenen Schulkarrieren in der gymnasialen Oberstufe berichten *Boller/Palowski*, SchVw NRW 2012, S. 284.

Informationen über das duale Studium nach dem Abitur geben *Neumann/Stigulinszky*, Schule NRW 2012, S. 298. Die Gleichwertigkeit von anderen Bildungsnachweisen mit Hochschul- und Fachhochschulreife regelt die GleichwertigkeitsVO vom 08.07.2014 (BASS 13-73 Nr. 22.1; SchR 9.4/151).

### § 19   Sonderpädagogische Förderung

(1) Schülerinnen und Schüler, die auf Grund einer Behinderung oder wegen einer Lern- oder Entwicklungsstörung besondere Unterstützung benötigen, werden nach ihrem individuellen Bedarf sonderpädagogisch gefördert.

(2) Die sonderpädagogische Förderung umfasst die Förderschwerpunkte

1. Lernen,
2. Sprache,
3. und soziale Entwicklung,
4. Hören und Kommunikation,
5. Sehen,
6. Geistige Entwicklung und
7. Körperliche und motorische Entwicklung.

(3) Die sonderpädagogische Förderung hat im Rahmen des Bildungs- und Erziehungsauftrags der Schulen das Ziel, die Schülerinnen und Schüler mit Bedarf an sonderpädagogischer Unterstützung zu den Abschlüssen zu führen, die dieses Gesetz vorsieht (zielgleich). Für den Unterricht gelten grundsätzlich die Unterrichtsvorgaben (§ 29) für die allgemeine Schule sowie die Richtlinien für die einzelnen Förderschwerpunkte.

(4) Im Förderschwerpunkt Lernen und im Förderschwerpunkt Geistige Entwicklung werden die Schülerinnen und Schüler zu eigenen Abschlüssen geführt (§ 12 Absatz 4). Dies gilt auch für Schülerinnen und Schüler, bei denen daneben weitere Förderschwerpunkte festgestellt sind. Im Förderschwerpunkt Lernen ist der Erwerb eines dem Hauptschulabschluss gleichwertigen Abschlusses möglich.

(5) Auf Antrag der Eltern entscheidet die Schulaufsichtsbehörde über den Bedarf an sonderpädagogischer Unterstützung und die Förderschwerpunkte. Vorher holt sie ein sonderpädagogisches Gutachten sowie, sofern erforderlich, ein medizinisches Gutachten der unteren Gesundheitsbehörde ein und beteiligt die Eltern. Besteht ein Bedarf an sonderpädagogischer Unterstützung, schlägt sie den Eltern mit Zustimmung des Schulträgers mindestens eine allgemeine Schule vor, an der ein Angebot zum Gemeinsamen Lernen eingerichtet ist. § 20 Absätze 4 und 5 bleiben unberührt.

(6) Die Schulaufsichtsbehörde berät die Eltern und informiert sie über weitere Beratungsangebote.

(7) In Ausnahmefällen kann eine allgemeine Schule den Antrag nach Absatz 5 stellen, insbesondere

1. wenn eine Schülerin oder ein Schüler nicht zielgleich unterrichtet werden kann oder
2. bei einem vermuteten Bedarf an sonderpädagogischer Unterstützung im Förderschwerpunkt Emotionale und soziale Entwicklung, der mit einer Selbst- oder Fremdgefährdung einhergeht.

Bei einem vermuteten Bedarf an sonderpädagogischer Unterstützung im Förderschwerpunkt Lernen kann die allgemeine Schule den Antrag in der Regel erst stellen, wenn eine Schülerin oder ein Schüler die Schuleingangsphase der Grundschule im dritten Jahr besucht; nach dem Ende der Klasse 6 ist ein Antrag nicht mehr möglich.

(8) Das Ministerium bestimmt durch Rechtsverordnung mit Zustimmung des für Schulen zuständigen Landtagsausschusses die Voraussetzungen und das Verfahren zur Feststellung des Bedarfs an sonderpädagogischer Unterstützung sowie zur Festlegung der Förderschwerpunkte und Benennung geeigneter Schulen einschließlich der Beteiligung der Eltern und die Vergabe der Abschlüsse nach Maßgabe des Absatzes 4.

(9) Schülerinnen und Schüler mit einer geistigen Behinderung, die ihre Schulpflicht erfüllt haben, sind bis zum Ablauf des Schuljahres, in dem sie das 25. Lebensjahr vollenden, berechtigt, eine Förderschule mit dem Förderschwerpunkt Geistige Entwicklung zu besuchen, wenn sie dort dem Ziel des Bildungsganges näher gebracht werden können.

**(10) Kinder mit einer Hör- oder Sehschädigung werden auf Antrag der Eltern in die pädagogische Frühförderung aufgenommen.** Sie umfasst die Hausfrüherziehung sowie die Förderung in einem Förderschulkindergarten als Teil der Förderschule oder in einer Kindertageseinrichtung mit Unterstützung durch die Förderschule. Über die Aufnahme in die pädagogische Frühförderung entscheidet die Schulaufsichtsbehörde auf Antrag der Eltern, nachdem sie ein medizinisches Gutachten der unteren Gesundheitsbehörde eingeholt hat.

### Allgemeines

Sonderpädagogische Förderung findet gemäß § 20 an verschiedenen Orten statt. Siehe auch **1** E 10.

Zum Übergang auf ein inklusives Schulsystem siehe oben E 10 sowie *Avenarius*, SchVw 2012, S. 66 und *van den Hövel*, SchVw 2012, S. 130 zur KMK. Die Entwicklung regionaler Inklusionspläne beschreibt *Gelsing*, Schule NRW 2012, S. 461. Zur Inklusion als Menschenrecht: *Heinemann*, SchVw NRW 2016, S. 292.

Der Landtag hat durch das 9. SchRÄG (2013), das zum Schuljahr 2014/2015 in Kraft getreten ist, die Weichen zur Umsetzung der Inklusion gestellt. Siehe die Sonderausgabe von Schule NRW 01/14 zur Inklusion. Zur Inklusion in der beruflichen Bildung: *Kättnis*, SchVw NRW 2016, S. 338.

### Zu Absatz 1

Nach der gesetzlichen Regelung ist die Förderung nach dem individuellen Bedarf eine Zielvorgabe, die im Rahmen der vorhandenen Einrichtungen zu erfüllen ist. Eine inklusive Schule ist eine allgemeine Schule mit den personellen und sächlichen Voraussetzungen für die sonderpädagogische Unterstützung der Schülerinnen und Schüler (Gesetzesbegründung). **2**

### Zu Absatz 2

Sonderpädagogische Förderung meint den Auftrag der Lehrkräfte. Die Förderschwerpunkte **3** sind abschließend aufgezählt. Sie entsprechen der bisherigen Gliederung der Förderschulen (§ 20 Abs. 2 alt).

### Zu Absatz 3

Gemeint sind hier die Abschlüsse der Sekundarstufe I (§ 12 Abs. 2), der gymnasialen Oberstufe (§ 18 Abs. 5) und des Berufskollegs (§ 22 Abs. 2). Zielgleiche Förderung ist der Gegenbegriff zur zieldifferenten Förderung (§ 12 Abs. 4), die in Absatz 4 geregelt ist. Der Förderbedarf ist jährlich zu überprüfen. **4**

### Zu Absatz 4

Die näheren Regelungen zu diesen Abschlüssen sind nach Abs. 8 durch Rechtsverordnung zu **5** treffen. Siehe dazu §§ 29 ff AO-SF.

### Zu Absatz 5

Das Verfahren wird also grundsätzlich durch die Eltern eingeleitet. Zur Abweichung siehe **6** Abs. 7. Zuständige Schulaufsichtsbehörde ist das Schulamt für Schüler der Grundschule und der Hauptschule, im Übrigen die Bezirksregierung.

Satz 3 begründet einen Rechtsanspruch der Eltern, der sich auf eine allgemeine Schule der jeweiligen Schulform bezieht, nicht auf eine bestimmte Schule. Die vorgeschlagene Schule mit dem entsprechenden Förderangebot muss zumutbar erreichbar sein; außerdem muss der Schulträger damit einverstanden sein. Das abgestufte Inkrafttreten dieser Regelung (ab Klasse 1 und 5 bzw. im Berufskolleg) regelt Art. 2 des 9. SchRÄG. Siehe hier unten nach § 133.

**Zu Absatz 6**

7    Nähere Regelungen zur Information und Beratung enthält die AO-SF. Siehe auch *van den Hövel*, SchVw NRW 2016, S. 256.

**Zu Absatz 7**

8    Nur ausnahmsweise kann eine allgemeine Schule den Antrag auch gegen den Willen der Eltern stellen. Die Formulierung „insbesondere" lässt in besonderen Einzelfällen weitere Ausnahmen zu.

**Zu Absatz 8**

9    Die näheren Regelungen enthält die Ausbildungsordnung AO-SF. Die aktuellen Änderungen (2016) für die Sekundarstufe II beschreibt *van den Hövel*, SchVw NRW 2016, S. 286.

**Zu Absatz 9**

10    Dies ist eine Ausweitung gegenüber der früheren Rechtslage vor dem Schulgesetz (2005).

**Zu Absatz 10**

11    Die Frühförderung ist ein Angebot an die Eltern. Die Hausfrüherziehung kann schon bald nach der Geburt einsetzen. Die Kindertageseinrichtung gehört nicht zum Schulbereich.

**§ 20    Orte der sonderpädagogischen Förderung**

**(1) Orte der sonderpädagogischen Förderung sind**

**1. die allgemeinen Schulen (allgemein bildende Schulen und Berufskollegs),**
**2. die Förderschulen,**
**3. die Schulen für Kranke (§ 21 Abs. 2).**

**(2) Sonderpädagogische Förderung findet in der Regel in der allgemeinen Schule statt. Die Eltern können abweichend hiervon die Förderschule wählen.**

**(3) In der allgemeinen Schule wird der Unterricht als Gemeinsames Lernen für Schülerinnen und Schüler mit und ohne Bedarf an sonderpädagogischer Unterstützung im Klassenverband oder in der Lerngruppe erteilt. Er erstreckt sich auf alle Unterrichtsvorgaben nach § 19 Absätze 3 und 4. Hierbei sind Formen innerer und äußerer Differenzierung möglich. Dies gilt auch für die Schülerinnen und Schüler, die zieldifferent unterrichtet werden.**

**(4) In besonderen Ausnahmefällen kann die Schulaufsichtsbehörde abweichend von der Wahl der Eltern die allgemeine Schule anstelle der Förderschule oder die Förderschule anstelle der allgemeinen Schule als Förderort bestimmen. Dies setzt voraus, dass die personellen und sächlichen Voraussetzungen am gewählten Förderort nicht erfüllt sind und auch nicht mit vertretbarem Aufwand erfüllt werden können. Die Schulaufsichtsbehörde legt die Gründe dar und gibt den Eltern die Gelegenheit, sich zu der beabsichtigten Entscheidung zu äußern. Gleichzeitig informiert sie über weitere Beratungsangebote.**

**(5) Die Schulaufsichtsbehörde richtet Gemeinsames Lernen mit Zustimmung des Schulträgers an einer allgemeinen Schule ein, es sei denn, die Schule ist dafür personell und sächlich nicht ausgestattet und kann auch nicht mit vertretbarem Aufwand dafür ausgestattet werden.**

(6) Auf dem Weg zu einem inklusiven Schulangebot können Schulträger mit Zustimmung der oberen Schulaufsichtsbehörde allgemeine Schulen als Schwerpunktschulen bestimmen. Eine solche Schule umfasst über die Förderschwerpunkte Lernen, Sprache sowie Emotionale und soziale Entwicklung hinaus weitere Förderschwerpunkte, mindestens aber einen weiteren Förderschwerpunkt. Die Schwerpunktschule unterstützt andere Schulen im Rahmen der Zusammenarbeit nach § 4.

(7) Der Schulträger kann Förderschulen unterschiedlicher Förderschwerpunkte im Verbund als eine Schule in kooperativer oder integrativer Form führen..

## Erläuterungen

### Allgemeines

§ 20 definiert die Orte der sonderpädagogische Förderung und regelt wichtige Verfahrensfragen. **1**

### Zu Absatz 1

Aus der Reihenfolge der Förderorte lässt sich eine rechtliche Rangfolge nicht ableiten, siehe aber Absatz 2 und § 2 Abs. 5 sowie oben E 10. Die Zuweisung an eine Förderschule als Diskriminierung sieht *Wrase*, SchVw NRW 2016, S. 143. Den Anstieg der Förderquoten beleuchten *Möller*, SchVw NRW 2014, S. 282, sowie *Benninghaus*, SchVw NRW 2016, S. 330. **2**

Die Gliederung der Förderschulen und die sonderpädagogische Förderung an allen Lernorten ergeben sich aus der AO-SF. Sie wird erläutert von *Pfaff*, SchVw NRW 2014, S 134, und SchRHB NRW, V 45, sowie *Dicke*, Schule NRW 2015, S. 506.

Über den Weg zur Inklusion siehe *Löhrmann*, Schule NRW 2011, S. 102, und SchVw NRW 2015, S. 164, sowie *van den Hövel*, Schulen auf dem Weg zur Inklusion. Carl Link 2015.

Hinweise zur Behindertenrechtskonvention gibt *van den Hövel*, SchVw NRW 2016, S. 187. Zum Elternwahlrecht siehe *Pfaff*, SchVw NRW 2015, S. 36, zum Übergang von Klasse 4 nach Klasse 5 siehe *Mulders*, SchVw NRW 2015, S. 39.

### Zu Absatz 2

Diese Aussage ist die Folge der Leitentscheidung in § 2 Abs. 5; sie bezieht sich nicht auf eine konkrete Schule. Bei Kapazitätsproblemen kann der Schulträger nach § 46 Abs. 6 verfahren. **3**

### Zu Absatz 3

Im Begriff „Gemeinsames Lernen" sind die bisherigen Organisationsformen (Gemeinsamer Unterricht, Integrative Lerngruppen, Sonderpädagogische Förderklassen an Berufskollegs) zusammengefasst. **4**

### Zu Absatz 4

Diese „besonderen" Ausnahmen sind auch besonders zu begründen. Die Umstände, die dem Wunsch der Eltern entgegenstehen, sind ausdrücklich zu benennen. Eltern können dagegen vor dem VG klagen. Die Begrenzung der Aufnahmekapazität muss konkret und einzelfallbezogen dargelegt warden; so OVG NRW vom 26.11.2014 (SPE 333 Nr. 22). **5**

### Zu Absatz 5

Dieser Absatz bedeutet eine Beweislastumkehr, wenn nach Einschätzung der Schulaufsicht oder des Schulträgers Gemeinsames Lernen nicht möglich ist. Die Mitwirkung der Schule beschränkt sich auf das Vorschlagsrecht gemäß § 65 Abs. 2 Nr. 8. **6**

Zum Finanzierungstreit zwischen Land und Kommunen (Konnexität) siehe unten Art. 4 (§ 3) der Übergangsvorschriften (9. SchRÄG) sowie *Pfaff*, SchVw 2014, S. 243. Rechtsfragen zur Konnexität und zur kommunalen Verfassungsbeschwerde erläutert *van den Hövel*, SchVw NRW 2016, S. 217.

## Zu Absatz 6

**7** Die Umwandlung in Schwerpunktschulen soll ein Zwischenschritt sein, solange nicht alle allgemeinen Schulen in der Lage sind, die große Zahl von Schülern mit Lern- und Entwicklungsstörungen zu unterrichten. Es entscheidet der Schulträger (§ 78) über die Änderung der Schule gemäß § 81 Abs. 2.

## Zu Absatz 7

**8** Die Förderschulen im Verbund werden an Teilstandorten gemäß § 83 Abs. 6 und 7 geführt. Bisherige Kompetenzzentren für sonderpädagogische Förderung (§ 20 Abs. 5 alt) werden als Förderschulen fortgeführt. Bisherige Integrative Lerngruppen (§ 20 Abs. 8 alt) laufen gemäß Art. 2 Abs. 2 und 3 des 9. SchRÄG seit dem Schuljahr 2013/14 aus; siehe unten nach § 133.

### § 21  Hausunterricht, Schule für Kranke

**(1) Die Schulaufsichtsbehörde richtet auf Antrag der Eltern oder der Schule Hausunterricht ein für**

1. **Schülerinnen und Schüler, die wegen Krankheit voraussichtlich länger als sechs Wochen die Schule nicht besuchen können,**
2. **Schülerinnen und Schüler, die wegen einer lange andauernden Erkrankung langfristig und regelmäßig an mindestens einem Tag in der Woche nicht am Unterricht teilnehmen können,**
3. **Schülerinnen in den Schutzfristen vor und nach der Geburt eines Kindes entsprechend dem Mutterschutzgesetz.**

**(2) Die Schule für Kranke unterrichtet Schülerinnen und Schüler, die wegen einer stationären Behandlung im Krankenhaus oder einer vergleichbaren medizinisch-therapeutischen Einrichtung mindestens vier Wochen nicht am Unterricht ihrer Schule teilnehmen können. Sie unterrichtet auch kranke Schülerinnen und Schüler mit sonderpädagogischem Förderbedarf. Schulen für Kranke können im Verbund geführt werden oder in einen Verbund nach § 20 Abs. 7 einbezogen werden.**

### Erläuterungen

#### Allgemeines

**1** § 21 regelt zeitlich begrenzte Sonderformen des Unterrichts, die nicht auf sonderpädagogische Förderung begrenzt sind und deshalb auch nicht an deren Voraussetzungen gebunden sind. Die Höchstdauer bemisst sich nach der Dauer der Schulpflicht bzw. des normalen Schulverhältnisses.

#### Zu Absatz 1

**2** Hausunterricht ist ein Angebot für kranke Schüler. Er erstreckt sich in der Regel auf die Fächer, die mit mindestens drei Wochenstunden unterrichtet werden oder Fach einer Prüfung sind. Mehrere Fehlzeiten von mindestens zwei Wochen können bei Nr. 1 zusammen gerechnet werden. Einzelheiten siehe §§ 43 bis 46 AO-SF. Dem Antrag ist ein ärztliches Gutachten beizufügen; bei Zweifeln holt das Schulamt ein amtsärztliches Gutachten ein. Die Zuständigkeit des Schulamts für den Hausunterricht ergibt sich aus § 1 ZustVOSchAuf.

**Zu Absatz 2**

Die Schule für Kranke ist keine Förderschule im Sinne von § 20. Zu ihrer Neuorientierung 3 siehe *Berndt*, SchVw NRW 2006, S. 185. Ziel der Schule für Kranke ist der Anschluss an die bisherige Klasse. Die Mindestdauer bezieht sich auf die Abwesenheit von der Schule. Einzelheiten zu Aufnahme und Unterricht siehe § 47 AO-SF. Der Lehrerstellenbedarf richtet sich nach dem RdErl. vom 27.12.2014 (BASS 11-11 Nr. 4; SchR 4.2/101).

## § 22 Berufskolleg

(1) Das Berufskolleg umfasst die Bildungsgänge der Berufsschule, der Berufsfachschule, der Fachoberschule und der Fachschule.

(2) Das Berufskolleg vermittelt in einem differenzierten Unterrichtssystem in einfach- und doppeltqualifizierenden Bildungsgängen eine berufliche Bildung (berufliche Kenntnisse, Fähigkeiten und Fertigkeiten, berufliche Weiterbildung und Berufsabschlüsse). Es ermöglicht den Erwerb der allgemein bildenden Abschlüsse der Sekundarstufe II (Fachhochschulreife, fachgebundene Hochschulreife, allgemeine Hochschulreife); die Abschlüsse der Sekundarstufe I können nachgeholt werden.

(3) Die Bildungsgänge des Berufskollegs sind nach Fachbereichen, Berufsfeldern, Fachrichtungen und fachlichen Schwerpunkten gegliedert. Der Unterricht in den Bildungsgängen ist in Lernbereiche eingeteilt. Er findet in Fachklassen, im Klassenverband und in Kursen statt. Die Bildungsgänge der Berufsschule bereiten zusammen mit dem Lernort Betrieb auf Berufsabschlüsse nach dem Berufsbildungsgesetz und der Handwerksordnung vor.

(4) Die Berufsschule umfasst folgende Bildungsgänge:

1. Fachklassen des dualen Systems der Berufsausbildung für Schülerinnen und Schüler in einem Berufsausbildungsverhältnis, die den schulischen Teil der Berufsausbildung nach dem Berufsbildungsgesetz und der Handwerksordnung vermitteln;
2. Vollzeitschulische Bildungsgänge für Schülerinnen und Schüler ohne Berufsausbildungsverhältnis zur Vorbereitung auf Berufsabschlüsse nach dem Berufsbildungsgesetz und der Handwerksordnung;
3. Bildungsgänge, die Schülerinnen und Schülern ohne Berufsausbildungsverhältnis berufliche Kenntnisse, Fähigkeiten und Fertigkeiten aus einem oder mehreren beruflichen Bereichen vermitteln und den Erwerb eines dem Hauptschulabschluss gleichwertigen Abschlusses ermöglichen (Ausbildungsvorbereitung).

Die Bildungsgänge nach Nummer 1 und Nummer 2 führen nach Maßgabe der Ausbildungs- und Prüfungsordnung zu einem dem Hauptschulabschluss gleichwertigen Abschluss und zu einem dem Hauptschulabschluss nach Klasse 10 gleichwertigen Abschluss. Sie ermöglichen den Erwerb des mittleren Schulabschlusses (Fachoberschulreife) und der Berechtigung zum Besuch der gymnasialen Oberstufe, den Erwerb von Zusatzqualifikationen und in mindestens dreijährigen Bildungsgängen den Erwerb der Fachhochschulreife. Der Erwerb der Fachhochschulreife wird auch in Verbindung mit einem zweijährigen Bildungsgang gemäß Absatz 6 Nummer 2 ermöglicht.

(5) Die Berufsfachschule umfasst folgende vollzeitschulische Bildungsgänge:

1. Einjährige Bildungsgänge, die berufliche Kenntnisse, Fähigkeiten und Fertigkeiten im Sinne einer beruflichen Grundbildung, einen dem Hauptschulabschluss nach Klasse 10 gleichwertigen Abschluss vermitteln oder den Erwerb des mittleren Schulabschlusses (Fachoberschulreife) und der Berechtigung zum Besuch der gymnasialen Oberstufe

ermöglichen, sowie zweijährige Bildungsgänge, in denen darüber hinaus ein Berufsabschluss nach Landesrecht erworben werden kann;

2. Zweijährige und dreijährige Bildungsgänge, die berufliche Kenntnisse, Fähigkeiten
und Fertigkeiten vermitteln und den Erwerb des schulischen Teils der Fachhochschulreife ermöglichen oder einen Berufsabschluss nach Landesrecht vermitteln und den
Erwerb der Fachhochschulreife ermöglichen;

3. Dreijährige Bildungsgänge, die berufliche Kenntnisse, Fähigkeiten und Fertigkeiten
vermitteln und den Erwerb der allgemeinen Hochschulreife ermöglichen, oder mindestens dreijährige Bildungsgänge, die einen Berufsabschluss nach Landesrecht vermitteln
und den Erwerb der allgemeinen Hochschulreife ermöglichen. § 18 Abs. 2 bis 4 gilt
entsprechend.

Der Eintritt in Bildungsgänge nach Nummer 3, die den Erwerb der allgemeinen Hochschulreife ermöglichen, setzt die Berechtigung zum Besuch der gymnasialen Oberstufe voraus.
Das Ministerium kann zulassen, dass neben den Bildungsgängen nach Nummern 1 bis 3
Lehrgänge zur Vermittlung beruflicher Kenntnis eingerichtet werden. Bildungsgänge nach
Nummer 2 und Nummer 3, die neben der Vermittlung eines Berufsabschlusses nach Landesrecht zusätzlich auf Berufsabschlüsse nach dem Berufsbildungsgesetz und der Handwerksordnung vorbereiten, dauern dreieinhalb Jahre.

(6) Die Fachoberschule umfasst folgende vollzeitschulische Bildungsgänge:

1. Zweijährige Bildungsgänge, die berufliche Kenntnisse, Fähigkeiten und Fertigkeiten
vermitteln und den Erwerb der Fachhochschulreife ermöglichen;

2. Bildungsgänge für berufserfahrene Schülerinnen und Schüler, die berufliche Kenntnisse, Fähigkeiten und Fertigkeiten vermitteln sowie in einem Jahr zur Fachhochschulreife und in zwei Jahren zur allgemeinen oder fachgebundenen Hochschulreife führen.

(7) Die Fachschule vermittelt in ein- bis drei-jährigen vollzeitschulischen Bildungsgängen
eine berufliche Weiterbildung und ermöglicht in den mindestens zweijährigen Bildungsgängen den Erwerb der Fachhochschulreife.

(8) Die Bildungsgänge gemäß Absatz 6 und 7 können auch in Teilzeitform oder einer Kom-
bination aus Vollzeit- und Teilzeitform eingerichtet werden.

### Erläuterungen

**Allgemeines**

1 § 22 regelt das System der schulischen Berufsbildung.

Die Vorschrift ist durch das 10. Schulrechtsänderungsgesetz (2014) grundlegend novelliert
worden. Die neuen Regelungen sind zum Schuljahr 2015/2016 in Kraft getreten. Das Konzept
der Neuregelung erläutert *Fehrmann*, SchVw NRW 2014/S. 132.

**Zu Absatz 1**

2 Das Berufskolleg fasst – seit der Neuordnung (1998/1999) – alle Formen und Typen der beruflichen Schulen zusammen. Durch die vielfältigen Bildungsgänge mit ihrer Gliederung nach
Berufsfeldern, Bereichen, Fachbereichen, Fachrichtungen und fachlichen Schwerpunkten entsteht ein eigenes Bildungssystem. In ihm sind berufliche und allgemeine Bildung verknüpft.
Über individuelle Förderung am Berufskolleg berichten *Gasse/Roebers*, Schule NRW 2012,
S. 569. Künftige Lehrkräfte am Berufskolleg müssen eine einjährige fachpraktische Tätigkeit
vorweisen; siehe RdErl. vom 14.04.2013 (BASS 20-02 Nr. 21; SchR 7.1.4/403).

**Zu Absatz 2**

Die nähere Ordnung der Bildungsgänge ergibt sich aus der sehr umfangreichen APO-BK 3 vom 26.05.1999/10.07.2016 (BASS 13–33 Nr. 1.1; SchR 4.4.3) mit den spezifischen Anlagen A (Berufsschule), B und C (Berufsfachschule), D (Berufliches Gymnasium, Fachoberschule) sowie E (Fachschule).

**Zu Absatz 3**

Der berufliche Teil wird bundeseinheitlich durch das Berufsbildungsgesetz (BBiG) vom 4 23.03.2005/25.07.2013 (SchR 1.6/1) und die Handwerksordnung (HWO) geregelt (SchR 1.6/101).

Berufsfelder sind zusammengefasste Ausbildungsberufe. Die Beschulung mehrerer Ausbildungsberufe gemeinsam in einer Fachklasse ist nur in bestimmten Fällen möglich; siehe RdErl. vom 10.03.2008 (BASS 10–11 Nr. 2). Bezirksübergreifende Einzugsbereiche für Bezirksfachklassen regelt eine Rechtsverordnung (BASS 10–11 Nr. 1; SchR 4.4.3/501).

**Zu Absatz 4**

Die Bildungsgänge der Berufsschule sind in Anlage A der APO-BK geregelt. 5

Grundform der Berufsschule ist der berufsbegleitende Teilzeitunterricht im dualen System nach Nr. 1. Zum Blockunterricht siehe § 8 Abs. 2.

Der Unterricht kann im Rahmen des Gesamtvolumens (in der Regel 480 Jahresstunden) flexibel erteilt werden (jahrgangsübergreifend, Blockunterricht; vgl. § 5 Anlage A zur APO-BK).

Nr. 2 regelt vollzeitschulische Bildungsgänge, die zu einem Berufsabschluss führen und bildet die landesrechtliche Grundlage für die Regelung des § 2 Abs. 1 und 2 der bundesrechtlichen Berufskollegnanrechnungs- und -zulassungsverordnung (BKAZVO) vom 16.05.2006 (BASS 13-34 Nr. 12; SchR 1.6/51), mit der die Zulassung zur Kammerprüfung deutlich erleichtert wurde.

Nr. 3 regelt die „Ausbildungsvorbereitung", in der das frühere Berufsorientierungsjahr und die Klassen für Schülerinnen und Schüler ohne Berufsbildungsverhältnis zusammengeführt werden. Die neuen Perspektiven der Berufsvorbereitung erläutert *Baethge*, SchVw 2015, S. 8.

Zur Zusammenarbeit von Berufskollegs mit der Agentur für Arbeit/Berufsberatung zur Förderung von leistungsschwächeren und benachteiligten Schülern siehe BASS 12–21 Nr. 7. Über die Zusammenarbeit von Ausbildungsbetrieb und Berufsschule informieren gemeinsame Handreichungen des MSW und der Kammern (2013); siehe dazu www.ihk-nrw.de und www.handwerk-nrw.de.

**Zu Absatz 5**

Die Bildungsgänge der Berufsfachschule sind in den Anlagen B, C und D der APO-BK geregelt. In Nr. 1 wird das frühere Berufsgrundschuljahr in zwei einjährige Bildungsgänge mit je eigenen Zugangsvoraussetzungen und Abschlüssen überführt. Der Bildungsgang zum Abitur dauert weiterhin drei Jahre. Er kann gemäß § 6 Abs. 6 Satz 3 die Bezeichnung „Berufliches Gymnasium" führen. Siehe dazu *Schoell*, Schule NRW 2009, S. 13, sowie *Kerstges*, SchVw NRW 2015, S. 156. Über Wege zur Hochschulreife am Berufskolleg informiert die Beilage zu Schule NRW 06/2011.

**Zu Absatz 6**

Die Fachoberschule entspricht der Berufsoberschule in anderen Ländern. 7

Die Ausbildungsgänge sind in Anlage C der APO-BK geregelt. Regelungen zur Jahrgangsstufe 13 siehe Anlage D zur APO-BK.

**Zu Absatz 7**

8 Nähere Regelungen zur Fachschule siehe in Anlage E zur APO-BK.

## § 23 Weiterbildungskolleg

(1) Das Weiterbildungskolleg umfasst die Bildungsgänge der Abendrealschule, des Abendgymnasiums und des Kollegs (Institut zur Erlangung der Hochschulreife). Ein Weiterbildungskolleg muss mindestens zwei Bildungsgänge umfassen. § 82 Abs. 9 Satz 2 und 3 bleibt unberührt.

(2) Der Bildungsgang der Abendrealschule führt zu den Abschlüssen

1. Hauptschulabschluss,
2. Hauptschulabschluss nach Klasse 10,
3. mittlerer Bildungsabschluss (Fachoberschulreife), der nach Maßgabe der Ausbildungs- und Prüfungsordnung mit der Berechtigung zum Besuch von Bildungsgängen des Berufskollegs, die zur allgemeinen Hochschulreife führen, verbunden sein kann.

Der mittlere Schulabschluss (Fachoberschulreife) wird in einem zentralen Abschlussverfahren erworben.

(3) Die Bildungsgänge von Abendgymnasium und Kolleg führen

1. In einem dreijährigen Bildungsgang zur allgemeinen Hochschulreife,
2. zur Fachhochschulreife oder zum schulischen Teil der Fachhochschulreife.

(4) Das Weiterbildungskolleg soll schulfachlich und organisatorisch mit den Einrichtungen der Weiterbildung zusammenarbeiten, die Lehrgänge zum nachträglichen Erwerb von Schulabschlüssen anbieten. Die Zusammenarbeit erstreckt sich insbesondere auf die Abstimmung der schulabschlussbezogenen Bildungsangebote, auf gemeinsame schulabschlussbezogene Unterrichtsveranstaltungen und auf den Einsatz von Lehrerinnen und Lehrern. Die Bildungsangebote der Berufskollegs in der Region sind in die Abstimmung einzubeziehen.

## Erläuterungen

### Allgemeines

1 § 23 regelt die Bildungsgänge der schulischen Weiterbildung.

### Zu Absatz 1

2 Die Ausbildungsstätten für Personen jenseits der Sekundarstufe II werden auch als Zweiter Bildungsweg bezeichnet. Sie sind (seit 2001/02) zum Weiterbildungskolleg zusammengefasst. Einzelheiten der Bildungsgänge regelt die Ausbildungsordnung: APO-WbK vom 23.02.2000/13.05.2015 mit VV (BASS 19–11 Nr. 1; SchR 4.5.1/21).

### Zu Absatz 2

3 Dies sind die Abschlüsse der Sekundarstufe I; siehe § 12. Der Erwerb des mittleren Bildungsabschlusses entspricht § 12 Abs. 3.

### Zu Absatz 3

4 Siehe die Regelungen zur gymnasialen Oberstufe in § 18. Über den berufsbegleitenden Lehrgang Abitur-Online informieren *Egyptien/Walory*, Schule NRW 2012, S. 186.

**Zu Absatz 4**

Die hier genannten Einrichtungen sind kommunale Einrichtungen (Volkshochschulen) und   **5**
solche in freier Trägerschaft gemäß § 6 WbG. Den Erwerb schulischer Abschlüsse regelt die
Prüfungsordnung: PO-S I-WbG (BASS 19–22 Nr. 1; SchR 4.3.1/201).

## § 24  Studienkollegs, Kolleg für Aussiedlerinnen und Aussiedler

**(1) Die Studienkollegs an Hochschulen und das Kolleg für Aussiedlerinnen und Aussied-
ler vermitteln Personen mit ausländischen Vorbildungsnachweisen die Eignung zur Aufnahme eines Studiums an deutschen Hochschulen.**

**(2) Der Besuch des Studienkollegs dauert in der Regel ein Jahr. Der Besuch des Kollegs für
Aussiedler dauert in der Regel bis zu zwei Jahre. Der Unterricht wird im Klassenverband
und in ergänzenden Kursen erteilt. Am Ende des Bildungsgangs wird die Eignung zur
Aufnahme eines Studiums durch eine Prüfung festgestellt.**

**(3) Die Studienkollegs unterstehen der schulfachlichen Aufsicht. Das Ministerium erlässt
die Ausbildungs- und Prüfungsordnung im Einvernehmen mit dem für die Hochschulen
zuständigen Ministerium.**

### Erläuterungen

**Allgemeines**

§ 24 regelt die Vorbereitung von Personen aus dem Ausland für ein Studium in Deutschland.   **1**

**Zu Absatz 1**

Nach Beschluss der Landesregierung (2007) sind die Studienkollegs in staatlicher Träger-   **2**
schaft inzwischen ausgelaufen und durch ein Stipendienprogramm ersetzt worden. Studienkollegs bestanden an fünf Universitäten (Aachen, Bochum, Bonn, Köln, Münster) und drei
Fachhochschulen (Dortmund, Köln, Krefeld).

Das Kolleg für Aussiedler befindet sich in Geilenkirchen.

**Zu Absatz 2**

Die Vorschriften über die staatlichen Studienkollegs sind insoweit gegenstandslos. Die Vor-   **3**
bereitung ausländischer Studieninteressierter erfolgt in NRW nunmehr in privatrechtlichen
Kursen innerhalb und außerhalb der Hochschulen. Für die Abschlussprüfung dieser Kurse
gilt die Verordnung über die Feststellungsprüfung vom 21.01.2010 (BASS 13–73 Nr. 29.1; SchR
4.7.1/1).

Für den Bildungsgang am Eichendorff-Kolleg für Aussiedler aus osteuropäischen Ländern
(Spätaussiedler) gilt die APO-SpA (BASS 13–62 Nr. 6.1; SchR 4.5.3/101).

**Zu Absatz 3**

Die schulfachliche Aufsicht führen die Bezirksregierungen; siehe § 88 Abs. 2.   **4**

## § 25  Schulversuche, Versuchsschulen, Experimentierklausel

**(1) Schulversuche dienen dazu, das Schulwesen weiterzuentwickeln. Dazu können insbe-
sondere Abweichungen von Aufbau und Gliederung des Schulwesens sowie Veränderungen oder Ergänzungen der Unterrichtsinhalte, der Unterrichtsorganisation sowie der For-**

men der Schulverfassung und der Schulleitung zeitlich und im Umfang begrenzt erprobt werden. In Schulversuchen müssen die nach diesem Gesetz vorgesehenen Abschlüsse erreicht werden können.

(2) Zur Erprobung von Abweichungen, Veränderungen oder Ergänzungen grundsätzlicher Art können Versuchsschulen errichtet werden. Der Besuch von Versuchsschulen ist freiwillig.

(3) Zur Erprobung neuer Modelle erweiterter Selbstverwaltung und Eigenverantwortung kann Schulen auf deren Antrag im Rahmen einer Kooperationsvereinbarung mit dem Schulträger und der Schulaufsichtsbehörde gestattet werden, abweichend von den bestehenden Rechtsvorschriften bei der Stellenbewirtschaftung, der Personalverwaltung, der Sachmittelbewirtschaftung und der Unterrichtsorganisation selbstständige Entscheidungen zu treffen und neue Modelle der Schulleitung und der Schulmitwirkung zu erproben. Es muss gewährleistet sein, dass die Standards der Abschlüsse den an anderen Schulen erworbenen Abschlüssen entsprechen und die Anerkennung der Abschlüsse in den Ländern der Bundesrepublik Deutschland gesichert ist.

(4) Schulversuche, Versuchsschulen und Modellvorhaben bedürfen der Genehmigung des Ministeriums. Dabei werden Inhalt, Ziel, Durchführung und Dauer in einem Programm festgelegt.

(5) Die Absätze 1, 2 und 4 gelten auch für Ersatzschulen.

## Erläuterungen

### Allgemeines

1 § 25 ist die Rechtsgrundlage für Versuche im Schulwesen. Das SchulG-ÄG 2006 hat die Regelungen um Abs. 3 erweitert.

### Zu Absatz 1

2 Beispiele waren früher der Gesamtschulversuch (1969 bis 1998) und der Kollegschulversuch (1977 bis 1998), zuletzt das Modellvorhaben „Selbstständige Schule" (2002 bis 2008); vgl. Art. 6 Abs. 1 und Art. 7 Abs. 4 SchulG-ÄG 2006. Ein kleiner Schulversuch betrifft Islamkunde als eigenständiges Unterrichtsfach; siehe BASS 12–05 Nr. 5.

Der zunächst groß angelegte Schulversuch mit der sog. Gemeinschaftsschule (nicht zu verwechseln mit § 26 Abs. 1) ist nach dem Schulkonsens 2011 zugunsten der Sekundarschule (§ 17a) quantitativ (12) und zeitlich (bis 2019/20) begrenzt worden; siehe dazu Art. 2 Abs. 1 des 6. SchRÄG sowie *Michaelis*, Schule NRW 2011, S. 522, und *Jülich*, SchVw NRW 2011, S. 85.

Zur verfassungsrechtlichen Tragweite der Schulversuchsklausel siehe *Pieroth/Barczak*, SchVw NRW 2011, S. 162, und *Avenarius*, SchVw NRW 2011, S. 248. Das OVG NRW hat in seiner Entscheidung vom 09.06.2011 (SPE 766 Nr. 5) in der Schulversuchsklausel keine hinreichende Grundlage für die Einführung der Gemeinschaftsschule gesehen.

### Zu Absatz 2

3 Versuchsschulen sind z.B. die Laborschule und das Oberstufenkolleg in Bielefeld; die entsprechenden Grundregelungen sind in SchR 4.6.3 abgedruckt. Mehr zur Laborschule: *Devantie*, Schule NRW 2014, S. 573, und *Textor/Klein*, Schule NRW 2015, S. 436, sowie *Lütje-Klose*, Schule NRW 2016, Nr. 7/8 S. 20.

**Zu Absatz 3**

Absatz 3 ist die Rechtsgrundlage für die bisherigen Modellschulen nach dem ausgelaufenen **4** Schulentwicklungsgesetz. Siehe dazu den Grundsatzerlass vom 02.07.2012 (BASS 14–23 Nr. 4; SchR 3.2.2/51): Mehr Freiräume für innovative schulische Vorhaben.

Zur versuchsweisen Verbindung von Grundschulen und weiterführenden Schulen siehe § 132b. Das Schulministerium hat zum Schuljahr 2013/2014 diesen Schulversuch PRIMUS mit bis zu 15 Schulen gestartet, siehe § 11 Rn. 2.

Zum Modellversuch zur Wiedereinführung des neunjährigen Gymnasiums siehe *van Ackeren/Bellenberg*, Schule NRW 2012, S. 75.

**Zu Absatz 4**

Damit werden die Abweichungen gemäß Abs. 1 und 2 also von einer zentralen Stelle ver- **5** antwortet. Vor der Einbeziehung in einen Schulversuch ist die Schule gemäß § 76 Nr. 9 vom Schulträger zu beteiligen; die Stellungnahme beschließt die Schulkonferenz (§ 65 Abs. 2 Nr. 22).

**Zu Absatz 5**

Dies gilt, soweit der Freiraum der Ersatzschule nicht schon ausreicht. Die Regelung bezieht **6** die Ersatzschule auch bei der Vergabe von Fördermitteln ein.

## Zweiter Abschnitt – Weltanschauliche Gliederung der Grundschule und der Hauptschule

### § 26    Schularten

(1) Grundschulen sind Gemeinschaftsschulen, Bekenntnisschulen oder Weltanschauungsschulen. Hauptschulen sind in der Regel Gemeinschaftsschulen.

(2) In Gemeinschaftsschulen werden die Schülerinnen und Schüler auf der Grundlage christlicher Bildungs- und Kulturwerte in Offenheit für die christlichen Bekenntnisse und für andere religiöse und weltanschauliche Überzeugungen gemeinsam unterrichtet und erzogen.

(3) In Bekenntnisschulen werden Kinder des katholischen oder des evangelischen Glaubens oder einer anderen Religionsgemeinschaft nach den Grundsätzen des betreffenden Bekenntnisses unterrichtet und erzogen. Zum evangelischen Bekenntnis im Sinne dieser Vorschrift gehören auch die bekenntnisverwandten Gemeinschaften.

(4) In Weltanschauungsschulen werden die Schülerinnen und Schüler nach den Grundsätzen ihrer Weltanschauung unterrichtet und erzogen. An Weltanschauungsschulen wird Religionsunterricht nicht erteilt.

(5) In Gemeinden mit verschiedenen Schularten können die Eltern die Schulart zu Beginn jedes Schuljahres wählen. Der Wechsel in eine Schule einer anderen Schulart ist während des Schuljahres nur aus wichtigem Grund zulässig. Schülerinnen und Schüler einer Minderheit können die Schule einer benachbarten Gemeinde besuchen, falls in ihrer Gemeinde die gewünschte Schulart nicht besteht.

(6) In Schulen aller Schularten soll bei der Lehrereinstellung auf die Konfession der Schülerinnen und Schüler Rücksicht genommen werden. An Bekenntnisschulen müssen

1. die Schulleiterin oder der Schulleiter und
2. die übrigen Lehrerinnen und Lehrer dem betreffenden Bekenntnis angehören.

Sie müssen bereit sein, im Sinne von Absatz 3 Satz 1 an diesen Schulen zu unterrichten und zu erziehen. Zur Sicherung des Unterrichts sind Ausnahmen von Satz 2 Nummer 2 zulässig.

(7) An einer Bekenntnisschule mit mehr als zwölf Schülerinnen und Schülern einer konfessionellen Minderheit ist eine Lehrerin oder ein Lehrer des Bekenntnisses der Minderheit einzustellen, die oder der Religionsunterricht erteilt und in anderen Fächern unterrichtet. Weitere Lehrerinnen und Lehrer des Bekenntnisses der Minderheit sind unter Berücksichtigung der Zahl der Schülerinnen und Schüler der Minderheit und der Gesamtschülerzahl der Schule einzustellen.

### Erläuterungen

#### Allgemeines

1    Die §§ 26 bis 28 sind die Rechtsgrundlagen für die – in NRW immer noch bestehende – weltanschauliche Gliederung der Grundschulen (und zum Teil der Hauptschulen). Die Vorschriften wurden 2005 aus dem Schulordnungsgesetz (SchOG, 1952) in das SchulG übernommen, weil sie durch die Landesverfassung (Art. 12 LV) garantiert sind. Für die Hauptschule ist die Verfassungsgarantie nach dem Schulkompromiss durch Änderung der Landesverfassung vom 25.10.2011 inzwischen aufgehoben; siehe auch bei § 14. Die Umwandlung von Bekenntnisschulen ist durch das 11. SchRÄG (2015) erleichtert worden; siehe § 26 Abs. 6, § 27 Abs. 3 und § 28 Abs. 2. Über aktuelle Fragen zwischen Schule und Kirche in NRW berichtet *Oruç-Uzun*, SchVw NRW 2014, S. 280.

**Zu Absatz 1**

Absatz 1 zählt die unterschiedlichen Schularten auf. Zu den Grundschulen siehe § 27, zu den 2
Hauptschulen siehe § 28. Siehe auch **E 8**.

**Zu Absatz 2**

Die Gemeinschaftsschule bejaht grundsätzlich das Christentum und seine Traditionen und 3
Werte, ist aber nicht einer bestimmten Konfession verpflichtet. Sie darf und soll christliche
Werte vertreten, aber christliche Glaubensinhalte nicht verbindlich machen. Besondere Regelungen gelten für den Religionsunterricht, siehe § 31. Ein gemeinsames Schulgebet ist möglich, wenn es freiwillig ist.

Diese gesetzliche Gemeinschaftsschule ist nicht zu verwechseln mit dem gleichnamigen
Schulversuch; siehe dazu bei § 25 Rn. 2.

**Zu Absatz 3**

Diese Schulen haben einen spezifischen Erziehungsauftrag; es besteht – über den Religi- 4
onsunterricht hinaus – eine Bindung an die Grundsätze des betreffenden Bekenntnisses;
so OVG NRW vom 31.05.2013. Schüler und Lehrer gehören grundsätzlich dem jeweiligen
Bekenntnis an (Grundsatz der konfessionellen Homogenität). Die Eltern stimmen bei der
Anmeldung an der Schule der Erziehung und Unterrichtung ihrer Kinder in diesem Sinne
ausdrücklich zu. Die Kinder nehmen am Religionsunterricht des Bekenntnisses teil. Davon
kann die Aufnahme abhängig gemacht werden; so OVG NRW vom 04.09.2013 (SchVw NRW
2013, S. 339). Zum Selbstverständnis solcher Schulen siehe *Hennecke* und *Kaitinnis-Lenz*,
SchVw NRW 2015, S. 228 und 231. Bekenntnisangehörige Kinder haben gemäß OVG NRW
vom 21.03.2016 (SPE 172 Nr. 19) einen vorrangigen Aufnahmeanspruch; siehe dazu *van den
Hövel*, SchVw NRW 2016, S. 188.

Bekenntnisfremde Schüler werden aufgenommen, wenn Eltern diese Erziehung wünschen
oder wenn eine andere Schule zumutbar nicht zu erreichen ist. Es reicht nicht, wenn sie die
Schule nur wegen eines besonderen Schulklimas wählen. Eine Bekenntnisschule verliert ihre
rechtliche Eigenschaft nicht durch die Aufnahme bekenntnisfremder Kinder; VG Minden
vom 28.02.2014 (SPE 172 Nr. 18). Zu Bekenntnisgrundschulen in freier Trägerschaft siehe
§ 101 Abs. 4.

Zum bekenntnisgeprägten Standort bei einem Grundschulverbund siehe § 83 Abs. 2 und 3.

**Zu Absatz 4**

Diese Vorschrift, die auf Art. 12 Abs. 6 LV zurückgeht, hat in Nordrhein-Westfalen keine prak- 5
tische Bedeutung erlangt; solche Schulen sind nicht entstanden. Zum (vergeblichen) Versuch,
Weltanschauungsunterricht als Unterrichtsfach einzuführen, siehe bei § 31.

**Zu Absatz 5**

Ein Anspruch auf Aufnahme in eine bestimmte Schule besteht im Rahmen vorhandener 6
Kapazitäten. Zum Schulwechsel siehe § 46.

**Zu Absatz 6**

Der Grundsatz der konfessionellen Homogenität erstreckt sich insbesondere auf die Lei- 7
tungsebene, die für die Erfüllung des Bildungs- und Erziehungsauftrags verantwortlich ist
(§ 59 Abs. 2). Zur Lehrereinstellung siehe § 57 Abs. 5, bei Teilstandorten siehe § 82 Abs. 3.

**Zu Absatz 7**

**8**  Die Mindestgruppengröße für den Religionsunterricht beträgt zwölf Schüler (§ 31 Abs. 1). Für die konfessionelle Minderheit nach Abs. 7 muss also ein Schüler mehr vorhanden sein. Die Minderheitenschutzrechte können nur in Anspruch genommen werden, wenn eine Schule des eigenen Bekenntnisses oder eine Gemeinschaftsschule nicht erreichbar ist.

## § 27  Bestimmung der Schulart von Grundschulen

**(1) Auf Antrag der Eltern sind Grundschulen als Gemeinschaftsschulen, Bekenntnisschulen oder Weltanschauungsschulen zu errichten, soweit die Mindestgröße (§ 82) gewährleistet ist. Der Antrag muss von Eltern gestellt werden, die mindestens ein Fünftel der Schülerinnen und Schüler vertreten, die ein geordneter Schulbetrieb erfordert. Antragsberechtigt sind die Eltern, deren Kinder für den Besuch der Schule in Frage kommen und eine bestehende Schule der gewünschten Schulart in zumutbarer Weise nicht erreichen können.**

**(2) Bei der Errichtung einer Grundschule bestimmen die im Gebiet des Schulträgers wohnenden Eltern, deren Kinder für den Besuch der Schule in Frage kommen, in einem Abstimmungsverfahren die Schulart. Hierbei und bei der Anmeldung für die Schule muss die Mindestgröße erreicht werden.**

**(3) Ein Schulträger wandelt eine bestehende Grundschule in eine andere Schulart um, wenn**

1. a) **die Eltern eines Zehntels der Schülerinnen und Schüler der Schule dies beantragen oder**
   b) **der Schulträger im Rahmen seiner Schulentwicklungsplanung (§ 80) beschließt, ein Abstimmungsverfahren durchzuführen, und**
2. **die Eltern von mehr als der Hälfte der Schülerinnen und Schüler sich anschließend in einem Abstimmungsverfahren dafür entscheiden.**

**Verfahren nach Satz 1 Nummer 1 Buchstabe b können erst nach drei Jahren erneut durchgeführt werden.**

**(4) Die Eltern haben für jedes Kind gemeinsam eine Stimme. Das Abstimmungsverfahren ist geheim. Die Einzelheiten des Verfahrens regelt das Ministerium durch Rechtsverordnung.**

**(5) Wird eine Schule durch die Zusammenlegung von Schulen errichtet (§ 81 Abs. 2 Satz 2), findet kein Abstimmungsverfahren nach Absatz 2 statt, wenn allein Gemeinschaftsschulen oder Schulen desselben Bekenntnisses oder derselben Weltanschauung zusammengelegt werden.**

Erläuterungen

**Allgemeines**

**1**  § 27 regelt die Eckpunkte für die Verfahren, nach denen die Schulart einer Grundschule bestimmt wird. Absatz 5 ist durch das SchulG-ÄG 2006 angefügt worden. Zur weltanschaulichen Gliederung bei Grundschulen siehe auch *van den Hövel*, Schule NRW 2007, S. 486.

## Zu Absatz 1

Es gibt (2015/2016) noch 90 evangelische und 845 katholische Bekenntnisgrundschulen neben **2** den 1908 Gemeinschaftsgrundschulen.

Bei der Errichtung einer Grundschule müssen (seit 2006) mindestens zwei Parallelklassen (zu 28 Schülern) für fünf Jahre gesichert sein; dafür sind also 4 × 56 = 224 Kinder erforderlich. Siehe zum geordneten Schulbetrieb bei Grundschulen § 82 Abs. 1 und 2, zum Grundschulverbund mit einer Bekenntnisschule § 83 Abs. 2 und 3.

Das Antragsverfahren des Abs. 1 gliedert sich in ein Einleitungsverfahren, ein Abstimmungsverfahren und das Anmeldeverfahren; siehe bei Absatz 4.

Zur Verteilung von Kindern mit Migrationshintergrund auf die Schularten siehe SchVw NRW 2008, S. 287.

## Zu Absatz 2

Bei der Errichtung einer Grundschule von Amts wegen wird ein Bestimmungsverfahren **3** durchgeführt, das sich in ein geheimes Abstimmungsverfahren und ein Anmeldeverfahren gliedert; siehe bei Abs. 4.

Die Zusammenlegung oder Teilung einer Schule ist als Errichtung anzusehen (§ 81 Abs. 2 Satz 2), macht also auch ein Bestimmungsverfahren erforderlich; siehe aber Absatz 5.

## Zu Absatz 3

Bei der Umwandlung von Grundschulen ist keine Schulart vorrangig. Sind für den Antrag **4** auf Umwandlung einer Gemeinschaftsschule in eine Bekenntnisschule andere als Gründe des religiösen Bekenntnisses bestimmend, so macht dies den Antrag unwirksam; so OVG NRW vom 17.03.2009 (SPE 172 Nr. 15). Die Quoren beziehen sich beim Umwandlungsverfahren auf die Eltern, deren Kinder am Stichtag (10.2.) die Schule besuchen. Künftige Schüler kommen bei Abs. 1 und 2 zum Zuge.

Das frühere Quorum von zwei Dritteln im Abstimmungsverfahren ist durch das 11. SchRÄG (2015) gesenkt worden. Siehe zum Hintergrund SchVw NRW 2015, S. 124.

## Zu Absatz 4

Das Verfahren regelt die Bestimmungsverfahrensverordnung (BestVerfVO) vom 08.03.1968, **5** die in der Fassung vom 09.11.2015 (BASS 10–02 Nr. 2; SchR 2.1/51) dem aktuellen SchulG angepasst worden ist. Siehe RdErl. vom 23.11.2015 (BASS 10-02 Nr. 2; SchR 2.1/65).

## Zu Absatz 5

Dies ist eine gesetzliche Klarstellung, keine Änderung in der Sache. **6**

### § 28   Bestimmung der Schulart von Hauptschulen

**(1) Hauptschulen werden von Amts wegen als Gemeinschaftsschulen errichtet. Auf Antrag der Eltern ist eine Hauptschule als Bekenntnisschule oder Weltanschauungsschule zu errichten, wenn gewährleistet ist, dass eine Gemeinschaftsschule in zumutbarer Weise erreichbar ist. Der Antrag muss von im Gebiet des Schulträgers wohnenden Eltern gestellt werden, die mindestens ein Fünftel der Schülerinnen und Schüler vertreten, die ein geordneter Schulbetrieb erfordert. In einem anschließenden Abstimmungsverfahren und bei der Anmeldung für die Schule muss die für einen geordneten Schulbetrieb erforderliche Schülerzahl erreicht werden.**

(2) Ein Schulträger wandelt eine bestehende Bekenntnishauptschule in eine Gemeinschaftshauptschule um, wenn

1. a) die Eltern eines Zehntels der Schülerinnen und Schüler der Schule dies beantragen
      oder
   b) der Schulträger im Rahmen seiner Schulentwicklungsplanung (§ 80) beschließt, ein Abstimmungsverfahren durchzuführen
   und
2. die Eltern eines Drittels der Schülerinnen und Schüler sich anschließend in einem Abstimmungsverfahren dafür entscheiden.

Verfahren nach Satz 1 Nummer 1 Buchstabe b können erst nach drei Jahren erneut durchgeführt werden.

(3) Für das Verfahren gilt § 27 Abs. 4.

### Erläuterungen

**Allgemeines**

1 § 28 regelt die Eckpunkte für die Verfahren, nach denen die Schulart einer Hauptschule bestimmt wird. In der Vorschrift kommt der Vorrang der Gemeinschaftsschule zum Ausdruck. Es gibt (2015/2016) außer den 413 Gemeinschaftshauptschulen noch 38 katholische und fünf evangelische Hauptschulen in NRW.

**Zu Absatz 1**

2 Bei der Errichtung einer Hauptschule müssen mindestens zwei Parallelklassen zu 28 Schülern für die Dauer von fünf Jahren gesichert sein (§ 82 Abs. 1 und 3). Der geordnete Schulbetrieb setzt also 2 × 28 = 56 Schüler pro Jahrgang voraus.

**Zu Absatz 2**

3 Die Umwandlung einer Hauptschule ist also nur in eine Gemeinschaftsschule möglich; ihr Vorrang wird auch beim Quorum von einem Drittel (Nr. 2) deutlich. Die Quoren beziehen sich beim Umwandlungsverfahren auf die Eltern, deren Kinder am Stichtag (10.2.) die Schule besuchen. Durch das 11. SchRÄG (2015) ist die Umwandlung – wie auch in § 27 Abs. 3 – erleichtert worden. Siehe RdErl. vom 23.11.2015 (BASS 10-02 Nr. 2; SchR 2.1/65) sowie zum Hintergrund SchVw NRW 2015, S. 124.

**Zu Absatz 3**

4 Das Verfahren regelt die Bestimmungsverfahrensverordnung (BestVerfVO) vom 08.03.1968, die in der Fassung vom 09.11.2015 (BASS 10–02 Nr. 2; SchR 2.1/51) dem aktuellen SchulG angepasst worden ist.

# Dritter Teil – Unterrichtsinhalte

## § 29 Unterrichtsvorgaben

**(1) Das Ministerium erlässt in der Regel schulformspezifische Vorgaben für den Unterricht (Richtlinien, Rahmenvorgaben, Lehrpläne). Diese legen insbesondere die Ziele und Inhalte für die Bildungsgänge, Unterrichtsfächer und Lernbereiche fest und bestimmen die erwarteten Lernergebnisse (Bildungsstandards).**

**(2) Die Schulen bestimmen auf der Grundlage der Unterrichtsvorgaben nach Absatz 1 in Verbindung mit ihrem Schulprogramm schuleigene Unterrichtsvorgaben.**

**(3) Unterrichtsvorgaben nach den Absätzen 1 und 2 sind so zu fassen, dass für die Lehrerinnen und Lehrer ein pädagogischer Gestaltungsspielraum bleibt.**

### Erläuterungen

#### Allgemeines

§ 29 enthält die Rechtsgrundlage für die **Vorgaben**, mit denen das Schulministerium als   **1** oberste Schulaufsichtsbehörde (§ 88 Abs. 1) die Unterrichtsarbeit der Schulen steuert. Siehe auch **E 11**. Die Erarbeitung dieser Vorgaben ist eine wichtige Aufgabe des Landesinstituts für Schule (QUA-LiS NRW) in Soest, siehe SchR 3.7.3/1. Begriffe und Hintergründe der Lehrplangestaltung erläutert *Orth*, SchVw NRW 2014, S. 40.

#### Zu Absatz 1

Die KMK hat Bildungsstandards für die S I vereinbart; siehe www.kmk.org.de. Dazu   **2** auch *Avenarius*, SchVw NRW 2005, S. 324, und *Tillmann*, SchVw NRW 2007, S. 34. Die Unterrichtsvorgaben werden in einer Gültigkeitsliste im Bildungsportal vorgehalten: www.schulministerium.nrw.de.

Über die Entwicklung der Kernlehrpläne und das Lehrplaninformationssystem „Lehrplannavigator" informieren *Dobbelstein/Prasse*, Schule NRW 2011, S. 291, sowie *Klein*, Schule NRW 2011, S. 540. Siehe www.lehrplannavigator.de. Eine Bilanz der ersten zehn Jahre kompetenzorientierter Kernlehrpläne in NRW zieht *Prasse*, Schule NRW 2015, S. 146.

#### Zu Absatz 2

Im Schulprogramm (§ 3 Abs. 2) legt die Schule ihr Profil fest; darüber beschließt die Schul-   **3** konferenz (§ 65 Abs. 2 Nr. 1). Zu den schuleigenen Unterrichtsvorgaben gehören auch die Erprobung und Einführung neuer Unterrichtsformen (vgl. § 65 Abs. 2 Nr. 9).

#### Zu Absatz 3

Der pädagogische Freiraum der Lehrkräfte darf also durch die ministeriellen und durch die   **4** schuleigenen Vorgaben nur soweit eingeschränkt werden, dass der Kernbereich pädagogischer Eigenverantwortung erhalten bleibt. Denn nach § 57 Abs. 1 sollen sie „in eigener Verantwortung" ihre Aufgaben erfüllen.

## § 30 Lernmittel

**(1) Lernmittel sind Schulbücher und andere Medien, die dazu bestimmt sind, von den Schülerinnen und Schülern über einen längeren Zeitraum genutzt zu werden.**

**(2) Lernmittel dürfen vom Ministerium nur zugelassen werden, wenn sie**

1. Rechtsvorschriften nicht widersprechen,
2. den Unterrichtsvorgaben entsprechen,
3. den Schülerinnen und Schülern individuelle Lernwege eröffnen und selbstständiges Arbeiten durch methodische und mediale Vielfalt fördern,
4. dem Stand der Wissenschaft entsprechen und
5. nicht ein diskriminierendes Verständnis fördern.

(3) Lernmittel dürfen an Schulen nur eingeführt werden, wenn sie zugelassen sind. Über die Einführung von Lernmitteln entscheidet die Schulkonferenz.

(4) Lernmittel für den Religionsunterricht werden im Einvernehmen mit der Kirche oder der Religionsgemeinschaft zugelassen.

(5) Das Ministerium regelt das Zulassungsverfahren.

## Erläuterungen

### Allgemeines

1 § 30 regelt die Verwendung von Lernmitteln (einschließlich Medien) in der Schule. Sie müssen dazu vom Ministerium zugelassen und an der Schule eingeführt worden sein. Zur Lernmittelfreiheit siehe § 96.

Schulen müssen die urheberrechtlichen Schranken beachten. Zum neuen Urheberrecht siehe SchVw NRW 2008, S. 22 sowie die Broschüre bei www.schulen-ans-netz.de; zum Fotokopieren in Schulen: www.schulbuchkopie.de. Über den neuen Gesamtvertrag mit der KMK informiert *Nolte* in SchVw NRW 2013, S. 244.

Einen Downloadservice von audiovisuellen Medien ermöglicht EDMOND für alle Schulen über die Medienberatung NRW.

### Zu Absatz 1

2 Damit sind die Lernmittel (für die Hand des Schülers) funktional abgegrenzt von den Lehrmitteln (für Lehrkräfte, siehe § 79), was auch bei den neuen Medien zu beachten ist. Siehe zu den neuen Bildungsmedien in learn:line *Vaupel/Lütke-Brochtrup*, Schule NRW 2014, S. 366, und zu Edmond bei *Thessel/Grubert*, Schule NRW 2010, S. 445, sowie www.learnline. Schulministerium.nrw.de. Den Einsatz von digitalen Medien im Unterricht beschreibt *Vaupel*, Schule NRW 2013, S. 107. Eine Medienintegration fordert *Breiter*, SchVw NRW 2016, S. 204. Die Entwicklung und Erprobung digitaler Schulbücher beschreiben *Ventzke/Thielen*, Schule NRW 2015, S. 113.

Durch Bereitstellung von Unterrichtsmaterialien darf das Werbeverbot (§ 99) nicht umgangen werden; siehe Kl. Anfrage in SchVw NRW 2013, S. 255.

Schulbücher sind für Lehrkräfte als Lehrmittel (§ 79) bereitzustellen; siehe dazu *Kortüm*, SchVw NRW 2013, S. 315 zum Urteil des OVG NRW vom 14.03.2013 (SPE 701 Nr. 5). Unerlaubtes Kopieren von DVDs durch Lehrkräfte behandelt *Nolte*, SchVw NRW 2015, S. 119.

### Zu Absatz 2

3 Dies ist eine gesetzliche Vorgabe für die nach Abs. 5 zu erlassende Regelung über das Zulassungsverfahren.

### Zu Absatz 3

4 Die Schulkonferenz entscheidet gemäß § 65 Abs. 2 Nr. 10 in der Regel auf Grund von Vorschlägen der Lehrerkonferenz (§ 68 Abs. 3 Nr. 6), die auf die Fachkonferenz zurückgehen (§ 70 Abs. 4). Die Schulkonferenz ist an diese Abfolge nicht gebunden.

**Zu Absatz 4**

Zum Religionsunterricht siehe bei § 31.                                    5

**Zu Absatz 5**

Der RdErl. vom 03.12.2003 (BASS 16–01 Nr. 2; SchR 2.5/1) hat für die Zulassung ein ver-   6
einfachtes Verfahren eingeführt. Das Verzeichnis der zugelassenen Lernmittel ist einzusehen
unter www.schulministerium.nrw.de/BP/Unterricht/Lernmittel/index.html.

## § 31 Religionsunterricht

**(1) Der Religionsunterricht ist ordentliches Lehrfach an allen Schulen mit Ausnahme
der Weltanschauungsschulen (bekenntnisfreien Schulen).** Er wird nach Bekenntnissen
getrennt in Übereinstimmung mit den Lehren und Grundsätzen der betreffenden Kirche
oder Religionsgemeinschaft erteilt. Religionsunterricht wird erteilt, wenn er allgemein
eingeführt ist und an der einzelnen Schule mindestens zwölf Schülerinnen und Schüler
dem entsprechenden Bekenntnis angehören.

**(2) Das Ministerium erlässt die Unterrichtsvorgaben für den Religionsunterricht im Ein-
vernehmen mit der Kirche oder der Religionsgemeinschaft.** Die Zahl der Unterrichtsstunden setzt das Ministerium im Benehmen mit der Kirche oder der Religionsgemeinschaft
fest.

**(3) Lehrerinnen und Lehrer bedürfen für die Erteilung des Religionsunterrichts des
staatlichen Unterrichtsauftrags und einer Bevollmächtigung durch die Kirche oder die
Religionsgemeinschaft.** Religionsunterricht kann, soweit keine staatlich ausgebildeten
Lehrkräfte zur Verfügung stehen, durch Geistliche, kirchliche Lehrkräfte, von der Religionsgemeinschaft beauftragte Lehrkräfte oder von ausgebildeten Katechetinnen und Kate-
cheten erteilt werden. Sie bedürfen dazu des staatlichen Unterrichtsauftrags und einer
Bevollmächtigung durch die Kirche oder Religionsgemeinschaft.

**(4) Niemand darf gezwungen werden, Religionsunterricht zu erteilen.** Lehrerinnen und
Lehrern, die die Erteilung des Religionsunterrichts ablehnen, dürfen hieraus keine dienstrechtlichen Nachteile erwachsen.

**(5) Der Religionsunterricht unterliegt der staatlichen Schulaufsicht, die sich insbesondere
auf die Ordnung und Durchführung des Unterrichts erstreckt.** Die Kirche oder die Religionsgemeinschaft hat ein Recht auf Einsichtnahme in den Religionsunterricht; das Recht
der obersten Kirchenleitung, den Religionsunterricht zu besuchen, bleibt unberührt. Das
Verfahren der Einsichtnahme wird durch Vereinbarung des Ministeriums mit der Kirche
oder der Religionsgemeinschaft geregelt.

**(6) Eine Schülerin oder ein Schüler ist von der Teilnahme am Religionsunterricht auf
Grund der Erklärung der Eltern oder – bei Religionsmündigkeit der Schülerin oder
des Schülers – auf Grund eigener Erklärung befreit.** Die Erklärung ist der Schulleiterin
oder dem Schulleiter schriftlich zu übermitteln. Die Eltern sind über die Befreiung zu
informieren.

**Erläuterungen**

**Allgemeines**

Der Religionsunterricht ist durch Art. 7 Abs. 3 GG und Art. 14 LV verfassungsrechtlich   1
gewährleistet. Nähere Aussagen enthält der Grundsatzerlass zum Religionsunterricht vom
20.06.2003/17.07.2015 (BASS 12–05 Nr. 1; SchR 3.5.2/11). Siehe auch **E 12.**

**Zu Absatz 1**

2 Die Regelung entspricht den Vorgaben der Landesverfassung (Art. 14 LV). Ordentliches Lehrfach bedeutet, dass das Fach im Lehrplan und in der Unterrichtsorganisation wie andere Fächer behandelt wird. Zur Bedeutung aus kirchlicher Sicht siehe *Overbeck/Schneider* in Schule NRW 2010, S. 63. Zum Schulgottesdienst siehe bei § 41 Abs. 1 sowie den RdErl. vom 23.06.2016 (BASS 14-16 Nr. 1; SchR 3.5.2/201).

Zur Einführung des syrisch-orthodoxen Religionsunterrichts siehe RdErl. vom 05.05.2000, des griechisch-orthodoxen Religionsunterrichts RdErl. vom 28.06.1985/13.03.2009 (BASS 12–05 Nr. 6 und Nr. 3). Alewitischer Religionsunterricht wird im Schulversuch erprobt gemäß RdErl. vom 21.07.2008/10.02.2012 (BASS 12–05 Nr. 7; SchR 3.1.3/352). Siehe dazu auch *Schminke/Paschen*, Schule NRW 2012, S. 243, und *Kahraman*, Schule NRW 2014, S. 317.

Zum islamischen Religionsunterricht (ab 2012/2013) siehe die Übergangsregelung in § 132a und den RdErl. vom 17.02.2012/08.04.2016 (BASS 12-05 Nr. 8; SchR 3.5.2/26) sowie *van den Hövel*, SchVw 2012, S. 162, und *Heußner/Ünalan*, Schule NRW 2012, S. 122 sowie *Khorchide*, Schule NRW 2014, S. 362, und *Ünalan/Braun-Bau*, Schule NRW 2016, Nr. 1 S. 14.

Islamkunde wird nach dem RdErl. vom 28.05.1999 (BASS 12–05 Nr. 5; SchR 3.5.9/151) erteilt.

**Zu Absatz 2**

3 Zu den Unterrichtsvorgaben siehe § 29; zu den Lernmitteln siehe § 30 Abs. 4. Die Stundentafeln enthalten in der Regel zwei Stunden Religionslehre.

In der Gymnasialen Oberstufe kann Religionslehre als Abiturfach das gesellschaftswissenschaftliche Aufgabenfeld vertreten (§ 12 Abs. 5 APO-GOSt). Sonderfälle in der Gymnasialen Oberstufe siehe Anl. 2 zur APO-GOSt.

**Zu Absatz 3**

4 Die Voraussetzungen der Vokation (ev.) und der Missio canonica (kath.) bestimmen die Kirchen; siehe dazu den RdErl. vom 14.06.1977 (BASS 20–51 Nr. 1; siehe SchR 3.5.2/31).

**Zu Absatz 4**

5 Die Erteilung des Religionsunterrichts ist freiwillig. Die Ablehnung kann bei einer Lehrkraft mit Religionsfakultas aber das Bedürfnis für eine Versetzung an eine andere Schule begründen. Eine Verpflichtung zur fachfremden Erteilung von Religionsunterricht besteht auch bei Unterrichtsausfall nicht; so ausdrücklich § 12 Abs. 2 ADO.

**Zu Absatz 5**

6 Die Schulaufsicht prüft, ob der Religionsunterricht ordnungsgemäß erteilt wird. Vereinbarungen mit den Kirchen sind mit RdErl. vom 18.02.1956 (BASS 20–53 Nr. 1) veröffentlicht worden. Siehe auch BASS 20-52 Nr. 2 sowie dazu insgesamt bei SchR 1.3.

**Zu Absatz 6**

7 Die Religionsmündigkeit tritt mit Vollendung des 14. Lebensjahres ein (§ 5 RKEG; BASS 2–1; SchR 1.3/1). Zum Ersatzunterricht siehe bei § 32.

Eine Bekenntnisschule kann die Teilnahme am Religionsunterricht verlangen, wenn die Eltern sich bei der Aufnahme (§ 46) ausdrücklich damit einverstanden erklärt haben; so OVG NRW vom 04.09.2013 – siehe SchVw NRW 2013, S. 339.

## § 32 Praktische Philosophie, Philosophie

**Schülerinnen und Schüler, die nicht am Religionsunterricht teilnehmen, nehmen am Fach Praktische Philosophie teil, soweit dieses Fach in der Ausbildungsordnung vorgesehen und an der Schule eingerichtet ist. In der gymnasialen Oberstufe besteht die Verpflichtung, nach einer Befreiung vom Religionsunterricht das Fach Philosophie zu belegen.**

Praktische Philosophie ist als Unterrichtsfach seit 2003/04 eingeführt, damit sich Schüler **1** auch außerhalb des Religionsunterrichts mit Sinn- und Wertfragen befassen. Siehe auch **E 12**.

Das Fach wird in der Sekundarstufe I eingerichtet, soweit die personellen und sächlichen Voraussetzungen erfüllt sind. Siehe dazu weiter bei § 3 Abs. 5 APO-S I (und VV). Freigestellt sind Schüler muslimischen Glaubens, die am islamkundlichen Unterricht teilnehmen. Ähnlich beim Berufskolleg: Siehe Fußnoten bei den Stundentafel-Anlagen der APO-BK (BASS 13–33 Nr. 1.1).

Für Schüler, die in der Grundschule nicht am Religionsunterricht teilnehmen, ist ein solcher Unterricht nicht vorgesehen. Eltern haben verfassungsrechtlich keinen Anspruch darauf; so das BVerwG im Urt. vom 16.04.2014, SchVw NRW 2014, S. 223; SPE 249 Nr. 13.

In der Gymnasialen Oberstufe ist Philosophie ein gesellschaftswissenschaftliches Fach. Haben **2** Schüler dies bereits im Rahmen ihrer Belegungspflicht gewählt, müssen sie bei Befreiung vom Religionsunterricht ein weiteres Fach dieses Aufgabenfeldes belegen (§ 8 Abs. 3 APO-GOSt).

Über Erfahrungen und den Beitrag der Praktischen Philosophie zur Werteerziehung in der Schule berichten *Wiesen,* Schule NRW 2010, S. 67, und *Draken*, Schule NRW 2014, S. 163.

Zur Befreiung vom Religionsunterricht siehe § 31 Abs. 6. Die verpflichtende Teilnahme **3** an einem nicht religiös oder weltanschaulich geprägten Unterricht begegnet keinen verfassungsrechtlichen Bedenken; siehe BVerfG vom 15.03.2007 (SPE 249 Nr. 10).

Der Versuch von Eltern, an einer öffentlichen Schule Weltanschauungsunterricht (Humanistische Lebenskunde) erteilen zu lassen, ist vor dem OVG NRW (14.01.2014) vorerst gescheitert, weil dafür ein dauerhafter Bedarf nicht nachgewiesen wurde; siehe SchVw NRW 2014, S. 127.

## § 33 Sexualerziehung

**(1) Die fächerübergreifende schulische Sexualerziehung ergänzt die Sexualerziehung durch die Eltern. Ihr Ziel ist es, Schülerinnen und Schüler alters- und entwicklungsgemäß mit den biologischen, ethischen, sozialen und kulturellen Fragen der Sexualität vertraut zu machen und ihnen zu helfen, ihr Leben bewusst und in freier Entscheidung sowie in Verantwortungsich und anderen gegenüber zu gestalten. Sie soll junge Menschen unterstützen, in Fragen der Sexualität eigene Wertvorstellungen zu entwickeln und sie zu einem selbstbestimmten und selbstbewussten Umgang mit der eigenen Sexualität zu befähigen. Darüber hinaus sollen Schülerinnen und Schüler für einen verantwortungsvollen Umgang mit der Partnerin oder dem Partner sensibilisiert und auf ihre gleichberechtigte Rolle in Ehe, Familie und anderen Partnerschaften vorbereitet werden. Die Sexualerziehung dient der Förderung der Akzeptanz unter allen Menschen unabhängig von ihrer sexuellen Orientierung und Identität und den damit verbundenen Beziehungen und Lebensweisen.**

**(2) Die Eltern sind über Ziel, Inhalt, Methoden und Medien der Sexualerziehung rechtzeitig zu informieren.**

### Allgemeines

**1**  § 33 enthält die gesetzliche Grundlage für die schulische Sexualerziehung als Bestandteil des Bildungs- und Erziehungsauftrags der Schule. Siehe auch **E 12**.

### Zu Absatz 1

**2**  Grundlage des Unterrichts sind die Richtlinien zur Sexualerziehung: Einführungserlass vom 30.09.1999 (ABl. NRW. S. 211; früher BASS 15–04 Nr. 1). Auf Bedenken von Eltern ist möglichst Rücksicht zu nehmen. Die Praxis in NRW erläutert *Schiller*, Schule NRW 2015, S. 153.

Es gibt keinen allgemeinen Anspruch auf Befreiung; eine Anwendung des § 43 Abs. 3 kommt nur in ganz außergewöhnlichen Fällen in Betracht. Siehe auch BVerwG vom 08.05.2008 (SPE 790 Nr. 12). Die Teilnahmepflicht steht im Einklang mit der Europäischen Menschenrechtskonvention, wie der Europäische Gerichtshof (EGMR) am 13.09.2011 festgestellt hat; siehe SPE 790 Nr. 13 sowie *Wengeler*, SchVw NRW 2012, S. 70.

### Zu Absatz 2

**3**  Frühzeitige Information sichert die Abstimmung mit den Eltern und hilft Konflikte zu vermeiden. Eltern müssen die Möglichkeit haben, sich in der Klassenpflegschaft bei der Auswahl der Unterrichtsinhalte zu beteiligen (vgl. § 73 Abs. 2 Satz 3). Zum elterlichen Erziehungsrecht nach dem Urteil des OVG NRW vom 05.09.2007 siehe *Jülich*, SchVw NRW 2008, S. 123 und *Friesecke*, SchVw NRW 2009, S. 87.

Die schulische HIV/AIDS-Aufklärung gehört zum Unterricht; siehe BASS 18-12 Nr. 4; SchR 3.3.1/39. Sie ist in allen Schulen der Sekundarstufen I und II verbindliche Unterrichtsaufgabe und soll situations- und altersgemäß nicht nur biologisches und hygienisches Wissen vermitteln, sondern auch pädagogische, ethisch-moralische und gesellschaftliche Aspekte. Zum Umgang mit sexueller Gewalt siehe § 42 Abs. 6.

# Vierter Teil – Schulpflicht

## § 34   Grundsätze

(1) Schulpflichtig ist, wer in Nordrhein-Westfalen seinen Wohnsitz oder seinen gewöhnlichen Aufenthalt oder seine Ausbildungs- oder Arbeitsstätte hat.

(2) Die Schulpflicht umfasst in der Primarstufe und in der Sekundarstufe I die Pflicht zum Besuch einer Vollzeitschule (Vollzeitschulpflicht) und in der Sekundarstufe II die Pflicht zum Besuch der Berufsschule oder eines anderen Bildungsgangs des Berufskollegs oder einer anderen Schule der Sekundarstufe II. Sie wird durch den Besuch einer öffentlichen Schule oder einer Ersatzschule erfüllt.

(3) Während der Dauer der Vollzeitschulpflicht können Schulpflichtige eine anerkannte Ergänzungsschule besuchen, wenn die obere Schulaufsichtsbehörde nach § 118 Abs. 2 festgestellt hat, dass an ihr zumindest das Bildungsziel der Hauptschule erreicht werden kann.

(4) Während der Dauer der Schulpflicht in der Sekundarstufe II können Schulpflichtige, die sich nicht in einem Berufsausbildungsverhältnis befinden, eine Ergänzungsschule besuchen, wenn die obere Schulaufsichtsbehörde festgestellt hat, dass an ihr

a) das Bildungsziel der Berufsschule erreicht werden kann oder
b) allgemein bildender oder berufsbildender Vollzeitunterricht erteilt wird, der den Besuch der Ergänzungsschule anstelle der Berufsschule vertretbar macht.

(5) Die Schulpflicht ist grundsätzlich durch den Besuch einer deutschen Schule zu erfüllen. Der Besuch einer anderen Schule ist bei Vorliegen eines wichtigen Grundes möglich, insbesondere dann, wenn die Schülerin oder der Schüler

a) sich nur vorübergehend in Deutschland aufhält oder
b) eine ausländische oder internationale Ergänzungsschule besucht, deren Eignung zur Erfüllung der Schulpflicht das Ministerium nach § 118 Abs. 3 festgestellt hat.

Über Ausnahmen gemäß Satz 2 Buchstabe a) entscheidet die Schulaufsichtsbehörde. In den Fällen des Satzes 2 Buchstabe b) ist der Schulbesuch der Schulaufsichtsbehörde durch den Schulträger anzuzeigen. Völkerrechtliche Abkommen und zwischenstaatliche Vereinbarungen bleiben unberührt.

(6) Die Schulpflicht besteht für Kinder von Asylbewerberinnen und Asylbewerbern und allein stehende Kinder und Jugendliche, die einen Asylantrag gestellt haben, sobald sie einer Gemeinde zugewiesen sind und solange ihr Aufenthalt gestattet ist. Für ausreisepflichtige ausländische Kinder und Jugendliche besteht die Schulpflicht bis zur Erfüllung ihrer Ausreisepflicht. Im Übrigen unterliegen Kinder von Ausländerinnen und Ausländern der Schulpflicht, wenn die Voraussetzungen des Absatzes 1 vorliegen.

## Erläuterungen

### Allgemeines

§ 34 enthält die grundsätzlichen Aussagen zur Schulpflicht, die durch Art. 8 Abs. 2 LV    **1**
verfassungsrechtlich abgesichert ist. Es bestehen gleichrangig nebeneinander das elterliche Erziehungsrecht und der staatliche Bildungs- und Erziehungsauftrag (Art. 6 Abs. 2 und Art. 7 Abs. 1 GG). Siehe auch **E 13**. Aktuelle Fragen der Schulpflicht erläutert *Schraa*, SchVw NRW 2014, S. 333. Zur Bedeutung der Schulpflicht für Kinder von Flüchtlingen siehe *Smolka*, SchVw NRW 2016, S. 46.

**Zu Absatz 1**

2   Zum Wohnsitzbegriff siehe § 7 Abs. 1 BGB. Der Wohnsitz ist in der Regel der Wohnort der Eltern. Einen gewöhnlichen Aufenthalt begründet, wer ohne zweiten Wohnsitz an dem Ort für längere Zeit seinen Lebensmittelpunkt begründet.

**Zu Absatz 2**

3   In NRW gilt grundsätzlich die zehnjährige Vollzeitschulpflicht (§ 37 Abs. 1 und 2), siehe aber beim Gymnasium § 37 Abs. 1. Daran anschließend besteht die Schulpflicht in der Sekundarstufe II. Sie hat die frühere Berufsschulpflicht abgelöst.

Zu den Ersatzschulen siehe §§ 100 ff.

4   Ein Anspruch auf Befreiung von der Schulpflicht aus religiösen Gründen besteht nicht; vgl. BVerfG vom 29.04.2003 (SPE 321 Nr. 2) und *Overbeck*, SchVw NRW 2004, S. 29. Der EuGH für Menschenrechte hat dies durch Entscheidung vom 11.09.2006 bestätigt; siehe *Minten*, SchVw NRW 2008, S. 49. Ein Elternrecht, die Erfüllung der Schulpflicht durch einen staatlich beaufsichtigten häuslichen Unterricht zu ersetzen (Homeschooling), besteht nicht. So das BVerwG vom 15.10.2009 (SPE 321 Nr. 3); dazu *Dirnaichner*, SchVw NRW 2012, S. 50. Zur Integrationswirkung der Schulpflicht siehe *Avenarius*, SchVw NRW 2016, S. 21. Zur Strafnorm (in Hessen) siehe BVerfG, B. vom 15.10.2014 (SchVw NRW 2015, S. 61).

**Zu Absatz 3**

5   Zu den Ergänzungsschulen siehe § 116 ff. Das Bildungsziel der Hauptschule kann erreicht werden, wenn die Ergänzungsschule angemessen auf die Externenprüfung vorbereitet; siehe zur Überprüfung der Ergänzungsschule durch die Schulaufsichtsbehörde den RdErl. vom 27.12.1967 (BASS 12–51 Nr. 2; SchR 2.2/27).

**Zu Absatz 4**

6   Die Schulpflicht in der Sekundarstufe II kann nur dann an der Ergänzungsschule erfüllt werden, wenn für diese die Feststellung getroffen worden ist; das ist noch keine Anerkennung im Sinne von § 118.

**Zu Absatz 5**

7   Grundsätzlich hat der Besuch einer deutschen Schule Vorrang vor anderen Schulen, damit alle Kinder die gleichen Abschlüsse erwerben können. Die Aufzählung zum wichtigen Grund ist nicht abschließend („insbesondere"). Diese – durch das SchulG-ÄG 2006 etwas gelockerte – Regelung gilt auch für Grundschulen. Details regelt der Runderlass des MSW vom 13.09.2016 ABl. NRW. 2016, H. 10, S. 39; SchR 3.6.2/51). Zum Besuch einer Schule der Deutsch-sprachigen Gemeinschaft Belgiens siehe *Spiecker*, SchVw NRW 2015, S. 25 unter Bezug auf das Urteil des VG Aachen vom 04.04.2014. Siehe auch VG Aachen vom 19.05.2015 und *van den Hövel*, SchVw NRW 2015, S. 344. Die (neue) Formulierung in Satz 2 lässt nur den Besuch einer anderen Schule zu, nicht aber häuslichen Privatunterricht; so auch zuvor OVG NRW vom 19.01.2015 (SPE 732 Nr. 7).

Zu den ausländischen und internationalen Schulen siehe § 118 Abs. 3.

**Zu Absatz 6**

8   Die Schulpflicht richtet sich hier nicht nach dem Wohnsitzprinzip, sondern nach der Zuweisung einer Gemeinde während des Asylbewerberverfahrens. Ausländer, die sich illegal in NRW aufhalten, sind danach also nicht schulpflichtig.

## § 35 Beginn der Schulpflicht

(1) Die Schulpflicht beginnt für Kinder, die bis zum Beginn des 30. September das sechste Lebensjahr vollendet haben, am 1. August desselben Kalenderjahres.

(2) Kinder, die nach dem in Absatz 1 genannten Zeitpunkt das sechste Lebensjahr vollenden, können auf Antrag der Eltern zu Beginn des Schuljahres in die Schule aufgenommen werden, wenn sie die für den Schulbesuch erforderlichen körperlichen und geistigen Voraussetzungen besitzen und in ihrem sozialen Verhalten ausreichend entwickelt sind (Schulfähigkeit); sie werden mit der Aufnahme schulpflichtig. Die Entscheidung trifft die Schulleiterin oder der Schulleiter unter Berücksichtigung des schulärztlichen Gutachtens.

(3) Schulpflichtige Kinder können aus erheblichen gesundheitlichen Gründen für ein Jahr zurückgestellt werden. Die Entscheidung trifft die Schulleiterin oder der Schulleiter auf der Grundlage des schulärztlichen Gutachtens. Die Eltern sind anzuhören. Die Prüfung kann auch auf Antrag der Eltern erfolgen. Die Zeit der Zurückstellung wird in der Regel auf die Dauer der Schulpflicht nicht angerechnet. Das Schulamt kann in Ausnahmefällen auf Antrag der Eltern die Zeit der Zurückstellung auf die Dauer der Schulpflicht anrechnen.

## Erläuterungen

### Allgemeines

§ 35 enthält die verbindlichen Regelungen über den Beginn der Schulpflicht. Der Termin der **1** Einschulung war zunächst stufenweise durch das SchulG-ÄG 2006 vorverlegt worden. Durch das 5. SchRÄG ist 2011 der Stichtag dauerhaft auf den 30. September festgelegt worden. Die Auswirkungen dieses Gesetzes hat die Landesregierung im Bericht an den Landtag (Vorlage 16/3110 vom 20.08.2015) positiv bewertet. Das Einschulungsalter von sechs Jahren habe sich bewährt; siehe SchVw NRW 2015, S. 345.

### Zu Absatz 1

Die Formulierung schließt damit Kinder ein, die am 30.9. geboren sind. Denn diese vollenden **2** ihr erstes Lebensjahr mit Ablauf des 29.9., also vor dem Beginn des 30.9. (vgl. §§ 187 Abs. 2 S. 2 BGB).

Zur Einschulung siehe weiter die Ausbildungsordnung Grundschule: § 1 AO-GS.

Die vorschulische Beratung und Förderung ist in § 36 geregelt.

### Zu Absatz 2

Der Entscheidung der Schulleitung über die Schulfähigkeit geht nicht nur das schulärztliche **3** Gutachten, sondern auch ein Informations- und Beratungsgespräch mit den Eltern voraus (§ 1 Abs. 4 und 5 AO-GS). Die Beurteilung der Schulfähigkeit durch den Schulleiter kann gerichtlich nur daraufhin überprüft werden, ob Verfahrensfehler oder Verstöße gegen anzuwendendes Recht vorliegen, ob der Schulleiter von einem unrichtigen Sachverhalt ausgegangen ist oder sich von sachfremden Erwägungen hat leiten lassen oder sonst willkürlich gehandelt hat; so das OVG NRW vom 10.08.2006 (19 B 1513/06; SchuR 2007, S. 30).

Kinder, deren Schulfähigkeit zu einem späteren Zeitpunkt festgestellt wird, können im Rahmen freier Kapazitäten aufgenommen werden (Nr. 1.1 VVzAO-GS).

Zum Schularzt siehe § 54 Abs. 2.

### Zu Absatz 3

**4** Die Zurückstellung ist seit 2003 eingeschränkt worden und nur noch bei erheblichen gesundheitlichen Gründen möglich. Mangelnde Kenntnisse der deutschen Sprache sind kein Grund für eine Zurückstellung. Zur Sprachförderung siehe § 36 Abs. 2 und 3.

## § 36 Vorschulische Beratung und Förderung, Feststellung des Sprachstandes

**(1)** Der Schulträger lädt gemeinsam mit den Leiterinnen und Leitern der Tageseinrichtungen für Kinder und der Grundschulen die Eltern, deren Kinder in zwei Jahren eingeschult werden, zu einer Informationsveranstaltung ein, in der die Eltern über Fördermöglichkeiten im Elementarbereich und Primarbereich insbesondere auch über die Bildung kontinuierlich aufeinander aufbauender Bildungsprozesse beraten werden.

**(2)** Das Schulamt stellt zwei Jahre vor der Einschulung fest, ob die Sprachentwicklung der Kinder altersgemäß ist und ob sie die deutsche Sprache hinreichend beherrschen. Die Feststellung nach Satz 1 gilt bei Kindern als erfüllt, die eine Kindertageseinrichtung besuchen, in der die sprachliche Bildung nach Maßgabe der § 13c in Verbindung mit § 13b des Kinderbildungsgesetzes vom 30. Oktober 2007 (GV. NRW. S. 462) in der jeweils geltenden Fassung gewährleistet ist. Beherrscht ein Kind nach der Feststellung nach Satz 1 die deutsche Sprache nicht hinreichend und wird es nicht nachweislich in einer Tageseinrichtung für Kinder sprachlich gefördert, soll das Schulamt das Kind verpflichten, an einem vorschulischen Sprachförderkurs teilzunehmen. Hierdurch soll gewährleistet werden, dass jedes Kind vom Beginn des Schulbesuchs an dem Unterricht folgen und sich daran beteiligen kann. Die Schulen sind verpflichtet, das Schulamt bei der Durchführung der Sprachstandsfeststellung zu unterstützen; hierbei ist auch eine Zusammenarbeit mit den Kindertageseinrichtungen und der Jugendhilfe anzustreben.

**(3)** Bei der Anmeldung zur Grundschule stellt die Schule fest, ob die Kinder die deutsche Sprache hinreichend beherrschen, um im Unterricht mitarbeiten zu können. Die Schule soll Kinder ohne die erforderlichen Sprachkenntnisse zum Besuch eines vorschulischen Sprachförderkurses verpflichten, soweit sie nicht bereits in einer Tageseinrichtung für Kinder entsprechend gefördert werden. Absatz 2 Satz 4 gilt entsprechend.

### Erläuterungen

#### Allgemeines

**1** Kern der Vorschrift ist die vorschulische Sprachförderung. Sie soll zu gleichen Chancen bei Schulbeginn führen. Die Sprachstandsfeststellung (Abs. 2) ist durch das SchulG-ÄG 2006 ab 2007 eingeführt worden; durch das KiBiz-Änderungsgesetz (Art. 3) vom 17.06.2014 ist die Vorschrift erweitert worden. Zum KiBiz siehe SchR 5.6.1/301.

#### Zu Absatz 1

**2** Ein wichtiges Ziel ist die Werbung für den Kindergartenbesuch bei Familien mit nichtdeutscher Herkunftssprache.

#### Zu Absatz 2

**3** Die Neuregelung für die Sprachstandsfeststellungen und vorschulischen Sprachförderkurse soll gleiche Startchancen für alle Kinder fördern. Die Absätze 2 und 3 gelten nicht nur für Kinder aus Migrantenfamilien. Zur Zusammenarbeit zwischen Kindergarten und Grundschule siehe das Rahmenkonzept in BASS 12–21 Nr. 5 (SchR 4.1/61).

Eltern sind verpflichtet dafür zu sorgen, dass ihr Kind an der Feststellung des Sprachstandes teilnimmt und bei entsprechender Verpflichtung auch an einem vorschulischen Sprachkurs teilnimmt. Anderenfalls begehen sie eine Ordnungswidrigkeit (§ 126 Abs. 1 Nr. 2 und 3), die mit einer Geldbuße geahndet werden kann.

### Zu Absatz 3

Die Anmeldung erfolgt im Herbst des Jahres vor der Einschulung bis zum 15. November. Die Eltern melden ihr Kind bei der Schule ihrer Wahl an, sofern der Schulträger nicht ein zentrales Anmeldeverfahren durchführt. Siehe dazu näher § 1 AO-GS, insbes. VV zu § 1 Abs. 5. **4**

Die Sprachstandsfeststellung bei der Anmeldung (Delfin 5) wird in einem vom Ministerium empfohlenen und von der Schule ausgewählten standardisierten Verfahren durchgeführt (Nr. 1.5 VVzAO-GS); kritisch dazu *Nottebaum*, SchVw NRW 2012, S. 84.

### § 37 Schulpflicht in der Primarstufe und in der Sekundarstufe I

**(1) Die Schulpflicht in der Primarstufe und der Sekundarstufe I (Vollzeitschulpflicht) dauert zehn Schuljahre, am Gymnasium neun Schuljahre (§ 10 Abs. 3). Sie wird durch den Besuch der Grundschule und einer weiterführenden allgemein bildenden Schule erfüllt. Sie endet vorher, wenn die Schülerin oder der Schüler einen der nach dem zehnten Vollzeitschuljahr vorgesehen Abschlüsse in weniger als zehn Schuljahren erreicht hat. Durchläuft eine Schülerin oder ein Schüler die Schuleingangsphase in drei Jahren (§ 11 Abs. 2 Satz 4), wird das dritte Jahr nicht auf die Dauer der Schulpflicht angerechnet.**

**(2) Schulpflichtige mit zehnjähriger Vollzeitschulpflicht, die am Ende des neunten Vollzeitpflichtschuljahres in ein Berufsausbildungsverhältnis eintreten, erfüllen die Vollzeitschulpflicht im zehnten Jahr durch den Besuch der Fachklasse der Berufsschule (§ 22 Abs. 4 Nr. 1), im Falle des Abbruchs der Berufsausbildung durch den Besuch eines vollzeitschulischen Bildungsganges der Berufsschule (§ 22 Abs. 4 Nr. 2 und 3). Die Schulaufsichtsbehörde kann in Ausnahmefällen zulassen, dass Schulpflichtige im zehnten Jahr der Schulpflicht einen Unterricht in einer schulischen oder außerschulischen Einrichtung besuchen, in der sie durch besondere Fördermaßnahmen die Allgemeinbildung erweitern können und auf die Aufnahme einer Berufsausbildung vorbereitet werden.**

**(3) Die Schulpflicht nach Absatz 1 der Schülerinnen und Schüler mit Bedarf an zieldifferenter sonderpädagogischer Unterstützung dauert unabhängig vom Ort der sonderpädagogischen Förderung zehn Schuljahre. Bei zielgleicher Förderung in Förderschulen gelten die Absätze 1 und 2 entsprechend.**

**(4) Kinder und Jugendliche mit Bedarf an sonderpädagogischer Unterstützung können, wenn das Bildungsziel in anderer Weise nicht erreicht werden kann und Hilfen nach dem Achten Buch des Sozialgesetzbuches erforderlich sind, auf Vorschlag des Jugendamtes und mit Zustimmung der Eltern durch die Schulaufsichtsbehörde auch in Einrichtungen der Jugendhilfe untergebracht werden, um dort ihre Schulpflicht zu erfüllen.**

### Allgemeines

**1**  Kern der Regelung in § 37 ist die Dauer der Schulpflicht in der Primarstufe und Sekundarstufe I (früher: Allgemeine Schulpflicht, jetzt: Vollzeitschulpflicht). Durch das SchulG-ÄG 2006 sind die Verkürzung der Sekundarstufe I im Gymnasium (Abs. 1) und die Option im zehnten Jahr (Abs. 2 Satz 2) eingeführt worden. Die Absätze 3 und 4 sind mit dem 9. Schulrechtsänderungsgesetz (2013) neu geregelt worden.

### Zu Absatz 1

**2**  Für die Erfüllung der Schulpflicht genügen zehn Schulbesuchsjahre; freiwillige und unfreiwillige Wiederholungen werden eingerechnet.

### Zu Absatz 2

**3**  Die Berufsschule ist Teil des Berufskollegs; siehe dazu bei § 22.

Zum Besuch außerschulischer Einrichtungen im letzten Jahr der Vollzeitschulpflicht siehe den RdErl. vom 19.12.1985 (BASS 12–51 Nr. 7; SchR 2.2/11). Mit dieser Option im zehnten Jahr ist wieder an eine frühere Rechtslage angeknüpft worden. Zum Unterricht für Jugendliche mit Förderverträgen zur Ausbildungsfähigkeit siehe den RdErl. vom 18.05.2008 (BASS 12–21 Nr. 17; SchR 5.5.2/51).

### Zu Absatz 3

**4**  Damit besteht eine einheitliche Dauer der Schulpflicht für Schüler mit und ohne Behinderung. Individuelle Verlängerungen des Schulbesuchs richten sich nach der Ausbildungsordnung; siehe § 2 APO-SI und § 35 Abs. 7 AO-SF.

Zur sonderpädagogischen Förderung siehe § 19 und § 20.

Zur Ermittlung des Förderbedarfs siehe § 19 Abs. 2 SchulG sowie § 19 AO-SF (BASS 13–41 Nr. 2.1; SchR 4.2/11). Über den Weg zur inklusiven Schule siehe bei § 19.

### Zu Absatz 4

**5**  Zur Unterbringung in Anstalten, Heimen oder Familienpflege siehe auch §§ 27 ff. SGB VIII (SchR 5.6.1/1); dieses Bundesgesetz regelt die Kinder- und Jugendhilfe. Verweigern die Eltern die Zustimmung, kann nach § 1666 BGB das Familiengericht entscheiden.

### § 38  Schulpflicht in der Sekundarstufe II

**(1) Nach der Schulpflicht in der Primarstufe und der Sekundarstufe I beginnt die Pflicht zum Besuch der Berufsschule (§ 22 Abs. 4) oder eines anderen Bildungsganges des Berufskollegs oder einer anderen Schule der Sekundarstufe II.**

**(2) Wer vor Vollendung des einundzwanzigsten Lebensjahres ein Berufsausbildungsverhältnis beginnt, ist bis zu dessen Ende schulpflichtig.**

**(3) Für Jugendliche ohne Berufsausbildungsverhältnis dauert die Schulpflicht bis zum Ablauf des Schuljahres, in dem sie das achtzehnte Lebensjahr vollenden. Die Schulaufsichtsbehörde kann Schulpflichtige, die das achtzehnte Lebensjahr vollendet haben, vom weiteren Besuch der Schule befreien. Die Schulpflicht endet vor Vollendung des achtzehnten Lebensjahres mit dem erfolgreichen Abschluss eines vollzeitschulischen Bildungsganges der Sekundarstufe II. Absatz 2 bleibt unberührt.**

**(4)** Die Schulpflicht endet vor den in Absatz 2 und 3 festgelegten Zeitpunkten, wenn nach Festlegung in der Ausbildungs- und Prüfungsordnung die bisherige Ausbildung den weiteren Schulbesuch entbehrlich macht oder die obere Schulaufsichtsbehörde im Einzelfall eine entsprechende Feststellung trifft.

**(5)** Wer nach dem Ende der Schulpflicht ein Berufsausbildungsverhältnis beginnt, ist berechtigt, die Berufsschule zu besuchen, solange das Berufsausbildungsverhältnis besteht.

## Erläuterungen

### Allgemeines

§ 38 regelt die Schulpflicht im Anschluss an die Sekundarstufe I. Der frühere Begriff der **1** Berufsschulpflicht ist durch den allgemeinen Begriff der Schulpflicht in der Sekundarstufe II abgelöst worden; siehe bei § 34 Abs. 2.

### Zu Absatz 1

Zum Berufskolleg siehe § 22 und die APO-BK (BASS 13–33 Nr. 1.1; SchR 4.4.8 und 4.4.3). Bei **2** Verletzung der Schulpflicht siehe § 41 und § 126 Abs. 1 Nr. 4 und 5.

### Zu Absatz 2

Betriebliche und schulische Ausbildung sind die beiden Säulen der dualen Berufsausbildung **3** nach dem Berufsbildungsgesetz (SchR 1.6/1) und der Handwerksordnung (SchR 1.6/101).

### Zu Absatz 3

Diese Bildungsgänge sind in Anlage A der APO-BK (BASS 13–33 Nr. 1.1) geregelt. **4**

### Zu Absatz 4

Eine allgemeine Festlegung trifft § 19 Abs. 2 Anl. A der APO-BK; sonst ist die Einzelentscheidung **5** der Bezirksregierung erforderlich.

### Zu Absatz 5

Die Schule muss diesen Anspruch erfüllen. Gegenüber dem Ausbildungsbetrieb besteht **6** gemäß § 15 BBiG ein Freistellungsanspruch des Auszubildenden zum Besuch der Berufsschule. Er bezieht sich auf die Teilnahme am Berufsschulunterricht und an Prüfungen. Nach dem Jugendarbeitsschutzgesetz darf der Arbeitgeber an einem Berufsschultag mit mehr als fünf Unterrichtsstunden den Jugendlichen nicht mehr beschäftigen, und das auch nur einmal in der Woche (§ 9 Abs. 1 Nr. 2 JArbSchG). Siehe SchR 5.6.2/101.

## § 39   Örtlich zuständige Schule *(aufgehoben)*

## Erläuterungen

§ 39 ist durch das SchulG-ÄG 2006 aufgehoben worden. Die Vorschrift, die in Verbindung **1** mit der Bildung von Schulbezirken (alter § 84 Abs. 1) den Besuch der örtlich zuständigen Schule vorschrieb, war längstens bis zum 31.07.2008 anzuwenden (Art. 7 Abs. 3 SchulG-ÄG 2006). Die seit 2010 wieder möglichen Schuleinzugsbereiche (§ 84 Abs. 1) haben eine andere Wirkung. Zu den Bezirksfachklassen für Berufsschulen siehe § 84 Abs. 2 und 3.

## § 40 Ruhen der Schulpflicht

**(1) Die Schulpflicht ruht**

1. während des Besuchs einer Hochschule,
2. während des Grundwehrdienstes, des Zivildienstes oder eines Bundesfreiwilligendienstes,
3. während eines freiwilligen ökologischen oder sozialen Jahres, das nach den hierfür maßgeblichen gesetzlichen Bestimmungen abgeleistet wird,
4. während eines öffentlich-rechtlichen Ausbildungsverhältnisses,
5. vor und nach Geburt des Kindes einer Schülerin entsprechend dem Mutterschutzgesetz,
6. wenn der Nachweis geführt wird, dass durch den Schulbesuch die Betreuung des Kindes der Schülerin oder des Schülers gefährdet wäre,
7. während des Besuchs einer anerkannten Ausbildungseinrichtung für Heil- oder Heilhilfsberufe,
8. für Personen mit Aussiedler- oder Ausländerstatus während des Besuchs eines anerkannten Sprachkurses oder Förderkurses,
9. während des Besuchs des Bildungsgangs der Abendrealschule oder eines Vollzeitkurses einer Weiterbildungseinrichtung zum nachträglichen Erwerb eines Schulabschlusses.

**(2) Für Kinder und Jugendliche, die selbst nach Ausschöpfen aller Möglichkeiten sonderpädagogischer Förderung nicht gefördert werden können, ruht die Schulpflicht. Die Entscheidung trifft die Schulaufsichtsbehörde; sie holt dazu ein Gutachten der unteren Gesundheitsbehörde ein und hört die Eltern an.**

**(3) Das Ruhen der Schulpflicht wird auf die Dauer der Schulpflicht angerechnet.**

### Erläuterungen

#### Allgemeines

1 Das Ruhen der Schulpflicht ist zeitlich begrenzt; es bedeutet also keine Beendigung der Schulpflicht.

#### Zu Absatz 1

2 Es handelt sich um eine abschließende Aufzählung der Ruhenstatbestände.

Zu Nr. 1: Das sind Universitäten, Fachhochschulen und andere wissenschaftliche Hochschulen.

Zu Nr. 2: Wehrpflicht und Zivildienst sind seit 2011 ausgesetzt; dafür ist durch Bundesgesetz der Bundesfreiwilligendienst als Angebot eingeführt worden.

Zu Nr. 3: Diese Tätigkeiten in gemeinwohlorientierten Einrichtungen sind durch besondere Gesetze geregelt.

Zu Nr. 4: Diese Ausbildungen richten sich nach besonderen rechtlichen Bestimmungen; z.B. Vorbereitungsdienst für Beamte.

Zu Nr. 5: In der Regel sechs Wochen vor und acht Wochen nach der Entbindung gemäß § 3 und § 6 MuSchG (SchR 6.3.5/111). Hinweise zum rechtlichen Schutz in der Schule gibt *Tegethoff*, SchVw 2010, S. 90. Ein freiwilliger Schulbesuch ist nach ärztlicher Bescheinigung möglich; so das OVG NRW vom 12.05.2015 (SchVw NRW 2015, S. 317).

Zu Nr. 6: Im Ausnahmefall nach ärztlichem oder sonstigem Zeugnis; möglich ist eine Freistellung auch für den Vater des Kindes.

Zu Nr. 7: Für diese Einrichtungen gilt das SchulG nicht; siehe § 6 Abs. 2 Satz 3.

Zu Nr. 8: Dies gilt nur beim Besuch von Vollzeitkursen, sonst ist ggf. eine Beurlaubung gemäß § 43 Abs. 3 zu prüfen.

Zu Nr. 9: Siehe zum Weiterbildungskolleg bei § 23 Abs. 2.

### Zu Absatz 2

Dies ist ein seltener Ausnahmefall; zuvor sind die Möglichkeiten einer Zurückstellung **3** (eingeschränkt § 35 Abs. 3) und der sonderpädagogischen Förderung (§ 19 und § 20) voll auszuschöpfen. In Zweifelsfällen wird ein Probeunterricht durchzuführen sein.

### Zu Absatz 3

Das Ruhen der Schulpflicht führt damit nicht zur Ausdehnung der Altersgrenze gemäß § 37 **4** Abs. 1 und § 38 Abs. 3.

### § 41 Verantwortung für die Einhaltung der Schulpflicht

(1) Die Eltern melden ihr schulpflichtiges Kind bei der Schule an und ab. Sie sind dafür verantwortlich, dass es am Unterricht und an den sonstigen verbindlichen Veranstaltungen der Schule regelmäßig teilnimmt, und statten es angemessen aus.

(2) Bei Schülerinnen und Schülern im Bildungsgang der Berufsschule obliegt die Verantwortung für die regelmäßige Teilnahme auch der oder dem Ausbildenden oder der Arbeitgeberin oder dem Arbeitgeber (Mitverantwortliche für die Berufserziehung); sie zeigen der Berufsschule den Beginn und die Beendigung des Ausbildungs- oder Arbeitsverhältnisses an.

(3) Lehrerinnen und Lehrer, Schulleiterinnen und Schulleiter sind verpflichtet, Schulpflichtige, die ihre Schulpflicht nicht erfüllen, zum regelmäßigen Schulbesuch anzuhalten und auf die Eltern sowie auf die für die Berufserziehung Mitverantwortlichen einzuwirken.

(4) Bleibt die pädagogische Einwirkung erfolglos, können die Schulpflichtigen auf Ersuchen der Schule oder der Schulaufsichtsbehörde von der für den Wohnsitz oder gewöhnlichen Aufenthalt zuständigen Ordnungsbehörde der Schule zwangsweise gemäß §§ 66 bis 75 Verwaltungsvollstreckungsgesetz NRW zugeführt werden. Das Jugendamt ist über die beabsichtigte Maßnahme zu unterrichten. § 126 bleibt unberührt.

(5) Die Eltern können von der Schulaufsichtsbehörde durch Zwangsmittel gemäß §§ 55 bis 65 Verwaltungsvollstreckungsgesetz NRW zur Erfüllung ihrer Pflichten gemäß Absatz 1 angehalten werden.

### Erläuterungen

### Allgemeines

§ 41 regelt insbesondere die Folgen einer Verletzung der Schulpflicht. Neu sind durch das **1** SchulG-ÄG 2006 der Zugriff auf die Eltern gemäß Abs. 5 sowie die Bußgeldandrohung gegen Schüler in § 126 Abs. 1 Nr. 5 eingeführt worden.

### Zu Absatz 1

Zur Anmeldung siehe § 35 sowie § 3 AO-GS (BASS 13–11 Nr. 1.1); zur Teilnahme am Unterricht **2** siehe § 43 Abs. 1; bei Klassenfahrten siehe Nr. 4.2 WRL (BASS 14–12 Nr. 2; SchR 3.4.1/1).

Die Schulleiterin oder der Schulleiter überwacht die Erfüllung der Schulpflicht gemäß Abs. 3 und § 18 Abs. 6 ADO (BASS 21–02 Nr. 4). Bei Verstößen siehe § 126 Abs. 1.

Der Schulgottesdienst gehört nicht zu den verbindlichen Schulveranstaltungen (RdErl. vom 23.06.2016 – BASS 14-16 Nr. 1; SchR 3.5.2/201), kann aber an einer Bekenntnisschule dazu werden, wenn die Eltern eine Verpflichtungserklärung abgegeben haben; OVG NRW vom 04.09.2013 (SchVw NRW 2013, S. 339).

Zur Ausstattungspflicht der Eltern gehören die üblichen, notwendigen und zumutbaren Aufwendungen für Arbeitsmaterialien und Sportkleidung sowie bei Schulfahrten.

**Zu Absatz 2**

3 Zu den Pflichten der Ausbilder und Arbeitgeber siehe §§ 6 Abs. 1 Nr. 3, 4 und 7 BBiG. Bei Verstößen siehe § 126 Abs. 1 Nr. 4. Absatz 2 bezieht sich auf die Einhaltung der Schulpflicht, begründet aber kein allgemeines Auskunftsrecht über Fehlzeiten der Auszubildenden; so OVG NRW vom 12.02.2015 (SPE 180 Nr. 8).

**Zu Absatz 3**

4 Zur Überwachung der Schulpflicht enthält der RdErl. vom 04.02.2007 (BASS 12–51 Nr. 5; SchR 2.2/101) die näheren Regelungen, insbesondere zu den Maßnahmen und Verfahrensabläufen: Erzieherische Einwirkungen (§ 53 Abs. 2), Ordnungsmaßnahmen (§ 53 Abs. 3), schriftliche Aufforderung, zwangsweise Zuführung, Ordnungswidrigkeitenverfahren (§ 126 Abs. 1 Nr. 4 und 5), Verwaltungszwang. Es ist ein exaktes Verfahren einzuhalten. Siehe zu den Besonderheiten des Verfahrens VG Düsseldorf vom 09.11.2010 (18 K 3176/10) und *Chromik*, SchVw NRW 2011, S. 282.

Über die praktischen Präventionsmöglichkeiten der Schule bei Schulverweigerung informieren *Berndt-Schmidt*, SchVw NRW 2011, S. 104, *Schmidt-Kob*, SchVw NRW 2011, S. 297, und *Steinheider*, SchVw. NRW 2016, S. 109. Den medizinischen Hintergrund von Schulabsentismus behandelt *Lehmkuhl*, Schule NRW 2012, S. 558.

**Zu Absatz 4**

5 Zur zwangsweisen Zuführung siehe Nr. 3.4 des RdErl. vom 04.02.2007 und §§ 66 ff. Verwaltungsvollstreckungsgesetz (SchR 1.4/77). Die Information des Jugendamts bezweckt, dass schon im Vorfeld unterstützende Maßnahmen ermöglicht bzw. berücksichtigt werden. Zum Ordnungswidrigkeitenverfahren (Geldbuße) siehe Nr. 3.5 des RdErl. vom 04.02.2007.

**Zu Absatz 5**

6 Dies ist die Rechtsgrundlage für die Inanspruchhme der Eltern, wenn diese sich weigern, ihr Kind in die Schule zu schicken. Zuständig ist die Schulaufsichtsbehörde (§ 88). Beim Verwaltungszwang wird ein Zwangsmittel (Zwangsgeld) zur Durchsetzung der Aufforderung angedroht, festgesetzt und beigetrieben; siehe Nr. 3.6 des RdErl. vom 04.02.2007.

Zum Verhältnis von Schulpflicht und elterlichem Sorgerecht siehe *Rux*, SchVw 2008, S. 47, und *Bülter*, SchVw NRW 2009, S. 53. Das Bundesverfassungsgericht hat durch Beschluss vom 21.07.2009 (SPE 738 Nr. 15) bestätigt, dass die Schulpflicht dem elterlichen Erziehungsrecht Schranken setzt; siehe SchVw NRW 2009, S. 285. Eine Strafnorm (in Hessen) hält das BVerfG für zulässig: B. vom 15.10.2014 (SchVw NRW 2015, S. 61). Schulpflichtverletzungen können eine Kindeswohlgefährdung begründen; so OLG Köln vom 15.08.2014 (SchVw NRW 2016, S. 61).

# Fünfter Teil – Schulverhältnis

## Erster Abschnitt – Allgemeines

§ 42    Allgemeine Rechte und Pflichten aus dem Schulverhältnis

(1) Die Aufnahme der Schülerin oder des Schülers in eine öffentliche Schule begründet ein öffentlich-rechtliches Schulverhältnis. Aus ihm ergeben sich für alle Beteiligten Rechte und Pflichten. Dies erfordert ihre vertrauensvolle Zusammenarbeit.

(2) Schülerinnen und Schüler haben das Recht, im Rahmen dieses Gesetzes an der Gestaltung der Bildungs- und Erziehungsarbeit der Schule mitzuwirken und ihre Interessen wahrzunehmen. Sie sind ihrem Alter entsprechend über die Unterrichtsplanung zu informieren und an der Gestaltung des Unterrichts und sonstiger schulischer Veranstaltungen zu beteiligen.

(3) Schülerinnen und Schüler haben die Pflicht daran mitzuarbeiten, dass die Aufgabe der Schule erfüllt und das Bildungsziel erreicht werden kann. Sie sind insbesondere verpflichtet, sich auf den Unterricht vorzubereiten, sich aktiv daran zu beteiligen, die erforderlichen Arbeiten anzufertigen und die Hausaufgaben zu erledigen. Sie haben die Schulordnung einzuhalten und die Anordnungen der Lehrerinnen und Lehrer, der Schulleitung und anderer dazu befugter Personen zu befolgen.

(4) Eltern wirken im Rahmen dieses Gesetzes an der Gestaltung der Bildungs- und Erziehungsarbeit der Schule mit. Sie sorgen dafür, dass ihr Kind seine schulischen Pflichten erfüllt. Eltern sollen sich aktiv am Schulleben, in den Mitwirkungsgremien und an der schulischen Erziehung ihres Kindes beteiligen. Zu diesem Zweck haben Eltern, die Kommunikationsunterstützung benötigen, die Rechte aus § 8 Absatz 1 des Behindertengleichstellungsgesetzes Nordrhein-Westfalen vom 16. Dezember 2003 (GV. NRW. S. 766) in der jeweils geltenden Fassung in Verbindung mit der Kommunikationsunterstützungsverordnung Nordrhein-Westfalen vom 15. Juni 2004 (GV. NRW. S. 336) in der jeweils geltenden Fassung.

(5) In Bildungs- und Erziehungsvereinbarungen sollen sich die Schule, Schülerinnen und Schüler und Eltern auf gemeinsame Erziehungsziele und -grundsätze verständigen und wechselseitige Rechte und Pflichten in Erziehungsfragen festlegen.

(6) Die Sorge für das Wohl der Schülerinnen und Schüler erfordert es, jedem Anschein von Vernachlässigung oder Misshandlung nachzugehen. Die Schule entscheidet rechtzeitig über die Einbeziehung des Jugendamtes oder anderer Stellen.

(7) Außerunterrichtliche Veranstaltungen der Schule, die kein Unterricht in anderer Form sind, sind grundsätzlich so zu organisieren, dass kein Unterricht ausfällt. Nachprüfungen finden vor Unterrichtsbeginn des neuen Schuljahres statt.

(8) Die Schulkonferenz kann eine einheitliche Schulkleidung empfehlen, sofern alle in der Schulkonferenz vertretenen Schülerinnen und Schüler zustimmen.

## Allgemeines

**1** Hier sind die allgemeinen Vorschriften zum Schulverhältnis gebündelt; sie betreffen Schüler und Eltern. Sie haben die Regelungen ersetzt, die vor dem Schulgesetz in der Allgemeinen Schulordnung (ASchO) enthalten waren. Siehe auch **E 15**.

Mit Eintritt der Volljährigkeit (ab 18) nehmen die Schüler die Rechte und Pflichten der Eltern selbst wahr (§ 123 Abs. 2); siehe aber auch die Information der Eltern gemäß § 120 Abs. 8. Fragen der elterlichen Sorge im Alltag behandelt *Nolte*, SchVw NRW 2014, S. 135.

### Zu Absatz 1

**2** Die vertrauensvolle Zusammenarbeit aller Beteiligten in der Schule ist ein tragendes Prinzip; siehe auch § 62 Abs. 1. Die Vermittlung bei Konflikten ist auch eine Aufgabe der Schulkonferenz (§ 65 Abs. 1). Über gute Erfahrungen mit Schulschiedsstellen siehe Schule NRW 2010, S. 409.

Zur Schulpflicht siehe § 35 Abs. 1 und 2 sowie § 37. Zu den Rechten und Pflichten der Lehrkräfte siehe § 57 sowie die Allgemeine Dienstordnung – ADO (BASS 21–02 Nr. 4; SchR 3.2.3/1).

Die Bedeutung gelebter Rituale in der Schule zeigt *Loos*, SchVw NRW 2013, S. 7.

### Zu Absatz 2

**3** Hier geht es um die individuellen Schülerrechte. Zur kollektiven Seite bei der Schülervertretung siehe § 74. Mit dem mangelnden Engagement von Jungen befassen sich *Kessels/Heyder*, SchVw NRW 2014, S. 22.

### Zu Absatz 3

**4** Zum Recht auf Bildung und Erziehung im Allgemeinen siehe § 1.

Zur Teilnahmepflicht: Gefordert wird hier die aktive Teilnahme; das ist mehr als § 43 Abs. 1 verlangt.

Zu Hausaufgaben: Zum Umfang und zur Verteilung siehe § 65 Abs. 2 Nr. 11 (Schulkonferenz) und § 73 Abs. 2 (Klassenpflegschaft) sowie Nr. 4 des RdErl. vom 05.05.20154 (BASS 12-63 Nr. 3; SchR 3.1.2/1). Dazu auch *Wild*, Schule NRW 2009, S. 282; kritisch *Kleinen*, SchVw NRW 2009, S. 266. Wie die Schule über Hausaufgaben informiert, liegt in ihrem pflichtgemäßen Organisationsermessen; so VG Münster vom 10.01.2006 (SPE 330 Nr. 19). Zur Rolle der Eltern: *Brügelmann*, SchVw NRW 2014, S. 53, sowie *Wassmer*, SchVw NRW 2015, S. 272. Kontrovers: *Fehrmann* und *Balbach*, SchVw NRW 2016, S. 174.

Zur Schulordnung siehe § 65 Abs. 2 Nr. 23. Den praktischen Umgang mit Regeln und Regelübertretungen beschreiben *Kuhlmann*, SchVw NRW 2011, S. 331, und *Braun/Braselmann*, SchVw NRW 2013, S. 14. Wie Schüler für Schäden auf dem Schulgelände haften zeigt *Engelbrecht*, SchVw NRW 2010, S. 183.

Zur Gewaltprävention an Schulen siehe *Poelchau*, Schule NRW 2007, S. 6; zum Waffenverbot in der Schule siehe *Nolte*, SchVw NRW 2009, S. 157.

Näheres zur Bekämpfung der Jugendkriminalität enthält der RdErl. vom 22.08.2014 (BASS 18–03 Nr. 1; SchR 5.6.2/301).

### Zu Absatz 4

**5** Dies betont die gemeinsame Verantwortung von Elternhaus und Schule für den schulischen Erfolg der Kinder. Dass dieses Engagement der Eltern vom Gesetz erwünscht ist, zeigt *Jülich*,

SchVw NRW 2010, S. 181. Die Mitwirkung der Eltern in der Klassenpflegschaft regelt § 73, in der Schulpflegschaft § 72.

Zur stärkeren Einbeziehung der Elternhäuser siehe *Möller*, SchVw NRW 2013, S. 52. Über Angebote der Elternbildung berichten *Hurrelmann/Timm*, SchVw NRW 2013, S. 196. Zur Elternarbeit in der Ganztagsschule siehe *Boßhammer/Schröder*, SchVw NRW 2012, S. 273, sowie *Börner*, Schule NRW 2013, S. 13. Zum rechtlichen Rahmen der Partnerschaft von Elternhaus und Schule siehe *Lambert/Fehrmann*, SchVw NRW 2015, S. 275. Für die Zusammenarbeit in der Berufs- und Studienorientierung plädieren *Gathen/Hunecke*, Schule NRW 2015, S. 390. Die Bedeutung von Elterngesprächen erläutert *Schulz*, SchVw NRW 2016, S. 266.

Die Elternbeteiligung nach Scheidung oder Trennung der Eltern behandelt *Helbig*, SchVw NRW 2012, S. 314. Kommunikationsunterstützung soll die erforderliche Verständigung in Verwaltungsverfahren sicherstellen. Es sind also soweit erforderlich z. B. Gebärdensprache, andere dolmetschende Personen oder Hilfsmittel einzusetzen. Zur Kommunikation mit Gehörlosen siehe *van den Hövel*, SchVw NRW 2016, S. 318.

**Zu Absatz 5**

Zum Bildungs- und Erziehungsauftrag siehe § 2. Die Schulkonferenz beschließt über die **6** Grundsätze für Bildungs- und Erziehungsvereinbarungen (§ 65 Abs. 2 Nr. 12). Darin sollen Absprachen über die gemeinsamen Erziehungsziele und die gegenseitigen Erwartungen getroffen werden. Zur Erziehungspartnerschaft von Elternhaus und Schule siehe *Hurrelmann/Timm*, SchVw NRW 2013, S. 174.

Zur Aufsichtspflicht von Eltern bei Erkrankung auf einer Klassenfahrt siehe *Labs* zur Entscheidung des OVG NRW vom 30.04.2010 in SchVw NRW 2013, S. 117.

**Zu Absatz 6**

Besondere Verantwortung hat der Klassenlehrer. Anzeichen können Verletzungen sein, aber **7** auch Verhaltenssignale. Das gilt auch bei Gewalt unter Schülern. Schulteams für Gewaltprävention und Krisenintervention sind für *Drewes/Hagenhoff* unverzichtbar: Schule NRW 2015, S. 387. Zu den anderen Stellen gehört die Polizei. Zur Information des Jugendamts siehe Nr. 2.2 des RdErl. vom 22.08.2014 (BASS 18-03 Nr. 1; SchR 5.6.2/301).

Am 01.01.2012 ist das neue Kinderschutzgesetz (KKG) in Kraft getreten (SchR 5.6.2/1); siehe zu den Konsequenzen für die Schule in *Hein*, SchVw NRW 2012, S. 132 und 165. Das Gesetz enthält eine Verpflichtung der Schule zur Kooperation mit den anderen Akteuren im Kinderschutz; dazu auch *Hoffmann*, SchuR 2012, S. 26.

Praktische Hinweisen zum Umgang mit Mobbing in der Schule geben *Dambach*, SchVw NRW 2009, S. 154 und 2010, S. 279 und 296, sowie *Schäfer*, Schule NRW 2011, S. 597. Näheres zum Cybermobbing bei *Müsgens*, Schule NRW 2012, S. 54, und *Missal/Teschner*, Schule NRW 2014, S. 306. Handlungsansätze gegen Cybergewalt zeigt *Müller-Spandick*, SchVw NRW 2015, S. 306.

Empfehlungen zum Umgang mit sexueller Gewalt enthält die Informationsschrift *Hinsehen und Handeln* (Schulministerium) sowie *Bründel*, SchVw NRW 2012, S. 151, und *Hein*, SchVw NRW 2014, S. 307. Zur strafrechtlichen Seite bei Missbrauch durch Lehrer siehe OLG Koblenz vom 29.12.2011 sowie *Bott*, SchVw NRW 2012, S. 244. Zur Prävention gegen sexuelle Gewalt siehe *Stötzel/Oppermann*, Schule NRW 2016, Nr. 10, S. 16.

**Zu Absatz 7**

Das gilt z.B. für Konferenzen, Dienstbesprechungen, Sprechtage, Fortbildung und Gemein- **8** schaftsveranstaltungen. Die Sorge für die ungekürzte Unterrichtserteilung zieht sich durch das Gesetz; siehe § 44 Abs. 4 (Elternsprechtage), § 57 Abs. 3 (Fortbildung), § 59 Abs. 2 (Unterrichtsbeginn) und Abs. 7 (Bericht an Schulkonferenz) und § 62 Abs. 7 (Mitwirkungsgremien).

Siehe dazu auch in der neuen Allgemeinen Dienstordnung (ADO) unter § 20 Abs. 5 und § 23 Abs. 6 und 7 (Schulleitung) und Abs. 8 (Betriebsausflug) sowie § 11 Abs. 3 (Fortbildung). Zum Pädagogischen Tag siehe § 11 Abs. 4 ADO.

**Zu Absatz 8**

9 Umfang und Inhalt der Empfehlung zur Schulkleidung sind nicht begrenzt. Eine Rechtspflicht zum Befolgen der Empfehlung kann dadurch nicht begründet werden. Zur Beschlussfassung allgemein siehe § 63 Abs. 4 und 5. Über Erfahrungen berichten SchVw 2007, S. 142 sowie Schule NRW 2007, S. 72. Rechtliche Aspekte von Schuluniformen behandelt *Ennuschat*, NWVBl. 2007, S. 125.

§ 43    Teilnahme am Unterricht und an sonstigen Schulveranstaltungen

**(1) Schülerinnen und Schüler sind verpflichtet, regelmäßig am Unterricht und an den sonstigen verbindlichen Schulveranstaltungen teilzunehmen. Die Meldung zur Teilnahme an einer freiwilligen Unterrichtsveranstaltung verpflichtet zur regelmäßigen Teilnahme mindestens für ein Schulhalbjahr.**

**(2) Ist eine Schülerin oder ein Schüler durch Krankheit oder aus anderen nicht vorhersehbaren Gründen verhindert, die Schule zu besuchen, so benachrichtigen die Eltern unverzüglich die Schule und teilen schriftlich den Grund für das Schulversäumnis mit. Bei begründeten Zweifeln, ob Unterricht aus gesundheitlichen Gründen versäumt wird, kann die Schule von den Eltern ein ärztliches Attest verlangen und in besonderen Fällen ein schulärztliches oder amtsärztliches Gutachten einholen.**

**(3) Für nicht schulpflichtige Schülerinnen gelten die Schutzfristen vor und nach der Geburt eines Kindes entsprechend den Regelungen des Mutterschutzgesetzes.**

**(4) Die Schulleiterin oder der Schulleiter kann Schülerinnen und Schüler auf Antrag der Eltern aus wichtigem Grund bis zur Dauer eines Schuljahres vom Unterricht beurlauben oder von der Teilnahme an einzelnen Unterrichts- oder Schulveranstaltungen befreien. Längerfristige Beurlaubungen und Befreiungen bedürfen der Zustimmung der Schulaufsichtsbehörde. Dauerhafte Beurlaubungen und Befreiungen von schulpflichtigen Schülerinnen und Schülern zur Förderung wissenschaftlicher, sportlicher oder künstlerischer Hochbegabungen setzen voraus, dass für andere geeignete Bildungsmaßnahmen gesorgt wird.**

**(5) Alle Schülerinnen und Schüler sind während schulischer Veranstaltungen sowie auf den Wegen von und zu diesen im Rahmen der gesetzlichen Unfallversicherung nach dem SGB VII gegen Unfall versichert.**

Erläuterungen

**Allgemeines**

1 Die Vorschrift konkretisiert die Schulpflicht, gilt aber auch für den Schulbesuch außerhalb der Schulpflicht.

**Zu Absatz 1**

2 Dies erfordert die aktive Teilnahme am Unterricht; siehe § 42 Abs. 3 sowie den RdErl. vom 29.05.2015 (BASS 12–52 Nr. 1; SchR 3.1.2/51). Gemäß Nr. 1.3 ist der RdErl. zur Überwachung der Schulpflicht vom 04.02.2007 (BASS 12–51 Nr. 5; SchR 2.2/101) auch bei Verstößen gegen die Teilnahmepflicht anzuwenden. Schulabsentismus als Herausforderung für die Schule beschreibt *Steinheider*, SchVw NRW 2016, S. 109.

Bei Klassenfahrten besteht Teilnahmepflicht; siehe Nr. 4.1 WRL sowie *Rux*, SchVw 2009, S. 51. Zu den aktuellen Problemen bei Klassenfahrten siehe SchVw NRW 2010, S. 127. Hartz IV-Empfänger haben Anspruch auf volle Kostenübernahme; siehe unter Hinweis auf das BSG vom 13.11.2008 bei *Minten*, SchVw NRW 2009, S. 118. Die neuen Rahmenbedingungen für Schulfahrten erläutert *Wengeler*, SchVw NRW 2013, S. 249.

**Zu Absatz 2**

Siehe Nr. 2 des RdErl. vom 29.05.2015. Ärztliche Atteste sind zu spezifizieren und besitzen **3** eine Aussagekraft nur für die bescheinigten Fehlzeiten; so OVG NRW vom 18.08.2008 und *Minten*, SchVw NRW 2009, S. 23.

Zum Anspruch auf Hausunterricht für kranke Schüler siehe hier bei § 21 sowie bei § 43 AO-SF. Zum Umgang mit schwangeren Schülerinnen siehe *Tegethoff*, SchVw NRW 2010, S. 90.

**Zu Absatz 3**

Der 2005 neu eingefügte Absatz soll Schülerinnen schützen, die nicht unter § 40 Abs. 1 Nr. 5 **4** fallen.

**Zu Absatz 4**

Beurlaubungen und Befreiungen vom Schulbesuch sind inhaltlich und verfahrensmäßig an Voraussetzungen gebunden – auch bei Künstlern und Spitzensportlern. Die näheren Regelungen und Verfahrensvorschriften zu Beurlaubung und Befreiung sind im RdErl. vom 29.05.2015 (BASS 12-52 Nr. 1; SchR 3.1.2/51) zusammengefasst. Bei Beurlaubungen vor und im Anschluss an Ferien ist Nr. 5.4 sehr restriktiv.

Zur Befreiung vom Religionsunterricht siehe § 31. Befreiungen bei Klassenfahrten sind nur in besonderen Ausnahmefällen möglich; siehe Nr. 4.2 WRL (BASS 14–12 Nr. 2; SchR 3.4.1/1).

Ein wichtiger Grund im Sinne dieser Vorschrift liegt erst dann vor, wenn sowohl die Schule **5** als auch die Eltern und ihr Kind den Konflikt zwischen dem staatlichen Bildungs- und Erziehungsauftrag aus Art. 7 Abs. 1 GG einerseits und dem Elternrecht auf religiöse Kindererziehung aus Art. 6 Abs. 2, Art. 4 Abs. 1 und 2 GG andererseits im konkreten Einzelfall auch durch zumutbare Maßnahmen nicht zu einem schonenden Ausgleich führen können (Grundsatz der praktischen Konkordanz).

Muslimische Mädchen müssen beim Schwimmen ggf. eine den islamischen Bekleidungsvorschriften als konform angesehene Schwimmbekleidung tragen (sog. Burkini); so OVG NRW vom 20.05.2009 (19 B 1362/08); dazu *Minten/Krampen-Lietzke*, SchVw NRW 2009, S. 283. Die Ablehnung einer Befreiung ist rechtmäßig, so das BVerwG im Urt. vom 11.09.2013 (SPE 882 Nr. 18); dazu *Fehrmann*, SchVw NRW 2014, S. 58. Das BVerfG hat durch Beschluss vom 08.11.2016 - 1 BvR 3237/13 - die Verfassungsbeschwerde der Klägerin dagegen nicht zur Entscheidung angenommen.

Einen Anspruch auf Freistellung vom Filmbesuch „Krabat" hat das OVG NRW vom 22.12.2011 zuerkannt; siehe SchVw NRW 2012, S. 116. Im Revisionsverfahren hat das BVerwG im Urt. vom 11.09.2013 (SPE 882 Nr. 17) anders entschieden und eine Unterrichtsbefreiung abgelehnt; siehe dazu *Schraa*, SchVw NRW 2014, S. 20.

**Zu Absatz 5**

Zur Unfallverhütung und Schülerunfallversicherung siehe ergänzend den Grundsatzer- **6** lass zur Unfallverhütung und Unfallversicherung vom 29.12.1983 (BASS 18–21 Nr. 1; SchR 3.3.2/1) und § 2 Abs. 1 Nr. 8b SGB VII (SchR 3.3.3/1). Zuständig ist die Unfallkasse NRW. Die Schule muss Sicherheitsbeauftragte bestellen. Zur Verantwortung der Schulleitung siehe § 59 Abs. 8. Die Sicherheitsförderung im Schulsport regelt der RdErl. vom 26.11.2014 (BASS 18-23

Nr. 2; SchR 3.5.5/41). Grundausbildung in Erster Hilfe sieht der RdErl. vom 24.05.1976 (BASS 18-24 Nr. 1; SchR 3.3.2/11) für die Klassen 8 oder 9 vor. Zur Rettungsfähigkeit beim Schwimmunterricht siehe RdErl. vom 30.05.2016 (BASS 20-22 Nr. 66; SchR 3.5.5/45). Die Schwimmfähigkeit in den ersten Schuljahren verlangen *Klee/Roschanski*, Schule NRW 2016, H. 9 S. 9.

**7** Zu Umfang und Grenzen der Schülerunfallversicherung berichtet mit Beispielen *Duda*, SchVw 2007, S. 183, sowie zum Offenen Ganztag SchVw 2007, S. 152. Zur Abgrenzung bei typischem Gruppenverhalten siehe *Dirnaicher*, SchVw NRW 2016, S. 53. Hinweise zur richtigen und schnellen Unfallanzeige enthält Schule NRW 2009, S. 194. Zum Umgang mit Schulunfällen siehe *Hübner*, Schule NRW 2013, S. 384, der auch aktive Präventionsmaßnahmen fordert: SchVw NRW 2014, S. 196.

Schmerzensgeld kann bei Schulunfällen nur verlangt werden, wenn ein Personenschaden vorsätzlich herbeigeführt wurde; vgl. BGH vom 08.03.2012 (SPE 878 Nr. 66) sowie OLG Hamm vom 08.11.2013 (SPE 878 Nr. 68). Über ein aktuelles Urteil (Chemieunfall) berichtet *Nolte*, SchVw NRW 2016, 55. Über ein professionelles Krisenmanagement (Notfallplanung) informieren *Drewes/Schedlich* in SchVw NRW 2013, S. 206, *Drewes/Hagenhoff* in SchVw NRW 2013, S. 231, und *Drewes/Blasberg-Bense*, SchVw NRW 2013, S. 292. Aufgaben der Schulaufsicht beschreiben *Hein/Preuss*, Schule NRW 2015, S. 319, die der Unfallkasse *Doppstadt*, Schule NRW 2015, S. 238.

### § 44 Information und Beratung

**(1)** Eltern sowie Schülerinnen und Schüler sind in allen grundsätzlichen und wichtigen Schulangelegenheiten zu informieren und zu beraten.

**(2)** Lehrerinnen und Lehrer informieren die Schülerinnen und Schüler sowie deren Eltern über die individuelle Lern- und Leistungsentwicklung und beraten sie. Ihnen sind die Bewertungsmaßstäbe für die Notengebung und für Beurteilungen zu erläutern. Auf Wunsch werden ihnen ihr Leistungsstand mitgeteilt und einzelne Beurteilungen erläutert. Dies gilt auch für die Bewertung von Prüfungsleistungen.

**(3)** Die Eltern können nach Absprache mit den Lehrerinnen und Lehrern an einzelnen Unterrichtsstunden und an Schulveranstaltungen teilnehmen, die ihre Kinder besuchen. Im Rahmen ihrer Gesamtverantwortung können Lehrerinnen und Lehrer mit Zustimmung der Klassenpflegschaft und der Schulleitung in hierfür geeigneten Unterrichtsbereichen die Mitarbeit von Eltern vorsehen. Gleiches gilt bei außerunterrichtlichen Schulveranstaltungen und Angeboten im Ganztagsbereich in allen Schulformen und Schulstufen.

**(4)** Die Lehrerinnen und Lehrer beraten die Eltern außerhalb des Unterrichts. Elternsprechtage werden nicht während der Unterrichtszeit am Vormittag durchgeführt.

**(5)** Die Schule soll Eltern sowie Schülerinnen und Schüler in Fragen der Erziehung, der Schullaufbahn und des weiteren Bildungswegs beraten. Sie arbeitet hierbei insbesondere mit dem schulpsychologischen Dienst und der Berufsberatung zusammen.

**Erläuterungen**

### Allgemeines

**1** Die Vorschrift enthält die grundsätzlichen Aussagen über den Beratungsauftrag der Schule. Zu den Konsequenzen für die Lehrerbildung siehe *Dickhäuser/Kühn*, SchVw NRW 2012, S. 184. Zu den Beratungspflichten der Lehrerinnen und Lehrer siehe § 8 Abs. 1 und 2 ADO, zum Beratungslehrer § 31 ADO. Zur allgemeinen Stellung der Eltern siehe auch bei § 4 sowie **E 19.**

**Zu Absatz 1**

Die Grundsätze für die Information und Beratung legt die Schulkonferenz gemäß § 65 Abs. 2 **2**
Nr. 12 fest. Die Information der Eltern volljähriger Schülerinnen und Schüler regelt § 120
Abs. 8. Zur Information über Hausaufgaben siehe bei § 42 Abs. 3.

**Zu Absatz 2**

Beim Übergang von der Klasse 4 in die Klasse 5 ist die Beratung besonders nötig; § 8 Abs. 2 **3**
AO-GS (BASS 13–11 Nr. 1.1) verpflichtet den Klassenlehrer ausdrücklich zum persönlichen
Gespräch mit den Eltern.

Grundsätze der Leistungsbewertung regelt § 48. Den Einsatz von Lerntagebüchern beschreibt
*Gläser-Zikuda*, SchVw NRW 2008, S. 294. Hinweise für Elterngespräche geben *Knapp*, SchVw
NRW 2008, S. 258, sowie *Braun*, SchVw NRW 2008, S. 261.

**Zu Absatz 3**

Die Elternmitarbeit im Unterricht ist damit in allen Schulen möglich. Zur Klassenpflegschaft **4**
siehe § 73.

**Zu Absatz 4**

Beraten wird nicht nur in allgemeinen Sprechstunden, sondern nach § 9 Abs. 3 ADO in Aus- **5**
nahmefällen auch an besonders zu vereinbarenden Terminen. Sprechstunden der Schulleitung sieht § 23 Abs. 4 ADO vor. Zur Online-Kommunikation mit Eltern siehe *Lebert*, SchVw
NRW 2012, S. 343.

**Zu Absatz 5**

Nähere Hinweise zur Beratungstätigkeit in der Schule allgemein enthält der RdErl. vom **6**
08.12.1997 (BASS 12–21 Nr. 4; SchR 5.5.1/1). Siehe auch zu § 42 Abs. 4.

Näheres zur Berufs- und Studienorientierung siehe den RdErl. vom 21.10.2010/07.09.2016
(ABl. NRW. 2016, H. 10 S. 36; BASS 12–21 Nr. 1; SchR 5.5.2/1) sowie zu praktischen Erfahrungen siehe Schule NRW 2011 ff.

Über Chancen der Schulpsychologie berichtet *Reichel*, SchVw 2008, S. 180, über Lehrkräfte als
Vorbild *Kuhlmann*, SchVw 2013, S. 237.

Fragen von Internet und Jugendschutz behandelt *Wittmann*, SchVw NRW 2011, S. 48 und 81.

## § 45 Meinungsfreiheit, Schülerzeitungen, Schülergruppen

**(1) Die Schülerinnen und Schüler haben das Recht, in der Schule ihre Meinung in Wort,
Schrift und Bild frei zu äußern. Sie können ihre Meinung auch im Unterricht im sachlichen Zusammenhang mit diesem frei äußern.**

**(2) Das Recht auf freie Meinungsäußerung findet seine Schranken in den Vorschriften
der allgemeinen Gesetze, den gesetzlichen Bestimmungen zum Schutze der Jugend und
in dem Recht der persönlichen Ehre. Durch die Ausübung dieses Rechts dürfen der Bil-
dungs- und Erziehungsauftrag der Schule, insbesondere die Durchführung des Unterrichts und anderer schulischer Veranstaltungen sowie die Rechte Anderer nicht beeinträchtigt werden.**

**(3) Die Schülerinnen und Schüler haben das Recht, Schülerzeitungen herauszugeben
und auf dem Schulgrundstück zu verbreiten. Schülerzeitungen sind Zeitungen, die von
Schülerinnen und Schülern einer oder mehrerer Schulen für deren Schülerschaft heraus-**

gegeben werden. Sie unterliegen nicht der Verantwortung der Schule. Herausgabe und Vertrieb der Schülerzeitung bedürfen keiner Genehmigung. Eine Zensur findet nicht statt.

(4) Die Schülerinnen und Schüler können sich in ihrer Schule in Schülergruppen zusammenschließen. Dieses Recht kann von der Schulleitung eingeschränkt werden, soweit die Sicherung des Bildungs- und Erziehungsauftrags der Schule es erfordert. Die Schulkonferenz regelt Grundsätze über die Betätigung von Schülergruppen und die Benutzung schulischer Einrichtungen. Den Schülergruppen sollen Räume und sonstige schulische Einrichtungen unentgeltlich zur Verfügung gestellt werden.

## Erläuterungen

### Allgemeines

1    § 45 regelt besondere Schülerrechte in der Schule.

### Zu Absatz 1

2    Das Grundrecht der allgemeinen Meinungsäußerungsfreiheit ist durch Art. 5 GG gewährleistet.

### Zu Absatz 2

3    Zum Bildungs- und Erziehungsauftrag der Schule siehe § 2 und die dort aufgeführten Bildungsziele und Lernziele. Dazu gehört, die eigene Meinung zu vertreten und die Meinung anderer zu achten (Abs. 5 Nr. 3). Einen Schülerstreik während der Unterrichtszeit rechtfertigt dies allerdings nicht.

Regelungen zum Schutz von Jugendlichen (14–18 Jahre) vor jugendgefährdenden Trägermedien enthält das Jugendschutzgesetz (§§ 11 ff. JuSchG; siehe SchR 5.6.2/51).

### Zu Absatz 3

4    Für Schülerzeitungen enthält der RdErl. vom 20.08.1981 (BASS 17–52 Nr. 1; SchR 3.1.1/71), die frühere VV zu § 37 ASchO, nähere Aussagen. Er verweist auf Vorschriften des Landespressegesetzes. Schülerzeitungen sind nicht Veröffentlichungen der Schule, sondern einzelner Schüler (Impressum). Diesen stehen Informations- und Auskunftsrechte zu, sie müssen aber auch Sorgfalts- und Wahrheitspflichten beachten. Bei Verstößen gegen die Schranken der Pressefreiheit und innerschulischen Konflikten siehe Nr. 9 dieses Runderlasses.

Schülerzeitungen sind zu unterscheiden von Schulzeitungen, die in der Verantwortung der Schule herausgegeben werden. Allgemeine Jugendzeitschriften und Anzeigenblätter für Schüler sind keine Schülerzeitungen. Zum Rechtsweg bei Beleidigungen von Lehrern in Schülerzeitungen siehe *Böhm*, SchuR 2007, S. 99.

Informationen zum Schülerzeitungswettbewerb der Länder siehe Bildungsportal NRW und www.schuelerzeitung.de. Schülerzeitungen als wesentliches Element demokratischer Schulkultur beschreibt *Rieth*, SchVw NRW 2015, S. 199.

### Zu Absatz 4

5    Diese Regelung beruht auf der mit Verfassungsrang ausgestatteten Vereinigungsfreiheit gemäß Art. 9 Abs. 3 GG und spiegelt die derzeitige Schulpraxis wieder. Sie bezieht sich auf Gruppen, die sich in der Schule betätigen wollen. Zur Entscheidung der Schulkonferenz siehe § 65 Abs. 2 Nr. 14.

Schülergruppen können z.B. musische, kulturelle oder sportliche Interessen verfolgen oder sich als politische Schülergruppen engagieren.

§ 46    Aufnahme in die Schule, Schulwechsel

(1) Über die Aufnahme der Schülerin oder des Schülers in die Schule entscheidet die Schulleiterin oder der Schulleiter innerhalb des vom Schulträger hierfür festgelegten Rahmens, insbesondere der Zahl der Parallelklassen pro Jahrgang. Die Schulleiterin oder der Schulleiter kann vorübergehend Schülerinnen und Schüler als Gäste aufnehmen. Schülerinnen und Schüler werden in der Regel zu Beginn des Schuljahres, in Weiterbildungskollegs zu Beginn des Schulhalbjahres in die Schule aufgenommen.

(2) Die Aufnahme in eine Schule kann abgelehnt werden, wenn ihre Aufnahmekapazität erschöpft ist oder die Zahl der Anmeldungen die Mindestgröße unterschreitet. Besondere Aufnahmevoraussetzungen und Aufnahmeverfahren für einzelne Schulstufen oder Schulformen sowie Aufnahmekriterien bei einem Anmeldeüberhang können in der jeweiligen Ausbildungs- und Prüfungsordnung geregelt werden.

(3) Jedes Kind hat einen Anspruch auf Aufnahme in die seiner Wohnung nächstgelegene Grundschule der gewünschten Schulart in seiner Gemeinde im Rahmen der vom Schulträger festgelegten Aufnahmekapazität, soweit der Schulträger keinen Schuleinzugsbereich gebildet hat. Der Schulträger legt unter Beachtung der Höchstgrenze für die zu bildenden Eingangsklassen an Grundschulen nach der Verordnung gemäß § 93 Absatz 2 Nummer 3 die Zahl und die Verteilung der Eingangsklassen auf die Schulen und Teilstandorte fest. Er kann die Zahl der in die Eingangsklassen aufzunehmenden Schülerinnen und Schüler einer Grundschule oder mehrerer Grundschulen begrenzen, wenn dies für eine ausgewogene Klassenbildung innerhalb einer Gemeinde erforderlich ist oder besondere Lernbedingungen oder bauliche Gegebenheiten berücksichtigt werden sollen. Die Vorschriften zu den Klassengrößen bleiben unberührt.

(4) Die Schulleiterin oder der Schulleiter kann im Einvernehmen mit dem Schulträger die Zahl der in die Klasse 5 einer Schule der Sekundarstufe I oder mit Sekundarstufe I aufzunehmenden Schülerinnen und Schüler begrenzen, wenn

1. ein Angebot für Gemeinsames Lernen (§ 20 Absatz 2) eingerichtet wird,
2. rechnerisch pro Parallelklasse mindestens zwei Schülerinnen und Schüler mit festgestelltem sonderpädagogischem Unterstützungsbedarf aufgenommen werden und
3. im Durchschnitt aller Parallelklassen der jeweilige Klassenfrequenzrichtwert nach der Verordnung zur Ausführung des § 93 Abs. 2 Schulgesetz nicht unterschritten wird.

Die Vorschriften zu den Klassengrößen der Verordnung zur Ausführung des § 93 Abs. 2 Schulgesetz bleiben unberührt.

(5) Jeder Ausbildungsbetrieb hat den Anspruch, dass seine Auszubildenden zur Erfüllung der Schulpflicht das zum Ausbildungsbetrieb nächstgelegene Berufskolleg besuchen, in dem eine entsprechende Fachklasse eingerichtet ist. Mit Einverständnis des Ausbildungsbetriebs kann eine Auszubildende oder ein Auszubildender ein anderes, insbesondere wohnortnäheres Berufskolleg, an dem eine entsprechende Fachklasse eingerichtet ist, im Rahmen der Aufnahmekapazität besuchen. § 84 bleibt unberührt.

(6) Der Schulträger kann festlegen, dass Schülerinnen und Schülern, die in ihrer Gemeinde eine Schule der gewählten Schulform im Sinne des § 10 besuchen können, die Aufnahme verweigert wird, wenn die Zahl der Anmeldungen die Aufnahmekapazität der Schule übersteigt.

(7) Die Schulaufsichtsbehörde kann eine Schülerin oder einen Schüler nach Anhörung der Eltern und der beteiligten Schulträger einer bestimmten Schule am Wohnort oder in einer anderen Gemeinde zuweisen. Dies gilt insbesondere, wenn eine schulpflichtige Schülerin

oder ein schulpflichtiger Schüler nicht in eine Schule der gewählten und der Eignung entsprechenden Schulform aufgenommen worden ist.

(8) Eine Schülerin oder ein Schüler, die oder der die Schule wechselt, wird im Rahmen der Verweildauer in die Schulstufe, die Schulform und die Klasse oder Jahrgangsstufe aufgenommen, die dem bisherigen Bildungsgang und dem Zeugnis entsprechen. Näheres zum Schulformwechsel bestimmen die Ausbildungs- und Prüfungsordnungen.

(9) In der Sekundarstufe I prüft die Schule gemäß § 13 Abs. 3 und nach Maßgabe der Ausbildungs- und Prüfungsordnung im Rahmen der jährlichen Versetzungsentscheidung, ob den Eltern leistungsstarker Schülerinnen und Schüler der Hauptschule der Wechsel ihres Kindes zur Realschule oder zum Gymnasium und den Eltern leistungsstarker Schülerinnen und Schüler der Realschule der Wechsel ihres Kindes zum Gymnasium zu empfehlen ist.

## Erläuterungen

### Allgemeines

1 § 46 regelt insbesondere die Aufnahme in die Schule. Nach Aufhebung der Schulbezirke (siehe § 39 und § 84) sind die Absätze 3 und 4 neu geregelt worden. Siehe auch E 14. § 46 regelt nicht die Aufnahme externer Schüler in eine offene Ganztagsschule; siehe dazu bei § 9 Abs. 3. Zur Aufnahme neu zugewanderter Schüler siehe RdErl. vom 28.06.2016 (BASS 13-63 Nr. 3; SchR 3.6.2/11).

### Zu Absatz 1

2 Zur Einschulung siehe § 35 Abs. 2. Die Zügigkeit der Schule (Zahl der Parallelklassen) bestimmt der Schulträger (§ 81). Die Klassengrößen ergeben sich aus § 6 AVO.

### Zu Absatz 2

3 Bei Anmeldeüberhang ist ein Auswahlverfahren nach sachlichen Kriterien (z.B. Härtefälle, Geschwisterkinder, Schulweglänge usw.) durchzuführen. Auswahlkriterien sind durch Verordnung festzulegen. Siehe dazu *Fehrmann*, SchVw NRW 2010, S. 309. Der Schulträger kann auch wieder (seit 2010) Schuleinzugsbereiche gemäß § 84 Abs. 1 festlegen. Zur Aufnahme gemeindefremder Schüler siehe bei Abs. 6.

4 Näheres zum Anmeldeverfahren und zu den Auswahlkriterien regeln§ 1 APO-S I und die VV dazu. Zum Ermessen des Schulleiters in Härtefällen siehe OVG NRW vom 13.12.2013 (SPE 133 Nr. 46).

An einer Bekenntnisschule kann die Teilnahme am Religionsunterricht (§ 31) zur Aufnahmevoraussetzung gemacht werden; so OVG NRW vom 04.09.2013 (SPE 172 Nr. 17; SchVw NRW 2013, S. 339).

### Zu Absatz 3

5 Diese Regelung ist zunächst die rechtliche Konsequenz aus der Aufhebung der Schulbezirke (§ 39). Wenn Schuleinzugsbereiche bestehen (§ 84), werden bei einem Anmeldeüberhang zunächst die Kinder berücksichtigt, die im Schuleinzugsbereich wohnen; vgl. § 1 Abs. 2 AO-GS.

Die Zahl der neu zu bildenden Klassen legt der Schulträger unter Beachtung der kommunalen Klassenrichtzahl (§ 93 Abs. 2 Nr. 3) fest. Er ist für eine ausgewogene Klassenbildung verantwortlich.

**Zu Absatz 4**

Unter diesen Voraussetzungen kann die Aufnahmekapazität einzelner Klassen mit Gemein-  **6**
samem Lernen selbst bei einem Anmeldeüberhang niedriger festgesetzt werden. Die Parallelklassen müssen dies ausgleichen.

**Zu Absatz 5**

Diese Regelung folgt daraus, dass es nur noch in bestimmten Fällen Bezirksfachklassen für  **7**
Berufsschüler gibt; siehe § 84 Abs. 2 und 3.

**Zu Absatz 6**

Diese Bestimmung ist durch das 10. SchRÄG (2014) neu gefasst worden, damit die Kom-  **8**
munen bei Kapazitätsüberschreitungen in einem Auswahlverfahren gemeindeeigene Kinder bevorzugt aufnehmen können. Der Schulträger muss nicht zusätzliche Kapazitäten für
andere Kinder schaffen, wenn diese auch in ihrer Gemeinde eine entsprechende Schule
(Schulform) besuchen können. Die Änderung ist eine kommunalfreundliche Reaktion auf die
Rechtsprechung des OVG NRW vom 26.07.2011 (SPE 133 Nr. 36); dazu *Oruç-Uzun*, SchVw
NRW 2014, S. 186.

Zur Aufnahme auswärtiger Schüler bei Bekenntnisschulen siehe § 26 Abs. 5. An Bekenntnisschulen sind bekenntnisangehörige Kinder vorrangig aufzunehmen; so OVG NRW vom
21.03.2016 (SPE 172 Nr. 19) und *van den Hövel*, SchVw NRW 2016, S. 190.

**Zu Absatz 7**

Die Entscheidung der Schulaufsichtsbehörde ist ein Verwaltungsakt, der mit Widerspruch  **9**
und Klage überprüft werden kann. Siehe auch bei § 47 Abs. 1 Nr. 2. Zur Zuweisung bei Ordnungsmaßnahmen siehe § 53 Abs. 4 Satz 2.

**Zu Absatz 8**

Zum Schulformwechsel siehe § 11 und 13 APO-S I. Zum Wechsel des Förderortes oder Förder-  **10**
schwerpunktes siehe § 15 und 16 AO-SF.

**Zu Absatz 9**

Damit soll auf den Schulformwechsel zum Aufstieg „nach oben" in eine Schule mit höheren  **11**
Anforderungen hingewirkt werden. Dies betrifft z.B. Schüler mit einem guten Notendurch-
schnitt in Fächern mit Klassenarbeiten. Zur Förderung dieser Durchlässigkeit siehe auch
§ 10 Abs. 1 und § 13 Abs. 3. Näheres zum Verfahren ergibt sich aus §§ 10 bis 13 APO-SI. Ein
Anspruch auf Aufnahme in eine bestimmte Schule wird damit nicht begründet.

### § 47   Beendigung des Schulverhältnisses

**(1) Das Schulverhältnis endet, wenn**

1. **die Schülerin oder der Schüler den Bildungsgang durchlaufen oder die Schulpflicht
   erfüllt hat und ein Abschluss- oder Abgangszeugnis erteilt wird,**
2. **die Eltern oder die Schülerin oder den Schüler schriftlich abmelden,**
3. **ein weiteres Wiederholen der Klasse oder Jahrgangsstufe nicht mehr zulässig ist (§ 50
   Abs. 5 Satz 2),**
4. **die Schülerin oder der Schüler die für den Bildungsgang bestimmte Höchstausbil-
   dungsdauer erreicht hat,**
5. **die Schulpflicht gemäß § 40 Abs. 2 ruht,**

6. die Schülerin oder der Schüler gemäß § 54 Abs. 4 dauernd vom Schulbesuch ausgeschlossen wird,
7. die Schülerin oder der Schüler in eine andere Schule überwiesen wird,
8. die nicht mehr schulpflichtige Schülerin oder der nicht mehr schulpflichtige Schüler trotz schriftlicher Erinnerung ununterbrochen 20 Unterrichtstage unentschuldigt fehlt,
9. die Schülerin oder der Schüler auf Grund einer Ordnungsmaßnahme entlassen oder verwiesen wird.

(2) Eine schulpflichtige Schülerin oder ein schulpflichtiger Schüler kann nur in Verbindung mit einem nachgewiesenen Schulwechsel aus der besuchten Schule ausscheiden. § 53 Abs. 5 bleibt unberührt.

## Erläuterungen

### Allgemeines

1 § 47 regelt das Verlassen der Schule im Normalfall und in außergewöhnlichen Fällen.

### Zu Absatz 1

2 Dies ist eine abschließende Aufzählung der Beendigungstatbestände. Zu den Abschlusszeugnissen siehe den Zeugniserlass vom 24.04.2015 (BASS 12–65 Nr. 6; SchR 3.1.1/111).

Zu Nr. 1: Abschlüsse siehe §§ 40 ff APO-S I und § 39 Abs. 4 APO-GOSt. Zu den Abschlüssen im Berufskolleg siehe § 22 Abs. 4.

Zu Nr. 2: Bei Uneinigkeit von Eltern muss das Familiengericht entscheiden; siehe OVG NRW vom 28.01.2008 (SPE 220 Nr. 6) und *Minten*, SchVw NRW 2009, S. 159.

Zu Nr. 3: Das betrifft die zweimalige Nichtversetzung gemäß § 50 Abs. 2.

Zu Nr. 4: Zur Höchstverweildauer siehe § 2 APO-S I und § 2 APO-GOSt. In der Grundschule soll die Regeldauer von vier Jahren höchstens um ein Jahr überschritten werden (§ 2 AO-GS).

Zu Nr. 6: Diese Entscheidung setzt eine konkrete Gefahr voraus, also z.B. eine aktuelle Gefährdungssituation. Der vorübergehende Unterrichtsausschluss beendet das Schulverhältnis nicht.

Zu Nr. 7: Also z.B. im Falle des § 46 Abs. 7 oder des § 53 Abs. 4.

Zu Nr. 8: Es ist zu empfehlen, die konkrete schriftliche Erinnerung rechtzeitig und mit Postzustellungsurkunde zuzusenden.

Bei schulpflichtigen Schülerinnen und Schülern siehe aber die vorrangigen Maßnahmen bei § 41 Abs. 3 und 4.

Zu Nr. 9: Zur Entlassung von der Schule und zur Verweisung von allen öffentlichen Schulen des Landes siehe § 53 Abs. 3 Nr. 5 und 7.

### Zu Absatz 2

3 Unterbleibt die Mitteilung über den Schulwechsel, wird die Zuweisung von Amts wegen vorgenommen gemäß § 46 Abs. 7.

## Zweiter Abschnitt – Leistungsbewertung

§ 48 Grundsätze der Leistungsbewertung

(1) Die Leistungsbewertung soll über den Stand des Lernprozesses der Schülerin oder des Schülers Aufschluss geben; sie soll auch Grundlage für die weitere Förderung der Schülerin oder des Schülers sein. Die Leistungen werden durch Noten bewertet. Die Ausbildungs- und Prüfungsordnungen können vorsehen, dass schriftliche Aussagen an die Stelle von Noten treten oder diese ergänzen.

(2) Die Leistungsbewertung bezieht sich auf die im Unterricht vermittelten Kenntnisse, Fähigkeiten und Fertigkeiten. Grundlage der Leistungsbewertung sind alle von der Schülerin oder dem Schüler im Beurteilungsbereich „Schriftliche Arbeiten" und im Beurteilungsbereich „Sonstige Leistungen im Unterricht" erbrachten Leistungen. Beide Beurteilungsbereiche werden bei der Leistungsbewertung angemessen berücksichtigt.

(3) Bei der Bewertung der Leistungen werden folgende Notenstufen zu Grunde gelegt:

1. sehr gut (1)
   Die Note „sehr gut" soll erteilt werden, wenn die Leistung den Anforderungen im besonderen Maße entspricht.
2. gut (2)
   Die Note „gut" soll erteilt werden, wenn die Leistung den Anforderungen voll entspricht.
3. befriedigend (3)
   Die Note „befriedigend" soll erteilt werden, wenn die Leistung im Allgemeinen den Anforderungen entspricht.
4. ausreichend (4)
   Die Note „ausreichend" soll erteilt werden, wenn die Leistung zwar Mängel aufweist, aber im Ganzen den Anforderungen noch entspricht.
5. mangelhaft (5)
   Die Note „mangelhaft" soll erteilt werden, wenn die Leistung den Anforderungen nicht entspricht, jedoch erkennen lässt, dass die notwendigen Grundkenntnisse vorhanden sind und die Mängel in absehbarer Zeit behoben werden können.
6. ungenügend (6)
   Die Note „ungenügend" soll erteilt werden, wenn die Leistung den Anforderungen nicht entspricht und selbst die Grundkenntnisse so lückenhaft sind, dass die Mängel in absehbarer Zeit nicht behoben werden können.

(4) Werden Leistungen aus Gründen, die von der Schülerin oder dem Schüler nicht zu vertreten sind, nicht erbracht, können nach Maßgabe der Ausbildungs- und Prüfungsordnung Leistungsnachweise nachgeholt und kann der Leistungsstand durch eine Prüfung festgestellt werden.

(5) Verweigert eine Schülerin oder ein Schüler die Leistung, so wird dies wie eine ungenügende Leistung bewertet.

(6) Neben oder an Stelle der Noten nach Absatz 3 kann die Ausbildungs- und Prüfungsordnung ein Punktsystem vorsehen. Noten- und Punktsystem müssen sich wechselseitig umrechnen lassen.

# § 48 Grundsätze der Leistungsbewertung

### Allgemeines

**1** § 48 regelt die Aufgabe, die Beurteilungsbereiche und die Noten der Leistungsbewertung in der Schule. Sie sind ein wichtiger Ausgangspunkt für die Beratung von Schülern und Eltern gemäß § 44 Abs. 2. Siehe auch **E 16**. Ergänzende Regelungen enthalten die Ausbildungsordnungen.

Zu alternativen Formen der Leistungsüberprüfung siehe *Krüger*, Schule NRW 2008, S. 553. Zum Aufbau einer Fehlerkultur, die Fehler als Lernchance begreift, siehe *Hammerer*, SchVw NRW 2010, S. 169. Die differenzierte Leistungsbeurteilung in heterogenen Lerngruppen beschreiben *Beutel/Ruberg*, SchVw NRW 2010, S. 142. Kritisch zur Praxis der Notengebung *Breidenstein*, SchVw NRW 2014, S. 104, und *Jäger*, SchVw NRW 2014, S. 292. Mehr Transparenz bei der Notengebung fordert *Jäger*, SchVw NRW 2016, S. 145. Die Notenexplosion beim Abitur kritisiert *Dollase*, SchVw 2016, S. 208.

### Zu Absatz 1

**2** Leistungsbewertungen mit rechtlicher Wirkung (Versetzungszeugnis, Prüfung) können durch Widerspruch (bei der Schule) und Klage (beim Verwaltungsgericht) angefochten werden. Es verbleibt jedoch ein der gerichtlichen Kontrolle entzogener eingeschränkter Beurteilungsspielraum. Verfahrensfehler und sachfremde Erwägungen sind unzulässig. Wichtig ist auch die Beachtung allgemeingültiger Bewertungsmaßstäbe; siehe weiter dazu bei *Avenarius* Kap. 27. Die schulaufsichtliche Überprüfung von Leistungsbewertungen erläutert *Böhm*, SchuR 2016, S. 132.

Zur Freiheit der Grundschulen bei Leistungsbewertung und Zeugnissen siehe §§ 5 ff. AO-GS: Verzicht auf Noten in Klasse 3. Zur Sekundarstufe I siehe §§ 6 und 7 APO-S I. Zur Leistungsbewertung in der Gymnasialen Oberstufe siehe §§ 13 ff. APO- GOSt (Nachschreibetermin).

### Zu Absatz 2

**3** Die Formen der sonstigen Mitarbeit richten sich nach den Unterrichtsvorgaben (Richtlinien, Lehrpläne).

Die Einbeziehung der Lernstandserhebungen (§ 3 Abs. 4) ist aufgehoben worden.

### Zu Absatz 3

**4** Diese Notenstufen sind nach dem Hamburger Abkommen in allen Ländern gleich. Maßstab sind primär die jeweiligen verbindlichen Anforderungen des Unterrichtsfachs. Geboten ist eine unabhängige Bewertung nach sachlichen Gesichtspunkten. Zu berücksichtigen sind Eigenart der Schulform, des Unterrichtsfaches und des Alters der Schülerinnen und Schüler.

### Zu Absatz 4

**5** Bei Schulversäumnis siehe § 43 Abs. 2. Zum Nachholen von Leistungsnachweisen siehe auch § 6 Abs. 5 APO-S I und § 13 Abs. 5 APO-GOSt. Zum Nachteilsausgleich siehe § 6 Abs. 9 APO-SI, § 13 Abs. 7 APO-GOSt und § 15 APO-BK; beim Abitur entscheidet die Schulaufsicht. Siehe dazu auch BVerwG vom 29.07.2015 (SPE 400 Nr. 70) und *van den Hövel*, SchVw NRW 2015, S. 285, sowie 2016, S. 346.

### Zu Absatz 5

**6** Die vorsätzliche Leistungsverweigerung (z.B. Abgabe eines leeren Blattes) zählt wie eine ungenügende Leistung. Zur Leistungsverweigerung siehe auch § 13 Abs. 4 und § 24 Abs. 5 APO-GOSt. Zum Täuschungsversuch siehe § 6 Abs. 7 APO-S I, § 13 Abs. 6 APO-GOSt und im Berufskolleg § 20 APO-BK.

Vorsätzliches Schwänzen bei angekündigter Leistungsüberprüfung ist Leistungsverweigerung. Bei fahrlässigem Versäumen eines Prüfungstermins bleibt zu prüfen, ob die Rechtsfolge verhältnismäßig ist; so OVG NRW vom 18.06.2008 (SPE 102 Nr. 32).

**Zu Absatz 6**

Das Punktsystem in der Qualifizierungsphase der gymnasialen Oberstufe geht von null 7 (ungenügend) bis 15 Punkten (sehr gut); siehe § 16 APO-GOSt.

**§ 49   Zeugnisse, Bescheinigungen über die Schullaufbahn**

**(1)** Schülerinnen und Schüler erhalten am Ende des Schuljahres und in der Regel am Ende des Schulhalbjahres oder des entsprechenden Ausbildungsabschnittes ein Zeugnis über die erbrachten Leistungen oder eine Bescheinigung über die Schullaufbahn. Schülerinnen und Schüler, die die Schule verlassen, erhalten

1. ein Abschlusszeugnis, wenn nach Erfüllung der Schulpflicht in der Sekundarstufe I oder II ein Abschluss erworben wurde,
2. ein Abgangszeugnis, wenn eine Schule nach Erfüllung der Schulpflicht ohne Abschluss verlassen wird,
3. ein Überweisungszeugnis, wenn sie innerhalb einer Schulstufe die Schule wechseln; auf Überweisungszeugnissen sind erworbene Abschlüsse und Berechtigungen zu vermerken.

**(2)** Neben den Angaben zum Leistungsstand werden in Zeugnissen und in Bescheinigungen über die Schullaufbahn die entschuldigten und unentschuldigten Fehlzeiten aufgenommen. Ferner können nach Entscheidung der Versetzungskonferenz Aussagen zum Arbeits- und Sozialverhalten aufgenommen werden. Die Schulkonferenz stellt Grundsätze zu einer einheitlichen Handhabung der Aussagen auf. Die Aufnahme der Fehlzeiten und der Aussagen zum Arbeits- und Sozialverhalten entfällt bei Abschluss- und Abgangszeugnissen.

**(3)** Nach Entscheidung der Zeugnis- oder Versetzungskonferenz werden weitere Bemerkungen über besondere Leistungen und besonderen persönlichen Einsatz im außerunterrichtlichen Bereich in Zeugnissen und in Bescheinigungen über die Schullaufbahnen aufgenommen. Auf Wunsch der Schülerin oder des Schülers können ebenfalls außerschulische, insbesondere ehrenamtliche Tätigkeiten gewürdigt werden. In Abschluss- und Abgangszeugnissen beziehen sich die Bemerkungen auch auf die gesamte Schullaufbahn.

**(4)** Zeugnisse, die zerstört oder abhanden gekommen sind, können durch eine Bescheinigung der oberen Schulaufsichtsbehörde ersetzt werden, wenn bei der Schule keine oder nur noch unvollständige Zeugnisunterlagen vorhanden sind. Die Voraussetzungen für die Ausstellung der Bescheinigung sind von einer Person, die auf Grund ihrer dienstlichen Stellung von der Ablegung der Prüfung oder dem Erwerb des Befähigungsnachweises Kenntnis hat, durch Versicherung an Eides Statt vor der oberen Schulaufsichtsbehörde zu bestätigen. Die Voraussetzungen können auch durch Versicherung an Eides Statt vor der oberen Schulaufsichtsbehörde von zwei Personen bestätigt werden, die von der Ablegung der Prüfung oder dem Erwerb des Befähigungsnachweises eigene Kenntnis haben.

**Allgemeines**

**1**  § 49 regelt die Zeugniserteilung in der Schule. Die Bewertung des Arbeitsverhaltens und des Sozialverhaltens (Abs. 2) mit Notenstufen galt nur vom Schuljahr 2007/08 (Art. 9 SchulG-ÄG 2006) bis zum SchulG-ÄG 2010, das die vorherige Fassung (ohne Kopfnoten) wieder hergestellt hat.

**Zu Absatz 1**

**2**  Nähere Aussagen zu Zeitpunkten und Arten von Zeugnissen enthält der Grundsatzerlass vom 24.04.2015 (BASS 12–65 Nr. 6; SchR 3.1.3/101). Die Zeugnisse der Grundschule enthalten in der Schuleingangsphase Beschreibungen (Lernentwicklung, Leistungsstand), bei der Versetzung in die Klasse 3 und in der Klasse 3 zusätzlich Noten, danach nur noch Noten (§ 6 AO-GS); siehe aber auch oben zu § 48 Abs. 1. Am Tag der Zeugnisausgabe kann der Unterricht bis auf drei Stunden gekürzt werden; RdErl. vom 05.05.2015 (BASS 12–63 Nr. 3; SchR 3.1.2/1).

**3**  Abschluss-, Versetzungs- und Nichtversetzungszeugnisse sind Verwaltungsakte gemäß § 35 VwVfG und können mit Widerspruch und Klage angefochten werden. Zur Vertretung des Landes siehe den Vertretungserlass vom 01.07.2011 (BASS 10-32 Nr. 66; SchR 3.7.4/11). Aufbewahrungsfristen für Zeugnisse regelt § 9 Abs. 1 VO-DV I (BASS 10–44 Nr. 2.1; SchR 3.9.4/201).

**Zu Absatz 2**

**4**  Die Aufnahme von Aussagen zum Arbeits- und Sozialverhalten liegt im Ermessen der Versetzungskonferenz; diese hat die Grundsätze (wie und wann, nicht ob) zu beachten, die die Schulkonferenz beschlossen hat (§ 65 Abs. 2 Nr. 15). In Abgangs- und Abschlusszeugnisse werden solche Angaben nicht aufgenommen. Näheres im zweiten Abschnitt des Zeugniserlasses (oben Rn. 2).

Die Regelungen in den Ausbildungs- und Prüfungsordnungen – siehe § 6 Abs. 5 AO-GS und VV, § 7 Abs. 2 APO-S I und VV, § 5 Abs. 4 APO-GOSt und § 9 Abs. 4 APO-BK – verweisen auf § 49 SchulG.

**5**  Gegen fehlerhafte Aussagen zum Arbeits- und Sozialverhalten ist die Beschwerde möglich, über die die Schulaufsichtsbehörde entscheidet, wenn die Schule nicht abhilft.

Eine Handreichung zum Arbeits- und Sozialverhalten hat das MSW als Beilage zu Schule NRW (September 2011) herausgegeben.

**Zu Absatz 3**

**6**  Zur Würdigung außerunterrichtlichen Engagements von Schülern in der Schule und von ehrenamtlicher Tätigkeit außerhalb der Schule siehe den vierten und fünften Abschnitt des RdErl. vom 24.04.2015 (oben Rn. 2). Mehr dazu bei *Jülich*, SchVw NRW 2010, S. 283. Durch die Einfügung des Wortes "insbesondere" (2015) in Satz 2 können auch sonstige Tätigkeiten vermerkt werden. Das Beiblatt zum Zeugnis steht auf der Webseite des MSW zum Download bereit.

Zu den Leistungen, die im Zeugnis gewürdigt werden, gehört z.B. die Teilnahme an Schülerwettbewerben; siehe RdErl. vom 18.10.2000/21.04.2016 (BASS 14-15 Nr. 1; SchR 3.1.7/41).

**Zu Absatz 4**

**7**  Die Voraussetzungen und das Verfahren bei zu ersetzenden Zeugnissen regelt Nr. 6 des obigen Zeugniserlasses.

## § 50 Versetzung, Förderangebote

(1) Eine Schülerin oder ein Schüler wird nach Maßgabe der Ausbildungs- und Prüfungsordnung in der Regel am Ende des Schuljahres in die nächsthöhere Klasse oder Jahrgangsstufe versetzt, wenn die Leistungsanforderungen der bisherigen Klasse oder Jahrgangsstufe erfüllt sind. Eine Vorversetzung ist möglich, wenn eine erfolgreiche Teilnahme am Unterricht der höheren Klasse oder Jahrgangsstufe zu erwarten ist. Die Ausbildungs- und Prüfungsordnung kann vorsehen, dass Übergänge in die nächsthöhere Klasse oder Jahrgangsstufe auch ohne Versetzung möglich sind.

(2) Über die Versetzung entscheidet die Klassen- oder Jahrgangsstufenkonferenz als Versetzungskonferenz. Mitglieder der Versetzungskonferenz sind die Lehrerinnen und Lehrer, die die Schülerin oder den Schüler im zweiten Halbjahr unterrichtet haben. In der Versetzungskonferenz übernimmt die Schulleiterin oder der Schulleiter den Vorsitz oder bestellt eine Vertretung.

(3) Die Schule hat ihren Unterricht so zu gestalten und die Schülerinnen und Schüler so zu fördern, dass die Versetzung der Regelfall ist. Schülerinnen und Schülern der Grundschule und der Sekundarstufe I, deren Versetzung gefährdet ist, wird zum Ende des Schulhalbjahres eine individuelle Lern- und Förderempfehlung gegeben. Sie sollen zudem die Möglichkeit der Teilnahme an schulischen Förderangeboten erhalten mit dem Ziel, unter Einbeziehung der Eltern erkannte Lern- und Leistungsdefizite bis zur Versetzungsentscheidung zu beheben. Eine Lern- und Förderempfehlung erhalten Schülerinnen und Schüler der Grundschule und der Sekundarstufe I auch im Falle der Nichtversetzung zum Ende des Schuljahres.

(4) Ist die Versetzung einer Schülerin oder eines Schülers gefährdet, weil die Leistungen in einem Fach abweichend von den im letzten Zeugnis erteilten Noten nicht mehr ausreichen, so sind die Eltern schriftlich zu benachrichtigen. Auf etwaige besondere Folgen einer Nichtversetzung der Schülerin oder des Schülers ist hinzuweisen. Hat die Schule die Eltern nicht benachrichtigt, so kann daraus kein Anspruch auf Versetzung hergeleitet werden. Unterbleibt die Benachrichtigung, obwohl ein Fach oder mehrere Fächer hätten abgemahnt werden müssen, werden Minderleistungen in einem Fach bei der Versetzungsentscheidung nicht berücksichtigt. Die Benachrichtigung entfällt bei volljährigen Schülerinnen und Schülern.

(5) Schülerinnen und Schüler, die nicht versetzt werden, wiederholen die bisher besuchte Klasse oder Jahrgangsstufe. Eine zweite Wiederholung ist in der Regel nicht zulässig.

## Erläuterungen

### Allgemeines

§ 50 enthält die grundsätzlichen Regelungen zur Versetzung. Wichtig sind die Aussagen in Abs. 3, die den schulischen Auftrag zur individuellen Förderung (siehe § 1 Abs. 1) umsetzen. Die Versetzung soll der Regelfall sein. **1**

Zur angestrebten Reduzierung der Zahl der Sitzenbleiber siehe *Sommer*, SchVw NRW, 2008, S. 226, sowie *Helmke/Pham*, Schule NRW 2010, S. 497. Zur Diskussion über einen Verzicht auf Sitzenbleiben siehe SchVw NRW 2013, S. 127.

Kritisch zu Ausmaß und Aufwand von Klassenwiederholungen: *Klemm*, SchVw NRW 2009, S. 346. Zur Vermeidung von Sitzenbleiben durch Individualisierung: *Schlömerkemper*, SchVw NRW 2009, S. 82. Die Inanspruchnahme und Ausgaben von Nachhilfeunterricht haben untersucht: *A. Klemm*, SchVw NRW 2010, S. 220, und *Hurrelmann*, SchVw NRW 2016, S. 132.

**Zu Absatz 1**

2    Versetzungsbedingungen und Ausgleichsregelungen enthalten für die Schulformen Grundschule: § 7 AO-GS, Hauptschule: §§ 21 bis 23 und § 25 APO-S I, Realschule: §§ 21 bis 23 und § 26 APO-S I, Gymnasium: §§ 21 bis 23 und § 27 APO-S I, Gesamtschule: §§ 21 bis 23 und § 28 APO-S I, Sekundarschule: §§ 21 bis 23 und § 29, Gymnasiale Oberstufe: § 9 APO-GOSt.

Vorversetzung: siehe § 21 Abs. 2 APO-S I und § 2 Abs. 3 APO-GOSt.

Prognoseklausel: In der Grundschule müssen eine hinreichende Förderung und eine erfolgreiche Mitarbeit möglich sein (§ 7 Abs. 4 AO-GS) möglich sein. In der Sekundarstufe I müssen besondere Gründe für die Nichtversetzung vorliegen und es muss eine erfolgreiche Mitarbeit erwartet werden können (§ 22 Abs. 3 APO-S I).

3    Nachprüfung: Für nicht versetzte Schüler ab Klasse 7 siehe § 23 APO-S I. Nachprüfungen müssen vor Unterrichtsbeginn des neuen Schuljahres abgeschlossen sein (§ 42 Abs. 7).

Übergänge ohne Versetzung gibt es in folgenden Fällen:

– Grundschule: von Klasse 1 nach 2 (§ 7 Abs. 1 AO-GS),
– Erprobungsstufe: von Klasse 5 nach 6 (§ 10 Abs. 1 APO-S I),
– Gesamtschule: Übergang in die Klassen 6 bis 9 (§ 28 APO-S I),
– Sekundarschule: je nach Bildungsgang (§ 29 APO-S I).

**Zu Absatz 2**

4    Mitglieder und Aufgaben der Klassenkonferenz ergeben sich aus § 71.

**Zu Absatz 3**

5    Zur individuellen Lern- und Förderempfehlung: § 7 Abs. 4 AO-GS und § 7 Abs. 5 APO-S I. Lern- und Förderempfehlungen sind nicht Bestandteil des Zeugnisses.

**Zu Absatz 4**

6    Die Eltern werden bei gefährdeter Versetzung spätestens zehn Wochen vor dem Versetzungstermin benachrichtigt (sog. *Blauer Brief*: § 7 Abs. 4 APO-S I). In der Gesamtschule und je nach Bildungsgang in der Sekundarschule wird eine Empfehlung erteilt (§ 28 Abs. 1 und § 29 APO-S I). Die Eltern sind davon vorab schriftlich zu informieren.

**Zu Absatz 5**

7    Zur Höchstverweildauer im Bildungsgang siehe § 2 APO-S I. Eine Sonderregelung besteht für die Hauptschule (§ 25 Abs. 4 APO-SI). Nicht versetzte Schüler erhalten ihr Zeugnis am vorletzten Unterrichtstag; siehe Nr. 1.4 des Zeugniserlasses. Die Wiederholerquoten der letzten 20 Jahre vergleicht *Möller*, SchVw NRW 2015, S. 59.

### § 51    Schulische Abschlussprüfungen, Externenprüfung, Anerkennung

**(1) Soweit die Ausbildungs- und Prüfungsordnungen für schulische Bildungsgänge Abschlussprüfungen vorsehen, wird in diesen festgestellt, ob und auf welchem Leistungsstand die Schülerin oder der Schüler das Ziel des Bildungsgangs erreicht hat. Die Prüfungsanforderungen werden durch die Ausbildungs- und Prüfungsordnung sowie die Richtlinien und Lehrpläne bestimmt.**

**(2) Personen, die keine öffentliche Schule oder Ersatzschule besuchen, können in einer besonderen Prüfung die Abschlüsse nachträglich erwerben (Externenprüfung).**

**(3) Eine nicht bestandene Prüfung kann in der Regel nur einmal wiederholt werden.**

(4) Abschlüsse und Berechtigungen, die außerhalb des Landes Nordrhein-Westfalen erworben wurden, bedürfen der Anerkennung durch die Schulaufsichtsbehörde. Die Anerkennung von Abschlüssen und Berechtigungen, die in anderen Ländern der Bundesrepublik Deutschland erworben wurden, ist nur zu versagen, wenn ihrem Erwerb gleichwertige Anforderungen nicht zu Grunde liegen.

## Erläuterungen

### Allgemeines

Die Vorschrift enthält insbesondere einige Kernaussagen über schulische Prüfungen, die als Vorgaben bei den Ausbildungs- und Prüfungsordnungen zu beachten sind. **1**

### Zu Absatz 1

Zu den schulischen Abschlussprüfungen siehe §§ 30 ff. APO-SI, §§ 20 ff. APO-GOSt und § 16 Abs. 1 APO-BK. Zu den Abschlüssen siehe auch E 17. Das Thema Prüfungsangst als Faktor für die Leistungsbewertung behandelt *Junker*, SchVw NRW 2016, S. 25. **2**

### Zu Absatz 2

Zu den Prüfungsordnungen für Externe siehe bei § 52 Abs. 2. **3**

### Zu Absatz 3

Diese Regelung entspricht der Regelung für Versetzungen; siehe § 50 Abs. 5 Satz 2. **4**

### Zu Absatz 4

Damit soll eine bundeseinheitliche Handhabung erreicht werden, die den Anforderungen des Landesrechts ebenso entspricht wie einem bundesfreundlichen Umgang der Länder miteinander. **5**

### § 52 Ausbildungs- und Prüfungsordnungen

(1) Am Ende eines Bildungsganges wird festgestellt, ob die Schülerin oder der Schüler das Ausbildungsziel erreicht hat. Das Ministerium erlässt unter Beachtung des Grundsatzes der eigenverantwortlichen Schule (§ 3) und mit Zustimmung des für Schulen zuständigen Landtagsausschusses durch Rechtsverordnung Ausbildungs- und Prüfungsordnungen, die insbesondere Regelungen enthalten über

1. die Aufnahmevoraussetzungen und den Schulformwechsel,
2. die Stundentafel,
3. die Gliederung und die Dauer der Ausbildung,
4. die Unterrichtsorganisation,
5. die Unterrichtsfächer, die Lernbereiche, die Pflichtbedingungen, die Wahlmöglichkeiten,
6. die Versetzung,
7. die Leistungsnachweise bei Abschlüssen ohne Prüfung,
8. den Zweck und die Gliederung der Prüfung,
9. die Bildung und Zusammensetzung von Prüfungsausschüssen sowie die Teilnahme von Vertreterinnen und Vertretern des Schulträgers und der Eltern,
10. die Zulassung zur Prüfung,
11. den Ablauf und das Verfahren der Prüfung,
12. die Prüfungsfächer, einschließlich Art, Zahl und Umfang der Prüfungsleistungen sowie die Befreiung und Ersetzung von Prüfungsleistungen,

13. den Rücktritt von der Prüfung und die Folgen des Nichterbringens von Prüfungsleistungen,
14. die Folgen von Täuschungshandlungen, insbesondere den Ausschluss von der Prüfung und die nachträgliche Aberkennung des Prüfungszeugnisses,
15. die Bewertung von Prüfungsleistungen sowie die Voraussetzungen für das Bestehen der Prüfung,
16. die Erteilung von Abschluss- und Prüfungszeugnissen und die damit verbundenen Berechtigungen,
17. die Folgen des Nichtbestehens der Prüfung sowie die Voraussetzungen und das Verfahren für Nachprüfungen und Wiederholungsprüfungen,
18. den Ausgleich von Nachteilen der Schülerinnen und Schüler mit einer Behinderung.

(2) Für Externenprüfungen erlässt das Ministerium mit Zustimmung des für Schulen zuständigen Landtagsausschusses durch Rechtsverordnung Prüfungsordnungen in entsprechender Anwendung des Absatzes 1.

(3) Für Prüfungen im Rahmen von vorbereitenden Lehrgängen an Weiterbildungseinrichtungen, die zum nachträglichen Erwerb eines Schulabschlusses der Sekundarstufe I führen, erlässt das Ministerium durch Rechtsverordnung die Prüfungsordnung.

## Erläuterungen

### Allgemeines

1 Die Ausgestaltung der Bildungsgänge und die Prüfungen bedürfen wegen ihrer Bedeutung und Rechtswirkungen einer gesetzlichen Regelung. § 52 enthält dafür die nach Inhalt, Zweck und Ausmaß eingegrenzte Ermächtigung an das Ministerium, die näheren Regelungen durch Rechtsverordnung zu regeln. Hinweise zu den schulformspezifischen Regelungen siehe bei §§ 48 ff.

Über diese Verordnungen berät und beschließt allerdings auch der Landtag (Zustimmung des Schulausschusses). Das ist zwar verfassungsrechtlich problematisch, aber doch noch weniger systemwidrig und bürokratisch als es eine Bindung an die Zustimmung des gesamten Landtags wäre. Ohne die erforderliche Zustimmung des Ausschusses würden wohl nur intern Arbeitskreise der Regierungsfraktionen „unter dem Tisch" beteiligt.

### Zu Absatz 1

2 Es sind insbesondere folgende Ausbildungs- und Prüfungsordnungen erlassen worden:

- Grundschule: AO-GS (BASS 13–11 Nr. 1.1)
- Sekundarstufe I: APO-S I (BASS 13–21 Nr. 1.1)
- Sonderpädagogische Förderung: AO-SF (BASS 13–41 Nr. 2.1)
- Gymnasiale Oberstufe: APO-GOSt (BASS 13–32 Nr. 3.1 B)
- Berufskolleg: APO-BK (BASS 13–33 Nr. 1.1) und
- Praktikums-Ausbildungsordnung (BASS 13–31 Nr. 1).

Die weiteren Daten und Fundstellen – auch im SchR und im SchRHB – der entsprechenden Verordnungen sind hier oben im Abkürzungsverzeichnis abgedruckt.

Etwaige Mängel im Prüfungsverfahren werden anhand der Kriterien der Rechtsprechung aufgezeigt bei *Minten*, SchRHB R 239.

**Zu Absatz 2**

Für Externenprüfungen sind folgende Prüfungsordnungen erlassen worden: **3**

- Externenprüfung Abschlüsse S I: PO-Externe-S I (BASS 19–32 Nr. 4.1)
- Externenprüfung Abitur: PO-Externe-A (BASS 19–33 Nr. 2)
- Externenprüfung Berufskolleg: PO-Externe-BK (BASS 19–33 Nr. 4.1)

Feststellungsprüfung zur Aufnahme eines Hochschulstudiums: PO-FeP-Hochschule (BASS 13–73 Nr. 29.1).

Die weiteren Daten und Fundstellen der entsprechenden Verordnungen sind hier oben im Abkürzungsverzeichnis abgedruckt.

**Zu Absatz 3**

Das Nähere regelt die PO-SI-WbG (BASS 19–22 Nr. 1). **4**

## Dritter Abschnitt – Weitere Vorschriften über das Schulverhältnis

### § 53 Erzieherische Einwirkungen, Ordnungsmaßnahmen

(1) Erzieherische Einwirkungen und Ordnungsmaßnahmen dienen der geordneten Unterrichts- und Erziehungsarbeit der Schule sowie dem Schutz von Personen und Sachen. Sie können angewendet werden, wenn eine Schülerin oder ein Schüler Pflichten verletzt. Der Grundsatz der Verhältnismäßigkeit ist zu beachten. Ordnungsmaßnahmen sind nur zulässig, wenn erzieherische Einwirkungen nicht ausreichen. Einwirkungen gegen mehrere Schülerinnen und Schüler sind nur zulässig, wenn das Fehlverhalten jeder oder jedem Einzelnen zuzurechnen ist.

(2) Zu den erzieherischen Einwirkungen gehören insbesondere das erzieherische Gespräch, die Ermahnung, Gruppengespräche mit Schülerinnen, Schülern und Eltern, die mündliche oder schriftliche Missbilligung des Fehlverhaltens, der Ausschluss von der laufenden Unterrichtsstunde, die Nacharbeit unter Aufsicht nach vorheriger Benachrichtigung der Eltern, die zeitweise Wegnahme von Gegenständen, Maßnahmen mit dem Ziel der Wiedergutmachung angerichteten Schadens und die Beauftragung mit Aufgaben, die geeignet sind, das Fehlverhalten zu verdeutlichen. Bei wiederholtem Fehlverhalten soll eine schriftliche Information der Eltern erfolgen, damit die erzieherische Einwirkung der Schule vom Elternhaus unterstützt werden kann. Bei besonders häufigem Fehlverhalten einer Schülerin oder eines Schülers oder gemeinschaftlichem Fehlverhalten der Klasse oder Lerngruppe soll den Ursachen für das Fehlverhalten in besonderer Weise nachgegangen werden.

(3) Ordnungsmaßnahmen sind

1. der schriftliche Verweis,
2. die Überweisung in eine parallele Klasse oder Lerngruppe,
3. der vorübergehende Ausschluss vom Unterricht von einem Tag bis zu zwei Wochen und von sonstigen Schulveranstaltungen,
4. die Androhung der Entlassung von der Schule,
5. die Entlassung von der Schule,
6. die Androhung der Verweisung von allen öffentlichen Schulen des Landes durch die obere Schulaufsichtsbehörde,
7. die Verweisung von allen öffentlichen Schulen des Landes durch die obere Schulaufsichtsbehörde.

Rechtsbehelfe (Widerspruch und Anfechtungsklage) gegen Ordnungsmaßnahmen nach Satz 1 Nr. 2 und 3 haben keine aufschiebende Wirkung. § 80 Abs. 4, 5, 7 und 8 der Verwaltungsgerichtsordnung bleibt unberührt.

(4) Maßnahmen nach Absatz 3 Nr. 4 und 5 sind nur zulässig, wenn die Schülerin oder der Schüler durch schweres oder wiederholtes Fehlverhalten die Erfüllung der Aufgaben der Schule oder die Rechte anderer ernstlich gefährdet oder verletzt hat. Bei Schulpflichtigen bedarf die Entlassung von der Schule der Bestätigung durch die Schulaufsichtsbehörde, die die Schülerin oder den Schüler einer anderen Schule zuweisen kann. Die Entlassung einer Schülerin oder eines Schülers, die oder der nicht mehr schulpflichtig ist, kann ohne vorherige Androhung erfolgen, wenn die Schülerin oder der Schüler innerhalb eines Zeitraumes von 30 Tagen insgesamt 20 Unterrichtsstunden unentschuldigt versäumt hat.

(5) Maßnahmen nach Absatz 3 Nr. 6 und 7 sind nur zulässig, wenn die Anwesenheit der Schülerin oder des Schülers aus Gründen der Sicherheit nicht verantwortet werden kann. Diese Entscheidung bedarf der Bestätigung durch das Ministerium. Soweit die Schülerin

oder der Schüler die Schulpflicht noch nicht erfüllt hat, ist für geeignete Bildungsmaßnahmen zu sorgen.

(6) Über Ordnungsmaßnahmen nach Absatz 3 Nr. 1 bis 3 entscheidet die Schulleiterin oder der Schulleiter nach Anhörung der Schülerin oder des Schülers. Die Schulleiterin oder der Schulleiter kann sich von der Teilkonferenz gemäß Absatz 7 beraten lassen oder ihr die Entscheidungsbefugnis übertragen. Den Eltern und der Klassenlehrerin oder dem Klassenlehrer oder der Jahrgangsstufenleiterin oder dem Jahrgangsstufenleiter ist vor der Entscheidung Gelegenheit zur Stellungnahme zu geben. In dringenden Fällen kann auf vorherige Anhörungen verzichtet werden; sie sind dann nachzuholen.

(7) Über Ordnungsmaßnahmen nach Absatz 3 Nr. 4 und 5 entscheidet eine von der Lehrerkonferenz berufene Teilkonferenz. Der Teilkonferenz gehören ein Mitglied der Schulleitung, die Klassenlehrerin oder der Klassenlehrer oder die Jahrgangsstufenleiterin oder der Jahrgangsstufenleiter und drei weitere, für die Dauer eines Schuljahres zu wählende Lehrerinnen und Lehrer oder Mitarbeiterinnen und Mitarbeiter gemäß § 58 als ständige Mitglieder an. Weitere, für die Dauer eines Schuljahres zu wählende Mitglieder sind eine Vertreterin oder ein Vertreter der Schulpflegschaft und des Schülerrates. Diese nehmen an Sitzungen nicht teil, wenn die Schülerin oder der Schüler oder die Eltern der Teilnahme widersprechen.

(8) Vor der Beschlussfassung hat die Teilkonferenz der betroffenen Schülerin oder dem betroffenen Schüler und deren Eltern Gelegenheit zu geben, zu dem Vorwurf der Pflichtverletzung Stellung zu nehmen; zu der Anhörung kann die Schülerin oder der Schüler eine Person des Vertrauens aus dem Kreis der Schülerinnen und Schüler oder der Lehrerinnen und Lehrer hinzuziehen.

(9) Ordnungsmaßnahmen werden den Eltern schriftlich bekannt gegeben und begründet.

## Erläuterungen

### Allgemeines

§ 53 ist die rechtliche Grundlage für die Reaktion der Schule auf pflichtwidriges Verhalten von Schülerinnen und Schülern. Neu geregelt durch das SchulG-ÄG 2006 sind die Rechtsbehelfe (Abs. 3) sowie die Zuständigkeiten in den Absätzen 6 und 7. Siehe auch **E 20**.   1

### Zu Absatz 1

Einwirkungen und Maßnahmen nach § 53 müssen geeignet, erforderlich und verhältnismäßig sein. Kollektivmaßnahmen setzen voraus, dass das Fehlverhalten einzeln nachweisbar zuzurechnen ist; siehe aber auch Abs. 2 Satz 3 und **E 20**. Tesafilm ist kein zulässiges Disziplinierungsmittel bei Grundschülern; so das BAG vom 19.04.2012 (SPE 360 Nr. 20) und *Bott*, SchVw NRW 2014, S. 275.   2

Erzieherische Einwirkungen und Ordnungsmaßnahmen unterscheiden sich in der Rechtsqualität, dem Rechtsweg, der Einhaltung von Formvorschriften und dem aussprechenden Organ. Ordnungsmaßnahmen beziehen sich in der Regel auf Fehlverhalten in der Schule. Sie können als Verwaltungsakte angefochten werden; siehe dazu auch bei § 48 Abs. 1 und § 49 Abs. 1.   3

In besonderen Fällen sind sie auch bei einem außerschulischen Fehlverhalten möglich, wenn ein direkter Zusammenhang mit dem Schulverhältnis besteht. So hat das OVG NRW vom 21.07.1998 (SPE 924 Nr. 27) entschieden, dass ein gewaltsamer Übergriff auf einen Mitschüler an der Bushaltestelle vor der Schule in die Schule hineinwirkt. Gleiches gilt beim sog. Cybermobbing; siehe dazu *Müsgens*, Schule NRW 2012, S. 54. Fragen zum Cyberbullying behandeln *Neubauer/Dormann*, SchVw NRW 2016, S. 164.

Der VGH B-W vom 28.07.2009 (SPE 924 Nr. 44) hat es als besonders schweres Fehlverhalten angesehen, dass Schüler einen missliebigen Mitschüler in massiver und bedrohlicher Form „bis vor die Tür" verfolgt haben; dies hat den sofortigen Ausschluss aus der Schule gerechtfertigt. Beispiele bringt auch *Böhm*, SchVw NRW 2012, S. 25, sowie 2014, S. 60.

**4** Insbesondere Ordnungsmaßnahmen müssen dem Grundsatz der Verhältnismäßigkeit entsprechen; so hat das VG Düsseldorf vom 11.05.2011 (SPE 223 Nr. 22) die Entlassung eines Schülers von der Schule als nicht verhältnismäßig angesehen, der eine Schlägerei vor der Schule auf Facebook veröffentlicht hatte. Das OVG NRW hat durch B. vom 17.09.2014 (SPE 902 Nr. 19) bei kompromittierenden Facebook-Fotos von einem Lehrer eine Ordnungsmaßnahme (Klassenwechsel) bestätigt; siehe SchVw NRW 2015, S. 29.

Zum Vorrang erzieherischer Einwirkungen siehe *Minten* zu OVG NRW vom 23.02.2007 (SchVw NRW 2007, S. 337). Zur Tätigkeit von Schulschiedsstellen siehe Schule NRW 2008, S. 24 und 2010, S. 409.

Wie die Schule bei destruktivem Schülerverhalten und Gewalt gegen Lehrer frühzeitig reagieren soll, beschreibt *Bründel*, SchVw NRW 2010, S. 21.

**Zu Absatz 2**

**5** Die Aufzählung ist nicht abschließend. Erzieherische Einwirkungen kann jede Lehrkraft aussprechen. Es ist kein förmliches Verfahren einzuhalten. Die Beschwerde ist möglich. Zum praktischen Umgang der Schule mit Beschwerden siehe *Bartz*, SchVw NRW 2012, S. 112 und S. 157.

Zum Umgang mit Smartphones in Schulen siehe *Levin*, SchVw NRW 2014, S. 118.

**Zu Absatz 3**

**6** Der Eingriff in die allgemeinen Handlungsfreiheit (Art. 2 Abs. 1 GG) erfordert eine gesetzliche Regelung. Die Ordnungsmaßnahmen sind abschließend aufgezählt. Widerspruch und Klage sind gegen eine Ordnungsmaßnahme möglich. Sie entfalten aber bei Nr. 2 und 3 keine aufschiebende Wirkung, sofern § 80 VwGO (SchR 1.5/1) nicht greift. Klagen sind seit dem 01.01.2011 gegen das Land zu richten, wie das OVG NRW vom 14.01.2011 – 19 B 14/11 – festgestellt hat; siehe dazu SchVw NRW 2011, S. 150. Zur Prozessvertretung siehe den Vertretungserlass vom 01.07.2011/03.04.2014 (BASS 10-32 Nr. 66; SchR 3.7.4/11).

**7** Zu Nr. 1 bis 3: Über die leichteren Maßnahmen entscheidet der Schulleiter; siehe Abs. 6.

Zu Nr. 2: Die Regelungswirkung einer Überweisung entfällt mit dem Ende des Schulverhältnisses; OVG NRW vom 11.09.2012 (SPE 902 Nr. 16).

Zu Nr. 3: Das vorzeitige Zurückschicken von einer Schulfahrt entspricht dem mehrtägigen Unterrichtsausschluss; vgl. dazu BayVGH vom 16.06.2005 (SPE 158 Nr. 4).

Zu Nr. 4 und 5: Die Entlassung von der Schule setzt in der Regel die Androhung der Entlassung (Nr. 4) voraus; siehe bei Abs. 4. Angriffe auf Lehrer im Internet können die Androhung der Entlassung rechtfertigen; so VG Düsseldorf – 18 K 2667/07; siehe SchVw NRW 2008, S. 284 sowie auch SchVw NRW 2007, S. 253. Siehe auch SPE 223 zu weiteren Fällen. Nach OVG Rh-Pf. vom 14.08.2013 kann ein Schulausschluss auch bei vorgetäuschtem Handel mit illegalen Drogen gerechtfertigt sein (SchVw NRW 2013, S. 317). Die Voraussetzungen einer Entlassung (Fall Voyerismus) analysieren *Lambert/Fehrmann*, SchVw NRW 2016, S. 86.

**Zu Absatz 4**

**8** Es fehlt zwar die ausdrückliche Regelung, dass die Androhung der Entlassung (Abs. 3 Nr. 4) in der Regel einer Entlassung vorausgehen muss. Das OVG NRW hat dazu aber am 21.04.2006 – 19 B 742/06 – sowie am 06.06.2006 (SPE 924 Nr. 33) entschieden, dass diese Reihenfolge einzuhalten sei. Nur in begründeten Ausnahmefällen (zusätzliche erschwerende Umstände) sei es verhältnismäßig, die sofortige Entlassung ohne vorherige Androhung auszusprechen. Dazu auch *Minten* SchVw NRW 2006, S. 318.

Zum unentschuldigten Fehlen von ununterbrochen 20 Tagen siehe § 47 Abs. 1 Nr. 8.    **9**

### Zu Absatz 5

Als geeignete Bildungsmaßnahmen kommen Einrichtungen gemäß § 37 Abs. 4 (Heime,    **10** Anstalten, Familienpflege) in Betracht.

### Zu Absatz 6

Für die leichteren Ordnungsmaßnahmen (Nr. 1 bis 3) bedarf es also nicht eines Konferenzbe-    **11** schlusses; die Einschaltung der Teilkonferenz – als Regel oder im Einzelfall – liegt im Ermessen der Schulleitung. Dabei muss protokollfest klar sein, wer entscheidet, sonst liegt ein Verfahrensfehler vor; vgl. OVG NRW vom 14.01.2011 (SchVw NRW 2011, S. 218).

### Zu Absatz 7

Die Zusammensetzung der Teilkonferenz ist damit vorgegeben. Diese gesetzlichen Vorga-    **12** ben sind strikt einzuhalten; Verstöße führen zur Rechtswidrigkeit der Maßnahme. Siehe dazu OVG NRW vom 26.05.2014 (SPE 370 Nr. 29) sowie *Pfaff*, SchVw NRW 2014, S. 273.

### Zu Absatz 8

Das rechtliche Gehör ist ein unverzichtbares rechtsstaatliches Erfordernis; siehe Art. 20 GG,    **13** § 28 VwVfG NRW.

Anwaltliche Vertretung ist im Verfahren in der Schule nicht vorgesehen, wie sich auch aus § 2 Abs. 3 Nr. 3 und 14 VwVfG NRW ergibt.

### Zu Absatz 9

Zur schriftlichen Bekanntgabe und zur Begründung (wesentliche Gesichtspunkte bei Ermes-    **14** sensentscheidungen) siehe auch § 37 und § 39 VwVfG NRW (SchR 1.4/1). Zur Schriftlichkeit siehe *Oruç-Uzun*, SchVw NRW 2015, S. 152.

### § 54    Schulgesundheit

**(1) Die Schulgesundheitspflege hat das Ziel, Krankheiten der Schülerinnen und Schüler vorzubeugen, sie frühzeitig zu erkennen und Wege zu ihrer Heilung aufzuzeigen. Die Aufgaben der Schulgesundheitspflege nehmen die unteren Gesundheitsbehörden in Zusammenarbeit mit der Schule und den Eltern wahr.**

**(2) Für jede Schule bestellt die untere Gesundheitsbehörde im Benehmen mit dem Schulträger eine Schulärztin oder einen Schularzt. Der schulärztliche Dienst umfasst insbesondere:**

1. **ärztliche Reihenuntersuchungen, insbesondere zur Einschulung und Entlassung, und zahnärztliche Untersuchungen,**
2. **eine besondere Überwachung der Schülerinnen und Schüler, deren Gesundheitszustand eine fortlaufende Kontrolle erforderlich macht,**
3. **schulärztliche Sprechstunden für Eltern, Schüler- und Lehrerschaft,**
4. **gesundheitsfürsorgerische Maßnahmen für die Schülerinnen und Schüler,**
5. **Beratung der Lehrerinnen und Lehrer in Fragen der Gesundheitspflege,**
6. **Mitarbeit bei der Bekämpfung übertragbarer Krankheiten in Schulen.**

(3) Die Schülerinnen und Schüler sind verpflichtet, sich in Reihenuntersuchungen schulärztlich untersuchen zu lassen. Weitere Maßnahmen zur Schulgesundheitspflege richten sich nach dem Infektionsschutzgesetz.

(4) Schülerinnen und Schüler, deren Verbleib in der Schule eine konkrete Gefahr für die Gesundheit anderer bedeutet, können vorübergehend oder dauernd vom Schulbesuch ausgeschlossen werden. Die Entscheidung trifft die Schulleiterin oder der Schulleiter auf Grund eines Gutachtens des schulärztlichen Dienstes. Bei Gefahr im Verzuge ist die Schulleiterin oder der Schulleiter befugt, einen vorläufigen Ausschluss vom Besuch der Schule auszusprechen.

(5) Der Verkauf, der Ausschank und der Genuss alkoholischer Getränke im Zusammenhang mit schulischen Veranstaltungen sind auf dem Schulgrundstück sowie außerhalb des Schulgrundstücks untersagt. Über Ausnahmen von Satz 1 entscheidet die Schulkonferenz, die bei ihrer Entscheidung insbesondere die Vorbildwirkung zu berücksichtigen hat. Für branntweinhaltige Getränke und sonstige Rauschmittel ist keine Ausnahme möglich.

(6) Das Rauchverbot an Schulen bestimmt sich nach den Vorschriften des Nichtraucherschutzgesetzes NRW.

(7) Die Absätze 1 bis 4 gelten auch für Ersatzschulen; die Absätze 5 und 6 gelten auch für Ersatzschulen und Ergänzungsschulen.

## Erläuterungen

### Allgemeines

1   § 54 enthält die rechtliche Grundlage für Aufgaben und Handeln des schulärztlichen Dienstes sowie Aussagen zum Alkoholverbot und zum Rauchverbot in der Schule. Nicht hier geregelt sind Fragen der gesunden Schulverpflegung; sie gehört bei Ganztagsschulen zu den sächlichen Voraussetzungen. Siehe dazu bei Abs. 2. Fragen der Medikamentenabgabe durch Lehrkräfte behandeln *Nolte*, SchVw NRW 2012, S. 118 sowie *Zakrzewski*, SchVw NRW 2013, S. 324.

### Zu Absatz 1

2   Für Schulen und Gemeinschaftseinrichtungen siehe §§ 33 ff. Infektionsschutzgesetz (SchR 3.3.1/1).

Zur Gesundheitsvorsorge gehört auch die Drogen- und Suchtberatung.

Näheres zur Bekämpfung des Alkoholmissbrauchs und des Tabakkonsums als Aufgabe der Gesundheitserziehung in der Schule siehe BASS 18–02 Nr. 2 und SchR 3.3.1/81.

3   Zum Thema Gesundheit und Schule siehe *Reinink/Kohtz*, Schule NRW 2010, S. 448 sowie das Konzept von *Hundeloh*, SchVw NRW 2010, S. 226 und 268. Eine kommunal vernetzte Gesundheitsförderung stellen *Nau/Dreiskämper* vor in Schule NRW 2013, S. 324. Zum Landesprogramm Bildung und Gesundheit siehe: www.bug-nrw.de sowie zu praktischen Maßnahmen: *Barz/Kroll*, SchVw NRW 2016, S. 301. Zur Diabetesvorsorge an Schulen siehe Antwort der Landesregierung vom 21.06.2013 (SchVw NRW 2013, S. 286).

Eine gesunde Schulverpflegung ist Aufgabe der Schule; siehe Schule NRW Beilage 2009/10. Über die Arbeit eines Mensavereins berichtet SchVw NRW 2009, S. 80. Es ist Aufgabe der Schulkonferenz, sich um diese Fragen zu kümmern.

Über das Schulobstprogramm und das Schulmilchprogramm der EU informieren www.schulobst.nrw.de und www.schulmilch.nrw.de. Die Zuwendungsrichtlinien des Landes enthält SchR 3.7.6/255 und 261.

**Zu Absatz 2**

Diese Aufzählung der Aufgaben ist nicht abschließend.                                                    **4**

**Zu Absatz 3**

Dies ist die gesetzliche Grundlage für Eingriffe in die körperliche Unversehrtheit gemäß    **5**
Art. 2 Abs. 2 Satz 1 GG.

**Zu Absatz 4**

Siehe § 34 Infektionsschutzgesetz, insbesondere zu den Meldepflichten.                                  **6**

Über den Infektions- und Gesundheitsschutz der Lehrkräfte informiert *Beyerlein*, Schule
NRW 2012, S. 183.

**Zu Absatz 5**

Das Alkoholverbot bezieht sich auf alle Schulveranstaltungen innerhalb und außerhalb des    **7**
Schulgeländes. Zu etwaigen Ausnahmen muss sich die Schulkonferenz verhalten.

**Zu Absatz 6**

Nach der Gesetzesänderung (siehe E 8) sind die strengen allgemeinen Vorschriften des Nicht-   **8**
raucherschutzgesetzes vom 20.12.2007/04.12.2012 (BASS 21–91 Nr. 3; SchRHB V 17/1) unmittelbar in der Schule anzuwenden.

Es gilt ein ausnahmsloses Rauchverbot auf dem gesamten Schulgrundstück und für schulische Veranstaltungen außerhalb des Schulgrundstücks (§ 3 Abs. 1 NiSchG NRW). Zu Unter-
stützungsmaßnahmen für die rauchfreie Schule siehe *Gass*, SchVw NRW 2007, S. 166. Die
Schulleiterin oder der Schulleiter ist verantwortlich für die Einhaltung des Rauchverbots und
der Hinweispflichten.

**Zu Absatz 7**

Der Schutz vor Gesundheitsgefährdungen gilt an öffentlichen Schulen und an Ersatzschulen.   **9**
Auch das Alkohol- und das Rauchverbot gelten für alle Schulen.

## § 55   Wirtschaftliche Betätigung, Geldsammlungen

**(1) Der Vertrieb von Waren aller Art und andere wirtschaftliche Betätigungen sind mit
Ausnahme des Vertriebs von Speisen und Getränken, die zum Verzehr in Pausen und
Freistunden bestimmt sind, in der Schule unzulässig. Art und Umfang des Angebots sowie
die Art des Vertriebs von Speisen und Getränken werden unter Beteiligung der Schulkonferenz im Einvernehmen mit dem Schulträger festgelegt.**

**(2) Für Elternverbände gemäß § 77 Abs. 3 Nr. 2 darf für Zwecke ihrer Mitwirkungsaufga-
ben in den Schulen gesammelt werden. Dabei sind die Grundsätze der Freiwilligkeit und
der Anonymität der Spende sowie die Gleichbehandlung der Verbände zu gewährleisten.
Im Übrigen dürfen Geldsammlungen in der Schule nur nach Entscheidung der Schulkonferenz durchgeführt werden.**

Erläuterungen

**Allgemeines**

Wie das Werbeverbot (§ 56 und § 99 Abs. 3) soll auch § 55 die Neutralität der Schule sichern.   **1**
Neu (durch das SchulG-ÄG 2006) ist das Sammelprivileg zugunsten der Elternverbände
(Abs. 2).

**2**  Schulfotoaktionen sind kritisch zu sehen. Sie sind nur im schulischen Interesse zulässig; siehe *van den Hövel*, SchRHB, R 292. Die Schule darf sich nicht instrumentalisieren lassen. Solche Aktionen gehören im Übrigen allenfalls in den unterrichtsfreien Bereich. Vorzuziehen ist die Erstellung von Erinnerungsfotos mit eigenen Mitteln (Foto-AG). Zur alten Rechtsprechung des BGH siehe *Overbeck*, SchVw NRW 2008, S. 19; nach dem Urteil des BGH vom 26.05.2011 (SPE 174 Nr. 2) kann die Beeinflussung der Schulleitung durch einen Fotografen strafrechtlich relevant sein (Bestechung gemäß § 334 Abs. 3 Nr. 2 StGB). Zur Verhütung und Bekämpfung von Korruption in der öffentlichen Verwaltung siehe RdErl. des IM vom 20.08.2014 (BASS 21-91 Nr. 4; SchR 1.4/281).

**Zu Absatz 1**

**3**  Über den Verkauf von Speisen und Getränken informiert eine Empfehlung des MSJK (Beilage zum ABl. 7/2001). Zur Beteiligung der Schulkonferenz siehe § 65 Abs. 2 Nr. 15.

**Zu Absatz 2**

**4**  Die Entscheidung trifft die Schulkonferenz gemäß § 65 Abs. 2 Nr. 16.

Der Zweck einer Sammlung für Elternverbände muss deren Aufgaben in der Schulmitwirkung entsprechen; siehe dazu § 62 Abs. 1.

Zu den üblichen Sammlungen gehört z.B. die Schulsammlung des Deutschen Jugendherbergswerks; vgl. Schule NRW 2015, S. 528.

## § 56  Druckschriften, Plakate

**Schulfremde Druckschriften dürfen auf dem Schulgrundstück an die Schülerinnen und Schüler nicht verteilt werden. Ausnahmen kann die Schulleiterin oder der Schulleiter zulassen, wenn die Druckschriften schulischen oder gemeinnützigen Zwecken dienen. Das Recht der Verbände gemäß § 77 Abs. 3, sich an die Schulmitwirkungsorgane zu wenden, bleibt unberührt. Plakate dürfen mit Zustimmung der Schulleiterin oder des Schulleiters nur angebracht werden, wenn das grundsätzliche Verbot politischer und wirtschaftlicher Werbung dadurch nicht verletzt wird.**

### Erläuterungen

**1**  Keine schulfremden Druckschriften sind z.B. Veröffentlichungen der Schulaufsichtsbehörden oder schuleigene Schülerzeitungen (§ 45 Abs. 3), wohl aber allgemeine Jugendzeitschriften.

Der Einsatz von schulfremden Druckschriften für Zwecke des Unterrichts richtet sich nach den Regelungen für den Gebrauch von Lehr- und Lernmitteln.

Zu den Schulmitwirkungsorganen siehe § 65 ff.

Schulbezogene Mitteilungen der gemäß § 77 Abs. 3 beteiligten Verbände und Organisationen (z.B. Gewerkschaften und Elternverbände, Schülervertretung) können auch am Schwarzen Brett von Mitwirkungsorganen ausgehängt werden. Im Übrigen entscheiden die Mitwirkungsorgane, ob und wie sie solche Mitteilungen an Eltern und Schüler weiterleiten.

**2**  Zum grundsätzlichen Werbeverbot siehe § 99 Abs. 2. Es richtet sich insbesondere gegen eine einseitige Inanspruchnahme der Schule für wirtschaftliche oder parteipolitische Ziele.

# Sechster Teil – Schulpersonal

**§ 57 Lehrerinnen und Lehrer**

(1) Lehrerinnen und Lehrer unterrichten, erziehen, beraten, beurteilen, beaufsichtigen und betreuen Schülerinnen und Schüler in eigener Verantwortung im Rahmen der Bildungs- und Erziehungsziele (§ 2), der geltenden Rechts- und Verwaltungsvorschriften, der Anordnungen der Schulaufsichtsbehörden und der Konferenzbeschlüsse; sie fördern alle Schülerinnen und Schüler umfassend.

(2) Die Lehrerinnen und Lehrer wirken an der Gestaltung des Schullebens, an der Organisation der Schule und an der Fortentwicklung der Qualität schulischer Arbeit aktiv mit. Sie stimmen sich in der pädagogischen Arbeit miteinander ab und arbeiten zusammen.

(3) Lehrerinnen und Lehrer sind verpflichtet, sich zur Erhaltung und weiteren Entwicklung ihrer Kenntnisse und Fähigkeiten selbst fortzubilden und an dienstlichen Fortbildungsmaßnahmen auch in der unterrichtsfreien Zeit teilzunehmen. Die Genehmigung von Fortbildung während der Unterrichtszeit setzt in der Regel voraus, dass eine Vertretung gesichert ist oder der Unterricht vorgezogen oder nachgeholt oder Unterrichtsausfall auf andere Weise vermieden wird.

(4) Lehrerinnen und Lehrer an den öffentlichen Schulen des Landes, der Gemeinden und Gemeindeverbände stehen im Dienst des Landes; § 124 bleibt unberührt. Sie sind in der Regel Beamtinnen und Beamte, wenn sie die für ihre Laufbahn erforderliche Befähigung besitzen und die sonstigen beamtenrechtlichen Voraussetzungen erfüllen. Lehrerinnen und Lehrer können auch im Rahmen von Gestellungsverträgen beschäftigt werden.

(5) Ausschreibungen im Lehrereinstellungsverfahren für eine Schule sowie die Auswahl erfolgen durch die Schule; die Vorgaben der Schulaufsichtsbehörden sind dabei einzuhalten. Vor Versetzungen von Lehrerinnen und Lehrern aus dienstlichen Gründen sind die Schulen zu hören. Im Rahmen der arbeitsrechtlichen Bestimmungen und der der Schule zur Verfügung stehenden Stellen und Mittel kann die Schulleiterin oder der Schulleiter befristete Verträge zur Sicherung der Unterrichtsversorgung und zur Durchführung besonderer pädagogischer Aufgaben abschließen. Den Schulen können durch das Ministerium weitere Angelegenheiten übertragen werden.

## Erläuterungen

### Allgemeines

§ 57 enthält grundsätzliche Aussagen zu Aufgaben, Status und Einstellung von Lehrkräften. **1** Der bisherige Abs. 4 S. 3 (sog. Kopftuchverbot für Lehrkräfte und Privilegium Christianum) war vom BVerfG für nichtig erklärt worden (B. v. 27.01.2015 – 1 BVR 471/10 und 1 BVR 1181/10). Durch das 12. SchRÄG vom 25.06.2015 sind daraufhin die früheren Absätze 4 und 6 gestrichen worden; die Neutralitätsgebote sind in § 2 Abs. 8 aufgegangen. Zu den Anforderungen an den Lehrerberuf siehe auch **E 21**.

### Zu Absatz 1

Die Aufgaben sind in den §§ 5 ff. der 2012 neu gefassten Allgemeinen Dienstordnung (ADO) **2** konkretisiert. Zur Neufassung der ADO siehe *Jülich*, SchVw NRW 2012, S. 242. Die Aufgabe der Förderung zieht sich wie ein roter Faden durch das Schulgesetz; siehe etwa § 1 Abs. 1, § 2 und § 48 Abs. 1.

Zur Lehrerarbeitszeit siehe § 93 Abs. 2 Nr. 2 sowie § 2 AVO. Bereitschaftsanwesenheit in der Schule bis zu regelmäßig zwei bis drei Stunden in der Woche begründet noch keine Mehrarbeit; so OVG NRW vom 08.11.2005 (SPE 412 Nr. 4).

3 Eine wichtige Aufgabe ist die Aufsichtspflicht, während die Schüler am Unterricht oder an einer anderen Schulveranstaltung teilnehmen. Eltern müssen sich darauf verlassen können. Allgemein zur Aufsichtspflicht siehe die VV zu § 57 Abs. 1 vom 18.07.2005 (BASS 12–08 Nr. 1; SchRHB V 53/51). Die Aufsichtspflicht der Schule besteht nicht, wenn Schüler mit Zustimmung der Eltern das Schulgelände verlassen dürfen (z.B. in der Mittagspause).

Zur Aufsicht bei Klassenfahrten siehe Nr. 6 Richtlinien für Schulfahrten. Bei vorzeitiger Rückreise von einer Klassenfahrt müssen die Eltern für die Aufsicht sorgen; so OVG NRW vom 30.04.2010 – 19 A 993/07 – (SPE 138 Nr. 14).

Zur Aufsichtpflicht bei der Computernutzung in der Schule siehe *Levin*, SchVw NRW 2014, S. 315.

Zur Aufsicht auf dem Schulhof siehe *Minten* und OLG Hamm vom 17.10.2007, SchVw NRW 2008, S. 122. Eine Rundumbeobachtung aller Schüler (zur Vermeidung von Steinwürfen auf PKW nahe der Schule) ist nicht geboten; so OLG Frankfurt vom 18.01.2010 (SPE 144 Nr. 7); dazu *Bott*, SchVw NRW 2012, S. 119.

Die Aufsichtspflicht erstreckt sich nicht auf den Schulweg; bei Gefahren an einer Bushaltestelle vor der Schule darf die Schule aber nicht wegsehen.

4 Zur Medikamentengabe an chronisch kranke Schüler durch Lehrkräfte siehe *Zakrzewski*, SchVw NRW 2013, 324.

**Zu Absatz 2**

5 Auch dies sind dienstliche Aufgaben aller Lehrer. Mit dieser Aufgabenzuweisung (Abstimmung, Zusammenarbeit) ist die Selbstisolierung einer Lehrkraft als Einzelkämpfer nicht vereinbar. Über obligatorische Lehrgemeinschaften schreibt *Köker*, SchVw NRW 2013, S. 267.

Die Beteiligung am Schulleben ist eine dienstliche Aufgabe; Lehrer sollen auch Schüler dahin gehend fördern (§ 8 ADO) und die Beteiligung der Eltern einfordern (vgl. § 42 Abs. 4).

**Zu Absatz 3**

6 Zu den Aufgaben der Schulleiterin oder des Schulleiters gehört es, auf die Fortbildung der Lehrkräfte hinzuwirken (§ 59 Abs. 6). Dies bekräftigen § 11 und § 21 Abs. 1 ADO. Strukturen und Inhalte der Fort- und Weiterbildung regelt der RdErl. vom 06.04.2014 (BASS 20-22 Nr. 2; SchR 7.1.6/11).

**Zu Absatz 4**

7 Die Regelung zum Beamtenstatus sollte gemäß § 133 Abs. 3 SchulG 2005 am 31.12.2007 außer Kraft treten. Mit der Aufhebung der Vorschrift durch das SchulG-ÄG 2006 ist das entfallen. Das Beamtenrecht ist im neuen Beamtenstatusgesetz (Bund) und im neuen LBG vom 14.06.2016 (GV.NRW. 310) geregelt; siehe SchR 6.1.1/1 und 71 sowie *Sandforth*, SchRHB NRW, R 32. Eine Einführung in die aktuellen Änderungen des Dienstrechts in NRW gibt *Schrapper*, SchVw NRW 2016, S. 314.

8 Weitere Hinweise:

Die Ausbildung der Lehrer regeln das Lehrerausbildungsgesetz (LABG; siehe BASS 1–8; SchR 7.1.1/1) und die dazu erlassenen Rechtsverordnungen (LPO; OVP). Zur Rolle der

Bildungswissenschaften in der Lehrerausbildung siehe *Schulze-Stocker*, Schule NRW 2016 H. 9, S. 18.

Zum neuen Praxissemester: *Wehrhöfer*, Schule NRW 2014, S. 462, und *Waldthausen/Heemeyer*, Schule NRW 2015, S. 14, sowie *Kötter*, SchVw NRW 2014, S. 270.

Zum Seiteneinstieg in den Lehrerberuf: VO vom 06.10.2009 (OBAS – BASS 20-03 Nr. 17) und *Liedtke/Packwitz*, Schule NRW 2011, S. 474.

Pädagogische Einführung für neue Lehrkräfte ohne Lehrbefähigung: siehe RdErl. vom 19.12.2011 (BASS 20-11 Nr. 5; SchR 7.4/1).

Zur berufsbegleitenden Ausbildung zum Erwerb des Lehramts für sonderpädagogische Förderung siehe die Verordnung vom 20.12.2012 (VOBASOF) – (BASS 20-03 Nr. 22; SchR NRW 7.1.1/351); siehe dazu die Beilage August 2013 von Schule NRW und für Fachlehrkräfte: Verordnung über die Ausbildung und Prüfung für Fachlehrerinnen und Fachlehrer an Förderschulen und in der pädagogischen Frühförderung (APO FLFS) vom 25.04.2016 (BASS 20-11 Nr. 2.1; SchR 7.3.3/31).

Zum frühzeitigen Laufbahnwechsel siehe den Beschluss des Landespersonalausschlusses vom 24.04.2013 (ABl. NRW. 2013, S. 294).

Den Zugang zum Vorbereitungsdienst regelt die Lehramtszugangsverordnung (LZV) vom 25.04.2016 (BASS 20-02 Nr. 30; SchR 7.1.1/81).

Die neue Entgeltordnung für Lehrkräfte im Angestelltenverhältnis (SchR 6.4.2/31) erläutert *Schnierle*, SchVw NRW 2016, S. 213.

Ausländische Lehrkräfte: siehe RdErl. vom 02.07.2008 (BASS 21–08 Nr. 1.1; SchR 6.4.3/5).

Streikverbot: Das beamtenrechtliche Verbot, an Streikmaßnahmen teilzunehmen, gilt auch für Lehrkräfte im Beamtenverhältnis; siehe BVerwG vom 27.02.2014 (SPE 395 Nr. 3). Unerlaubtes Fernbleiben vom Dienst kann disziplinarische Folgen haben.

**Zu Absatz 5 und 6**

Die Entscheidungen der Auswahlkommission (Ausschreibung, Auswahl) stärken die **10** Selbstständigkeit der Schule.

Zum Lehrereinstellungsverfahren siehe den Grundsatzerlass vom 09.08.2007 (BASS 21–01 Nr. 16; SchR 6.1.3/71) und *Packwitz*, SchVw NRW 2015, S. 205. Richtlinien zur Stellenausschreibung: RdErl. vom 02.07.1993 (BASS 11–12 Nr. 1; SchR 6.1.3/11). Die neue Höchstaltersgrenze erläutert *Bals*, SchVw NRW 2016, S. 100.

Zur Versetzung von Lehrern siehe RdErl. vom 24.11.1989 (BASS 21–01 Nr. 21; SchR 6.1.6/101).

## § 58  Pädagogisches und sozialpädagogisches Personal

**Sonstige im Landesdienst stehende pädagogische und sozialpädagogische Mitarbeiterinnen und Mitarbeiter wirken bei der Bildungs- und Erziehungsarbeit mit.**

**Erläuterungen**

Diese Vorschrift sichert die bisherige Praxis, nach der z.B. Erzieher, Pädagogische **1** Unterrichtshilfen, Sozialpädagogen und Werkstattlehrer im Schuldienst beschäftigt werden. Die Kosten trägt gemäß § 92 Abs. 2 das Land.

Siehe auch **E 23.**

Zur Einstellung und Einführung von Werkstattlehrern siehe den RdErl. vom 10.04.1987 (BASS 20–11 Nr. 3; SchR 6.1.5/211).

Zur empfohlenen Beschäftigung von Schulverwaltungsassistenten siehe RdErl vom 18.09.2013 (BASS 21-01 Nr. 32 SchR 3.2.5/1) und *Packwitz*, Schule NRW 2009, S. 18.

Die Aufgaben der Schulpsychologen regelt der RdErl. vom 08.01.2007 (BASS 21–01 Nr. 15; SchR 6.1.5/301); dazu *Gödde/Kunigkeit*, Schule NRW 2010, S. 282. Siehe auch bei § 44 Abs. 5. Zur Hilfe für Zuwanderer: *Issmer/Wessendorf*, Schule NRW 2016, H. 4 S. 6.

Zu den Fachkräften für Schulsozialarbeit siehe RdErl. vom 23.01.2008 (BASS 21–13 Nr. 6), zur Schulsozialarbeit: *Hein*, Schule NRW 2012, S. 407, und *Berndt-Schmidt*, SchVw NRW 2013, S. 56, sowie *Drobek*, SchVw NRW 2015, S. 143.

Zu den Betreuungskräften in Offenen Ganztagsschulen, die nicht im Landesdienst stehen, siehe bei § 75 Abs. 4.

## § 59    Schulleiterinnen und Schulleiter

**(1) Jede Schule hat eine Schulleiterin oder einen Schulleiter, die oder der zugleich Lehrerin oder Lehrer ist.**

**(2) Die Schulleiterin oder der Schulleiter**

1. leitet die Schule und vertritt sie nach außen,
2. ist verantwortlich für die Erfüllung des Bildungs- und Erziehungsauftrags der Schule,
3. sorgt für die Qualitätsentwicklung und Qualitätssicherung in der Schule,
4. wirkt im Rahmen der personellen Ressourcen darauf hin, dass der Unterricht ungekürzt erteilt wird,
5. ist verantwortlich dafür, dass alle Vorbereitungen zum Unterrichtsbeginn des neuen Schuljahres abgeschlossen sind, und
6. nimmt das Hausrecht wahr.

Sie oder er kann in Erfüllung dieser Aufgaben als Vorgesetzte oder Vorgesetzter allen an der Schule tätigen Personen Weisungen erteilen.

**(3) Zu den Leitungsaufgaben der Schulleiterin oder des Schulleiters gehören insbesondere die Schulentwicklung, die Personalführung und Personalentwicklung, die Organisation und Verwaltung sowie die Kooperation mit der Schulaufsicht, dem Schulträger und den Partnern der Schule.**

**(4) Im Rahmen der übertragenen Zuständigkeiten wirkt die Schulleiterin oder der Schulleiter in Personalangelegenheiten mit und trifft selbst Personalentscheidungen, soweit diese Befugnisse übertragen sind. Sie oder er erstellt die dienstlichen Beurteilungen für die Lehrkräfte der Schule**

1. während der laufbahnrechtlichen Probezeit vor der Anstellung,
2. vor einer Übertragung des ersten Beförderungsamtes einer Laufbahn (soweit kein Leitungsamt im Sinne von § 60 Abs. 1),
3. vor einer Beurlaubung zum Auslandsschuldienst (mit Ausnahme von Funktionsstellen im Ausland), zur Wahrnehmung von Aufgaben der Entwicklungszusammenarbeit oder zu vergleichbaren Aufgaben,
4. vor einer Verwendung im Hochschuldienst.

**(5) Zur Stärkung der Selbstverwaltung und Eigenverantwortung der Schulen werden den Schulleiterinnen und Schulleitern Aufgaben der oder des Dienstvorgesetzten übertragen. Soweit diese Aufgaben durch Gesetz oder Rechtsverordnung übertragen worden sind,**

werden die Aufgaben und Beteiligungsrechte der Gleichstellungsbeauftragten gemäß § 15 Landesgleichstellungsgesetz von der Ansprechpartnerin für Gleichstellungsfragen wahrgenommen. § 16 Abs. 2 Satz 2 Landesgleichstellungsgesetz gilt entsprechend. Für die Ermittlung der Unterrepräsentanz gemäß § 7 Landesgleichstellungsgesetz sowie die Erstellung von Gleichstellungsplänen gilt § 3 Abs. 1 Satz 2 Landesgleichstellungsgesetz.

(6) Die Schulleiterin oder der Schulleiter entscheidet im Rahmen der von der Lehrerkonferenz gemäß § 68 Abs. 3 Nr. 3 beschlossenen Grundsätze über Angelegenheiten der Fortbildung und wirkt auf die Fortbildung der Lehrerinnen und Lehrer hin. Dazu gehört auch die Auswahl von Teilnehmerinnen und Teilnehmern an Fortbildungsveranstaltungen. Der Lehrerrat ist nach § 69 Abs. 2 zu beteiligen.

(7) In jedem Schuljahr ist der Schulkonferenz ein Bericht über die Unterrichtsversorgung und die Erteilung des Unterrichts an der Schule vorzulegen

(8) Die Schulleiterin oder der Schulleiter ist für die Unfallverhütung sowie eine wirksame Erste Hilfe in der Schule und für den Arbeits- und Gesundheitsschutz verantwortlich.

(9) Die Schulleiterin oder der Schulleiter stellt den jährlichen Schulhaushalt auf und bewirtschaftet die der Schule zugewiesenen Haushaltsmittel. Die Entscheidung über den Schulhaushalt trifft die Schulkonferenz. Der Bericht über die Mittelverwendung ist der Schulkonferenz innerhalb von drei Monaten nach Ablauf des Haushaltsjahres zuzuleiten.

(10) Die Schulleiterin oder der Schulleiter arbeitet zur Erfüllung des Bildungs- und Erziehungsauftrags mit den Konferenzen zusammen und führt deren Beschlüsse aus. Sie oder er kann an Konferenzen, denen sie oder er nicht vorsitzt, mit beratender Stimme teilnehmen. Beschlüsse der Konferenzen, die gegen Rechts- oder Verwaltungsvorschriften verstoßen, sind unverzüglich zu beanstanden. Die Beanstandung hat aufschiebende Wirkung und ist zu begründen. Hilft die Konferenz der Beanstandung nicht ab, holt die Schulleiterin oder der Schulleiter die Entscheidung der Schulaufsichtsbehörde ein.

(11) Die Schulleiterin oder der Schulleiter arbeitet mit dem Schulträger eng und vertrauensvoll zusammen und stellt ihm die zur Erfüllung seiner Aufgaben erforderlichen Informationen zur Verfügung. Die Anordnungen des Schulträgers in seinem Aufgabenbereich sind für die Schulleiterin oder den Schulleiter verbindlich.

## Erläuterungen

### Allgemeines

§ 59 regelt in umfassender Weise die Stellung und Aufgaben der Schulleiterin oder des Schulleiters. **1** Neu sind insbesondere die personalrechtlichen Befugnisse. Die Aufgaben der Schulleitung sind in §§ 20 ff. der Allgemeinen Dienstordnung (ADO) konkretisiert. Siehe auch § 128 Abs. 1 sowie E 22 und "Handlungsfelder und Schlüsselkompetenzen für das Leitungshandeln in eigenverantwortlichen Schulen in Nordrhein-Westfalen" (ABl. NRW. 2008, S. 413). Spezifische Beiträge zu diesem Thema enthalten regelmäßig die Zeitschriften Schule NRW (MSW) und die SchulVerwaltung NRW (SchVw NRW), z.B. die Reihen von *Bartz*.

Zu Emotionaler Führung siehe *Arnold*, SchulVw NRW 2016, S. 76, zu systemischer Führung *Krobisch*, SchVw NRW 2016, S. 113. Aktives Selbstmanagement zur Gesunderhaltung beschreibt *Hundeloh*, SchVw NRW 2016, S. 196. Das Konzept der wertschätzenden Schulleitung erläutert *Burow*, SchVw NRW 2014, S. 330. Eine unterrichtswirksame Schulleitung fordert *Wielpütz*, SchVw NRW 2016, S. 151.

Zum Pilotprojekt Schulleitungscoaching siehe *Gerland/Péus*, Schule NRW 2014, S. 418, sowie *Tenhaeff/Grieser*, Schule NRW 2014, S. 57.

**Zu Absatz 1**

**2**  Im Hinblick auf die Unterrichtserteilung der Schulleitung wird ihr eine Leitungszeit (früher: Schulleitungspauschale) zugebilligt, die sich nach § 5 AVO bemisst.

**Zu Absatz 2**

**3**  Zu den einzelnen Leitungsaufgaben siehe §§ 18 bis 30 ADO. Zur Verantwortung für das Schulklima siehe § 18 Abs. 3 ADO.

Zu Nr. 1: Der Schulleiter ist persönlich verantwortlich. Zur Schulleitung insgesamt siehe § 60. Hinweise zur Öffentlichkeitsarbeit geben Schule NRW 2010, S. 241 und S. 389.

Zu Nr. 3: Zur Qualitätsentwicklung siehe bei § 3. Zum Selbstevaluationsverfahren Sefu als Instrument für die Grundschule s. *Kühne/Groot-Wilken* SchVw NRW, 2014, S. 96.

Zu Nr. 4: Zum Kampf gegen Unterrichtsausfall siehe § 42 Abs. 7, § 57 Abs. 3, § 62 Abs. 7. Siehe auch Schulische Konzepte zur Vermeidung von Unterrichtsausfall – Anregungen aus der Praxis für die Praxis, 2015. – https://www.schulministerium.nrw.de/docs/Schulsystem/Unterricht/Unterrichtsausfall/Schulische-Konzepte-zur-Vermeidung-von-Unterrichtsausfall.pdf Dazu auch *Meyer*, SchVw NRW 2014, S. 265.

Zu Ermittlungsverfahren für den Unterrichtsausfall: Zusammenfassung des Gutachtens von *Bellenberg/Reinberg*, Schule NRW 2015, S. 127; zur Diskussion über den Ausfall siehe SchVw NRW 2014, S. 318.

Zu Nr. 5: Dies soll die ungekürzte Unterrichtserteilung sofort nach den Ferien gewährleisten. Siehe z.b. auch bei § 42 Abs. 7.

Zu Nr. 6: Auf das eigenständige Hausrecht des Schulleiters kann z.b. auch ein Hausverbot gegen einen den Schulbetrieb störenden Schülervater gestützt werden; so OVG NRW vom 26.10.2005 (SPE 318 Nr. 4).

In Wahrnehmung des Hausrechts kann der Schulträger in Abstimmung mit der Schulleitung auch eine Video-Überwachung vornehmen; siehe dazu Schule NRW 2009, S. 320 unter Hinweis auf § 29b DSG NRW. Zum Pro und Contra der Video-Überwachung siehe SchVw NRW 2012, S. 194.

**4**  Weisungen der Schulleitung nach Satz 2 sind zu befolgen. Werden Bedenken gegen die Rechtmäßigkeit einer Weisung geltend gemacht (Remonstration gemäß § 36 Abs. 2 BeamtStG), entscheidet die Schulaufsicht.

Zu den Leitungsaufgaben des Vorgesetzten in Bezug auf die Unterrichtstätigkeit der Lehrkräfte siehe § 21 ADO. Unterrichtsbesuche gemäß § 22 Abs. 2 ADO sind anlassgemäß auch unangekündigt möglich.

**Zu Absatz 3**

**5**  Die Aufzählung erweitert die in Abs. 2 aufgelisteten Aufgaben.

Zur Schulentwicklung gehören insbesondere die Qualitätssicherung und die Qualitätsentwicklung im Sinne von § 3. Siehe auch den Referenzrahmen Schulqualität von 2015 (Schule in NRW Nr. 9051). Er enthält im Inhaltsbereich 4 zahlreiche konkretisierende Aussagen zu den in Abs. 3 genannten Handlungsfeldern. Zum Referenzrahmen insgesamt s. *Groot-Wilkens*, Schule NRW 2016, Nr. 10, S. 10.

Zur Nutzung von kommunalen Bildungsberichten siehe *Sendzik/Abendroth*, SchVw NRW 2016, S. 43.

**Zu Absatz 4**

Damit liegt die dienstliche Beurteilung in den genannten Fällen beim Schulleiter. Die **6** Vergleichbarkeit wird durch die Anwendung der Beurteilungsrichtlinien vom 02.01.2003 (BASS 21–02 Nr. 2; SchR 6.3.3/1) gewährleistet; siehe OVG NRW vom 30.05.2007 (SPE 198 Nr. 12).

Die Übertragung weiterer dienstrechtlicher Befugnisse kann durch Verordnung erfolgen, **7** soweit dafür eine Ermächtigung besteht (z.B. § 3 Abs. 3 LBG). Siehe unten zu Abs. 5.

**Zu Absatz 5**

Der Dienstvorgesetzte trifft die beamtenrechtlichen Entscheidungen über die persönlichen **8** Angelegenheiten der ihm nachgeordneten Beamten (§ 2 Abs. 4 LBG).

Den Schulleitern sind ab August 2013, spätestens jedoch ab August 2015 weitere Aufgaben des Dienstvorgesetzten übertragen worden. Siehe § 1 Abs. 5 der Zuständigkeitsverordnung (BASS 10–32 Nr. 44; SchR 3.7.1/111) sowie in Angelegenheiten der Tarifbeschäftigten den RdErl. vom 23.04.2007/19.06.2008 (BASS 10–32 Nr. 32; SchR 3.7.1/121). Dazu *Mlodzian/Veith*, Schule NRW 2013, S. 254.

Zur Gewährung von Sonderurlaub siehe auch noch den RdErl. vom 28.06.1988 (BASS 21–05 Nr. 11; SchR 6.3.2/12a) sowie den RdErl. des IM vom 07.10.2008 (SchR 6.3.2/13).

Zur Ansprechpartnerin für Gleichstellungsfragen siehe die Erläuterung bei § 68 Rn. 1. Die Bestellung der schulischen Gleichstellungsbeauftragten ist jetzt in § 15a LGG geregelt.

**Zu Absatz 6**

Zu Fortbildung und Fortbildungsplanung siehe 4.7. des Referenzrahmens Schulqualität **9** (oben Rn. 5). Zur Fortbildungspflicht der Lehrkräfte siehe § 57 Abs. 3, zur Lehrerkonferenz siehe § 68.

**Zu Absatz 7**

Dazu kann ein präziser schriftlicher Bericht über Umfang und Ursachen von Unterrichtsausfall **10** verlangt werden. Zur Vermeidung von Unterrichtsausfall siehe oben die Hinweise bei Abs. 2 Nr. 4.

**Zu Absatz 8**

Unfallverhütung und Erste Hilfe sind Aufgaben der Schule; dazu wirkt sie mit den **11** Trägern der gesetzlichen Unfallversicherung zusammen. Gemäß § 22 SGB VII ist ein Sicherheitsbeauftragter zu bestellen. Siehe allgemein dazu den RdErl. vom 29.12.1983 (BASS 18–21 Nr. 1; SchR 3.3.2/1) und zur Grundausbildung in Erster Hilfe den RdErl. vom 24.05.1976 (BASS 18–24 Nr. 1; SchR 3.3.2/11). In äußeren Schulangelegenheiten ist der Schulträger verantwortlich. Siehe auch die Richtlinien zur Sicherheit im Unterricht (RISU-NRW)vom 23.05.2014 (BASS 18-29 Nr. 5; SchR 3.3.2/201) und am Berufskolleg: RISU-BK NRW (BASS 18-29 Nr. 7; SchR 3.3.2/301). Neu zur Sicherheitsförderung im Schwimmunterricht: RdErl. vom 30.05.2016 (BASS 20-22 Nr. 66; SchR 3.5.5/45).

Zum Brandschutz in der Schule: RdErl. vom 19.05.2000 (BASS 18-29 Nr. 1; SchR 3.3.2/51). Zum Arbeits- und Gesundheitsschutz ausführlich *Häfner*, Schule NRW 2012, S. 66, sowie *Beyerlein*, Schule NRW 2013, S. 183.

Zum kompetenten Umgang mit Schulwegunfällen siehe *Hübner*, Schule NRW 2013, S. 384, zur Prävention *Hoffman/Hübner*, SchVw NRW 2014, S. 196.

Für den Umgang mit Notfällen und Krisen in der Schule wurde ein Notfallordner entwickelt, der in jeder Schule vorhanden ist. Siehe dazu *Schedlich/Rex*, SchuleNRW 2015, S. 42. Zur Rolle der Schulaufsicht in diesem Zusammenhang: *Drewes/Blasberg-Bense*, SchVw NRW 2013, S. 292.

**Zu Absatz 9**

12 Die Schule bewirtschaftet ihren Haushalt gemäß § 95; die Schulkonferenz entscheidet gemäß § 65 Abs. 2 Nr. 17.

**Zu Absatz 10**

13 Die Vorsitzenden der Mitwirkungsorgane müssen die Schulleitung über ihre Beschlüsse unterrichten. Das Beanstandungsrecht muss zügig ausgeübt werden; eine Beanstandung muss begründet werden.

**Zu Absatz 11**

14 Zu Stellung und Aufgaben des Schulträgers siehe insbesondere § 78 und § 79 Abs. 1. Der Schulträger ist zur Schulkonferenz einzuladen und kann dort Anträge stellen (§ 63 Abs. 2 Satz 4). Weisungen des Schulträgers beziehen sich auf äußere Schulangelegenheiten.

### § 60 Schulleitung

(1) Der Schulleitung gehören die Schulleiterin oder der Schulleiter und die ständige Stellvertreterin oder der ständige Stellvertreter an. Soweit eine zweite Konrektorin oder ein zweiter Konrektor bestellt ist, gehört sie oder er der Schulleitung an. Das Ministerium kann zulassen, dass weitere Personen der Schulleitung angehören (Erweiterte Schulleitung).

(2) Im Fall der Verhinderung der Schulleiterin oder des Schulleiters übernimmt die ständige Vertreterin oder der ständige Vertreter, bei deren oder dessen Verhinderung ein anderes Mitglied der Schulleitung diese Aufgabe. Ist ein weiteres Mitglied der Schulleitung nicht vorhanden oder ebenfalls verhindert, übernimmt die dienstälteste Lehrerin oder der dienstälteste Lehrer der Schule die Vertretung, soweit die Schulleiterin oder der Schulleiter nicht eine andere Lehrerin oder einen anderen Lehrer mit der Vertretung beauftragt.

(3) Die Schulleiterin oder der Schulleiter kann einzelne Leitungsaufgaben auf Lehrerinnen und Lehrer zur eigenständigen Wahrnehmung übertragen. Die Gesamtverantwortung der Schulleiterin oder des Schulleiters bleibt davon unberührt.

(4) Die obere Schulaufsichtsbehörde kann Schulleiterkonferenzen einrichten. Die Schulleiterkonferenz berät und verständigt sich über Angelegenheiten aus dem Aufgabenbereich der Schulen, die eine einheitliche Behandlung erfordern. Sie dient auch der Zusammenarbeit der Schulen mit den Schulträgern und außerschulischen Partnern. Die Schulaufsichtsbehörde kann zu ihrer Unterstützung die Schulleiterkonferenz mit der Vorbereitung geeigneter Angelegenheiten beauftragen.

**Erläuterungen**

**Allgemeines**

1 § 60 regelt die Verteilung von Schulleitungsaufgaben auf weitere Personen.

**Zu Absatz 1**

2 § 18 Abs. 2 ADO sieht die Beauftragung weiterer Personen mit Schulleitungsaufgaben vor; eine echte erweiterte Schulleitung hat bislang die Gesamtschule gemäß § 36 ADO. Die Aufgaben des Zweiten Konrektors beschreiben §§ 32 bis 34 ADO.

Zu Schulleitungsteams an Gesamtschulen siehe *Dahlhaus*, SchVw NRW 2015, S. 104. Allgemein zur Teamarbeit in der Schulleitung: *Ratzki*, SchVw NRW 2015, S. 260.

An einer Ersatzschule kann eine kollegiale Schulleitung aus zwei Personen gleichwertig sein; so OVG vom 17.12.2010; siehe SchVw NRW 2011, S. 114.

**Zu Absatz 2**

Die Aufgaben der ständigen Vertretung sind in § 30 ADO konkretisiert. Er oder sie ist so über 3 die Angelegenheiten der Schule zu informieren, dass jederzeit die Voraussetzungen gegeben sind, die Leitung der Schule zu übernehmen.

Zur Vertretung des Schulleiters siehe auch § 30 ADO. Dienstälteste Lehrkraft ist die mit dem nach der Besoldungsgruppe höchsten Amt und der frühesten Beförderung in dieses Amt.

**Zu Absatz 3**

Dies sehen §§ 31 ff. ADO vor. Die Delegation von einzelnen Aufgaben macht diese Lehrkräfte 4 noch nicht zu Mitgliedern der Schulleitung. Siehe auch RdErl. zur Organisation und Geschäftsverteilung an Gesamtschulen vom 20.12.1990 (BASS 21–02 Nr. 3; SchR 4.3.5/11), RdErl. betr. Geschäftsverteilungspläne an Gymnasien vom 15.07.1994 (BASS 21–02 Nr. 7; SchR 3.2.3/55) und zur Organisation und Geschäftsverteilung an Sekundarschulen: RdErl. vom 01.04.2014 (BASS 21-02 Nr. 9; SchR 4.3.6/11).

**Zu Absatz 4**

Schulleiterkonferenzen sollen koordinierend tätig werden und dadurch die Schulaufsicht 5 entlasten. Da sie keine gesetzlichen Entscheidungszuständigkeiten haben, sind sie auf Konsens angewiesen. Es werden Verabredungen getroffen, die von den einzelnen Schulleitungen umgesetzt werden. Anwendungsfälle sind z.B. die Schüleraufnahme (§ 6 Abs. 6 AVO) oder die Festlegung beweglicher Ferientage. Zu den Angelegenheiten im Sinne von Satz 4 gehört auch die Vorbereitung schulübergreifender Personalmaßnahmen (Abordnung, Versetzung).

## § 61 Bestellung der Schulleiterin oder des Schulleiters

**(1) Die obere Schulaufsichtsbehörde schreibt die Stelle der Schulleiterin oder des Schulleiters mit Zustimmung der Schulkonferenz und des Schulträgers aus und prüft die eingegangenen Bewerbungen. Sie nennt der Schulkonferenz und dem Schulträger die Bewerberinnen und Bewerber, die das Anforderungsprofil der Ausschreibung erfüllen. Die Schulkonferenz und der Schulträger können diese Bewerberinnen und Bewerber zu einem Vorstellungsgespräch einladen.**

**(2) Sowohl die Schulkonferenz als auch der Schulträger können gegenüber der oberen Schulaufsichtsbehörde innerhalb von acht Wochen einen Vorschlag abgeben; er soll begründet werden. Die obere Schulaufsichtsbehörde kann die Frist in begründeten Fällen verlängern. In der Schulkonferenz kann nicht mitwirken, wer sich um die zu besetzende Stelle beworben hat.**

**(3) Die obere Schulaufsichtsbehörde trifft die Auswahlentscheidung. Sie würdigt dabei die Vorschläge von Schulkonferenz und Schulträger. Sie teilt ihre Entscheidung unter Angabe der Gründe Schulkonferenz und dem Schulträger der mit. Bei der Ernennung findet § 19 Absatz 2 Satz 1 Nummer 2 und 3, Absatz 3 und 4 des Landesbeamtengesetzes vom 14. Juni 2016 (GV. NRW. S. 310) in der jeweils geltenden Fassung keine Anwendung.**

**(4) Die Schulaufsichtsbehörde kann Stellen für Schulleiterinnen und Schulleiter aus dringenden dienstlichen Gründen in Anspruch nehmen. Der Schulträger erhält Gelegenheit zur Stellungnahme innerhalb von vier Wochen.**

**(5) Zur Schulleiterin oder zum Schulleiter bestellt werden kann nur**

1. an Schulen, mit Ausnahme von Förderschulen, wer
   a) die Befähigung zum Lehramt für eine der in dem betreffenden Schulsystem vorhandenen Schulstufen besitzt oder
   b) die Befähigung zu einem Lehramt einer bestimmten Schulform besitzt und aufgrund dieser Befähigung in Jahrgangsstufen, die in dem betreffenden Schulsystem vorhanden sind, verwendet werden kann;
2. an Förderschulen, wer die Befähigung zum Lehramt für sonderpädagogische Förderung, zum Lehramt für Sonderpädagogik oder zum Lehramt an Sonderschulen besitzt;
3. an Schulen für Kranke, wer eine Befähigung nach Nummer 1 oder 2 besitzt.

Das für Schule zuständige Ministerium kann auf Grundlage der Laufbahnverordnung vom 28.01.2014 (GV. NRW. S. 22, ber. S. 203) in der jeweils geltenden Fassung im Einzelfall eine andere Lehramtsbefähigung zulassen.

(6) Über die Anforderungen des Absatzes 5 Satz 1 hinaus müssen Kenntnisse und Fähigkeiten nachgewiesen werden, die für die Leitung einer Schule (§ 59) erforderlich sind. Dazu gehören insbesondere Fähigkeiten zur

1. Führung, Teamarbeit und Konfliktlösung,
2. Organisation und Weiterentwicklung einer Schule,
3. pädagogischen Beurteilung von Unterricht und Erziehung,
4. engen und vertrauensvollen Zusammenarbeit mit dem Schulträger und
5. Zusammenarbeit mit schulischen und außerschulischen Partnern.

## Erläuterungen

### Allgemeines

**1** § 61 SchulG, der bereits durch das SchulG-ÄG 2006 geändert worden war, ist durch das 12. SchRÄG (2015) völlig neu gefasst worden. Damit ist die Rechtsprechung berücksichtigt worden, die u.a. eine „Schulleiterwahl" durch die Schulkonferenz und das Vetorecht des Schulträgers für unzulässig erklärt hatte.

Jetzt trifft die Schulaufsichtsbehörde erst am Ende des Verfahrens eine Auswahl nach dem Prinzip der Bestenauslese. Sie würdigt die Vorschläge der Schulkonferenz und des Schulträgers im Rahmen ihrer Auswahlentscheidung. Die Regelungen zur sogenannten Verwendungsbreite der Bewerberinnen und Bewerber wurden gestrichen.

Zum Ganzen: *Bals*, SchVw NRW 2016, S. 181.

### Zu Absätzen 1 – 3

**2** Abs. 1 bis 3 regeln den Ablauf des Verfahrens. Er wird im einzeln erläutert in der Handreichung des MSW „Verfahren zur Bestellung von Schulleiterinnen. und Schulleitern"; Fundstelle: www.schulministerium.nrw.de/docs/Recht/Dienstrecht/Beamtenrecht/Handreichung-_Verfahren-zur-Bestellung-von-Schulleiterinnen-und-Schulleitern.pdf

Für die Ausschreibung sind zu beachten: Richtlinien zur Stellenausschreibung vom 02.07.1993 (BASS 11-12 Nr. 1; SchR 6.3.3/1).

Für die Beurteilung gelten: Richtlinien für die dienstliche Beurteilung vom 02.01.2003 (BASS 21-02 Nr. 2; SchR 6.3.3/1).

Der Verweis auf das LBG (SchR 6.1.1/1) in Abs. 3 Satz 3 bedeutet, dass für die Ernennung zur Leiterin oder zum Leiter einer Schule das sog Verbot der Sprungbeförderung und bestimmte Wartezeiten nicht zu beachten sind.

**Zu Absatz 4**

Absatz 4 nimmt die im früheren Recht enthaltene Berechtigung der Inanspruchnahme von **3** Schulleitungsstellen durch die Schulaufsicht wieder in das Gesetz auf. Die Schulträger erhalten ein Anhörungsrecht. Es empfiehlt sich, auch die Schulkonferenz frühzeitig zu unterrichten.

**Zu Absatz 5**

Der Absatz regelt die laufbahnrechtlichen Voraussetzungen für die Übernahme eines **4** Schulleitungsamtes. Nach Nr. 1.12 der Vorbemerkung zu den Landesbesoldungsordnungen (Anlage 1 des LBesG) können an Grundschulen, Hauptschulen und Realschulen Leitungsämter auch Lehrkräften mit den Lehrämtern für sonderpädagogische Förderung, für Sonderpädagogik oder für Sonderschulen verliehen werden ebenso an Gesamtschulen und Sekundarschulen (1.3). Den Vorbemerkungen wird ferner entnommen, dass für die Übernahme der Leitung eines Gymnasiums die entsprechende Lehramtsbefähigung notwendig ist. An Gesamtschulen muss entweder die Schulleiterin selbst oder ihr Vertreter die Lehramtsbefähigung für das Gymnasium oder für die Sekundarstufe II haben.

**Zu Absatz 6**

Der Nachweis der in Abs. 6 genannten Fähigkeiten erfolgt durch das Eignungsfeststellungs- **5** verfahren; siehe RdErl. vom 02.05.2016 (BASS 21-01 Nr. 30; SchR 6.1.5/401). Zu ihm wird zugelassen, wer die staatliche Schulleitungsqualifizierung – SLQ (BASS 20-22 Nr. 62; SchR 7.1.6/41) oder einen gleichwertigen, vom MSW anerkannten Weiterbildungskurs oder ein mindestens zweisemestriges Studium an einer Hochschule absolviert hat. Erforderlich ist ferner die Wahrnehmung eines Leitungsamtes über mindestens 6 Monate.

Zum Eignungsfeststellungsverfahren siehe *Veith*, SchVw 2014, S. 27; für die Grundschule ferner *Peschen/Wolff*, Schule NRW 2016 H. 2, S. 14. Zur Rolle von Schulmanagement NRW und des QUA-LiS dabei: *Gerland-Péus*, Schule NRW 2016 H. 6, S. 18; zum Aspekt der Selbstüberprüfung: *Defort/Bentele-Brückner*, Schule NRW 2015, S. 439.

# Siebter Teil – Schulverfassung

## Erster Abschnitt – Allgemeines

### § 62    Grundsätze der Mitwirkung

(1) Lehrerinnen und Lehrer, Eltern, Schülerinnen und Schüler wirken in vertrauensvoller Zusammenarbeit an der Bildungs- und Erziehungsarbeit der Schule mit und fördern dadurch die Eigenverantwortung in der Schule. An der Gestaltung des Schulwesens wirken sie durch ihre Verbände ebenso wie durch die anderen am Schulwesen beteiligten Organisationen nach Maßgabe dieses Teils des Gesetzes mit.

(2) Die staatliche Verantwortung für die Gestaltung des Schulwesens wird durch die Mitwirkungsrechte nicht eingeschränkt. Die Aufsicht des Landes über das Schulwesen, das Recht der kommunalen Selbstverwaltung sowie die Rechte der Personalräte, der Schwerbehindertenvertretungen und der Spitzenorganisationen der Gewerkschaften und Berufsverbände bleiben unberührt.

(3) Die an der Mitwirkung Beteiligten sind bei ihrer Tätigkeit in den Mitwirkungsgremien verpflichtet, die Rechts- und Verwaltungsvorschriften zu beachten.

(4) Die in diesem Teil des Gesetzes aufgeführten Mitwirkungsgremien können im Rahmen ihrer Zuständigkeit zu allen Angelegenheiten der Schule Stellungnahmen abgeben und Vorschläge machen. Sie haben Anspruch auf die erforderliche Information. Gegenüber der Schulleitung haben sie ein Auskunfts- und Beschwerderecht und Anspruch auf eine begründete schriftliche Antwort.

(5) Die Mitglieder der Mitwirkungsgremien sind bei der Ausübung ihres Mandats an Aufträge und Weisungen nicht gebunden. Sie haben über Angelegenheiten, die ihrer Bedeutung nach einer vertraulichen Behandlung bedürfen, auch nach der Beendigung ihrer Amtszeit Verschwiegenheit zu wahren. Einer vertraulichen Behandlung bedürfen Angelegenheiten, die einzelne Lehrerinnen und Lehrer, Eltern, Schülerinnen oder Schüler oder Angehörige des nicht lehrenden Personals der Schule persönlich betreffen.

(6) Die Tätigkeit der Eltern, Schülerinnen und Schüler in den Mitwirkungsgremien ist ehrenamtlich; eine Entschädigung wird nicht gezahlt. Für die Lehrerinnen und Lehrer gehört die Tätigkeit in den Mitwirkungsgremien zu ihren dienstlichen Aufgaben.

(7) Mitwirkungsgremien tagen in der Regel außerhalb der allgemeinen Unterrichtszeit. Über Ausnahmen, insbesondere bei Ganztagsschulen, entscheidet die Schulaufsichtsbehörde. Bei der Festsetzung von Sitzungsterminen ist im Übrigen auf die Berufstätigkeit der Mitglieder sowie auf das Alter der teilnehmenden Schülerinnen und Schüler Rücksicht zu nehmen. Der Schülerrat (§ 74 Abs. 3) kann während der allgemeinen Unterrichtszeit zusammentreten; dabei ist auf die Unterrichtsveranstaltungen Rücksicht zu nehmen.

(8) Schülerinnen und Schüler aus Migrantenfamilien und ihre Eltern sollen in den Mitwirkungsgremien angemessen vertreten sein.

(9) Lehramtsanwärterinnen und Lehramtsanwärter sind Lehrerinnen und Lehrer im Sinne dieses Teils des Gesetzes.

(10) Die Schule stellt den Mitwirkungsgremien die notwendigen Einrichtungen und Hilfsmittel zur Verfügung.

### Allgemeines

Mit den §§ 62 bis 77 ist im Wesentlichen das frühere Recht des Schulmitwirkungsgesetzes **1** (SchMG) in das Schulgesetz übernommen und erweitert worden. Bei der Schulmitwirkung geht es nicht mehr so sehr um die individuellen Rechte aus dem Schulverhältnis (siehe § 42 ff.), sondern um die kollektiven Rechte der Beteiligten als Gruppe. Siehe auch **E 24**.

### Zu Absatz 1

Die Mitwirkung bezieht sich auf die interne Mitwirkung in der Schule und dann auch auf die **2** überschulische Mitwirkung durch die Verbände und Organisationen.

Wie zum Schulverhältnis (§ 42 Abs. 1) so ist auch bei der Schulmitwirkung die vertrauensvolle Zusammenarbeit aller Beteiligten ein wichtiges Prinzip.

Zur Verbändebeteiligung siehe § 77.

Zu Mitwirkung von Eltern siehe *Fehrmann/Rieth*, Eltern und Schule in Nordrhein-Westfalen, 2012.

### Zu Absatz 2

Die staatliche Schulaufsicht (§ 86) wird durch die in § 88 aufgeführten Schulaufsichtsbehörden **3** wahrgenommen.

Die Rechte der Personalräte sind im Landespersonalvertretungsgesetz (LPVG; SchR 6.1.2/1), die der Spitzenorganisationen in § 93 LBG (SchR 6.1.1/1) und § 53 BeamtStG (SchR 6.1.1/71) geregelt. Die Personalräte im Schulbereich sind mit Adressen im Serviceteil der BASS aufgeführt. Siehe auch SchR 6.1.2.

### Zu Absatz 3

Mitwirkungsgremien sind die in den §§ 65 bis 74 genannten Organe. Rechtsvorschriften sind **4** Gesetze und (Rechts-)Verordnungen, Verwaltungsvorschriften (VV) sind in der Regel die Runderlasse (RdErl.) des Schulministeriums. Siehe auch unter **E 4**.

### Zu Absatz 4

Alle Mitwirkungsgremien haben diese Rechte und Ansprüche gegenüber der Schulleitung. **5**

### Zu Absatz 5

Es gibt kein imperatives Mandat. Das Gremium kann über die genannten Fälle hinaus im **6** Rahmen von Satz 2 zu einzelnen Beratungsgegenständen die Vertraulichkeit beschließen.

### Zu Absatz 6

Auch teilzeitbeschäftigte Lehrkräfte sind grundsätzlich zur Mitwirkung verpflichtet. Ihre **7** Inanspruchnahme soll aber der reduzierten Pflichtstundenzahl entsprechen; siehe § 15 Abs. 2 ADO. Für die Wahl in die Schulkonferenz gilt § 68 Abs. 4.

Für Eltern besteht zwar keine rechtliche Verpflichtung zur Mitwirkung; sie sollten durch die Lehrkräfte aber an ihre Aufgaben im Sinne des § 42 Abs. 4 erinnert werden.

### Zu Absatz 7

Das Vermeiden von Unterrichtsausfall gilt für Mitwirkungsgremien wie auch für **8** Dienstbesprechungen. Siehe dazu § 59 Abs. 2 Nr. 4 und Abs. 7. Nach § 23 Abs. 7 ADO stellt die

Schulleitung sicher, dass Konferenzen und Dienstbesprechungen nur in zwingend gebotenen Ausnahmefällen während der allgemeinen Unterrichtsszeit stattfinden.

**Zu Absatz 8**

9 Diese Regelung ist als ein gesetzlicher Appell zu verstehen; sie begründet keine Quote oder Rechtsansprüche. Zum Integrationsauftrag der Schule siehe auch: § 2 Abs. 5 Nr. 6 und Abs. 10.

**Zu Absatz 9**

10 Lehramtsanwärter können also in allen Gremien wie Lehrer wählen und gewählt werden.

**Zu Absatz 10**

11 Als Teil der Schule können die Mitwirkungsgremien die schulischen Einrichtungen nutzen. Dazu gehört grundsätzlich auch der Zugang zur Informationstechnologie im Sinne von § 79 Abs. 1.

## § 63 Verfahren

**(1) Die oder der Vorsitzende beruft das Mitwirkungsgremium bei Bedarf ein. Es ist unverzüglich einzuberufen, wenn ein Drittel der Mitglieder dies verlangt. Die Mitglieder sind rechtzeitig unter Beifügung der Tagesordnung und der Beratungsunterlagen schriftlich zu laden.**

**(2) Sitzungen der Mitwirkungsgremien sind nicht öffentlich. Mit den Stimmen von zwei Dritteln der anwesenden stimmberechtigten Mitglieder kann für einzelne Angelegenheiten die Schulöffentlichkeit hergestellt werden; dies gilt nicht für Personalangelegenheiten. Eine Vertretung der Schulaufsichtsbehörde kann an den Sitzungen der Konferenzen teilnehmen. Die Schulleiterin oder der Schulleiter lädt den Schulträger zu allen Sitzungen der Schulkonferenz ein. Der Schulträger hat das Recht, dort Anträge zu stellen.**

**(3) Stimmberechtigt sind die Mitglieder des Mitwirkungsgremiums. Auch die Mitglieder mit beratender Stimme können Anträge stellen. Schülerinnen und Schüler ab Klasse 7 können in Mitwirkungsgremien gewählt werden. Lehrerinnen und Lehrer können nicht als Elternvertreterin oder Elternvertreter an der eigenen Schule gewählt werden.**

**(4) Beschlüsse werden mit der Mehrheit der abgegebenen Stimmen gefasst, soweit nichts Anderes bestimmt ist. Stimmenthaltungen werden bei der Berechnung der Mehrheit nicht mitgezählt. Bei Stimmengleichheit gibt die Stimme der oder des Vorsitzenden den Ausschlag. § 66 Abs. 5 bleibt unberührt. Über jede Sitzung ist eine Niederschrift zu fertigen, die mindestens den Wortlaut der Beschlüsse und die Stimmenmehrheit enthält, mit der sie gefasst sind. Einsprüche gegen die Niederschrift sind zu vermerken. Die Niederschriften sind für die Mitglieder sowie für die zur Teilnahme an der Sitzung Berechtigten des jeweiligen Mitwirkungsgremiums zur Einsicht bereit zu halten.**

**(5) Ein Mitwirkungsgremium ist beschlussfähig, wenn mehr als die Hälfte der stimmberechtigten Mitglieder anwesend ist. Solange die Beschlussunfähigkeit nicht festgestellt ist, gilt das Mitwirkungsgremium als beschlussfähig. Ein Mitwirkungsgremium ist ohne Rücksicht auf die Zahl der anwesenden Mitglieder beschlussfähig, wenn es wegen Beschlussunfähigkeit erneut zur Beratung desselben Gegenstandes einberufen worden ist; hierauf ist bei der erneuten Einberufung hinzuweisen.**

**(6) Die Schulkonferenz kann ergänzende Verfahrensvorschriften erlassen.**

**Allgemeines**

Diese Verfahrensregelungen des § 63 gelten für alle Mitwirkungsorgane. Einzelfragen des 1
Konferenzrechts behandelt *Schmidt*, SchuR 2005, S. 74 und 98 sowie 2006, S. 2.

**Zu Absatz 1**

Dieser Bedarf besteht stets schon wegen der Wahlen mindestens zu Beginn des Schuljahres. 2
Rechtzeitig heißt in der Regel: mindestens eine Woche vor dem Termin.

**Zu Absatz 2**

Die Schulöffentlichkeit umfasst alle Angehörigen der Schule (Schüler, Eltern, Lehrkräfte und 3
sonstiges Personal).

**Zu Absatz 3**

Zu den Mitgliedern mit beratender Stimme siehe § 66 Abs. 4 und 7 sowie § 72 Abs. 1 und § 73 4
Abs. 1.

Lehrkräfte anderer Schulen können als Elternvertreter gewählt werden; ob und wann das
sinnvoll ist, entscheiden die Elterngremien.

**Zu Absatz 4**

Qualifizierte Mehrheiten sind in den Fällen des § 63 Abs. 2 (Herstellung der Schulöffentlichkeit), 5
§ 64 Abs. 3 (Abberufung) und § 66 Abs. 2 (Mitgliederzahl Schulkonferenz) erforderlich
oder ggf. nach einer Sonderregelung in einer Verordnung nach § 65 Abs. 3 möglich. Einen
Sonderfall für eine erschwerte Beschlussfassung regelt § 42 Abs. 8 (Schulkleidung).

**Zu Absatz 5**

Eltern haben in der Klassenpflegschaft für jedes Kind gemeinsam eine Stimme (§ 73 Abs. 1 6
Satz 4). Die Beschlussfähigkeit muss nicht besonders festgestellt werden, solange sie nicht
angezweifelt wird. Sie ist jedenfalls immer gegeben, wenn mehr als die Hälfte der Schüler
vertreten ist.

Bei festgestellter Beschlussunfähigkeit muss vertagt und erneut eingeladen werden.

**Zu Absatz 6**

Dazu hat das Schulministerium die Empfehlung einer Geschäftsordnung herausgegeben; 7
siehe RdErl. vom 19.05.2005 (BASS 17–02 Nr. 1; SchRHB V 21/51). Die Schulkonferenz kann
sie im Rahmen des Gesetzes ganz oder teilweise übernehmen. Dieser Beschluss ist auf Dauer
angelegt, kann aber ergänzt und geändert werden.

**§ 64  Wahlen**

**(1) Die Vorsitzenden der Mitwirkungsgremien und ihre Stellvertretungen sowie die Mit-
glieder der Schulkonferenz werden in geheimen Wahlgängen gewählt. Alle übrigen Wahlen sind offen, sofern nicht ein Fünftel der anwesenden Stimmberechtigten einem Antrag
auf geheime Wahl zustimmt; in diesem Fall können Wahlen für verschiedene Ämter in
einem Wahlgang durchgeführt werden. Gewählt ist, wer die meisten Stimmen erhalten
hat. Bei Stimmengleichheit entscheidet eine Stichwahl und bei erneuter Stimmengleichheit das Los.**

**(2) Wahlen gelten für ein Schuljahr. Ein Mitwirkungsgremium besteht bis zum ersten
Zusammentreten des neu gewählten Mitwirkungsgremiums im neuen Schuljahr. Scheidet**

ein Mitglied aus der Schulkonferenz oder dem Lehrerrat aus, so tritt das Ersatzmitglied ein. Das Ersatzmitglied tritt auch ein, so lange ein Mitglied zeitweise verhindert ist.

(3) Die Mitgliedschaft endet, wenn die Wählbarkeitsvoraussetzungen entfallen sind oder wenn vom jeweiligen Wahlorgan mit einer Mehrheit von zwei Dritteln der anwesenden stimmberechtigten Mitglieder eine Nachfolgerin oder ein Nachfolger gewählt wird. Bei Vertreterinnen und Vertretern der Eltern und der Schülerinnen und Schüler endet die Mitgliedschaft auch, wenn sie ihr Mandat niederlegen. Sie endet ferner bei Eltern, wenn ihr Kind volljährig wird oder die Schule verlässt. Bei den Mitgliedern der Schulkonferenz, Vorsitzenden und stellvertretenden Vorsitzenden der Klassenpflegschaft endet das Mandat erst zu dem in Absatz 2 bestimmten Zeitpunkt.

(4) Unbeschadet des Beanstandungsrechts der Schulleiterin oder des Schulleiters (§ 59 Abs. 10) kann jede oder jeder Wahlberechtigte innerhalb von zwei Wochen nach Bekanntgabe des Wahlergebnisses gegen die Gültigkeit einer Wahl bei der Schulleitung schriftlich Einspruch einlegen. Der Einspruch kann nur darauf gestützt werden, dass

a) die Voraussetzungen der Wählbarkeit nicht erfüllt sind,
b) bei der Vorbereitung der Wahl oder bei der Wahlhandlung Unregelmäßigkeiten vorgekommen sind, die für das Wahlergebnis erheblich gewesen sein können. Wird dem Einspruch nicht stattgegeben, entscheidet die Schulaufsichtsbehörde.

(5) Die Schulkonferenz kann ergänzende Wahlvorschriften erlassen.

## Erläuterungen

**Allgemeines**

1 § 64 enthält verbindliche Wahlgrundsätze für die Mitwirkungsorgane. Zur weiteren Gestaltungsfreiheit der Schule siehe bei Abs. 5.

**Zu Absatz 1**

2 Die frühere Wahlordnung ist durch das Schulgesetz aufgehoben worden (§ 130 Abs. 3 Nr. 3); siehe aber unten zu Abs. 5.

Es werden also in der Regel mehrere getrennte Wahlgänge durchgeführt. Eine Bündelung von Wahlen in einem Wahlgang ist nur bei geheimer Wahl auf Antrag möglich. Wenn der Vorsitzende selbst zur Wahl steht, gibt er den Vorsitz für den Wahlgang ab.

**Zu Absatz 2**

3 Die gewählten Vorsitzenden laden also zur ersten Sitzung im neuen Schuljahr ein. Die Sätze 3 und 4 regeln jetzt auch den Vertretungsfall, wenn ein Mitglied an einem bestimmten Termin verhindert ist. Das Wahlverfahren kann in der Wahlordnung der Schule (vgl. Abs. 5) so geregelt werden, dass jeweils Ersatzmitglieder in gleicher Zahl gewählt werden, die in bestimmter Reihenfolge eintreten.

**Zu Absatz 3**

4 Eine Abwahl ist nur durch ein konstruktives Misstrauensvotum mit einer Neuwahl möglich. Lehrer können ihr Mandat in der Schulkonferenz nur bei Vorliegen besonders wichtiger Gründe niederlegen; vgl. § 68 Abs. 4.

**Zu Absatz 4**

5 Über den Einspruch entscheidet zunächst die Schulleitung, erst danach die Schulaufsichtsbehörde.

**Zu Absatz 5**

Das Schulministerium hat dazu die Empfehlung einer Wahlordnung herausgegeben; siehe **6** RdErl. vom 19.05.2005 (BASS 17–01 Nr. 1; SchRHB V 21/101). Die Ergänzung vom 14.12.2012 (ABl. NRW. 2013, S. 84) betrifft Teilstandorte und Offene Ganztagsschulen. Die Schulkonferenz (§ 65 Abs. 2 Nr. 19) kann diese Wahlordnung ganz oder teilweise übernehmen. Dieser Beschluss ist auf Dauer angelegt, kann aber geändert werden.

Einen Wahlkalender gibt das Schulministerium jährlich als Hilfe heraus (Beilage zu Schule NRW Heft 6).

## Zweiter Abschnitt – Mitwirkung in der Schule

§ 65   Aufgaben der Schulkonferenz

(1) An jeder Schule ist eine Schulkonferenz einzurichten. Sie ist das oberste Mitwirkungsgremium der Schule, in dem alle an der Bildungs- und Erziehungsarbeit der Schule Beteiligten zusammenwirken. Sie berät in grundsätzlichen Angelegenheiten der Schule und vermittelt bei Konflikten innerhalb der Schule. Sie kann Vorschläge und Anregungen an den Schulträger und an die Schulaufsichtsbehörde richten.

(2) Die Schulkonferenz entscheidet im Rahmen der Rechts- und Verwaltungsvorschriften in folgenden Angelegenheiten:

1. Schulprogramm (§ 3 Abs. 2),
2. Maßnahmen der Qualitätsentwicklung und Qualitätssicherung (§ 3 Abs. 3),
3. Abschluss von Vereinbarungen über die Kooperation von Schulen und die Zusammenarbeit mit anderen Partnern (§ 4 Abs. 3, § 5, § 9 Abs. 3),
4. Festlegung der beweglichen Ferientage (§ 7 Abs. 2),
5. Unterrichtsverteilung auf sechs Wochentage (§ 8 Abs. 1),
6. Einrichtung außerunterrichtlicher Ganztags- und Betreuungsangebote (§ 9 Abs. 2) sowie die Rahmenplanung von Schulveranstaltungen außerhalb des Unterrichts,
7. Organisation der Schuleingangsphase (§ 11 Abs. 2 und 3),
8. Vorschlag der Schule zur Einrichtung des Gemeinsamen Lernens (§ 20 Abs. 2),
9. Erprobung und Einführung neuer Unterrichtsformen (§ 29 Abs. 2),
10. Einführung von Lernmitteln (§ 30 Abs. 3) und Bestimmung der Lernmittel, die im Rahmen des Eigenanteils zu beschaffen sind (§ 96),
11. Grundsätze für Umfang und Verteilung der Hausaufgaben und Klassenarbeiten,
12. Grundsätze zum Umgang mit allgemeinen Erziehungsschwierigkeiten sowie zum Abschluss von Bildungs- und Erziehungsvereinbarungen (§ 42 Abs. 5),
13. Information und Beratung (§ 44),
14. Grundsätze für die Betätigung von Schülergruppen (§ 45 Abs. 4),
15. Grundsätze über Aussagen zum Arbeits- und Sozialverhalten in Zeugnissen (§ 49 Abs. 2),
16. Wirtschaftliche Betätigung, Geldsammlungen (§ 55) und Sponsoring (§ 99 Abs. 2),
17. Schulhaushalt (§ 59 Abs. 9),
18. Bestellung der Schulleiterin oder des Schulleiters (§ 61 Abs. 1 und 2),
19. ergänzende Verfahrens- und Wahlvorschriften (§ 63 Abs. 6 und § 64 Abs. 5),
20. Einrichtung und Zusammensetzung von Fachkonferenzen (§ 70 Abs. 5), Teilkonferenzen und des Vertrauensausschusses oder Bestellung einer Vertrauensperson (§ 67 Abs. 1 und 2),
21. besondere Formen der Mitwirkung (§ 75),
22. Mitwirkung beim Schulträger (§ 76),
23. Erlass einer Schulordnung,
24. Ausnahmen vom Alkoholverbot (§ 54 Abs. 5),
25. Erhöhung der Zahl der Vertretungen der Eltern in Fachkonferenzen und Bildungsgangkonferenzen (§ 70 Abs. 1),
26. Empfehlung zum Tragen einheitlicher Schulkleidung (§ 42 Abs. 8).

(3) Das Ministerium kann durch Rechtsverordnung der Schulkonferenz weitere Angelegenheiten aus der Bildungs- und Erziehungsarbeit der Schule zur Entscheidung übertragen.

**Allgemeines**

§ 65 bestimmt für das wichtigste Gremium der Schule einen umfangreichen Aufgabenbereich. **1**
Siehe auch **E 24**.

**Zu Absatz 1**

Die Schulkonferenz kann über alle Angelegenheiten der Schule beraten, die sie als **2**
grundsätzlich ansieht.

**Zu Absatz 2**

Die Aufzählung ist ein abschließender Katalog der Entscheidungsbefugnisse der **3**
Schulkonferenz. Diese sind unterschiedlicher Natur:

– gestaltende Entscheidungen (z.B. Nr. 1, 2, 4, 5, 6, 7, 9, 10, 13, 16, 17, 19, 20, 21, 23, 24 und 25),
– Zustimmung zu Vorschlägen (Nr. 3 und 16),
– Verabschiedung von Grundsätzen (Nr. 11, 12, 14 und 15),
– Vorschläge und Anregungen (Nr. 8 und 22) sowie
– Stellungnahmen (Nr. 16 und 22).

Die eigene Schulordnung nach Nr. 23 kann sich auf alle Bereiche erstrecken.

Eine Erweiterung des Kataloges ist nur gemäß Abs. 3 möglich.

Zu Nr. 6: Dazu gehört die Rahmenplanung für Klassenfahrten; siehe Nr. 2.2 der **4**
Richtlinien für Schulfahrten (BASS 14-12 Nr. 2; SchR 3.4.1/1) sowie die Durchführung von
Schülerbetriebspraktika gem. Nr. 6 des RdErl. vom 21.10.2010 (BASS 12–21 Nr. 1; SchR
5.5.2/1). Auch Schulfeste und Schulfeiern sind gemeint.

Zu Nr. 8: Formulierung geändert durch das 9. SchulRÄG. Hier geht es um den Vorschlag von
Seiten der Schule. Bei der Einrichtung des Gemeinsamen Lernens durch den Schulträger ist
die Schule dagegen anzuhören – § 76 Nr. 8 i.V. mit § 65 Nr. 22.

Zu Nr. 11: Zu den Hausaufgaben siehe § 42 Abs. 3 sowie RdErl. vom 05.05.2015 (BASS
12-63 Nr. 3; SchR 3.1.2/1). Zahl und Dauer der schriftlichen Klassenarbeiten sind in Nr. 6.1
VVzAPO-SI geregelt. Siehe auch *Wild*, Schule NRW 2009, S. 282, sowie *Wellenreuther*, SchVw
NRW 2013, S. 16 und S. 77.

Zu Nr. 12: Die erzieherischen Einwirkungen (§ 53 Abs. 2) sind nicht abschließend geregelt.

Zu Nr. 14: Es geht hier um allgemeine Grundsätze, nicht um Einzelentscheidungen.

Zu Nr. 15: Siehe die neuen Regelungen in § 49 nach Abschaffung der Kopfnoten.

Zu Nr. 17: Hierzu gehört auch die Bewirtschaftung eigener Personal- und Sachmittel, die der
Schule nach § 95 zur Verfügung stehen.

Zu Nr. 18: Gemeint ist die Mitwirkung bei der Schulleitungsbestellung gemäß § 61 Abs. 1
und 2 SchulG.

Zu Nr. 19: Siehe bei den zitierten Paragrafen.

Nr. 22: Die Schulkonferenz beschließt über das Votum der Schule, das die Schulleitung
gegenüber dem Schulträger abgibt. Es handelt sich um Anhörungsrechte. Ablehnende
Schulkonferenzbeschlüsse bzw. Voten der Schule haben nicht die Wirkung eines Vetorechts.

Zu Nr. 23: Dies kann sich mit einer Hausordnung überschneiden, die der Schulträger zur
Benutzung der Schulanlagen erlässt.

In eine Schulordnung gehört z.B. eine Regelung zur Handy-Nutzung; siehe *Minten* SchVw NRW 2006, S. 132, und *Levin*, SchVw NRW 2014, S. 118. Ein anderer Fall sind Regelungen zur Nutzung des Internets.

Zu Nr. 24: Ausnahmen vom Rauchverbot gibt es nicht mehr; siehe § 54 Abs. 6.

Zu Nr. 25: Zur Erhöhung der Zahl der Mitglieder der Schulkonferenz selbst siehe § 66 Abs. 2.

**Zu Absatz 3**

5 Als solche weiteren Entscheidungsangelegenheiten für die Schulkonferenz sind durch Verordnung z.B. geregelt: die Entscheidung über die Noten in Klasse 3 der Grundschule (§ 6 Abs. 3 AO-GS) und bestimmte Fragen der Unterrichtsorganisation (Zeiteinheiten, Epochenunterricht) in der Sekundarstufe I (§ 4 APO-S I), der Fremdsprachenfolge im Gymnasium (§ 17 Abs. 1) oder Grundsätze zur Verwendung von Ergänzungsstunden (§ 14 Abs. 5, § 15 Abs. 4, § 17 Abs. 4, § 19 Abs. 3, § 20 Abs. 3 APO-SI).

**§ 66   Zusammensetzung der Schulkonferenz**

**(1) Die Schulkonferenz hat bei Schulen mit**

**a) bis zu 200 Schülerinnen und Schülern 6 Mitglieder, an Berufskollegs 12 Mitglieder,**
**b) bis zu 500 Schülerinnen und Schülern 12 Mitglieder,**
**c) mehr als 500 Schülerinnen und Schülern 18 Mitglieder.**

**(2) Die Schulkonferenz kann mit den Stimmen von zwei Dritteln ihrer Mitglieder eine Erhöhung der Mitgliederzahl beschließen, wobei das Verhältnis der Zahlen nach Absatz 3 zu wahren ist.**

**(3) Mitglieder der Schulkonferenz sind die Schulleiterin oder der Schulleiter sowie die gewählte Vertretung der Lehrerinnen und Lehrer, Eltern, Schülerinnen und Schüler im Verhältnis**

**Lehrerinnen und Lehrer: Eltern: Schülerinnen und Schüler**

| | |
|---|---|
| **1. an Schulen der Primarstufe** | **1: 1: 0** |
| **2. an Schulen der Sekundarstufe I, an Schulen mit Primarstufe und Sekundarstufe I sowie an Schulen der Sekundarstufe I und II** | **1: 1: 1** |
| **3. an Schulen der Sekundarstufe II** | **3: 1: 2** |
| **4. an Weiterbildungskollegs und dem Kolleg für Aussiedlerinnenund Aussiedler** | **1: 0: 1.** |

(4) An Berufskollegs mit bis zu 500 Schülerinnen und Schülern gehören der Schulkonferenz je ein Mitglied als Vertreterin oder Vertreter der Ausbildenden und Auszubildenden mit Stimmrecht sowie je ein weiteres Mitglied als Vertreterin oder Vertreter der Ausbildenden und der Auszubildenden mit beratender Stimme an. An Berufskollegs mit mehr als 500 Schülerinnen und Schülern gehören der Schulkonferenz je zwei Mitglieder als Vertreterinnen und Vertreter der Ausbildenden und der Auszubildenden mit Stimmrecht an.

Die Mitglieder mit Stimmrecht werden auf die Zahl der Vertreterinnen und Vertreter der Eltern und der Schülerinnen und Schüler gemäß den Absätzen 1 und 2 angerechnet. Die Vertretung der Ausbildenden wird von der zuständigen Stelle gemäß § 71 des Berufsbildungsgesetzes benannt. Die im Bezirk der zuständigen Stelle bestehenden Gewerkschaften und selbstständigen Vereinigungen von Arbeitnehmern mit sozial- oder berufspolitischer Zwecksetzung benennen die Vertretung der Auszubildenden.

(5) Die oder der Vorsitzende der Schulpflegschaft und die Schülersprecherin oder der Schülersprecher sind jeweils unter Anrechnung auf die Zahl der Vertreterinnen und Vertreter der Eltern und der Schülerinnen und Schüler gemäß den Absätzen 1 und 3 Mitglieder der Schulkonferenz, sofern sie dies nicht ablehnen.

(6) Die Schulleiterin oder der Schulleiter führt den Vorsitz in der Schulkonferenz. Sie oder er hat, ebenso wie im Falle der Verhinderung die ständige Vertretung, kein Stimmrecht. Abweichend hiervon gibt bei Stimmengleichheit ihre oder seine Stimme den Ausschlag. Die ständige Vertretung und die Verbindungslehrerinnen und -lehrer nehmen beratend an der Schulkonferenz teil.

(7) Die Schulkonferenz kann Vertreterinnen und Vertreter schulergänzender Angebote und Personen aus dem schulischen Umfeld als beratende Mitglieder berufen. Hierbei sollen pädagogische und sozialpädagogische Fachkräfte, die im Rahmen außerunterrichtlicher Angebote tätig sind und nicht der Schule angehören, in besonderer Weise berücksichtigt werden.

## Erläuterungen

### Allgemeines

§ 66 bestimmt die Größe der Schulkonferenz und die Verteilung ihrer Mitglieder auf die Gruppen in der Schule.     1

### Zu Absatz 1

Diese gegenüber früher verringerte Größe der Schulkonferenz an großen Schulen soll die Arbeitsfähigkeit des Gremiums gewährleisten. Die Schule kann aber gemäß Abs. 2 davon abweichen.     2

### Zu Absatz 2

Eine Vergrößerung der Schulkonferenz sollte nur bei sehr großen Schulen in Betracht gezogen werden.     3

### Zu Absatz 3

Die 2005 eingeführte, aber von 2006 bis 2010 abgeschaffte Drittelparität zu Nr. 2 ist mit der Neuregelung (2010) wieder hergestellt.     4

### Zu Absatz 4

Zuständige Stellen nach dem Berufsbildungsgesetz (BBiG) bzw. der Handwerksordnung (HWO) sind z.B. die Industrie- und Handelskammern und die Handwerkskammern. Das Antragsrecht für die Mitglieder mit beratender Stimme besteht gemäß § 63 Abs. 3.     5

### Zu Absatz 5

Sie sind also von Gesetzes wegen Mitglieder der Schulkonferenz, wenn sie in ihr Amt gewählt worden sind. Dadurch verringert sich die Zahl der noch zu wählenden Vertreter entsprechend.     6

### Zu Absatz 6

Durch den Stichentscheid kann eine mögliche Pattsituation aufgelöst werden. Zum Beanstandungsrecht der Schulleitung siehe § 59 Abs. 10.     7

### Zu Absatz 7

Satz 2 wurde durch das 12. Schulrechtsänderungsgesetz (2015) angefügt.     8

Zur Mitwirkung der Betreuungskräfte an Offenen Ganztagsschulen (§ 9 Abs. 3) siehe § 68 Abs. 4 und § 75 Abs. 4. Allgemein zum schulischen Umfeld siehe auch § 5.

## § 67  Teilkonferenzen, Eilentscheidungen

(1) Die Schulkonferenz kann für besondere Aufgabengebiete Teilkonferenzen einrichten; sie legt die Zusammensetzung fest. Die Teilkonferenz berät über das ihr zugewiesene Aufgabengebiet und bereitet Beschlüsse der Schulkonferenz vor. In einzelnen Angelegenheiten kann die Schulkonferenz widerruflich die Entscheidungsbefugnis auf eine Teilkonferenz übertragen. Auf Verlangen der Gruppe der Lehrerinnen und Lehrer, der Eltern oder der Schülerinnen und Schüler in der Schulkonferenz gehört eine Vertreterin oder ein Vertreter der entsprechenden Gruppe der Teilkonferenz an.

(2) Die Schulkonferenz kann als Teilkonferenz einen Vertrauensausschuss bilden oder eine Vertrauensperson bestellen, die bei Konflikten vermitteln und mit den Beteiligten einvernehmliche Lösungen herbeiführen sollen.

(3) An Berufskollegs kann einer Teilkonferenz auch angehören, wer nicht Mitglied der Schulkonferenz ist. Für Teilkonferenzen mit berufsfeldbezogenen Aufgaben sind dort je eine Vertretung der Ausbildenden und der Auszubildenden des betreffenden Berufsfeldes als Mitglieder zu berufen, soweit diese nicht bereits in der Schulkonferenz vertreten sind.

(4) In Angelegenheiten der Schulkonferenz, die keinen Aufschub dulden, entscheidet die Schulleiterin oder der Schulleiter (Vorsitz) gemeinsam mit je einer von der Schulkonferenz aus ihrer Mitte gewählten Vertretung der in der Schulkonferenz vertretenen Gruppen. Die Mitglieder der Schulkonferenz sind darüber unverzüglich zu unterrichten. Die Entscheidung ist der Schulkonferenz in der nächsten Sitzung zur Genehmigung vorzulegen.

(5) Kann in dringenden Angelegenheiten auch ein Beschluss gemäß Absatz 4 nicht rechtzeitig herbeigeführt werden, trifft die Schulleiterin oder der Schulleiter die Entscheidung und gibt sie der Konferenz unverzüglich bekannt.

(6) Die Schulkonferenz kann Entscheidungen gemäß den Absätzen 1 bis 5 aufheben, soweit dadurch nicht schon Rechte anderer entstanden sind.

### Erläuterungen

**Allgemeines**

1  Die in § 67 geregelten Teilkonferenzen können die ihnen übertragenen Aufgaben zeitnäher und mit weniger Aufwand als die Schulkonferenz lösen. Sie dürfen nicht mit der von der Lehrerkonferenz zu berufenden Teilkonferenz nach § 53 Abs. 7 verwechselt werden.

**Zu Absatz 1**

2  Eine Teilkonferenz – aus Mitgliedern der Schulkonferenz – kann z.B. zur Vorbereitung des Schulprogramms eingerichtet werden. Die Schulleitung kann mit beratender Stimme teilnehmen gemäß § 59 Abs. 10.

**Zu Absatz 2**

3  Der Vertrauensausschuss vermittelt insbesondere in Schülerangelegenheiten, nicht wie früher (SchMG) der Lehrerrat (§ 69 Abs. 2). Im Unterschied zu den Mitgliedern des Vertrauensausschusses muss die Vertrauensperson nicht Mitglied der Schulkonferenz sein. In Angelegenheiten der Lehrer vermittelt insbesondere der Lehrerrat gemäß § 69 Abs. 2.

**Zu Absatz 3**

An Berufskollegs können also auch andere Personen in den Vertrauensausschuss berufen **4** werden. Zu Schulkonferenzen an Berufskollegs siehe § 66 Abs. 4.

**Zu Absatz 4**

Dieser Eilausschuss aus vier Personen (Schulleiter und je ein Vertreter der Eltern, Lehrer und **5** Schüler) tritt ein, wenn die Schulkonferenz nicht rechtzeitig entscheiden könnte.

**Zu Absatz 5**

Die Dringlichkeitsentscheidung der Schulleiterin oder des Schulleiters ist auf das Erforderliche **6** beschränkt.

**Zu Absatz 6**

Dieses Aufhebungsrecht der Schulkonferenz bezieht sich auf Beschlüsse von Teilkonferenzen **7** und des Eilausschusses sowie auf Dringlichkeitsentscheidungen.

## § 68   Lehrerkonferenz

(1) Mitglieder der Lehrerkonferenz sind die Lehrerinnen und Lehrer sowie das pädagogische und sozialpädagogische Personal gemäß § 58. Den Vorsitz führt die Schulleiterin oder der Schulleiter.

(2) Die Lehrerkonferenz berät über alle wichtigen Angelegenheiten der Schule; sie kann hierzu Anträge an die Schulkonferenz richten.

(3) Die Lehrerkonferenz entscheidet über

1. Grundsätze für die Unterrichtsverteilung und die Aufstellung von Stunden-, Aufsichts- und Vertretungsplänen,
2. Grundsätze für die Verteilung der Sonderaufgaben auf Vorschlag der Schulleiterin oder des Schulleiters,
3. Grundsätze für die Lehrerfortbildung auf Vorschlag der Schulleiterin oder des Schulleiters,
4. Grundsätze für die Festsetzung der individuellen Pflichtstundenzahl der Lehrerinnen und Lehrer auf Vorschlag der Schulleiterin oder des Schulleiters,
5. die Teilnahme einer Schule an der Erprobung neuer Arbeitszeitmodelle gemäß § 93 Abs. 4 auf Vorschlag der Schulleiterin oder des Schulleiters,
6. Vorschläge an die Schulkonferenz zur Einführung von Lernmitteln,
7. weitere Angelegenheiten, die ausschließlich oder überwiegend unmittelbar die Lehrerinnen und Lehrer und das pädagogische und sozialpädagogische Personal betreffen.

(4) Die Lehrerkonferenz wählt die Vertreterinnen und Vertreter der Gruppe der Lehrerinnen und Lehrer für die Schulkonferenz. Gewählte sind verpflichtet, die Wahl anzunehmen, wenn nicht ein wichtiger Grund entgegensteht. Die Lehrerkonferenz kann auch pädagogische oder sozialpädagogische Fachkräfte wählen, die im Rahmen außerunterrichtlicher Angebote tätig sind und nicht der Schule angehören.

(5) Die Lehrerkonferenz kann die Einrichtung von Teilkonferenzen beschließen und ihnen Angelegenheiten ihres Aufgabenbereichs ganz oder teilweise übertragen. § 67 Abs. 1 und 6 gilt entsprechend.

**Allgemeines**

1    § 68 bestimmt die Zusammensetzung und die Aufgaben der Lehrerkonferenz. Sie ist das zentrale Gremium aller Lehrkräfte der Schule. Die Beteiligung gehört zu den dienstlichen Aufgaben (§ 62 Abs. 6). Siehe auch E 25. Mit dem Gesetz zur Neuregelung des Gleichstellungsrechts vom 06.12.2016 (GV. NRW. S. 1052) entfällt der bisherige Absatz 6. Die bisher optionale Regelung zur Ansprechpartnerin für Gleichstellungsfragen ist jetzt stringenter in § 15a LGG enthalten und enthält folgende Aussage: *An den Schulen wird durch die Leiterin oder den Leiter nach Anhörung der Lehrerkonferenz eine Ansprechpartnerin für Gleichstellungsfragen und mindestens eine Stellvertreterin bestellt.*

**Zu Absatz 1**

2    Die Lehramtsanwärter sind Mitglieder gemäß § 62 Abs. 9.

**Zu Absatz 2**

3    Sie kann sich mit allen wichtigen Angelegenheiten der Schule befassen. Anträge an die Schulkonferenz können sich auf alle Bereiche des Katalogs in § 65 Abs. 2 beziehen.

**Zu Absatz 3**

4    Die Entscheidungsbefugnisse sind abschließend aufgezählt.

Zu Nr. 1: Die Einzelentscheidungen trifft der Schulleiter; vgl. § 20 ADO.

Zu Nr. 2 bis 5: Der Vorschlag des Schulleiters kann abgelehnt, aber nicht ersetzt werden. Hier sind also Schulleitung und Lehrerkonferenz auf Verständigung angewiesen; vgl. § 2 Abs. 5 und § 3 Abs. 2 AVO.

Zu Nr. 6: Zur Einführung von Lernmitteln siehe § 30 Abs. 3 und § 70 Abs. 4 Nr. 3.

Zu Nr. 7: Es geht hier nicht um Angelegenheiten einzelner Lehrkräfte. Das ist Aufgabe des Lehrerrats (§ 69), der Ansprechpartnerin für Gleichstellungsfragen (siehe Abs. 6) oder der Personalvertretung.

**Zu Absatz 4**

5    Alle Mitglieder sind wählbar; der Schulleiter ist schon von Amts wegen Mitglied der Schulkonferenz (§ 66 Abs. 3). Zur Mitwirkung pädagogischer Betreuungskräfte siehe § 75 Abs. 4.

**Zu Absatz 5**

6    Zur Einrichtung einer Teilkonferenz für Ordnungsmaßnahmen siehe § 53 Abs. 6 und 7.

§ 69    Lehrerrat

**(1) Die Lehrerkonferenz wählt in geheimer und unmittelbarer Wahl für die Dauer von vier Schuljahren einen Lehrerrat. Ihm gehören mindestens drei, höchstens fünf Lehrerinnen und Lehrer oder Mitarbeiterinnen und Mitarbeiter gemäß § 58 an. An Schulen mit nicht mehr als acht hauptamtlichen und hauptberuflichen Lehrerinnen und Lehrern oder Mitarbeiterinnen und Mitarbeitern gemäß § 58 kann die Anzahl der Mitglieder durch Beschluss der Lehrerkonferenz auf zwei vermindert werden. Die Lehrerkonferenz bestimmt für die Wahl eine Wahlleiterin oder einen Wahlleiter. Die Schulleiterin oder der Schulleiter ist von der Vorbereitung und Durchführung der Wahl ausgeschlossen; sie oder er ist nicht**

wahlberechtigt und nicht wählbar. Der Lehrerrat wählt aus seiner Mitte eine Person für den Vorsitz und eine Stellvertretung.

(2) Der Lehrerrat berät die Schulleiterin oder den Schulleiter in Angelegenheiten der Lehrerinnen und Lehrer sowie der Mitarbeiterinnen und Mitarbeiter gemäß § 58 und vermittelt auf Wunsch in deren dienstlichen Angelegenheiten. Die Schulleiterin oder der Schulleiter ist verpflichtet, den Lehrerrat in allen Angelegenheiten der in Satz 1 genannten Personen zeitnah und umfassend zu unterrichten und anzuhören.

(3) Soweit der Schulleiterin oder dem Schulleiter nach näherer Bestimmung durch Gesetz oder Rechtsverordnung Aufgaben des Dienstvorgesetzten übertragen worden sind, gelten die Schulen als Dienststellen im Sinne des Landespersonalvertretungsgesetzes. Ein Personalrat wird nicht gebildet. An seine Stelle tritt der Lehrerrat.

(4) Für die Beteiligung des Lehrerrats an den Entscheidungen der Schulleiterin oder des Schulleiters gemäß Absatz 3 gelten §§ 62 bis 77 des Landespersonalvertretungsgesetzes entsprechend. Kommt eine Einigung über eine von der Schulleiterin oder dem Schulleiter beabsichtigte beteiligungspflichtige Maßnahme nicht zustande und hält sie oder er an der Maßnahme fest, so kann die Maßnahme unabhängig von der Beachtlichkeit der Ablehnungsgründe des Lehrerrats der jeweils nach § 89 Abs. 1 in Verbindung mit § 92 Satz 1 Nr. 2 des Landespersonalvertretungsgesetzes durch Rechtsverordnung bestimmten Dienststelle zur Durchführung eines Beteiligungsverfahrens vorgelegt werden. Dasselbe gilt für eine vom Lehrerrat beantragte, in der Entscheidungskompetenz der Schulleiterin oder des Schulleiters liegende mitbestimmungspflichtige Maßnahme, wenn ihr nicht entsprochen wird. §§ 7 Abs. 1, 33, 37 und 85 Abs. 4 des Landespersonalvertretungsgesetzes sind entsprechend anzuwenden.

(5) Der Lehrerrat hat einmal im Schuljahr in der Lehrerkonferenz über seine Tätigkeit zu berichten.

(6) Mitglieder des Lehrerrats sollen unter Berücksichtigung ihrer Aufgaben im Sinne des Absatzes 3 von der Unterrichtsverpflichtung angemessen entlastet werden. Näheres regelt die Verordnung zur Ausführung des § 93 Abs. 2 Schulgesetz. Den Mitgliedern des Lehrerrats ist die Teilnahme an geeigneten Fortbildungsmaßnahmen zu ermöglichen.

## Erläuterungen

### Allgemeines

§ 68 regelt nicht nur die Aufgaben des Lehrerrats als Beratungsorgan, sondern auch seine **1** neue Stellung als Ersatz für einen Personalrat (Abs. 3 und 4). Durch das 3. SchRÄG sind die Aufgaben des Lehrerrats 2008 erheblich ausgeweitet worden. Siehe auch E 26. Eine Erläuterung der Vorschriften enthält die Handreichung „Lehrerrat" des MSW (Beilage zu Schule NRW 08/2013). Siehe auch den Leitfaden von *Hohenlöchter* (VBE 2010).

### Zu Absatz 1

Wegen der neuen Aufgaben des Lehrerrats (Absätze 3 und 4) bedarf auch seine **2** Zusammensetzung und die Wahl seiner Mitglieder dieser näheren Regelung im Gesetz.

### Zu Absatz 2

Der Lehrerrat ist weiterhin das Mittlerorgan zwischen Schulleitung und Lehrerschaft. Er **3** ist an allen Schulen zu bilden und vertritt auch die Interessen des Personals gemäß § 58. In Schülerangelegenheiten vermittelt der Vertrauensausschuss oder die Vertrauensperson gemäß § 67 Abs. 2.

**Zu Absatz 3**

**4** Die Übertragung von solchen Aufgaben auf den Schulleiter richtet sich nach § 1 Abs. 5 der Verordnung über die beamtenrechtlichen Zuständigkeiten (ZustVO BR); siehe BASS 10–32 Nr. 44. Spätestens seit dem 01.08.2015 wurden den Schulleitungen danach zahlreiche Aufgaben von Dienstvorgesetzten verpflichtend und einige weitere fakultativ übertragen. Für Tarifbeschäftigte gilt der RdErl. vom 23.04.2007 (BASS 10–32 Nr. 32; SchR 6.4.2/51), der auch auf diese Verordnung verweist.

**Zu Absatz 4**

**5** Soweit der Lehrerrat nun die Aufgaben des Personalrats übernimmt, muss er die komplizierten Verfahren des Personalvertretungsrechts beachten. Das Personalvertretungsgesetz (LPVG) ist im SchR unter 6.1.2/1 abgedruckt. Die zuständigen Personalräte bestimmt eine Verordnung (BASS 21–31 Nr. 2; SchR 6.1.2/41).

**Zu Absatz 5**

**6** Diese Berichtspflicht steht im Zusammenhang mit den neuen Aufgaben des Lehrerrats.

**Zu Absatz 6**

**7** Zur Entlastung sieht die Verordnung zu § 93 (AVO) allerdings nur vor, dass die Mitgliedschaft im Lehrerrat bei der Verteilung der Anrechnungsstunden im Einzelfall nach der jeweiligen Beanspruchung berücksichtigt wird. Siehe § 2 Abs. 5 AVO. Freistellungen im Geschäftsbereich des MSW haben insgesamt einen Umfang von 363 Stellenanteilen; siehe Kl. Anfrage 736 (SchVw NRW 2013, S. 63).

Den Mitgliedern der Lehrerräte wird eine Qualifizierung durch die Fortbildungsakademie des Innenministeriums NRW angeboten; siehe RdErl. vom 04.03.2013 (BASS 20–22 Nr. 63; SchR 7.1.6/47).

## § 70 Fachkonferenz, Bildungsgangkonferenz

**(1) Mitglieder der Fachkonferenz sind die Lehrerinnen und Lehrer, die die Lehrbefähigung für das entsprechende Fach besitzen oder darin unterrichten. Die Fachkonferenz wählt aus ihrer Mitte eine Person für den Vorsitz. Je zwei Vertretungen der Eltern und der Schülerinnen und Schüler, an Berufskollegs zusätzlich je zwei Vertretungen der Ausbildenden und Auszubildenden, können als Mitglieder mit beratender Stimme teilnehmen. Die Schulkonferenz kann eine höhere Zahl von Vertretungen der Eltern beschließen.**

**(2) In Berufskollegs können Fachkonferenzen statt für einzelne Fächer für Fachbereiche oder Bildungsgänge eingerichtet werden (Bildungsgangkonferenz).**

**(3) Die Fachkonferenz berät über alle das Fach oder die Fachrichtung betreffenden Angelegenheiten einschließlich der Zusammenarbeit mit anderen Fächern. Sie trägt Verantwortung für die schulinterne Qualitätssicherung und -entwicklung der fachlichen Arbeit und berät über Ziele, Arbeitspläne, Evaluationsmaßnahmen und -ergebnisse und Rechenschaftslegung.**

**(4) Die Fachkonferenz entscheidet in ihrem Fach insbesondere über**

**1. Grundsätze zur fachdidaktischen und fachmethodischen Arbeit,**

**2. Grundsätze zur Leistungsbewertung,**

**3. Vorschläge an die Lehrerkonferenz zur Einführung von Lernmitteln.**

**(5)** In Grundschulen und in Förderschulen kann durch Beschluss der Schulkonferenz auf die Einrichtung von Fachkonferenzen verzichtet werden. In diesem Fall übernimmt die Lehrerkonferenz die Aufgaben der Fachkonferenzen.

## Erläuterungen

### Allgemeines

Die in § 70 geregelten Fachkonferenzen sind für alle Fragen zuständig, die das jeweilige Unterrichtsfach betreffen. **1**

### Zu Absatz 1

Die Schulkonferenz ist bei Entscheidungen nach § 65 Abs. 2 Nr. 20 an diese Zusammensetzung gebunden. Die Mitarbeit ist für Lehrkräfte eine dienstliche Aufgabe (§ 62 Abs. 6); Lehramtsanwärter gehören dazu (§ 62 Abs. 9). Beratende Mitglieder können Anträge stellen (§ 63 Abs. 3). Die Zuständigkeit zur Erhöhung der Elternvertretung entspricht § 65 Abs. 2 Nr. 25. **2**

### Zu Absatz 2

Die Möglichkeit zur Einrichtung von Bildungsgangkonferenzen entspricht der Organisation des Berufskollegs nach § 22 Abs. 3. **3**

### Zu Absatz 3

Zur Qualitätssicherung siehe auch § 3. Zum Umgang mit den Ergebnissen der zentralen Lernstandserhebungen (Vergleichsarbeiten) siehe § 48 Abs. 2 Satz 3 sowie den RdErl. vom 20.12.2006 (BASS 12–32 Nr. 4; SchRHB V 31/81). **4**

### Zu Absatz 4

Zu Nr. 1 und 2: Diese Grundsätze binden die Lehrerinnen und Lehrer (§ 57 Abs. 1); sie regeln nicht Einzelfälle. Zur Leistungsbewertung siehe auch § 48 Abs. 2. **5**

Zu Nr. 3: Über die Vorschläge zu Lernmitteln entscheidet zunächst die Lehrerkonferenz (§ 68 Abs. 3 Nr. 6), letztlich aber die Schulkonferenz (§ 65 Abs. 2 Nr. 10).

Der Katalog ist nicht abschließend („insbesondere").

### Zu Absatz 5

Diese Entscheidung der Schulkonferenz entspricht § 65 Abs. 2 Nr. 20. **6**

## § 71 Klassenkonferenz, Jahrgangsstufenkonferenz

**(1)** Mitglieder der Klassenkonferenz sind die Lehrerinnen und Lehrer sowie das pädagogische und sozialpädagogische Personal gemäß § 58. Den Vorsitz führt die Klassenlehrerin oder der Klassenlehrer.

**(2)** Die Klassenkonferenz entscheidet über die Bildungs- und Erziehungsarbeit der Klasse. Sie berät über den Leistungsstand der Schülerinnen und Schüler und trifft die Entscheidungen über Zeugnisse, Versetzungen und Abschlüsse sowie über die Beurteilung des Arbeitsverhaltens und Sozialverhaltens und über weitere Bemerkungen zu besonderen Leistungen und besonderem persönlichem Einsatz im außerunterrichtlichen Bereich (§ 49 Abs. 2).

**(3)** An den Sitzungen der Klassenkonferenz nehmen die oder der Vorsitzende der Klassenpflegschaft und ab Klasse 7 die Klassensprecherin oder der Klassensprecher sowie deren Stellvertretungen mit beratender Stimme teil; dies gilt nicht, soweit es um die Leistungsbewertung einzelner Schülerinnen oder Schüler geht. Die Schulleiterin oder der Schulleiter oder eine von ihr oder ihm beauftragte Lehrerin oder ein von ihm oder ihr beauftragter Lehrer ist berechtigt, an den Sitzungen der Klassenkonferenz mit beratender Stimme teilzunehmen.

(4) Soweit kein Klassenverband besteht, werden die Aufgaben der Klassenkonferenz von der Jahrgangsstufenkonferenz wahrgenommen. Mitglieder der Jahrgangsstufenkonferenz sind alle in der jeweiligen Jahrgangsstufe unterrichtenden Lehrerinnen und Lehrer. Den Vorsitz führt die Stufenleiterin oder der Stufenleiter, die oder der mit der Organisation der Jahrgangsstufe beauftragt ist.

## Erläuterungen

**Allgemeines**

1  § 71 bestimmt die Zusammensetzung und Aufgaben der Klassenkonferenz als der auf die Klasse bezogenen Lehrerkonferenz. Siehe auch **E 25**.

**Zu Absatz 1**

2  Mitglieder sind alle Lehrkräfte, die in der Klasse – nicht nur kurzfristig zur Vertretung – Unterricht erteilen; dazu zählen auch in der Klasse eingesetzte Lehramtsanwärter, siehe § 62 Abs. 9. Hinzu kommen die pädagogischen und sozialpädagogischen Kräfte im Landesdienst, Schuträgerpersonal gehört also nicht dazu.

Den Klassenlehrer bestimmt die Schulleitung im Benehmen (nicht Einvernehmen) mit der Lehrkraft gemäß § 18 ADO; dort sind auch die Aufgaben geregelt. Er soll im besonderen Maße auf die erzieherische und fachliche Förderung der Klasse hinwirken und darauf achten, dass die Klasse durch Hausaufgaben und Klassenarbeiten ausgewogen und nicht unangemessen belastet wird.

**Zu Absatz 2**

3  Über diese Aufgaben berät die Klassenkonferenz nicht nur, sie entscheidet auch. Über das Verhältnis zur pädagogischen Freiheit des einzelnen Lehrers siehe § 57 Abs. 1 und 2.

Zur Versetzungskonferenz siehe § 50 Abs. 2. Zu ihren Aufgaben gehört auch die Beurteilung des Arbeits- und Sozialverhaltens und des außerunterrichtlichen Engagements gemäß § 49 Abs. 2.

**Zu Absatz 3**

4  Beratende Mitglieder haben zwar kein Stimmecht, können aber Anträge stellen (§ 63 Abs. 3).

**Zu Absatz 4**

5  Diese Jahrgangsstufenkonferenzen werden in der gymnasialen Oberstufe (§ 18) gebildet.

### § 72  Schulpflegschaft

(1) Mitglieder der Schulpflegschaft sind die Vorsitzenden der Klassenpflegschaften sowie die von den Jahrgangsstufen gewählten Vertreterinnen und Vertreter. Ihre Stellvertreterinnen und Stellvertreter können, die Schulleiterin oder der Schulleiter soll beratend an den Sitzungen teilnehmen. Zwei vom Schülerrat gewählte Schülerinnen und Schüler ab Klasse 7 können mit beratender Stimme teilnehmen. Die Schulpflegschaft wählt eine Vorsitzende oder einen Vorsitzenden und bis zu drei Stellvertreterinnen oder Stellvertreter. Wählbar sind neben den Mitgliedern der Schulpflegschaft die stellvertretenden Vorsitzenden der Klassen- und Jahrgangsstufenpflegschaften; sie werden mit der Wahl Mitglieder der Schulpflegschaft.

**(2)** Die Schulpflegschaft vertritt die Interessen der Eltern bei der Gestaltung der Bildungs- und Erziehungsarbeit der Schule. Sie berät über alle wichtigen Angelegenheiten der Schule. Hierzu kann sie Anträge an die Schulkonferenz richten. Die Schulpflegschaft wählt die Vertretung der Eltern für die Schulkonferenz und die Fachkonferenzen. Die Eltern können über die Bildungs- und Erziehungsarbeit auch unter sich beraten.

**(3)** Die Schulpflegschaft kann eine Versammlung aller Eltern einberufen. Die Elternversammlung lässt sich über wichtige Angelegenheiten der Schule unterrichten und berät darüber.

**(4)** Schulpflegschaften können auf örtlicher und überörtlicher Ebene zusammenwirken und ihre Interessen gegenüber Schulträger und Schulaufsicht vertreten.

## Erläuterungen

### Allgemeines

§ 72 regelt die Zusammensetzung und Aufgaben der Schulpflegschaft als Vertretung der **1** Eltern auf der Schulebene. Neu mit dem Schulgesetz sind die Teilnahme von Schülern (Abs. 1 Satz 3) und die Internberatung der Eltern (Abs. 2 Satz 5) geregelt worden. Den Sonderfall einer Teilschulpflegschaft regelt § 83 Abs. 3. Siehe auch **E 28**. Zur Elternarbeit siehe *Vodafone-Stiftung*, Qualitätsmerkmale Schulischer Elternarbeit, 2014.

### Zu Absatz 1

Die stellvertretenden Mitglieder können Anträge stellen (§ 63 Abs. 3); sie haben im **2** Vertretungsfall Stimmrecht. Die oder der Vorsitzende wird mit der Wahl Mitglied der Schulkonferenz (§ 66 Abs. 5).

### Zu Absatz 2

Zur Vertretung der Elternschaft in der Schulkonferenz siehe § 66 Abs. 3, in Fachkonferenzen **3** § 70 Abs. 1. Zum Informationsanspruch gegenüber der Schulleitung siehe § 62 Abs. 4.

Die Internberatung der Eltern findet nicht nur ohne Lehrkräfte, sondern auch ohne Schulleitung und Schülervertreter statt.

### Zu Absatz 3

Diese Elternversammlung kann zwar keine Entscheidungen treffen, wohl aber im Rahmen **4** von Abs. 2 (Bildungs- und Erziehungsarbeit) Entschließungen fassen, um ihren Willen auszudrücken.

### Zu Absatz 4

Diese Regelung gibt die gesetzliche Grundlage für die auch schon zuvor geübte Praxis, **5** Gemeinde-, Stadt- und Kreiselternräte (Stadtschulpflegschaften) zu bilden. Ihre Adressaten sind die Gemeinden, Städte und Kreise als Schulträger (§ 78) sowie die Schulaufsichtsbehörden (§ 88 Abs. 2 und 3). Die Mitwirkung der Eltern gegenüber dem Schulministerium geschieht durch die Elternverbände; siehe § 77 Abs. 2 Nr. 3.

## § 73 Klassenpflegschaft, Jahrgangsstufenpflegschaft

**(1)** Mitglieder der Klassenpflegschaft sind die Eltern der Schülerinnen und Schüler der Klasse, mit beratender Stimme die Klassenlehrerin oder der Klassenlehrer und ab Klasse 7 die Klassensprecherin oder der Klassensprecher und die Stellvertretung. Eltern volljähriger Schülerinnen und Schüler können daneben mit beratender Stimme teilnehmen. Die

Klassenpflegschaft wählt zu Beginn des Schuljahres eine Vorsitzende oder einen Vorsitzenden und eine Stellvertreterin oder einen Stellvertreter. Die Eltern haben für jedes Kind gemeinsam eine Stimme.

(2) Die Klassenpflegschaft dient der Zusammenarbeit zwischen Eltern, Lehrerinnen und Lehrern, Schülerinnen und Schülern. Dazu gehören die Information und der Meinungsaustausch über Angelegenheiten der Schule, insbesondere über die Unterrichts- und Erziehungsarbeit in der Klasse. Die Klassenpflegschaft ist bei der Auswahl der Unterrichtsinhalte zu beteiligen. Die Lehrerinnen und Lehrer der Klasse sollen auf Wunsch der Klassenpflegschaft an den Sitzungen teilnehmen, soweit dies zur Beratung und Information erforderlich ist.

(3) Soweit kein Klassenverband besteht, bilden die Eltern der Schülerinnen und Schüler jeder Jahrgangsstufe die Jahrgangsstufenpflegschaft. Die Jahrgangsstufenpflegschaft wählt für jeweils 20 Schülerinnen und Schüler eine Vertreterin oder einen Vertreter für die Schulpflegschaft. Für jede Vertreterin oder jeden Vertreter wird eine Stellvertreterin oder ein Stellvertreter gewählt.

## Erläuterungen

### Allgemeines

1   § 73 regelt die Zusammensetzung und Aufgaben der Klassenpflegschaft als Vertretung der Eltern auf der Klassenebene. Siehe auch **E 28**.

### Zu Absatz 1

2   Eltern sind die in § 123 Abs. 1 genannten Personen; sie sind zur Mitwirkung gesetzlich angehalten (§ 42 Abs. 4). Bei Volljährigkeit ihres Kindes wirken sie noch beratend mit; zur Information über wichtige Angelegenheiten siehe § 120 Abs. 8. Volljährige Schüler gehören nicht der Klassenpflegschaft an; sie vertreten ihre Interessen über die Schülervertretung (§ 74).

Bei offiziellen Sitzungen der Klassenpflegschaft sind also Klassenlehrer und (ab Klasse 7) Schülervertreter mitberatend dabei; das schließt nicht aus, dass sich Eltern auch informell außerhalb der Schule intern treffen können. Wenn daran aber auch Lehrer teilnehmen, um über einzelne Schüler zu sprechen, können sich Probleme ergeben; so im Fall des VG Freiburg vom 19.10.2005 (SPE 726 Nr. 5).

### Zu Absatz 2

3   Der allgemeine Informationsanspruch ergibt sich aus § 62 Abs. 4; Adressat ist zunächst der Klassenlehrer. Themen der Klassenpflegschaft sind z.B. Hausaufgaben, Leistungsüberprüfungen, außerunterrichtliche Veranstaltungen, Erziehungsprobleme. Bei der Planung von Schulfahrten hat die Klassenpflegschaft ein Entscheidungsrecht (Ziel, Programm, Dauer, Kosten); siehe Nr. 2.4 WRL.

Zur Beteiligung bei der Auswahl von Unterrichtsinhalten müssen die Fachlehrkräfte kurze schriftliche, für Eltern verständliche Informationen geben und bei Bedarf an der Sitzung der Klassenpflegschaft persönlich teilnehmen.

Zur Gestaltung des Klassenklimas siehe *Sander/Haarmann*, Schule NRW 2011, S. 471.

### Zu Absatz 3

4   Dies betrifft die gymnasiale Oberstufe (§ 18). Für die Wahl des oder der Vorsitzenden ist entsprechend Abs. 1 zu verfahren.

§ 74    Schülervertretung

(1) Die Schülervertretung nimmt die Interessen der Schülerinnen und Schüler wahr. Sie kann sich durch die Mitwirkung in den Gremien an schulischen Entscheidungen beteiligen sowie im Rahmen des Auftrags der Schule übertragene und selbst gewählte Aufgaben durchführen und schulpolitische Belange wahrnehmen.

(2) Die Schülerinnen und Schüler der Klasse, des Kurses und der Jahrgangsstufe wirken in ihrem Bereich an der Bildungs- und Erziehungsarbeit mit. Sie wählen von der fünften Klasse an ihre Sprecherinnen und Sprecher und deren Stellvertretungen. Die Schülerschaft der Vollzeitschulen kann im Monat, die Schülerschaft der Teilzeitschulen im Quartal eine Stunde während der allgemeinen Unterrichtszeit für Angelegenheiten der Schülervertretung (SV-Stunde) in Anspruch nehmen.

(3) Der Schülerrat vertritt alle Schülerinnen und Schüler der Schule; er kann Anträge an die Schulkonferenz richten. Mitglieder des Schülerrats sind die Sprecherinnen und Sprecher der Klassen und Jahrgangsstufen sowie mit beratender Stimme deren Stellvertretungen. Hat eine Jahrgangsstufe mehr als 20 Personen, wählt die Jahrgangsstufe für je weitere 20 Personen eine weitere Vertretung für den Schülerrat. Der Schülerrat wählt eine Vorsitzende oder einen Vorsitzenden (Schülersprecherin oder Schülersprecher) und bis zu drei Stellvertretungen. Auf Antrag von einem Fünftel der Gesamtzahl der Schülerinnen und Schüler wird die Schülersprecherin oder der Schülersprecher von der Schülerversammlung gewählt. Der Schülerrat wählt die Vertretung der Schülerschaft für die Schulkonferenz, die Schulpflegschaft und die Fachkonferenzen sowie Delegierte für überörtliche Schülervertretungen.

(4) Der Schülerrat kann im Benehmen mit der Schulleiterin oder dem Schulleiter eine Versammlung aller Schülerinnen und Schüler (Schülerversammlung) einberufen. Die Schülerversammlung lässt sich über wichtige Angelegenheiten der Schule unterrichten und berät darüber. Auf Antrag von einem Fünftel der Schülerinnen und Schüler ist sie einzuberufen. Die Schülerversammlung kann bis zu zweimal im Schuljahr während der allgemeinen Unterrichtszeit stattfinden. Für Versammlungen der Schülerinnen und Schüler der Klassen oder Jahrgangsstufen gilt Satz 4 entsprechend.

(5) Zusammenkünfte von Mitwirkungsgremien der Schülerinnen und Schüler auf dem Schulgelände sowie die SV-Stunde sind Schulveranstaltungen. Sonstige Veranstaltungen der Schülervertretung auf dem Schulgelände oder außerhalb des Schulgeländes sind Schulveranstaltungen, wenn die Schulleiterin oder der Schulleiter vorher zugestimmt hat.

(6) Schülerinnen und Schüler dürfen wegen ihrer Tätigkeit in den Mitwirkungsgremien weder bevorzugt noch benachteiligt werden. Auf Antrag ist die Tätigkeit im Zeugnis zu vermerken.

(7) Verbindungslehrerinnen und Verbindungslehrer unterstützen die Arbeit der Schülervertretung. Der Schülerrat wählt je nach Größe der Schule bis zu drei Verbindungslehrerinnen und Verbindungslehrer.

(8) Schülervertretungen können auf örtlicher oder überörtlicher Ebene zusammenwirken und ihre Interessen gegenüber Schulträger und Schulaufsicht vertreten.

**Allgemeines**

1  § 74 regelt die Struktur und Aufgaben der Schülervertretung auf allen Ebenen der Schule. Über Erfahrungen aus Schülersicht berichten *Grethlein/Becker* in Schule NRW 2011, S. 176 und werben für das Engagement der Schüler. Siehe auch oben **E 27** sowie *Guttke*, Schule NRW 2015, S. 397, und *Wunsch*, Schule NRW 2016, H. 5, S. 16.

**Zu Absatz 1**

2  Der Aufgabenbereich ist weiter als bei der Schulpflegschaft; er umfasst auch schulpolitische Belange, aber kein allgemeines politisches Mandat. Grundlegend ist der SV-Erlass vom 22.11.1979 (BASS 17–51 Nr. 1; SchRHB 24/1). Zu praktischen Formen der kindgerechten Mitwirkung in der Grundschule (z.B. Klassenrat) siehe *Kropp*, SchVw NRW 2006, S. 49. Über die Einrichtung eines Klassenrates berichten *Wittmann/Leonhard*, Schule NRW 2011, S. 458.

**Zu Absatz 2**

3  Zum Schülerfeedback-Instrument SEfU, bei dem Schüler als Experten für Unterricht systematisch Rückmeldungen an die Lehrer geben, siehe *Groot-Wilken*, Schule NRW 2011, S. 464, und *Kühne/Groot-Wilken*, Schule NRW 2014, S. 46.

Die Klassensprecherin oder der Klassensprecher nimmt im Rahmen von § 71 Abs. 3 an der Klassenkonferenz sowie gemäß § 73 Abs. 1 auch beratend an der Klassenpflegschaft teil.

**Zu Absatz 3**

4  Die Schülersprecherin oder der Schülersprecher wird in geheimer Wahl gewählt (§ 64 Abs. 1), bei Wahl durch die Schülerversammlung muss sie oder er nicht Mitglied des Schülerrats sein. Neu ist mit dem Schulgesetz die Vertretung in der Schulpflegschaft eingeführt worden (§ 72 Abs. 1).

Die gewählten Vertreter der Schüler sind nicht an Weisungen gebunden (kein imperatives Mandat); siehe § 62 Abs. 5.

**Zu Absatz 4**

5  Zur Schülerversammlung siehe Nr. 3.6 SV-Erlass (BASS 17–51 Nr. 1; SchR 5.1.2/1). Ihr Informationsanspruch besteht gegenüber der Schulleitung.

**Zu Absatz 5**

6  Die Teilnahme schulfremder Personen an SV-Veranstaltungen ist im Einvernehmen mit der Schulleitung möglich; die Voraussetzungen für solche Veranstaltungen regelt Nr. 6 SV-Erlass.

**Zu Absatz 6**

7  Mitgliedern des Schülerrats muss – auch in der Berufsschule (Nr. 7 SV-Erlass) – die Wahrnehmung ihrer Aufgaben ermöglicht werden.

Zur Würdigung des außerunterrichtlichen Engagements von Schülern siehe § 49 Abs. 3.

**Zu Absatz 7**

8  Verbindungslehrer sollen von der Schulleitung unterstützt werden; sie werden von anderen Aufgaben entlastet gemäß Nr. 4 SV-Erlass.

**Zu Absatz 8**

9  Das sind z.B. Bezirksschülervertretungen auf Stadtebene oder Kreisebene sowie die Landesschülervertretung (LSV) auf Landesebene. Siehe auch § 77 Abs. 3 Nr. 3 zur Mitwirkung beim Ministerium.

## § 75 Besondere Formen der Mitwirkung

(1) An Förderschulen und an Schulen für Kranke kann die Schulkonferenz beschließen, von den Vorschriften über die Zusammensetzung der Schulkonferenz (§ 66 Abs. 3), über die Schulpflegschaft (§ 72) und über die Schülervertretung (§ 74 Abs. 3 bis 6 und 8) abzuweichen. Darüber hinaus kann sie beschließen, dass Bedienstete aus dem Bereich des nicht lehrenden Personals Mitglieder der Lehrerkonferenz sind und ihnen Stimmrecht in der Schulkonferenz einräumen.

(2) An Weiterbildungskollegs und am Kolleg für Aussiedlerinnen und Aussiedler kann die Schulkonferenz für die Aufgaben und die Größe der Schulkonferenz (§ 65 und § 66 Abs. 1) und die Zusammensetzung der Fachkonferenzen (§ 70 Abs. 1) sowie der Klassenkonferenz (§ 71) weiter gehende Formen der Mitwirkung beschließen.

(3) An Berufskollegs kann die Schulkonferenz Konferenzen, Schulpflegschaften und Schülerräte auf Ebenen einrichten, die der Organisationsstruktur der Schule besser entsprechen.

(4) An Offenen Ganztagsschulen (§ 9 Abs. 3) vereinbart die Schule mit ihren Kooperationspartnern besondere Regelungen zur Mitwirkung der pädagogischen Betreuungskräfte dieser Partner. Die Vereinbarung bedarf der Zustimmung der Schulkonferenz.

(5) An Grundschulen mit Teilstandorten kann die Schulkonferenz neben der Schulpflegschaft Teilschulpflegschaften einrichten.

### Erläuterungen

**Allgemeines**

§ 75 regelt Sonderfälle der Schulmitwirkung an bestimmten Schulen. Weitergehende **1**
Abweichungen können im Rahmen von § 25 Abs. 3 als Schulversuch gestattet werden.

**Zu Absatz 1**

Zu den Förderschulen siehe § 20. Mit diesen Bediensteten (Satz 2) sind Personen gemeint, **2**
die nicht zum Personal nach § 58 gehören und deshalb nicht schon nach § 68 Abs. 1 der
Lehrerkonferenz angehören. Zur Offenen Ganztagsschule siehe Abs. 4.

**Zu Absatz 2**

Zum Weiterbildungskolleg mit erwachsenen Studierenden siehe § 23. **3**

**Zu Absatz 3**

Zum Berufskolleg siehe § 22. Bei den anderen Ebenen handelt es sich um Berufsfelder, **4**
Fachrichtungen und fachliche Schwerpunkte.

**Zu Absatz 4**

Zur Beteiligung der pädagogischen Betreuungskräfte in der Offenen Ganztagsschule siehe **5**
auch § 66 Abs. 7 und § 68 Abs. 4. Dazu Nr. 6.9 des Ganztagserlasses vom 23.12.2010 (BASS 12–
63 Nr. 2; SchR 3.8.4/1), der die Beteiligung in den schulischen Gremien empfiehlt.

**Zu Absatz 5**

Siehe dazu die neue Regelung beim Grundschulverbund (§ 83 Abs. 3). **6**

Bei unterschiedlichen Schularten (Gemeinschaftsschule und Bekenntnisschule) sind die Teilschulpflegschaften also obligatorisch. Die Teilschulpflegschaft kann nur Aufgaben wahrnehmen, die sich auf den jeweiligen Teilstandort beziehen. Dazu gehört auch die Einberufung einer Elternversammlung für den Teilstandort (entsprechend der Regelung in § 72 Abs. 3).

# Dritter Abschnitt – Mitwirkung beim Schulträger und beim Ministerium

## § 76 Mitwirkung beim Schulträger

**1** Schule und Schulträger wirken bei der Entwicklung des Schulwesens auf örtlicher Ebene zusammen. Die Schule ist vom Schulträger in den für sie bedeutsamen Angelegenheiten rechtzeitig zu beteiligen. Hierzu gehören insbesondere

1. Teilung, Zusammenlegung, Änderung und Auflösung der Schule,
2. Aufstellung und Änderung von Schulentwicklungsplänen,
3. Festlegung von Schuleinzugsbereichen,
4. räumliche Unterbringung und Ausstattung der Schule sowie schulische Baumaßnahmen,
5. Schulwegsicherung und Schülerbeförderung,
6. Zusammenarbeit von Schulen und anderen Bildungseinrichtungen,
7. Umstellung auf die Ganztagsschule,
8. Einrichtung des Gemeinsamen Lernens,
9. Teilnahme an Schulversuchen.

### Erläuterungen

**1** Der Schulträger ist für die Planung des örtlichen Schulwesens und für die Organisation und Verwaltung der Schule zuständig (§§ 78 ff.). Er muss die erforderlichen Einrichtungen und die Sachausstattung bereitstellen und einschließlich des Verwaltungspersonals finanzieren.

Die Schule nimmt ihr Mitwirkungsrecht beim Schulträger durch Stellungnahme der Schulkonferenz wahr (§ 65 Abs. 2 Nr. 22). Dies kann in Bindung an die Vorgaben der Schulkonferenz schriftlich oder/und durch entsprechenden Vortrag des Schulleiters geschehen.

Zur rechtzeitigen Beteiligung gehört, dass die Fristen für die Schulkonferenz zumutbar sein müssen und dass die Stellungnahme der Schulkonferenz noch bei der Entscheidungsfindung des Schulträgers berücksichtigt werden kann.

**2** Dieser Beteiligungskatalog ist („insbesondere") nicht abschließend. Die beabsichtigte Entscheidung des Schulträgers über eine Umbenennung der Schule gehört sicher auch dazu; so auch VG Frankfurt vom 07.10.1998 (SPE 730 Nr. 1).

Zu Nr. 1: Zu den schulorganisatorischen Maßnahmen siehe § 81 und § 83.

Zu Nr. 2: Zur Schulentwicklungsplanung siehe § 80.

Zu Nr. 3: Zur Bildung von Schuleinzugsbereichen siehe § 84.

Zu Nr. 4: Zu Schulanlage und Schulgebäude siehe § 79.

Zu Nr. 5: Zur Unfallverhütung siehe § 59 Abs. 6, zur Schülerbeförderung siehe § 97. Wichtig ist die Befähigung der Kinder zu einem eigenständigen Schulweg (statt Elterntaxi).

Zur Einrichtung von Tempo 30 vor Schulen siehe *F. Jülich*, SchVw NRW 2013, S. 59.

Zu Nr. 6: Die Zusammenarbeit von Schulen untereinander und mit außerschulischen Partnern ist den Schulen als Aufgabe vorgegeben; siehe § 4 und § 5 und § 9 Abs. 3 sowie § 65 Abs. 2 Nr. 3.

Zu Nr. 7: Zur Ganztagsschule siehe § 9 sowie § 81 Abs. 2.

Zu Nr. 8: Zum Gemeinsamen Lernen vgl. § 20 Abs. 3.

Zu Nr. 9: Zu Schulversuchen siehe § 25; die Beteiligung bezieht sich auf schulträgerrelevante Schulversuche.

Verletzungen der Mitwirkungsrechte der Schule wird die Schulaufsicht bei ihren Entscheidungen berücksichtigen. Ein Klagerecht steht der Schule nicht zu.

## § 77 Mitwirkung beim Ministerium

(1) In schulischen Angelegenheiten von allgemeiner und grundsätzlicher Bedeutung beteiligt das Ministerium die am Schulleben beteiligten Verbände und Organisationen.

(2) Die Beteiligung erstreckt sich insbesondere auf

1. Änderungen dieses Gesetzes,
2. Richtlinien und Lehrpläne,
3. Ausbildungs- und Prüfungsordnungen,
4. Schulversuche,
5. Regelungen über die Abstimmung zwischen schulischer und betrieblicher Ausbildung.

(3) Zu beteiligen sind

1. die Spitzenorganisationen der zuständigen Gewerkschaften und Berufsverbände im Lande im Sinne von § 93 Landesbeamtengesetz und § 53 Beamtenstatusgesetz,
2. die auf Landesebene für mindestens eine Schulform organisierten Elternverbände,
3. Zusammenschlüsse von Schülervertretungen, soweit sie auf Landesebene organisiert sind (Landesschülervertretung),
4. Vereinigungen von Schulleiterinnen und Schulleitern von erheblicher Bedeutung,
5. der Zusammenschluss der Industrie- und Handelskammern in Nordrhein-Westfalen und der Westdeutsche Handwerkskammertag und die Landesvereinigung der Unternehmensverbände Nordrhein-Westfalen,
6. die Unfallkasse Nordrhein-Westfalen,
7. die Kirchen,
8. die überörtlichen Zusammenschlüsse der Träger der Ersatzschulen von erheblicher Bedeutung,
9. die kommunalen Spitzenverbände,
10. die landesweiten Zusammenschlüsse der Träger der freien Jugendhilfe, soweit Belange der Jugendhilfe berührt sind.

(4) Das Ministerium lädt die Elternverbände nach Absatz 3 Nr. 2 mindestens halbjährlich zu einem Gespräch über schulische Angelegenheiten im Sinne des Absatzes 1 ein.

## Erläuterungen

### Allgemeines

§ 77 regelt die überschulische Mitwirkung auf Landesebene. Sie wird gegenüber dem Schul-   **1**
ministerium (MSW) ausgeübt. Unabhängig davon beteiligt auch der Landtag (Schulausschuss) die schulischen Organisationen und Verbände in Anhörungen zur Gesetzgebung. Der noch im SchulG 2005 vorgesehene Landeselternbeirat ist durch das SchulG-ÄG 2006 entfallen.

**Zu Absatz 1**

2  Das Schulministerium ist als oberste Schulaufsichtsbehörde (§ 88 Abs. 1) für die landeseinheitlichen Grundlagen und für Entscheidungen in grundsätzlichen Angelegenheiten zuständig. Es führt die Beteiligung in der Regel im schriftlichen Verfahren durch, in dem es den Verbänden und Organisationen Gelegenheit zur Stellungnahme zu Entwürfen gibt.

Eine besondere Form sind die Gespräche mit den Elternverbänden nach Abs. 4.

**Zu Absatz 2**

3  Die Aufzählung ist nicht als abschließender Katalog formuliert, nennt aber umfassend alle relevanten Bereiche.

Zu Nr. 1: Bei allen Änderungen des Schulgesetzes selbst ist diese Beteiligung geboten.

Zu Nr. 2: Zu den Richtlinien und Lehrplänen siehe § 29.

Zu Nr. 3: Zu den Ausbildungs- und Prüfungsordnungen siehe § 52.

Zu Nr. 4: Zu Schulversuchen siehe § 25.

Zu Nr. 5: Zum Berufskolleg siehe § 22.

Zu Nr. 6: Eingefügt durch das 8. Schulrechtsänderungsgesetz. Die Unfallkasse ist der gesetzliche Unfallversicherungsträger im Schulbereich siehe bei § 43 Abs. 4.

**Zu Absatz 3**

4  Die nach dieser Vorschrift zu beteiligenden Verbände und Organisationen auf Landesebene sind mit Adressen im Serviceteil der BASS gesondert aufgelistet.

Zu Nr. 2: Zur überschulischen Elternmitwirkung siehe auch § 72 Abs. 4 und § 2 Abs. 3 sowie E 28. Nach der Landesverfassung wirken die Erziehungsberechtigten durch Elternvertretungen „an der Gestaltung des Schulwesens" mit (Art. 10 Abs. 2 LV). Zur Einführung einer durchgewählten Elternvertretung ist es bisher nicht gekommen. Zur aktuellen Diskussion: *Kwiatkowski* und *Herrmann*, SchVw NRW 2016, S. 207.

Zu Nr. 3: Zur Schülervertretung siehe § 74.

**Zu Absatz 4**

5  Anstelle eines Landeselternbeirats wird die Elternmitwirkung durch die Institutionalisierung der Gespräche auf Leitungsebene mit den Elternverbänden im Ministerium gestärkt. Diese Gespräche ersetzen nicht die Beteiligung nach den vorstehenden Absätzen.

## Achter Teil – Schulträger

§ 78    Schulträger der öffentlichen Schulen

(1) Die Gemeinden sind Träger der Schulen, soweit in den folgenden Absätzen nichts anderes bestimmt ist. § 124 bleibt unberührt.

(2) Die Kreise und kreisfreien Städte sind Träger der Berufskollegs. § 124 bleibt unberührt.

(3) Die Landschaftsverbände sind Träger der Förderschulen mit dem Förderschwerpunkt Hören und Kommunikation, mit dem Förderschwerpunkt Sehen, mit dem Förderschwerpunkt Körperliche und motorische Entwicklung und in der Sekundarstufe I mit dem Förderschwerpunkt Sprache. Das Ministerium kann sie verpflichten, in Einrichtungen der erzieherischen Hilfe den Unterricht sicher zu stellen.

(4) Die in den Absätzen 1 bis 3 genannten Träger sind gemeinsam mit dem Land für eine zukunftsgerichtete Weiterentwicklung der Schulen verantwortlich. Sie sind verpflichtet, Schulen oder Bildungsgänge des Berufskollegs zu errichten und fortzuführen, wenn in ihrem Gebiet ein Bedürfnis dafür besteht und die Mindestgröße (§ 82) gewährleistet ist. Ein Bedürfnis besteht, wenn die Schule im Rahmen der Schulentwicklungsplanung erforderlich ist, damit das Bildungsangebot der Schulform in zumutbarer Entfernung wahrgenommen werden kann. Werden die Voraussetzungen für die Errichtung und Fortführung einer Schule, für die die Trägerschaft der Gemeinde vorgesehen ist, nur durch Zusammenarbeit von Gemeinden gemäß § 80 Abs. 4 erreicht und führt diese Zusammenarbeit nicht zur Errichtung der Schule, so ist der Kreis verpflichtet, die Schule zu errichten und fortzuführen. Die Verpflichtung, Schulen zu errichten und fortzuführen, besteht nicht, soweit und solange bereits vorhandene Schulen anderer öffentlicher oder privater Schulträger das Schulbedürfnis durch einen geordneten Schulbetrieb (§ 82) erfüllen.

(5) Die Entwicklung des Schüleraufkommens und der Wille der Eltern sind bei der Feststellung des Bedürfnisses zu berücksichtigen.

(6) Soweit eine Verpflichtung nach Absatz 4 nicht besteht, sind die Gemeinden und Kreise berechtigt, Schulen zu errichten und fortzuführen, wenn ein gebietsübergreifendes Bedürfnis besteht und ein geordneter Schulbetrieb gewährleistet ist. Gemeinden, Kreise und Landschaftsverbände sind berechtigt, Schulen für Kranke zu errichten und fortzuführen.

(7) Das Land ist Träger des Kollegs für Aussiedlerinnen und Aussiedler. Zur Ergänzung des Schulwesens kann das Land Schulen mit einem besonderen Bildungsangebot oder einem überregionalen Einzugsbereich sowie Versuchsschulen errichten und fortführen; es ermöglicht Unterricht in den Justizvollzugsanstalten.

(8) Gemeinden und Gemeindeverbände können sich zu Schulverbänden als Zweckverbände nach dem Gesetz über kommunale Gemeinschaftsarbeit zusammenschließen oder dazu zusammengeschlossen werden. Sie können auch durch öffentlich-rechtliche Vereinbarung die Aufgaben des Schulträgers auf eine Gemeinde übertragen. Die Befugnisse der Aufsichtsbehörde nimmt die Schulaufsichtsbehörde im Einvernehmen mit der Kommunalaufsichtsbehörde wahr.

### Allgemeines

**1** §§ 78 ff. regeln die Aufgaben der kommunalen Schulträger. Das Schulwesen ist eine gemeinsame Aufgabe von Land und Gemeinden nach Art. 8 Abs. 3 LV. Die Schulträgerschaft gehört zu den Pflichtaufgaben der kommunalen Gebietskörperschaften, die sie im Rahmen ihrer Selbstverwaltungsrechte nach den Vorgaben des Gesetzes erfüllen. Siehe auch E 29. Zur erforderlichen Kooperation und Koordination aus kommunaler Sicht: *Faber*, SchVw NRW 2012, S. 295.

Zu kommunalen Bildungslandschaften und der Aufgabenverteilung zwischen Staat und Kommunen hierbei siehe *Avenarius*, SchVw NRW 2015, S. 21 und 47, sowie *Rombey*, SchVw NRW 2015, S. 89, 212; über kommunale Bildungssteuerung berichtet *Tegge*, SchulVw NRW 2015, S. 185. Zum kommunalen Bildungsmonitoring siehe *Döbert*, SchVw NRW 2016, S. 170.

Schulträger ist, wer für die Errichtung, Organisation und Verwaltungsführung der einzelnen Schule rechtlich unmittelbar die Verantwortung trägt und zur Unterhaltung der Schule eigene Leistungen erbringt; so zutreffend zuvor § 2 SchVG. Außer den in § 78 genannten Schulträgern sind auch die Kammern Träger öffentlicher Schulen; siehe § 124 und § 6 Abs. 4.

Das SchulG enthält keine Definition der Schulträgeraufgaben; es macht die Schulträger gemeinsam mit dem Land "für eine zukunftsgerichtete Weiterentwicklung der Schulen verantwortlich" (siehe Abs. 4).

### Zu Absatz 1

**2** Zunächst werden also die Gemeinden als bürgernahe Schulträger genannt. Sie können die Trägerschaft auch gemäß Abs. 8 wahrnehmen. Es gibt 396 Gemeinden in Nordrhein-Westfalen.

### Zu Absatz 2

**3** Berufskollegs (§ 22) werden wegen ihrer Größe und Differenziertheit auf Kreisebene errichtet und geführt. Es gibt 31 Landkreise und 23 Großstädte als kreisfreie Städte in NRW.

### Zu Absatz 3

**4** Auch nach der Neuordnung der Förderschulen (§ 20) sind die beiden Landschaftsverbände (Rheinland, Westfalen-Lippe) Träger der hier genannten früheren Sonderschulen geblieben. Für die übrigen Förderschulen sind die Gemeinden Schulträger gemäß Abs. 1 oder Abs. 8, unter Umständen nach Abs. 4 der Kreis.

### Zu Absatz 4

**5** Ein Ergebnis der gemeinsamen Schulentwicklungsplanung (§ 80 Abs. 4) kann die Trägerschaft einer Gemeinde oder auch eines Schulverbandes (§ 78 Abs. 8) sein, bevor der Kreis an der Reihe ist.

Schulbedürfnis (auf die Gemeinde bezogen) und geordneter Schulbetrieb sind die beiden wichtigsten Voraussetzungen für die Errichtung und Fortführung von Schulen. Zur Einbindung in die Landesplanung siehe § 80, zur Mindestgröße siehe § 82.

Die Verpflichtung, eine eigene Schule zu errichten oder fortzuführen, entfällt nur, wenn ein anderer Träger mit bereits vorhandener Schule das Bedürfnis durch einen ordnungsgemäßen Schulbetrieb (vgl. § 82) erfüllt. Private Träger (Satz 5) sind die Ersatzschulträger; siehe §§ 100 ff; insbesondere zum Verbot des bestimmenden Einflusses öffentlicher Träger siehe den 2015 neu gefassten § 100 Abs. 7. Für eine größere Rolle der Ersatzschulen in der kommunalen Bildungsplanung plädieren *Prüßner/von Moritz*, SchVw NRW 2015, S. 175, dagegen *Rösner* SchVw NRW 2014, S. 334.

**Zu Absatz 5**

Es kommt auf die prognostische Einschätzung der Schülerzahlen an. Einzelheiten zu den **6** Genehmigungsvoraussetzungen, insbesondere zur Bedürfnisermittlung, bei der Errichtung und Auflösung von weiterführenden allgemein bildenden Schulen und Berufskollegs regelt der gemäß § 131 noch fort geltende RdErl. vom 06.05.1997 (BASS 10–02 Nr. 9; SchR 3.8.2/1). Hintergrund war das Urteil des VerfGH NRW vom 23.12.1983 (SPE 280 Nr. 8) im Gesamtschulstreit. Mit einer Neufassung wird Anfang 2017 gerechnet.

**Zu Absatz 6**

Auch bei der freiwilligen Trägerschaft ist die überörtliche Planung wichtig (kein „Schüler- **7** klau"). Zur gemeinsamen Schulentwicklungsplanung siehe § 80 Abs. 4.

**Zu Absatz 7**

Das Eichendorff-Kolleg für Aussiedler (§ 24 Abs. 1) befindet sich in Geilenkirchen. Weitere **8** Schulen des Landes sind die Glasfachschule in Rheinbach sowie die Laborschule und das Oberstufenkolleg in Bielefeld (Versuchsschulen gemäß § 25).

**Zu Absatz 8**

Nähere Regelungen enthält das Gesetz über kommunale Gemeinschaftsarbeit (GKG, siehe **9** SchR 1.4/101). Der Schulverband besteht als Freiverband (§ 4 GKG) oder als Pflichtverband (§ 22 GKG). Zur öffentlich-rechtlichen Vereinbarung siehe §§ 23 ff GKG.

## § 79 Bereitstellung und Unterhaltung der Schulanlage und Schulgebäude

**Die Schulträger sind verpflichtet, die für einen ordnungsgemäßen Unterricht erforderlichen Schulanlagen, Gebäude, Einrichtungen und Lehrmittel bereitzustellen und zu unterhalten sowie das für die Schulverwaltung notwendige Personal und eine am allgemeinen Stand der Technik und Informationstechnologie orientierte Sachausstattung zur Verfügung zu stellen.**

### Erläuterungen

§ 79 regelt die grundsätzlichen Verpflichtungen des kommunalen Schulträgers zur Sachun- **1** terhaltung der Schule. Dieser muss auch – im konkret angemessenen Umfang – das erforderliche Verwaltungspersonal bereitstellen, also insbesondere Schulsekretärin und Hausmeister.

Die früher geltenden Grundsätze für die Aufstellung von Raumprogrammen für allgemeinbildende Schulen sind zum Jahresende 2011 entfallen. Zu Anforderungen an den Schulbau vgl. z.B. *Montag Stiftungen*, Leitlinien für leistungsfähige Schulbauten in Deutschland, Bonn, 2013.

Zu den pädagogischen Anforderungen an die Schularchitektur siehe Schule NRW 2010, S. 66, 170, 439 und 546, und *Hammerer*, SchVw NRW 2010, S. 332, sowie *Nedden/Verspay*, Schule NRW 2013, S. 205; zu den Anforderungen für heterogenes Lernen *Imhäuser*, SchVw NRW 2014, S. 30. Gelungene Schulbauten schildern *Steiner*, SchVw NRW 2014, S. 194, und *Stannigel*, Schule NRW 2015, S. 207, zum Gütesiegel Triple A bei der Schulbaugestaltung *Kahlert/Nitsche*, SchVw NRW 2015, S. 4.

Zur Schulhofgestaltung siehe *Rose*, SchVw NRW 2016, S. 12.

Zu den Grenzen der Video-Überwachung an Schulen siehe OVG NRW vom 08.05.2009 sowie *Krampen-Lietzke/Minten*, SchVw NRW 2009, S. 314. Zum Pro und Contra: SchVw NRW 2012, S. 194.

Zur den Aufgaben der Schulträger bei der Schulverpflegung siehe *Bödeker/Waskow/Hilcher*, SchVw NRW 2014, S. 44 und 69. Zuwendungen für Bedürftige nach dem Härtefallfonds regelt der RdErl. vom 11.02.2016 (MBl. NRW. S. 103; SchR 3.7.6/131).

Mit den Schultoiletten befassen sich *Wunderlich*, SchVw NRW 2011, S. 41, sowie die Kleine Anfrage 497, SchVw NRW 2011, S. 183. Siehe auch das Pro und Contra von *Breuer* und *van den Hövel* in SchVw NRW 2014, S. 78 f.

Die brandschutztechnische Ausstattung und das Verhalten in Schulen bei Bränden sowie den Brandschutz in Schulen und die Vorsorgemaßnahmen regelt der RdErl. vom 19.05.2000 (BASS 18–29 Nr. 1; SchR 3.3.2/51).

**2**  Die Kommunen erhalten aus der Gemeindefinanzierung (kommunaler Finanzausgleich) insbesondere Mittel für Investitionen als Schulpauschale. Nähere Regelungen enthält das jährliche Gemeindefinanzierungsgesetz (GFG); siehe SchR 2.4/51. Ab 2017 können Kommunen auch nach dem Gesetz zur Stärkung der Schulinfrastruktur in Nordrhein-Westfalen (Gute Schule 2020) vom 15.12.2016 (GV. NRW S. 1154) Schuldendiensthilfen für den Ausbau oder die Sanierung der baulichen und digitalen Infrastruktur der Schulen erhalten. Weiter dazu auch bei § 92 Abs. 3.

**3**  Zu den Schulträgeraufgaben gehört auch die Pflicht, den Zugang zu aktuellen Medien für den Unterricht bereit zu stellen, soweit diese erforderlich sind; zum Auftrag der Schule siehe § 2 Abs. 5 Nr. 8. Zur Wartung und Pflege von Lern-IT haben Land und Kommunen eine verbindliche Arbeitsteilung vereinbart; siehe *Thessel*, SchVw NRW 2008, S. 280. Näheres auch www.medienberatung.nrw.de.

Schulbücher für Lehrkräfte sind – im Unterschied zu den Lernmitteln für Schüler – Lehrmittel, die vom Schulträger bereitzustellen sind; Lehrkräfte dürfen sich die Lehrmittel aber nicht eigenmächtig beschaffen; siehe *Kortüm*, SchVw NRW 2013, S. 315 zu OVG Münster vom 14.03.2013 (SPE 701 Nr. 5).

Zur Hilfe für die Schulen durch den Einsatz von Verwaltungsassistenten siehe den RdErl. vom 18.09.2013 (BASS 21-01 Nr. 32; SchR 3.2.5/1). Über ein Beispiel für die Einrichtung von Lehrerarbeitsplätzen berichtet SchVw NRW 2008, S. 54.

**4**  Erfüllt der Schulträger seine Pflichten nicht, kann die Schulaufsicht angerufen werden; siehe § 86 Abs. 2 Satz 2. Diese kann, wenn nötig, die Kommunalaufsicht einschalten.

### § 80   Schulentwicklungsplanung

**(1) Soweit Gemeinden, Kreise und Landschaftsverbände Schulträgeraufgaben nach § 78 zu erfüllen haben, sind sie verpflichtet, für ihren Bereich eine mit den Planungen benachbarter Schulträger abgestimmte Schulentwicklungsplanung zu betreiben. Sie dient nach Maßgabe des Bedürfnisses (§ 78 Abs. 4) der Sicherung eines gleichmäßigen, inklusiven und alle Schulformen und Schularten umfassenden Bildungs- und Abschlussangebots in allen Landesteilen. Die oberen Schulaufsichtsbehörden beraten die Schulträger dabei und geben ihnen Empfehlungen. Schulentwicklungsplanung und Jugendhilfeplanung sind aufeinander abzustimmen.**

**(2) Schulen und Schulstandorte sind unter Berücksichtigung des Angebots anderer Schulträger so zu planen, dass schulische Angebote aller Schulformen und Schularten einschließlich allgemeiner Schulen als Orte des Gemeinsamen Lernens (§ 20 Absatz 2) unter möglichst gleichen Bedingungen wahrgenommen werden können. Die Schulträger sind verpflichtet, in enger Zusammenarbeit und gegenseitiger Rücksichtnahme auf ein regional ausgewogenes, vielfältiges, inklusives und umfassendes Angebot zu achten und**

benachbarte Schulträger rechtzeitig anzuhören, die durch die Planungen in ihren Rechten betroffen sein können. Dabei sind auch die Angebote der Berufskollegs und der Weiterbildungskollegs zu berücksichtigen. Sofern es sich bei dem Schulträger um eine kreisangehörige Gemeinde handelt, ist der Kreis im Hinblick auf seine Aufgaben gemäß § 78 Abs. 4 frühzeitig über die Planungen zu unterrichten. Macht ein benachbarter Schulträger eine Verletzung eigener Rechte geltend und hält der Schulträger an seiner Planung fest, kann jeder der beteiligten Schulträger ein Moderationsverfahren bei der oberen Schulaufsichtsbehörde beantragen. Die beteiligten Schulträger können auch die Moderation durch eine andere Stelle vereinbaren. Das Ergebnis der Abstimmung mit benachbarten Schulträgern und des Moderationsverfahrens ist festzuhalten.

(3) Bei der Errichtung neuer Schulen muss gewährleistet sein, dass andere Schulformen, soweit ein entsprechendes schulisches Angebot bereits besteht und weiterhin ein Bedürfnis dafür vorhanden ist, auch künftig in zumutbarer Weise erreichbar sind. Bei der Auflösung von Schulen muss gewährleistet sein, dass das Angebot in zumutbarer Weise erreichbar bleibt, soweit dafür ein Bedürfnis besteht. Die Bildungsangebote der Berufskollegs sollen darüber hinaus mit den nach dem Berufsbildungsgesetz oder der Handwerksordnung zuständigen Stellen in der Region sowie der Arbeitsverwaltung abgestimmt werden.

(4) Können die Voraussetzungen für die Errichtung und Fortführung von Hauptschulen, Realschulen, Sekundarschulen, Gymnasien und Gesamtschulen nur durch Schülerinnen und Schüler mehrerer Gemeinden gesichert werden, so sind diese Gemeinden insoweit zu einer gemeinsamen Schulentwicklungsplanung verpflichtet. Bei Zweifeln über die Pflicht zur gemeinsamen Schulentwicklungsplanung entscheidet innerhalb ihres Bezirks die obere Schulaufsichtsbehörde und bezirksübergreifend das Ministerium.

(5) Die Schulentwicklungsplanung berücksichtigt

1. das gegenwärtige und zukünftige Schulangebot nach Schulformen, Schularten, Orten des Gemeinsamen Lernens, Schulgrößen (Schülerzahl, Klassen pro Jahrgang) und Schulstandorten,
2. die mittelfristige Entwicklung des Schüleraufkommens, das ermittelte Schulwahlverhalten der Eltern und die daraus abzuleitenden Schülerzahlen nach Schulformen, Schularten, Orten des Gemeinsamen Lernens und Jahrgangsstufen,
3. die mittelfristige Entwicklung des Schulraumbestands nach Schulformen, Schularten, Orten des Gemeinsamen Lernens und Schulstandorten.

(6) Im Rahmen eines Genehmigungsverfahrens gemäß § 81 Abs. 3 ist die Schulentwicklungsplanung anlassbezogen darzulegen.

(7) Die Träger öffentlicher Schulen und die Träger von Ersatzschulen informieren sich gegenseitig über ihre Planungen. Die Träger öffentlicher Schulen können bestehende Ersatzschulen in ihren Planungen berücksichtigen, soweit deren Träger damit einverstanden sind.

## Erläuterungen

### Allgemeines

§ 80 enthält für alle Kommunen den gesetzlichen Auftrag zur Schulentwicklungsplanung. **1** Sie soll ein bedarfsgerechtes, gleichmäßiges und nunmehr auch inklusives Schulangebot im ganzen Land sichern; siehe auch **E 30**.

Die Schulen in freier Trägerschaft sind in Abs. 7 einbezogen.

**Zu Absatz 1**

2  Obere Schulaufsichtsbehörde ist die Bezirksregierung (§ 88 Abs. 2).

Die gesetzliche Einbeziehung der Jugendhilfeplanung korrespondiert mit § 7 Kinder- und Jugendfördergesetz (3. AG-KJHG-KJFöG; siehe SchR 5.6.1/401), der die Jugendhilfeträger zur Zusammenarbeit mit den Schulen verpflichtet.

Mit der Vorausberechnung der Schülerzahlen befasst sich *Möller*, SchVw NRW 2011, S. 157, mit der Analyse als einem kommunalen Steuerungsinstrument *Hillebrand*, SchVw NRW 2012, S. 61.

**Zu Absatz 2**

3  Der schon früher geltende (vgl. § 10b Abs. 2 Satz 1 SchVG) Grundsatz der regional ausgewogenen Schulentwicklungsplanung ist durch die Abstimmungsgebote zwischen den Kommunen (Rücksichtnahmegebot) verstärkt worden. Neu ist das Moderationsverfahren, das in freier kommunaler Absprache oder schulaufsichtlich durchgeführt wird. Dadurch sollen regionale Konflikte im Vorfeld einer Schulerrichtung geschlichtet werden. Zur Umsetzung siehe *Risse*, SchVw NRW 2012, S. 195, zur Kooperation zwischen Schulträger und Schulaufsicht siehe *Büse/Dallmann*, SchVw NRW 2014, S. 322. Das Beispiel einer kreisweiten Schulentwicklungsplanung (Heinsberg) schildert *Dahlmanns*, SchVw NRW 2016, S. 4.

Die Rechte der Ersatzschulträger bestimmen sich nach Absatz 7.

**Zu Absatz 3**

4  Diese Regelung (Satz 1) enthält eine Bestandsgarantie für bestehende Bildungsangebote. Sie geht auf den früheren § 10b Abs. 2 Satz 2 SchVG zurück und ist für Schulen der Sekundarstufe I bei der Errichtung von neuen Sekundarschulen und Gesamtschulen relevant). Durch die Neufassung (2011) ist das weitere Bestehen eines Bedürfnisses ausdrücklich als Voraussetzung aufgenommen worden.

**Zu Absatz 4**

5  Die Pflicht zur gemeinsamen Schulentwicklungsplanung bleibt bei zurückgehenden Schülerzahlen und der Errichtung von Sekundar- und Gesamtschulen in den nächsten Jahren besonders wichtig. Diesen regionalen Konsens betont Schulministerin *Löhrmann* in SchVw NRW 2012, S. 153. Zum Verfahren siehe die Handreichung „Interkommunale Zusammenarbeit erfolgreich gestalten", die von Kommunalen Spitzenverbänden und MSW gemeinsam erarbeitet wurde (Abdruck u.a. als Anlage zum Bericht der Landesregierung LT-Vorl 16/4598).

**Zu Absatz 5**

6  Orte des Gemeinsamen Lernens sind bei allen Schulentwicklungsplanungen einzubeziehen. Auch die unterschiedlichen Schularten (§ 26) sind ausdrücklich zu berücksichtigen.

**Zu Absatz 6**

7  Die nur noch anlassbezogene Darlegung war schon zuvor in § 10b Abs. 5 SchVG an die Stelle der früheren Vorlage eines förmlichen Schulentwicklungsplanes getreten. Sie enthält auch Aussagen über die Abstimmung mit benachbarten Schulträgern.

**Zu Absatz 7**

8  Zu den Ersatzschulen siehe §§ 100 ff. sowie E 36. Zu Schulentwicklungsplanung und Privatschulen siehe *von Moritz*, SchVw NRW 2013, S. 211. Aus den Beteiligungsrechten der Ersatzschulträger ergibt sich ein Drittschutz; so OVG NRW vom 19.08.2014 (SPE 234 Nr. 3).

## § 81 Errichtung, Änderung und Auflösung von Schulen

(1) Gemeinden und Kreise, die Schulträgeraufgaben erfüllen, sind verpflichtet, durch schulorganisatorische Maßnahmen angemessene Klassen- und Schulgrößen zu gewährleisten. Sie legen hierzu die Schulgrößen fest. Sie stellen sicher, dass in den Schulen Klassen nach den Vorgaben des Ministeriums (§ 93 Abs. 2 Nr. 3) gebildet werden können.

(2) Über die Errichtung, die Änderung und die Auflösung einer Schule, für die das Land nicht Schulträger ist, beschließt der Schulträger nach Maßgabe der Schulentwicklungsplanung. Als Errichtung sind auch die Teilung und die Zusammenlegung von Schulen, als Änderung sind der Aus- und Abbau bestehender Schulen einschließlich der Errichtung und Erweiterung von Bildungsgängen an Berufskollegs, die Einführung und Aufhebung des Ganztagsbetriebes, die Bildung eines Teilstandorts, der Wechsel des Schulträgers, die Änderung der Schulform und der Schulart zu behandeln. Der Beschluss ist schriftlich festzulegen und auf der Grundlage der Schulentwicklungsplanung zu begründen.

(3) Der Beschluss des Schulträgers bedarf der Genehmigung durch die obere Schulaufsichtsbehörde. Die Genehmigung ist zu versagen, wenn der Beschluss den Vorschriften des Absatzes 1 und der §§ 78 bis 80, 82 und 83 widerspricht. Die Genehmigung zur Errichtung einer Schule ist außerdem zu versagen, wenn dem Schulträger die erforderliche Verwaltungs- oder Finanzkraft fehlt.

### Erläuterungen

#### Allgemeines

§ 81 enthält die grundsätzlichen Regelungen für die schulorganisatorischen Maßnahmen des kommunalen Schulträgers. Er ist für die Organisation des örtlichen Schulwesens zuständig. **1**

#### Zu Absatz 1

Die Festlegung der Größe von Schulen (Zahl der Parallelklassen = Zügigkeit) ist ein wichtiges Steuerungsinstrument für den Schulträger. Er entscheidet durch die nach der Kommunalverfassung zuständigen Gremien, in der Regel durch Ratsbeschluss. **2**

Zu den Klassen- und Schulgrößen siehe § 82 mit der Absenkung der Errichtungs-Klassengrößen für Gesamtschulen und Sekundarschulen auf 25.

Die Klassenbildungswerte für den Betrieb bestehender Schulen regeln §§ 6 und 6a AVO. Für die Grundschule gibt es seit 2014 keinen Klassenfrequenzrichtwert mehr (§ 6a AVO), für die Hauptschule beträgt er 24, für die Sekundarschule 25, im Übrigen 27.

#### Zu Absatz 2

Zu Teilstandorten von Schulen siehe § 83. **3**

Zum Grundschulverbund siehe § 83, zum Ganztagsbetrieb § 9, zur Schulartänderung § 27 Abs. 3 und § 28 Abs. 2.

Über den pädagogischen Planungsprozess bei Neugründung einer Schule informiert *Ahlring*, SchVw NRW 2010, S. 204. Siehe auch *Ladleif*, SchVw NRW 2012, S. 3; Leitlinien für Personalmaßnahmen bei der schulorganisatorischen Veränderungen enthält Schule NRW 2013, S. 406.

#### Zu Absatz 3

Die Beteiligung der Schule vor Maßnahmen des Schulträgers regelt § 76. **4**

Der Genehmigungsvorbehalt für das Ministerium, der zuvor für Verbundschulen bestand, gilt jetzt (bis 2016) für die Errichtung von Sekundarschulen (Art. 2 Abs. 5 des 6. SchRÄG). Bei einer Ratsentscheidung über die Neuordnung der Grundschullandschaft ist u. U. das Mitwirkungsverbot des § 31 Abs. 1 GO NRW zu beachten, wenn ein Schülervater im Rat mitwirkt; siehe OVG NRW vom 08.05.2015 und *van den Hövel*, SchVw NRW 2015, S. 28.

## § 82   Mindestgröße von Schulen

**(1) Schulen müssen die für einen geordneten Schulbetrieb erforderliche Mindestgröße haben. Bei der Errichtung muss sie für mindestens fünf Jahre gesichert sein; dabei gelten 28 Schülerinnen und Schüler als Klasse, für Grundschulen, für Gesamtschulen und für Sekundarschulen 25 Schülerinnen und Schüler. Für die Fortführung gelten die gemäß § 93 Abs. 2 Nr. 3 bestimmten Klassengrößen.**

**(2) Grundschulen müssen bei der Errichtung mindestens zwei Parallelklassen pro Jahrgang haben, bei der Fortführung mindestens 92 Schülerinnen und Schüler. Die einzige Grundschule einer Gemeinde kann mit mindestens 46 Schülerinnen und Schülern fortgeführt werden.**

**(3) Hauptschulen müssen mindestens zwei Parallelklassen pro Jahrgang haben. Eine Hauptschule kann mit einer Klasse pro Jahrgang fortgeführt werden, wenn den Schülerinnen und Schülern der Weg zu einer anderen Hauptschule mit mindestens zwei Parallelklassen pro Jahrgang nicht zugemutet werden kann oder sich aus dem Standort der Hauptschule und der Schulentwicklungsplanung ergibt, dass ihre Fortführung für die soziale und kulturelle Entwicklung der Gemeinde von entscheidender Bedeutung ist und diese Aufgabe von einer anderen weiterführenden Schule nicht übernommen warden kann. Der Unterricht ist in diesem Fall gemeinsam mit anderen Schulen und, soweit erforderlich, durch zusätzliche Lehrerstellen sicher zu stellen.**

**(4) Realschulen müssen mindestens zwei Parallelklassen pro Jahrgang haben. Wird diese Mindestgröße unterschritten, kann eine Realschule fortgeführt werden, wenn sich aus der Schulentwicklungsplanung ergibt, dass dies im Planungszeitraum nur vorübergehend der Fall ist und den Schülerinnen und Schülern der Weg zu einer anderen Realschule mit mindestens zwei Parallelklassen pro Jahrgang nicht zugemutet werden kann.**

**(5) Sekundarschulen müssen mindestens drei Parallelklassen pro Jahrgang haben. Wird diese Mindestgröße unterschritten, kann eine Sekundarschule fortgeführt werden, wenn sich aus der Schulentwicklungsplanung ergibt, dass dies im Planungszeitraum nur vorübergehend der Fall ist und den Schülerinnen und Schülern der Weg zu einer anderen Sekundarschule mit mindestens drei Parallelklassen pro Jahrgang nicht zugemutet werden kann.**

**(6) Gymnasien müssen bis Jahrgangsstufe 10 bei der Errichtung mindestens drei Parallelklassen pro Jahrgang haben, bei der Fortführung mindestens zwei Parallelklassen pro Jahrgang. Wird diese Mindestgröße unterschritten, kann ein Gymnasium fortgeführt werden, wenn sich aus der Schulentwicklungsplanung ergibt, dass dies im Planungszeitraum nur vorübergehend der Fall ist und den Schülerinnen und Schülern der Weg zu einem anderen Gymnasium mit mindestens zwei Parallelklassen pro Jahrgang nicht zugemutet werden kann.**

**(7) Gesamtschulen müssen bis Klasse 10 mindestens vier Parallelklassen pro Jahrgang haben. Wird diese Mindestgröße unterschritten, kann eine Gesamtschule fortgeführt werden, wenn sich aus der Schulentwicklungsplanung ergibt, dass dies im Planungszeitraum nur vorübergehend der Fall ist und den Schülerinnen und Schülern der Weg zu einer anderen Gesamtschule mit mindestens vier Parallelklassen pro Jahrgang nicht zugemutet werden kann.**

(8) In der gymnasialen Oberstufe ist eine Jahrgangsbreite von mindestens 42 Schülerinnen und Schülern im ersten Jahr der Qualifikationsphase erforderlich. Das Ministerium kann Ausnahmen von dieser Mindestgröße zulassen.

(9) Das Weiterbildungskolleg hat in der Regel eine Mindestzahl von 240 Teilnehmerinnen und Teilnehmern. Bestehende Einrichtungen (Abendrealschule, Abendgymnasium, Kolleg) können als Weiterbildungskolleg fortgeführt werden, sofern sie als Abendrealschule mindestens 160, als Abendgymnasium oder Kolleg mindestens 240 Teilnehmerinnen und Teilnehmer haben. Ein Weiterbildungskolleg kann auch fortgeführt werden, wenn den Teilnehmerinnen und Teilnehmern der Weg zu einer anderen Bildungseinrichtung, die einen entsprechenden Abschluss vermittelt, nicht zugemutet werden kann.

(10) Durch Rechtsverordnung bestimmt das Ministerium die Mindestgrößen von Förderschulen und von Schulen für Kranke.

## Erläuterungen

### Allgemeines

Wegen des unmittelbaren Zusammenhangs der Schul- und Klassengröße mit der Unterrichtsversorgung regelt § 82 die Mindestanforderungen, die einen vernünftigen Schulbetrieb ermöglichen.   **1**

Zur Fortführung von Verbundschulen nach früherem Recht und zur Überleitung dieser Schulen siehe Art. 2 Abs. 4 des 6. Schulrechtsänderungsgesetzes (siehe unten nach § 133).

### Zu Absatz 1

Die Errichtungsgrößen für Grundschulen, Gesamtschulen und Sekundarschulen sind niedriger als die für die übrigen Schulformen. Dadurch soll ein ortsnahes Angebot für alle Kinder in der Primarstufe und in der Sekundarstufe I gesichert werden. Die Klassenfrequenzmindestwerte für die Fortführung von Schulen sind umfänglich in § 6 und § 6a AVO geregelt. Werden diese nicht nur vorübergehend unterschritten, muss der Schulträger organisatorische Maßnahmen ergreifen. Ob ein Schulweg zumutbar ist, wird nach den Maßstäben der Schülerfahrkostenregelung (siehe § 97 Abs. 4) zu beurteilen sein.   **2**

### Zu Absatz 2

Einzügige Grundschulen können bei einer durchschnittlichen Klassengröße von 23 Kindern selbständig fortgeführt werden. Für die Bildung einer Eingangsklasse muss die Mindestschülerzahl für die Klassengröße gemäß der AVO erreicht werden.   **3**

Für die letzte Grundschule einer Gemeinde gilt eine Sonderregelung: Sie kann mit 46 Kindern fortgeführt werden.

Grundschulen die die Voraussetzungen für die Selbständigkeit nicht mehr erfüllen, können ggf. als Teilstandorte fortgeführt werden – siehe § 83.

### Zu Absatz 3

Die bisherige Regelung für die Hauptschule ist auch nach Aufhebung der verfassungsrechtlichen Absicherung (2011) in der Landesverfassung (Art. 12 LV) noch geblieben.   **4**

### Zu Absatz 4

Auch bei nur vorübergehender Unterschreitung muss für die Fortführung der Besuch der anderen Schule unzumutbar sein.   **5**

**Zu Absatz 5**

**6** Zur Sekundarschule siehe den Leitfaden für Schulen und Gemeinden, die eine Sekundarschule errichten wollen: www.schulministerium.nrw.de/docs/Schulsystem/Schulformen/Sekundarschule/index.html.

Die Regelung für die Fortführung einer Sekundarschule entspricht der für die Realschule, allerdings ist hier eine Dreizügigkeit gefordert.

**Zu Absatz 6**

**7** Im Interesse hinreichend großer Schulen ist die Mindestgröße für die Errichtung neuer Gymnasien auf drei Parallelklassen pro Jahrgang festgesetzt worden.

**Zu Absatz 7**

**8** Die Anforderungen an die Fortführung von Gesamtschulen (früher Dreizügigkeit mit Ausnahme) sind dadurch enger gefasst worden.

**Zu Absatz 8**

**9** Zur gymnasialen Oberstufe (Einführungsphase und Qualifikationsphase) siehe § 18. Die Einführungsphase richtet sich nach Abs. 6. Ausnahmen von den Mindestgrößen sind nur im begründeten Einzelfall zulässig, weil damit die zur bisherigen Kursbildung erforderliche Jahrgangsbreite nicht erreicht wird. Eine allgemeine Ausnahme für Gesamtschulen wegen der niedrigeren Klassengrößen (oben Rn. 2) wäre damit nicht vereinbar. Wird die Mindestgröße nicht erreicht, kann die Schule auf die Sekundarstufe I beschränkt werden.

**Zu Absatz 9**

**10** Zum Weiterbildungskolleg siehe bei § 23.

**Zu Absatz 10**

**11** Siehe dazu die Verordnung über die Mindestgrößen der Förderschulen und der Schulen für Kranke (MindestgrößenVO) vom 16.10.2013 (BASS 10-12 Nr. 1; SchR 4.2/3).

### § 83 Grundschulverbund, Teilstandorte von Schulen

**(1) Grundschulen mit weniger als 92 und mindestens 46 Schülerinnen und Schülern können nur als Teilstandorte geführt werden (Grundschulverbund), wenn der Schulträger deren Fortführung für erforderlich hält. Kleinere Teilstandorte können ausnahmsweise von der oberen Schulaufsichtsbehörde zugelassen werden, wenn der Weg zu einem anderen Grundschulstandort der gewählten Schulart den Schülerinnen und Schülern nicht zumutbar werden kann und mindestens zwei Gruppen gebildet werden können. Die Vorschriften zu den Klassengrößen bleiben unberührt. Spätestens fünf Jahre nach Bildung eines Grundschulverbundes ist in der Schule in einer einheitlichen Organisation gemäß § 11 Absätzen 2 und 3 zu unterrichten. Bei jahrgangsübergreifendem Unterricht gemäß § 11 Absatz 4 ist für die einheitliche Organisation ausreichend, wenn am anderen Teilstandort des Grundschulverbundes jahrgangsübergreifend in den Klassen 1 und 2 sowie 3 und 4 unterrichtet wird. Die Schulaufsichtsbehörde soll Ausnahmen von der Verpflichtung zu einer einheitlichen Organisation gemäß den Sätzen 4 und 5 zulassen, sofern an einem Teilstandort auf Grund der Vorschriften für die Klassengrößen jahrgangsübergreifende Gruppen gebildet werden und die Schule durch ein pädagogisches Konzept darlegt, dass ein Einsatz der Lehrerinnen und Lehrer an allen Teilstandorten im Grundschulverbund möglich ist.**

(2) Grundschulverbünde können auch aus Gemeinschaftsgrundschulen und Bekenntnisgrundschulen oder Weltanschauungsgrundschulen gebildet werden. An dem bekenntnisgeprägten oder weltanschaulich geprägten Standort werden Schülerinnen und Schüler nach den Grundsätzen dieses Bekenntnisses oder dieser Weltanschauung unterrichtet und erzogen. §§ 26 und 27 finden auf einen solchen Standort entsprechende Anwendung.

(3) Besteht ein Grundschulverbund aus Standorten unterschiedlicher Schularten, müssen beide Schularten in der Schulleitung (§ 60) vertreten sein. An einem bekenntnisgeprägten oder weltanschaulich geprägten Standort nehmen eine Teilschulkonferenz und eine Teilschulpflegschaft die darauf bezogenen Belange wahr.

(4) Eine Sekundarschule kann mit allen Parallelklassen mehrerer Jahrgänge an einem und allen Parallelklassen der übrigen Jahrgänge an anderen Teilstandorten geführt werden (horizontale Gliederung). Sie kann mit mindestens fünf Parallelklassen pro Jahrgang einen Teilstandort mit zwei Parallelklassen pro Jahrgang führen, wenn nur dann das schulische Angebot der Sekundarstufe I in einer Gemeinde gesichert wird (vertikale Gliederung). Weitere Ausnahmen bei vertikaler Gliederung sind in begründeten Einzelfällen möglich, wenn das fachliche Angebot und die Qualitätsstandards nicht eingeschränkt werden.

(5) Eine Gesamtschule kann mit allen Parallelklassen mehrerer Jahrgänge an einem und allen Parallelklassen der übrigen Jahrgänge an anderen Teilstandorten geführt werden (horizontale Gliederung). Sie kann ausnahmsweise auch mit mindestens sechs Parallelklassen pro Jahrgang einen Teilstandort mit zwei oder drei Parallelklassen pro Jahrgang führen, wenn nur dann das schulische Angebot der Sekundarstufe I in einer Gemeinde gesichert wird (vertikale Gliederung).

(6) Schulen können in begründeten Fällen an Teilstandorten in zumutbarer Entfernung geführt werden. Absätze 1 bis 5 bleiben unberührt.

(7) In den Fällen der Absätze 1 bis 6 darf durch die Bildung von Teilstandorten kein zusätzlicher Lehrerstellenbedarf entstehen. Der Schulträger ist verpflichtet, die sächlichen Voraussetzungen dafür zu schaffen, dass der ordnungsgemäße Unterricht nicht beeinträchtigt wird.

## Erläuterungen

### Allgemeines

§ 83 regelt die Befugnisse der Schulträger, ihr Angebot flexibel und ortsnah zu organisieren, um bei zurückgehenden Schülerzahlen bestehende wohnortnahe Bildungsangebote möglichst erhalten zu können. Der Grundschulverbund (Abs. 1 bis 3) ist eine spezielle Regelung nur noch für kleine Grundschulen. Für Teilstandorte generell gibt es eine engere allgemeine Regelung (Abs. 6) und spezielle für die Sekundarschule und die Gesamtschule (Abs. 4 und 5). Zu aktuellen Problemen der kleinen Grundschulen siehe *Möller/Rösner*, SchVw NRW 2012, S. 6 und 33; das inzwischen umgesetzte Konzept für neue Lösungen beschreiben *Frein/Haberkost*, SchVw NRW 2012, S. 235.

Die Möglichkeit zum organisatorischen Zusammenschluss von Schulen der Sekundarstufe I (Verbundschulen) ist durch das 6. SchRÄG (2011) wegen der neuen Sekundarschule (§ 17a) aufgehoben worden. Eine Übergangsregelung enthält Art. 2 Abs. 4 des 6. SchRÄG; siehe unten S. 241.

**Zu Absatz 1**

**2** Die Regelung knüpft an § 82 Abs. 2. an. Sie muss zusammen mit § 93 Abs. 2 Nr. 3 SchulG und § 6a AVO gelesen werden. Dort ist geregelt, wie viele Grundschulklassen innerhalb einer Gemeinde gebildet werden dürfen (Klassenrichtzahl).

Grundschulen mit weniger als 92 Schülerinnen und Schülern können nur noch als Teilstandorte geführt werden. Bei allen Teilstandortlösungen und den Klassenbildungen sind die Klassenbildungswerte und die Klassenrichtzahl gem. § 6a AVO zu beachten.

Dazu *Ausborn-Brinker/Fehrmann*, Schule NRW 2013, S. 102, und *van den Hövel*, SchVw NRW 2013, S. 19. Bis zum Schuljahr 2017/2018 können Gemeinden auch noch die alten Klassenbildungswerte zugrunde legen, sofern die Klassenrichtzahl eingehalten wird; siehe Art. 2 des 8. Schulrechtsänderungsgesetzes (unten nach § 133).

Sätze 4 und 5 schaffen bei Wahrung des Grundsatzes der einheitlichen Organisation einer Schule an allen Standorten großzügige Übergangsregelungen.

Bestehende Grundschulverbünde müssen bis spätestens zum 01.08.2017 die einheitliche Unterrichtsorganisation für alle Standorte gewährleisten; vgl. Art. 2 Abs. 2 des 8. SchRÄG.

**Zu Absatz 2**

**3** Die neue Formulierung stellt Bekenntnisschulen und Gemeinschaftsschulen bei der Bildung eines Grundschulverbundes nebeneinander. Kein Teilstandort hat also von Gesetzes wegen einen Vorrang. Zu Bekenntnisschulen siehe bei den zitierten §§ 26 und 27.

**Zu Absatz 3**

**4** Dies ist die Folge der Gleichrangigkeit und Eigenständigkeit von Gemeinschaftsschulen und Bekenntnisschulen im Grundschulverbund. Die Teilschulkonferenz ist keine Teilkonferenz aus Mitgliedern der Schulkonferenz (§ 67), sondern eine eigene kleine Schulkonferenz für den Standort, allerdings mit begrenzten Aufgaben. Entsprechendes gilt für die Teilschulpflegschaft analog § 72.

**Zu Absatz 4**

**5** Für die Sekundarschule (§ 17a) besteht diese Sonderregelung, die sowohl eine horizontale wie auch eine vertikale Gliederung erlaubt. Damit ist etwa beim Zusammenführen von Hauptschule und Realschule ein Höchstmaß an kommunaler Flexibilität gegeben, auch für gemeindeübergreifende Lösungen.

**Zu Absatz 5**

**6** Der neu eingefügte Absatz 5 ermöglicht nunmehr im Ausnahmefall auch kleine Gesamtschuldependancen zur Sicherung eines örtlichen Schulangebots der Sekundarstufe I.

**Zu Absatz 6**

**7** Die allgemeine Zulassung von Dependancen entspricht dem bisherigen § 83 Abs. 4, ist aber etwas offener, weil sie nicht mehr von Ausnahmefällen spricht. Der Schulträger muss begründen, weshalb er diese Lösung wählt, um kommunale Zwänge zu berücksichtigen. Die neue Belastung für Schüler und Lehrer muss zumutbar sein, um den Unterricht auch ohne zusätzliche Lehrer ordnungsgemäß erteilen zu können.

**Zu Absatz 7**

**8** Diese Regelung entspricht inhaltlich dem bisherigen § 83 Abs. 4. Die bisherige Sonderregelung für Berufskollegs und Weiterbildungskollegs ist entfallen.

## § 84    Schuleinzugsbereiche

(1) Für jede öffentliche Schule kann der Schulträger durch Rechtsverordnung ein räumlich abgegrenztes Gebiet als Schuleinzugsbereich bilden. Eine Schule kann die Aufnahme einer Schülerin oder eines Schülers ablehnen, wenn sie oder er nicht im Schuleinzugsbereich wohnt und keinen wichtigen Grund für den Besuch der Schule darlegt. § 46 Absatz 5 und 6 bleibt unberührt.

(2) Für Berufsschulen kann die obere Schulaufsichtsbehörde durch Rechtsverordnung für einzelne Ausbildungsberufe Bezirksfachklassen bilden, wenn die Schülerzahlen im Einzugsbereich eines Schulträgers gemäß der Verordnung zur Ausführung des § 93 Abs. 2 für die Fachklassenbildung nicht ausreichen. Die beteiligten Schulträger sind anzuhören.

(3) Sofern Bezirksfachklassen innerhalb eines Regierungsbezirks nicht gebildet werden können, bildet das Ministerium durch Rechtsverordnung für ein räumlich abgegrenztes Gebiet bezirksübergreifende Fachklassen.

## Erläuterungen

### Allgemeines

Mit der Abschaffung der bisherigen Schulbezirke und Schuleinzugsbereiche hatte § 84 durch das SchulG-ÄG 2006 eine erhebliche Änderung erfahren. Mit dem 4. SchRÄG (2010) sind die Schuleinzugsbereiche wieder für alle öffentlichen Schulen möglich. Die kommunalen Schulträger haben damit wieder ein Steuerungsinstrument, um angemessene Klassen- und Schulgrößen zu erreichen (§ 81 Abs. 1). **1**

Eine Zunahme sozialer Segregation infolge fehlender Schuleinzugsbereiche wurde häufig befürchtet, sie wurde in Mülheim an der Ruhr verzeichnet, dazu *Görtz/Groos* SchVw NRW 2016, 270.

### Zu Absatz 1

Im Unterschied zu den Schulbezirken, die früher bei der Grundschule und der Berufsschule die örtlich zuständige Schule bestimmten, sind Schuleinzugsbereiche planerische Instrumente (vgl. § 81 Abs. 1), die grundsätzlich die Wahlfreiheit der Eltern erhalten, aber zur Abweisung führen können. **2**

Ein wichtiger Grund im Sinne des Abs. 1 liegt vor, wenn schutzwürdigen Individualinteressen des Schülers und seiner Eltern der Vorrang vor den öffentlichen Belangen an der Einhaltung des Einzugsbereichs gebührt; vgl. OVG NRW vom 29.04.2011 (19 E 1143/10).

### Zu Absatz 2

Ausbildungsbetriebe können nach Abs. 1 Satz 3 verlangen, dass ihre Auszubildenden das zum Ausbildungsbetrieb nächstgelegene Berufskolleg besuchen (§ 46 Abs. 4). Ansonsten können Berufsschüler frei wählen. Schulbezirke gibt es bei der Berufsschule nur noch in zwei Fällen: bei schulträgerübergreifenden Fachklassen durch die Bezirksregierung und bei bezirksübergreifenden Fachklassen (Abs. 3) durch das Ministerium. Bundesfachklassen sind in bestimmten Splitterberufen nach Vereinbarung der KMK möglich. **3**

### Zu Absatz 3

Diese Bezirksfachklassen und Landesfachklassen fassen in einem größeren Einzugsbereich die Schüler eines Berufes oder Berufsfeldes zusammen; wichtig bei Splitterberufen. Zu den Landesfachklassen siehe die Verordnung vom 14.07.2005/25.05.2016 (BASS 10–11 Nr. 1; SchR 4.4.3/501). **4**

## § 85   Schulausschuss

**(1)** Die Gemeinden, die Kreise und die Schulverbände können für die von ihnen getragenen Schulen einen oder mehrere Schulausschüsse bilden.

**(2)** Der Schulausschuss wird nach den Vorschriften der kommunalen Verfassungsgesetze zusammengesetzt. Je eine oder ein von der katholischen Kirche und der evangelischen Kirche benannte Vertreterin oder benannter Vertreter ist als ständiges Mitglied mit beratender Stimme zu berufen. Außerdem können Vertreterinnen und Vertreter der Schulen zur ständigen Beratung berufen werden.

**(3)** Wird kein Schulausschuss, sondern ein gemeinsamer Ausschuss gebildet, findet Absatz 2 Sätze 2 und 3 mit der Maßgabe Anwendung, dass die Mitwirkung der benannten Vertreter auf Gegenstände des Schulausschusses beschränkt bleibt.

### Erläuterungen

**Allgemeines**

1   § 85 ergänzt § 58 GO und § 41 KrO und enthält Sonderbestimmungen für den kommunalen Ausschuss, der sich mit Schulangelegenheiten befasst.

**Zu Absatz 1**

2   Die Bildung eines eigenständigen Schulausschusses ist nicht verpflichtend

**Zu Absatz 2**

3   Nähere Regelungen über die kommunalen Schulausschüsse enthalten § 58 GO und § 41 KreisO. Die Kirchenvertreter müssen nicht Geistliche/Pfarrer sein. Die Vertreter der Schulen (das sind gem. § 59 SchulG Schulleiter) vertreten nicht nur die Lehrerschaft, sondern die ganze Schule. Eltern vertreten ihre Interessen über die Schulpflegschaft gemäß § 72 Abs. 4, Schüler über die Schülervertretung gemäß § 74 Abs. 8. Darüber hinaus besteht nach Maßgabe der Gemeindeordnung die Möglichkeit Sachverständige Bürger zu beratenden Mitgliedern zu berufen. Dabei können auch Eltern (Stadtschulpflegschaften) und Schülervertreter einbezogen werden.

**Zu Absatz 3**

4   Der gemeinsame Ausschuss kann z.B. auch für Angelegenheiten der Jugend, der Kultur oder des Sports zuständig sein. Die Mitwirkung der besonderen Vertreter nach Abs. 2 ist in diesem Fall allein auf die schulischen Themen bezogen.

## Neunter Teil – Schulaufsicht

§ 86    Schulaufsicht

(1) Das gesamte Schulwesen steht unter der Aufsicht des Landes. Die Schulaufsicht umfasst die Gesamtheit der Befugnisse zur zentralen Ordnung, Organisation, Planung, Leitung und Beaufsichtigung des Schulwesens mit dem Ziel, ein Schulsystem zu gewährleisten, das allen jungen Menschen ihren Fähigkeiten entsprechende Bildungsmöglichkeiten eröffnet.

(2) Die Schulaufsicht umfasst insbesondere

1. die Fachaufsicht über Schulen und die Studienseminare (§ 3 Abs. 1 Lehrerausbildungsgesetz),
2. die Dienstaufsicht über Schulen und die Studienseminare,
3. die Aufsicht über die Schulen in freier Trägerschaft nach Maßgabe des Elften Teils.

Sie hat die Aufgabe, die Schulträger zur Erfüllung ihrer Pflichten anzuhalten und das Interesse der kommunalen Selbstverwaltung an der Schule zu fördern.

(3) Die Schulaufsicht wird von den Schulaufsichtsbehörden wahrgenommen. Sie gewährleisten die Entwicklung und Sicherung der Qualität schulischer Arbeit, die Vergleichbarkeit der Abschlüsse und Berechtigungen. Sie unterstützen dazu die Schulentwicklung und Seminarentwicklung insbesondere durch Verfahren der Systemberatung und der Förderung von Evaluationsmaßnahmen der Schulen und Studienseminare sowie durch eigene Evaluation. Sie fördern die Personalentwicklung und führen Maßnahmen der Lehreraus- und Lehrerfortbildung durch. Dabei sollen sie die Eigenverantwortung der einzelnen Schule und des Studienseminars und die Führungsverantwortung der Schulleitungen und Seminarleitungen beachten.

(4) Die Schulaufsichtsbehörde kann sich jederzeit über die Angelegenheiten der Schulen und Studienseminare informieren und dazu Unterrichtsbesuche und Besuche von Seminarveranstaltungen durchführen.

(5) Die Befugnisse nach Absatz 4 stehen auch den für die Qualitätsanalyse von Schulen zuständigen Mitarbeiterinnen und Mitarbeitern bei der oberen Schulaufsichtsbehörde zu. Sie sind hinsichtlich ihrer Feststellungen bei der Durchführung der Qualitätsanalyse und deren Beurteilung an Weisungen nicht gebunden. Bei ihrer Berufung ist darauf zu achten, dass die Schulformen anteilig vertreten sind. Das Ministerium wird ermächtigt, die Aufgaben und die Organisation durch Rechtsverordnung mit Zustimmung des für Schulen zuständigen Landtagsausschusses zu regeln. Einzelheiten des Geschäftsablaufs regelt eine Geschäftsordnung, die vom Ministerium zu erlassen ist. Die Qualitätsanalyse kann auf Wunsch des jeweiligen Schulträgers auch im Bereich von Schulen in freier Trägerschaft erfolgen, wobei vorab die Zusammenarbeit in einer Kooperationsvereinbarung zu regeln ist.

Erläuterungen

**Allgemeines**

§ 86 enthält die Grundsatzbestimmung über die Aufgaben und Befugnisse der staatlichen    **1**
Schulaufsicht. Durch das SchulG-ÄG 2006 ist in Abs. 5 die Qualitätsanalyse eingeführt worden. Zur Neustrukturierung der Schulaufsicht 2006 siehe *Allmann*, SchVw NRW 2006, S. 262.

Zur jüngsten Diskussion über die Schulaufsicht siehe das Gutachten von *Bogumil/Fahlbusch/ Kuhn* unter: www.finanzverwaltung.nrw.de/de/effizienzteam-veroeffentlicht-gutachten-zurschulaufsicht und die Reihe: *Fuchs*, SchVw NRW 2015, S. 263; *Hund/Deckert*, SchVw NRW 2015, 311; *Freund*, SchVw NRW 2016, S. 39, und *Terodde*, SchVw NRW 2016, S. 263.

Neben der staatlichen Schulaufsicht spielen zunehmend andere Institutionen eine wichtige Rolle, mit denen die Schulaufsicht zusammenarbeitet oder in denen sie vertreten ist: Regionale Bildungsnetzwerke, die in fast allen Kreisen und kreisfreien Städten aufgrund einer Vereinbarung zwischen den Kommunen und dem Land gebildet wurden. Dazu *Stern*, Schule NRW 2015, S. 241, zur Rolle der Schulen darin: *Uetz*, SchVw NRW 2016, S. 178; ferner die kommunalen Integrationszentren gem. RdErl. vom 25.06.2012 (BASS 12-21 Nr. 18; SchR 5.5.3/1), dazu: *Teepe*, Schule NRW 2016, H. 1, S. 6. Siehe auch das Landesvorhaben "Kein Abschluss ohne Anschluss" (KAoA), das für den Übergang von Schule und Beruf alle wichtigen Akteure bündelt: www.keinabschlussohneanschluss.nrw.de.

**Zu Absatz 1**

2  Die Schulaufsicht, die die staatliche Verantwortung für das Bildungswesen (Art. 8 Abs. 2 LV, siehe auch § 62 Abs. 2) dokumentiert, hat mit dem SchulG 2005 eine neue inhaltliche Ausrichtung erhalten (siehe Abs. 3). Die dabei beabsichtigte organisatorische Änderung (bislang § 88 Abs. 5) ist durch das SchulG-ÄG 2006 wieder entfallen. Siehe **E 34** und **35**.

Als weitere Institution der Begleitung von Schulen ist die Qualitäts- und Unterstützungsagentur – Landesinstitut für Schule (QUA-LiS) mit Sitz in Soest neu errichtet worden. Es berät und unterstützt das Schulministerium und ist die zentrale Einrichtung für pädagogische Dienstleistungen, siehe RdErl. vom 25.11.2013 (BASS 10-31 Nr. 7; SchR 3.7.3/1). Siehe dazu Schule NRW 2014, S. 24, und *Egyptien*, SchVw NRW 2014, S. 101. Zum Projekt Schulmanagement siehe *Gerland-Peus*, Schule NRW 2016, H. 6, S. 18.

**Zu Absatz 2**

3  Die Fachaufsicht bezieht sich auf die rechtmäßige und zweckmäßige Wahrnehmung der schulischen Aufgaben (§ 13 LOG), die Dienstaufsicht auf den Aufbau, die innere Ordnung, die allgemeine Geschäftsführung und die Personalangelegenheiten (§ 12 LOG). Daneben besteht die Kommunalaufsicht als Rechtsaufsicht in Selbstverwaltungsangelegenheiten der Schulträger (§ 11 und § 116 GO). Wenn es erforderlich ist, kann also die Schulaufsicht die zuständige Kommunalaufsichtsbehörde einschalten.

Die beamtenrechtlichen und disziplinarrechtlichen Zuständigkeiten der Schulaufsichtsbehörden sind in der Zuständigkeitsverordnung vom 11.09.2009 (BASS 10–32 Nr. 44; SchR 3.7.1/111) geregelt; für Tarifbeschäftigte im RdErl. vom 23. 04 2007 (BASS 10–32 Nr. 32; SchR 3.7.1/121).

Die Rolle der Schulaufsicht bei der Bewältigung von Notfällen beschreiben *Drewes/Blasberg-Bense*, SchVw NRW 2013, S. 292.

**Zu Absatz 3**

4  Zuständig sind die in § 88 bezeichneten Behörden; siehe auch den Vertretungserlass (BASS 10–32 Nr. 66; SchR 3.7.4/11). Zielrichtung ist die Beratung und Unterstützung der stärker eigenständigen und selbstverantwortlichen Schule als „Ganzes". Siehe dazu § 3.

**Zu Absatz 4**

5  Über besondere Vorkommnisse hat die Schulleitung die Schulaufsicht zu unterrichten (§ 27 und § 24 Abs. 6 ADO).

**Zu Absatz 5**

Die Qualitätsanalyse steht in engem Bezug zur obligatorischen Qualitätssicherung und Qua- **6** litätsentwicklung gemäß § 3 Abs. 3. Sie wird durch besondere Teams wahrgenommen, die zur Schulaufsicht gehören, ohne durch Einzelweisungen einzugreifen. Nähere Regelungen enthält die Qualitätsanalyse-Verordnung (QA-VO) vom 27.04.2007; siehe BASS 10–32 Nr. 65 sowie SchRHB V 31/1.

Zur Einordnung der Qualitätsanalyse siehe *Möller*, SchVw NRW 2013, S. 203. Die aktuelle Neuausrichtung der Qualitätsanalyse erläutern *Jäger*, Schule NRW 2013, S. 492, sowie *Jäger/ Bergweiler-Priester*, Schule NRW 2015, S. 241. Zur Qualitätsanalyse als Element einer kontextsensiblen Schulentwicklung siehe *van Ackeren*, SchVw NRW 2015, S. 277.

## § 87   Schulaufsichtspersonal

**(1) Die Schulaufsicht wird durch hauptamtlich tätige, schulfachlich und verwaltungsfachlich vorgebildete Beamtinnen und Beamte ausgeübt.**

**(2) Die Schulaufsichtsbehörde kann Lehrerinnen und Lehrer im Rahmen ihres Hauptamtes als Fachberaterinnen und Fachberater zu ihrer Beratung und Unterstützung hinzuziehen.**

### Erläuterungen

**Allgemeines**

Die in § 87 enthaltenen Aussagen zum Personal der Schulaufsicht sind durch Art. 8 Abs. 3 **1** Satz 3 LV vorgegeben.

**Zu Absatz 1**

Die Voraussetzungen für die Übernahme in den Schulaufsichtsdienst regelt § 54 LVO (SchR **2** 6.1.5/1). Dazu gehört insbesondere die langjährige Bewährung in einem Leitungsamt; siehe auch Nr. 4.3.1 der Beurteilungsrichtlinien für Schulleiter und Lehrkräfte vom 02.01.2003 (BASS 21–02 Nr. 2; SchR 6.3.3/1).

Das Qualifizierungsprogramm des Landes für die Beamten in der Schulaufsicht regelt der RdErl. vom 02.10.2012 (BASS 20–22 Nr. 65; SchR 7.1.6/5); Beurteilungsrichtlinien: RdErl. vom 06.10.2013 (BASS 21-02 Nr. 6; SchR 6.3.3/51).

**Zu Absatz 2**

Damit kann die Schulaufsichtsbehörde flexibel auf besondere schulaufsichtliche Erforder- **3** nisse (Sachverstand, Belastung) reagieren. Aufgaben und Bestellung von Fachberatern regelt der RdErl. zur Fachberatung in der Schulaufsicht vom 27.07.1992 (BASS 10–32 Nr. 51; SchR 3.7.1/81). Der Einsatz ist auch bezirksübergreifend möglich. Verantwortlich bleibt der zuständige Schulaufsichtsbeamte.

## § 88   Schulaufsichtsbehörden

**(1) Oberste Schulaufsichtsbehörde ist das Ministerium. Es nimmt für das Land die Schulaufsicht über das gesamte Schulwesen wahr und entscheidet über Angelegenheiten von grundsätzlicher Bedeutung. Es sichert die landeseinheitlichen Grundlagen für die pädagogische und organisatorische Arbeit der Schulen und für ein leistungsfähiges Schulwesen.**

(2) Obere Schulaufsichtsbehörde ist die Bezirksregierung. Sie nimmt in ihrem Gebiet die Schulaufsicht über die Schulen, die besonderen Einrichtungen sowie die Studienseminare nach dem Lehrerausbildungsgesetz wahr.

(3) Untere Schulaufsichtsbehörde ist das staatliche Schulamt. Es ist der kreisfreien Stadt oder dem Kreis zugeordnet. Es nimmt in seinem Gebiet die Schulaufsicht über die Grundschulen wahr und die Fachaufsicht über

1. die Hauptschulen,
2. die Förderschulenn mit einem der Förderschwerpunkte Lernen, Sprache, emotionale und soziale Entwicklung, geistige Entwicklung sowie körperliche und motorische Entwicklung mit Ausnahme der Förderschulen im Bildungsbereich der Realschule, des Gymnasiums und des Berufskollegs,
3. die Förderschulen im Verbund (§ 20 Abs. 7), sofern sie nicht im Bildungsbereich der Realschule, des Gymnasiums oder des Berufskollegs unterrichten oder einen der Förderschwerpunkte Hören und Kommunikation oder Sehen umfassen.

(4) Die Schulaufsichtsbehörden und die Schulträger sollen eng zusammenarbeiten und sich dabei insbesondere gegenseitig und rechtzeitig über Maßnahmen mit Auswirkungen auf den jeweils anderen Bereich informieren.

## Erläuterungen

### Allgemeines

1 § 88 regelt die Struktur der Schulaufsicht. Abs. 5 enthielt im SchulG 2005 noch eine Zielaussage zur Reform der Schulaufsicht; diese ist durch das SchulG-ÄG 2006 gestrichen worden. In Abs. 3 ist durch das Änderungsgesetz vom 09.10.2007 die Dienstaufsicht über Hauptschulen und Förderschulen auf die Bezirksregierungen verlagert worden. Zur jüngsten Diskussion über den Aufbau vgl. die Hinweise oben zu § 86 Rn 1.

### Zu Absatz 1

2 An der Spitze des dreistufigen Aufbaus steht gemäß § 128 Abs. 2 das für Schulen zuständige Ministerium für Schule und Weiterbildung (MSW). Siehe dazu die Erläuterungen zu § 128 Abs. 2.

Das Ministerium soll landeseinheitliche Vorgaben sichern. Besondere Einzelzuständigkeiten des Ministeriums ergeben sich in politisch sensiblen Bereichen aus § 118 Abs. 5 (Ergänzungsschulen) sowie aus § 2 Abs. 5 des 6. SchRÄG (Sekundarschule).

### Zu Absatz 2

3 Die Bezirksregierung (Arnsberg, Detmold, Düsseldorf, Köln, Münster) ist erstinstanzlich u.a. zuständig für Realschulen, Sekundarschulen, Gymnasien, Gesamtschulen, Förderschulen (Hören und Kommunikation, Sehen), Berufskollegs und Weiterbildungskollegs. Für die in Abs. 3 genannten Schulen ist sie die nächsthöhere Aufsichtsbehörde über dem Schulamt.

Während die Schulämter (Abs. 3) bei den Hauptschulen und Förderschulen ortsnah nur die Fachaufsicht ausüben, liegt die Dienstaufsicht (und damit die Bearbeitung von Personalangelegenheiten) bei den Bezirksregierungen. Zu den Zuständigkeiten siehe auch bei § 86.

### Zu Absatz 3

4 Das Schulamt ist eine staatliche Aufsichtsbehörde und untersteht der Bezirksregierung; siehe § 91. Es ist zu unterscheiden vom kommunalen Schulverwaltungsamt, in dem der Schulträger seine Aufgaben wahrnimmt. Zur Dienstaufsicht über Hauptschulen und Förderschulen siehe

oben Rn. 1. Die Stadt Aachen gilt nicht als kreisfreie Stadt im Sinne von § 88 Abs. 3 (Städteregion Aachen, Gesetz vom 26.02.2008; GV. NRW S. 162).

**Zu Absatz 4**

Die enge Zusammenarbeit zwischen den staatlichen Behörden (Schulaufsicht) und den kommunalen Behörden (Schulträger) ist unerlässlich, um den Auftrag des Gesetzes zu erfüllen; siehe dazu insbesondere bei § 2, § 3, § 80, § 86 und § 92. Die Regelung bezieht sich auch auf Schulen in freier Trägerschaft.  **5**

## § 89 Besondere Zuständigkeiten

**(1) Die obere Schulaufsichtsbehörde und das Schulamt üben im Rahmen ihrer Zuständigkeiten die Schulaufsicht über die Schulen in Einrichtungen der erzieherischen Hilfe im Benehmen mit dem Landschaftsverband aus.**

**(2) Für Schulversuche und Versuchsschulen kann das Ministerium durch Rechtsverordnung die Schulaufsicht abweichend von § 88 Abs. 2 und 3 regeln.**

**(3) Soweit es zur einheitlichen Wahrnehmung der Schulaufsicht erforderlich ist, kann das Ministerium einer Bezirksregierung die Ausübung der Schulaufsicht in einem bestimmten Aufgabengebiet auch für den Bereich einer oder mehrerer anderer Bezirksregierungen durch Rechtsverordnung übertragen. Dies gilt insbesondere für die Sicherung einheitlicher fachlicher Unterrichtsanforderungen und besondere organisatorische oder schulfachliche Vorhaben. Entsprechendes gilt für die Schulämter.**

**(4) Das Ministerium kann durch Rechtsverordnung im Einvernehmen mit dem Innenministerium dem Schulamt allgemeine Angelegenheiten für alle Schulformen und Schulstufen zuweisen.**

**(5) Das Ministerium kann einzelne Schulaufsichtsbeamtinnen und Schulaufsichtsbeamte beauftragen, die Schulaufsicht in einem bestimmten Aufgabengebiet für den Bereich mehrerer Schulaufsichtsbehörden derselben Ebene wahrzunehmen.**

### Erläuterungen

**Allgemeines**

§ 89 enthält Sonderregelungen für die Wahrnehmung der Schulaufsicht.  **1**

**Zu Absatz 1**

Dies sind Schulen in Einrichtungen der erzieherischen Hilfe gemäß §§ 21 und 34 SGB VIII (SchR 5.6.1/1); die Landschaftsverbände handeln als zuständige Landesjugendämter.  **2**

**Zu Absatz 2**

Die Vorschrift betrifft die in § 25 geregelten Schulversuche. Eine solche besondere Regelung durch Verordnung gibt es nicht.  **3**

**Zu Absatz 3**

Nach § 2 der Zuständigkeitsverordnung Schulaufsicht vom 14.11.2010 (BASS 10–32 Nr. 48; SchR 3.7.1/1) betrifft dies insbesondere die Anerkennung von Bildungsabschlüssen anderer Länder (innerhalb und außerhalb Deutschlands).  **4**

**Zu Absatz 4**

5 Solche allgemeinen Angelegenheiten sind nicht schulformspezifisch geregelt; siehe Katalog in § 1 der Zuständigkeitsverordnung Schulaufsicht; siehe obige Rn. 4. Sie betreffen insbesondere: Beschulung von Schülern mit Zuwanderungsgeschichte, Verkehrserziehung, Schulgesundheit, außerunterrichtlicher Schulsport, Hausunterricht, Fortbildung, Medien, Datenschutz.

**Zu Absatz 5**

6 Dies dient der Sicherstellung der schulfachlichen Aufsicht in spezifischen Bereichen und Fächern (z.b. seltene Sprachen) auf der Ebene der unteren wie der oberen Schulaufsicht.

## § 90 Organisation der oberen Schulaufsichtsbehörde

**Die Aufgaben der oberen Schulaufsichtsbehörde werden in einer Schulabteilung wahrgenommen, die aus schulfachlichen und verwaltungsfachlichen Aufsichtsbeamtinnen und Aufsichtsbeamten besteht.**

### Erläuterungen

1 § 90 betrifft die Organisation der Bezirksregierungen. Die Schulabteilung (Abt. 4) ist jeweils in schulformbezogene schulfachliche Dezernate (auch allgemeine Angelegenheiten) und in verwaltungsfachliche Dezernate (insbesondere für Personal- und Stellenplanangelegenheiten, Schulrecht, Schulbau, Ersatzschulfinanzierung) sowie Qualitätsanalyse (4Q) gegliedert.

Zur inneren Organisation der Bezirksregierungen siehe den RdErl. des Innenministeriums vom 08.11.2005 (SMBl. NRW. 20051; SchR 3.7.1/51) mit Mustergeschäftsverteilungsplan.

Die Arbeitsabläufe innerhalb der Behörde werden durch die Geschäftsordnung für die Bezirksregierungen geregelt; siehe dazu den RdErl. des Innenministeriums vom 26.03.2008 (SMBl. NRW. 20020).

Die Aufgaben des Landesamtes für Ausbildungsförderung werden nach dem BAföG-Ausführungsgesetz von der Bezirksregierung Köln in der Schulabteilung wahrgenommen; siehe SchR 5.3/151.

Die landesweite Koordinierungsstelle Kommunale Integrationszentren (LaKI) ist als Dezernat 37 der Bezirksregierung Arnsberg angegliedert. Sie ist keine Schulaufsichtsbehörde.

## § 91 Organisation der unteren Schulaufsichtsbehörde

**(1) Das Schulamt besteht aus einem oder mehreren schulfachlichen Mitgliedern (schulfachliche Aufsichtsbeamtin oder schulfachlicher Aufsichtsbeamter) und einem verwaltungsfachlichen Mitglied (Oberbürgermeisterin oder Oberbürgermeister, Landrätin oder Landrat). Die Vertretung des verwaltungsfachlichen Mitglieds richtet sich nach den Vorschriften der Gemeindeordnung oder der Kreisordnung.**

**(2) Die obere Schulaufsichtsbehörde bestellt eine schulfachliche Aufsichtsbeamtin oder einen schulfachlichen Aufsichtsbeamten zur Sprecherin oder zum Sprecher des schulfachlichen Dienstbereichs des Schulamtes.**

**(3) Zum Dienstbereich des schulfachlichen Mitglieds gehören die schulfachlichen Angelegenheiten einschließlich der dienstrechtlichen Entscheidungskompetenz. Zum Dienstbereich des verwaltungsfachlichen Mitglieds gehören die sonstigen rechtlichen, insbesondere die verwaltungsrechtlichen und die haushaltsrechtlichen Angelegenheiten.**

(4) Das Ministerium gibt den staatlichen Schulämtern eine Geschäftsordnung, in der insbesondere die Gliederung und die Aufgaben, die Zusammenarbeit der Mitglieder, der Geschäftsablauf und die Vertretungsbefugnis geregelt werden.

(5) Die schulfachlichen Aufsichtsbeamtinnen und Aufsichtsbeamten stehen im Dienst des Landes. Vor der Besetzung der Stellen sind die beteiligte kreisfreie Stadt oder der beteiligte Kreis anzuhören.

(6) Die Personalausgaben für das schulfachliche Personal des staatlichen Schulamts trägt das Land. Die übrigen für die Wahrnehmung der Aufgaben erforderlichen Kosten (Dienstkräfte, Diensträume und sächliche Mittel) tragen die kreisfreien Städte und Kreise.

## Erläuterungen

### Allgemeines

Das in § 91 geregelte Schulamt ist die untere staatliche Schulaufsichtsbehörde (§ 88 Abs. 3). **1**
Es ist zu unterscheiden vom Schulverwaltungsamt, in dem der Schulträger seine Aufgaben erledigt. Für starke Schulaufsichtsbehörden vor Ort plädiert *Freund*, SchVw NRW 2016, S. 39.

### Zu Absatz 1

Die Struktur des Schulamts als Zweipersonenbehörde ist beibehalten. Die gestraffte Regelung **2**
überlässt das bisher verankerte Kollegialprinzip (§ 18 Abs. 5 SchVG) der Geschäftsordnung;
siehe unten bei Abs. 4. Die Vertretung des Oberbürgermeisters durch einen Beigeordneten
richtet sich nach § 68 GO, die des Landrats nach § 47 KreisO.

### Zu Absatz 2

Die Sprecherin oder der Sprecher ist insbesondere Partner des verwaltungsfachlichen Mit- **3**
glieds in Angelegenheiten des gemeinsamen Dienstbereichs (Leitung, übergreifende Angelegenheiten). Eine wichtige Aufgabe ist die Koordination im schulfachlichen Dienstbereich.

### Zu Absatz 3

Aufgaben, die beide Bereiche betreffen, gehören zum gemeinsamen Dienstbereich, in dem **4**
einvernehmlich Entscheidungen getroffen werden. Liegt kein Einvernehmen vor, entscheidet
die Bezirksregierung.

### Zu Absatz 4

Die Geschäftsordnung vom 18.08.2008 (BASS 10-32 Nr. 2) ist in SchR 3.7.1/41 abgedruckt. **5**

### Zu Absatz 5

Die Kommune kann Gegenvorstellungen erheben, hat aber kein Einspruchsrecht. **6**

### Zu Absatz 6

Die Kommune trägt abgesehen von den Personalkosten nach Satz 1 alle weiteren Kosten, **7**
auch für die Personalvertretung.

# Zehnter Teil – Schulfinanzierung

## § 92 Kostenträger

**(1)** Schulkosten sind die Personalkosten und die Sachkosten. Kosten für die individuelle Betreuung und Begleitung einer Schülerin oder eines Schülers, durch die die Teilnahme am Unterricht in der allgemeinen Schule, der Förderschule oder der Schule für Kranke erst ermöglicht wird, gehören nicht zu den Schulkosten.

**(2)** Die Personalkosten für Lehrerinnen und Lehrer sowie das pädagogische und sozial-pädagogische Personal gemäß § 58 an öffentlichen Schulen, deren Träger das Land, eine Gemeinde oder ein Gemeindeverband ist, trägt das Land.

**(3)** Alle übrigen Personalkosten und die Sachkosten trägt der Schulträger.

**(4)** Schulgeld wird nicht erhoben.

## Erläuterungen

### Allgemeines

1 § 92 enthält das Grundprinzip der Schulfinanzierung mit der Kostenaufteilung zwischen Land und Schulträger. Die Entwicklung der Bildungsinvestitionen in NRW im Ländervergleich werden aufgezeigt von *Möller*, SchVw NRW 2014, S. 311, und 2015, S. 189 sowie 2016, S. 56. Zum demografischen Wandel siehe *Möller*, SchVw NRW 2014, S. 93; zu den Prognosewerten für die Schülerzahlentwicklung siehe *Möller*, SchVw NRW 2014, S. 125 sowie *Klemm*, SchVw NRW 2015, S. 330. Zur Zunahme des inklusiven Unterrichts siehe *Möller*, SchVw NRW 2014, S. 189; zu Statistiken zum Migrationshintergrund siehe *Kemper/Weishaupt*, SchVw NRW 2016, S. 218.

### Zu Absatz 1

2 Zu den Schulkosten gehören nicht Elternkosten, die sich aus § 41 Abs. 1 sowie beim Eigenanteil für Lernmittel (§ 96 Abs. 2) und Schülerfahrkosten (§ 97 Abs. 2 und 3) ergeben; siehe auch Abs. 4. Die bei Satz 2 anfallenden Kosten für Integrationshelfer übernimmt der Sozialhilfeträger bzw. der Träger der Jugendhilfe (Eingliederungshilfe), siehe dazu *Dirk*, SchVw BW 2015, S. 49.

### Zu Absatz 2

3 Die Personalkosten zur Unterrichtsversorgung richten sich nach § 93. Ein Anwendungsfall für Personalkosten außerhalb der Lehrer sind z.B. die Personalkosten für Sozialpädagogen an Gesamtschulen.

Zu den Ausgaben im Landeshaushalt siehe bei § 93.

### Zu Absatz 3

4 Zu den Sachkosten siehe § 79 und § 94.

Unterschiedliche Belastungen von Schulträgern werden durch den kommunalen Finanzaus-gleich nach dem Gemeindefinanzierungsgesetz (GFG, siehe SchR 2.4/51) abgemildert. Es sieht einen gewichteten Schüleransatz (§ 8 GFG), eine Schulpauschale/Bildungspauschale (§ 17 GFG) und eine Sportpauschale (§ 18 GFG) vor.

Aufwendungen der Schulträger für die Inklusion werden nach dem Gesetz zur Förderung kommunaler Auwendungen für die schulische Inklusion vom 09.07.2014/08.07.2016 (BASS 11-02 Nr 28; SchR 2.4/151) erstattet.

**Zu Absatz 4**

Es besteht Schulgeldfreiheit gemäß Art. 9 LV. Die Kostenfreiheit des Unterrichts gilt nicht    5
für besondere Leistungen wie zusätzliche Betreuung, Mittagessen, Klassenfahrten, Internat.

## § 93  Personalkosten, Unterrichtsbedarf

(1) Die Personalkosten bestimmen sich nach den Vorschriften des Landeshaushaltsrechts.
Zu den Personalkosten gehören auch die Kosten für Fortbildung sowie die hierfür erforderlichen Reisekosten.

(2) Durch Rechtsverordnung, die der Zustimmung der für Schulen und für Haushalt und
Finanzen zuständigen Landtagsausschüsse bedarf, regelt das Ministerium im Einvernehmen mit dem Finanzministerium das Verfahren für die Ermittlung der Zahl der Lehrerstellen und bestimmt nach den pädagogischen und verwaltungsmäßigen Bedürfnissen der
einzelnen Schulformen, Schulstufen und Klassen

1. die Zahl der wöchentlichen Unterrichtsstunden der Schülerinnen und Schüler,
2. die Zahl der wöchentlichen Pflichtstunden der Lehrerinnen und Lehrer,
3. die Klassengrößen und die Berechnungsgrundlagen für die Ermittlung der kommunalen Klassenrichtzahl als Höchstgrenze für die zu bildenden Eingangsklassen an
   Grundschulen,
4. die Zahl der Schülerinnen und Schüler je Lehrerstelle,
5. die Zahl der Lehrerstellen, die den Schulen zusätzlich für den Unterrichtsmehrbedarf
   und den Ausgleichsbedarf zugewiesen werden können,
6. den Stichtag für die Ermittlung der Schüler- und Klassenzahlen.

(3) Die Relation der Zahl der Schülerinnen und Schüler je Lehrerstelle sowie die Zahl der
Lehrerstellen, die den Schulen zusätzlich für den Unterrichtsmehrbedarf und den Ausgleichsbedarf zugewiesen werden können, sind jeweils für ein Schuljahr zu bestimmen.

(4) Zur Erprobung neuer Arbeitszeitmodelle kann das Ministerium Ausnahmen von der
Bemessung der Arbeitszeit nach wöchentlichen Pflichtstunden zulassen.

## Erläuterungen

### Allgemeines

§ 93 ist die Grundlage für die Parameter, die die Unterrichtsversorgung der Schulen    1
bestimmen. Sie sind konkretisiert im Landeshaushalt und in der Verordnung gemäß Abs. 2.

Zum Landeshaushalt für den Schulbereich 2016 siehe *Brand*, SchVw NRW 2016, S. 102.

### Zu Absatz 1

Zum Personalkostenbudget siehe § 95 Abs. 1. Schulen erhalten Fortbildungsbudgets gem.    2
Nr. 4 des RdErl. vom 06.04.2014 (BASS 20–22 Nr. 8; SchR 7.1.6/11).

### Zu Absatz 2

Das ist die Verordnung zu § 93 Abs. 2 (sog. AVO), die früher als VO zu § 5 SchFG erlassen    3
wurde (BASS 11–11 Nr. 1; SchR 2.4/5). Ergänzend werden jährlich dazu die AVO-Richtlinien
als VV erlassen. Siehe mit einführenden Erläuterungen im SchRHB unter V 71.

Zu Nr. 1: Die Schülerwochenstunden regeln § 1 AVO sowie die Ausbildungs- und Prüfungsordnungen (Stundentafel).

Zu Nr. 2: Die wöchentlichen Pflichtstunden der Lehrer sind in § 2 AVO geregelt; dort sind auch die Bandbreitenregelung (§ 3) und die Vorgriffsstundenregelung (§ 4) zu finden. Zur Rechtsprechung zur Bandbreitenregelung siehe *Overbeck*, SchVw NRW 2007, S. 213. Zur Flexibilisierung bei der Vorgriffsstundenrückgabe siehe Schule NRW 2007, S. 345 sowie RdErl. vom 11.10.2007 (BASS 11–11 Nr. 5.1; SchR 2.4/41) und die VO vom 08.06.2004 (Ausgleichszahlungen). Die Anordnung von Bereitschaftsanwesenheit und Mehrarbeit regelt § 11 Abs. 3 und 5 ADO.

Zu Nr. 3: Die Klassenbildungswerte (z.B. Richtwerte und Bandbreiten) ergeben sich aus § 6 AVO; für die Grundschule gilt der 2013 neu geschaffene § 6a AVO. Ab dem Schuljahr 2014/2015 gelten neue Werte für die Real- und Gesamtschulen und für die Gymnasien.

Zu Nr. 4: Das sind die in § 8 AVO enthaltenen Relationen „Schüler je Stelle" für die einzelnen Schulformen.

Zu Nr. 5: Unterrichtsmehrbedarf (z.B. für Hausunterricht und Ganztagsunterricht) und Ausgleichsbedarf (z.B. für Vertretungsunterricht und Personalratstätigkeit) sind in § 9 und § 10 AVO vorgesehen.

Zu Nr. 6: Dieser Stichtag ist nach § 7 Abs. 2 AVO jeweils der 15. Oktober.

**Zu Absatz 3**

4   Die Parameter der AVO liegen als Berechnungswerte auch dem Landeshaushalt zugrunde und sind deshalb jährlich neu festzusetzen. Sie begründen keine Rechtsansprüche von Schulen gegenüber der Schulaufsicht, sind aber von dieser zu beachten.

**Zu Absatz 4**

5   Die Erprobungsklausel könnte z.B. Jahresarbeitszeitregelungen für Lehrer (anstelle Pflichtstunden) ermöglichen. Siehe dazu auch § 68 Abs. 3 Nr. 5. Zum Mindener Lehrerarbeitszeitmodell siehe *Paul*, Schule NRW 2006, S. 347.

## § 94   Sachkosten

**(1) Sachkosten sind insbesondere die Kosten für die Errichtung, Bewirtschaftung und Unterhaltung der erforderlichen Schulgebäude und Schulanlagen, für die Ausstattung der Schulen, für die notwendigen Haftpflichtversicherungen sowie die Kosten der Lernmittelfreiheit und die Schülerfahrkosten.**

**(2) Das Land gewährt den Schulträgern für außerunterrichtliche Ganztags- und Betreuungsangebote (§ 9 Abs. 2 und 3) Zuschüsse nach Maßgabe des Haushalts.**

**(3) Bei Schulverbänden aus mehreren Gemeinden werden die Schulträgerkosten je zur Hälfte nach der Zahl der Schülerinnen und Schüler und nach den Umlagegrundlagen der Kreisumlage, bei kreisfreien Städten der Kommunalverbandsumlage, verteilt. Gehört eine Gemeinde zu mehreren Schulverbänden, so errechnet sich für jeden Schulverband die Umlagegrundlage der Gemeinde im Sinne des Satzes 1 nach dem Verhältnis der Schülerinnen und Schüler, die aus der Gemeinde seine Schule besuchen, zu der Gesamtzahl der öffentlichen Schulen gleicher Art besuchenden Kinder der Gemeinde. Die Sätze 1 und 2 finden entsprechende Anwendung, wenn eine Gemeinde, die eigene Schulen unterhält, zugleich einem Schulverband angehört. Für die Verteilung wird die Durchschnittszahl der Schülerinnen und Schüler zugrunde gelegt, die am 15. Oktober der letzten drei Jahre die Schule besucht haben. Die Verhältniszahl gilt für jeweils drei aufeinander folgende Rechnungsjahre.**

(4) Die Aufteilung kann durch Satzung oder durch Anordnung der oberen Schulaufsichtsbehörde im Einvernehmen mit der Kommunalaufsichtsbehörde unter Zustimmung der Beteiligten abweichend geregelt werden. Bestehen Schulverbände nicht nur aus Gemeinden, ist die Aufteilung durch Satzung zu regeln.

## Erläuterungen

### Allgemeines

§ 94 regelt die vom Schulträger gemäß § 92 Abs. 3 aufzubringenden Sachkosten.   1

### Zu Absatz 1

Zu den Vorgaben für die Bereitstellung durch den Schulträger siehe § 79. Zur Lernmittelfreiheit   2
siehe § 96, zu den Schülerfahrkosten siehe § 97.

### Zu Absatz 2

Zum Konzept der außerunterrichtlichen Betreuungsangebote siehe bei § 9 Abs. 2. Die   3
näheren Regelungen für diese Zuwendungen bestimmen sich nach der aktuellen Fassung
des RdErl. vom 12.02.2003 (BASS 11–02 Nr. 19; SchR 3.7.6/131); die Bewilligungsbehörde
(Bezirksregierung) entscheidet im Rahmen der verfügbaren Haushaltsmittel.

### Zu Absatz 3

Zum Schulverband siehe § 78 Abs. 8. Schulverbände gibt es insbesondere im Bereich des   3
Berufskollegs, aber auch der Gesamtschule, der Sekundarschule und der Förderschulen. Zur
Kreisumlage siehe § 56 Kreisordnung.

### Zu Absatz 4

Kommunalaufsichtsbehörde sind für kreisangehörige Kommunen der Kreis, für die Kreise   4
und die kreisfreien Städte die Bezirksregierung.

### § 95   Bewirtschaftung von Schulmitteln

(1) Das Land kann den Schulen nach Maßgabe des Haushalts im Rahmen des § 92 Abs. 2 Personalmittel zur eigenverantwortlichen Bewirtschaftung zuweisen.

(2) Die eigenverantwortliche Bewirtschaftung von Sachmitteln durch die Schulen richtet sich nach den für den Schulträger geltenden haushalts- und kassenrechtlichen Regelungen. Insoweit können Schulträger die Schulleiterin oder den Schulleiter ermächtigen, im Rahmen der von der Schule zu bewirtschaftenden Haushaltsmittel Rechtsgeschäfte mit Wirkung für den Schulträger abzuschließen und für diesen Verpflichtungen einzugehen.

(3) Schulträger können zur Erleichterung der Mittelbewirtschaftung durch die Schulen Schulgirokonten einrichten. Diesen Konten können auch zusätzliche eigene Einnahmen der Schulen zugeführt werden.

## Erläuterungen

### Allgemeines

§ 95 ist die Grundlage für eigenverantwortliches Handeln der Schule bei der Bewirtschaftung   1
von Haushaltsmitteln.

**Zu Absatz 1**

**2** So z.B. die Fortbildungsbudgets (siehe oben bei § 93 Abs. 1), zur Rückzahlung bei Auflösung einer Schule siehe RdErl. vom 09.07.2014 (BASS 11-02 Nr. 27; SchR 2.4/91). Mit dem Programm „Flexible Mittel für Vertretungsunterricht" soll dem Unterrichtsausfall entgegen gewirkt werden; siehe RdErl. vom 20.06.2002 (BASS 11–11 Nr. 2.2; SchR 3.7.2/25). Zuwendungen für Ganztagsangebote (Geld oder Stelle) richten sich nach dem RdErl. vom 31.07.2008 (BASS 11–02 Nr. 24; SchR 3.8.4/13).

**Zu Absatz 2**

**3** Schulträger können die Sachmittelbewirtschaftung weitgehend auf die Schulen delegieren. Diese können sie im Rahmen ihres Haushalts (§ 59 Abs. 7) sparsam und effizient einsetzen. Siehe § 59 Abs. 9 und § 65 Abs. 2 Nr. 17. In diesem Rahmen können Schulleitungen auch Aufträge vergeben. Zu den dabei zu beachtenden Regelungen siehe *Fehrmann*, SchRHB R 372.

**Zu Absatz 3**

**4** Die Schulleitung kann damit selbst Zahlungsgeschäfte durchführen. Sie handelt bei Rechtsgeschäften insoweit als Vertreter des Schulträgers.

§ 96   Lernmittelfreiheit

(1) **Den Schülerinnen und Schülern der öffentlichen Schulen und Ersatzschulen werden vom Schulträger nach Maßgabe eines Durchschnittsbetrages abzüglich eines Eigenanteils von der Schule eingeführte Lernmittel gemäß § 30 zum befristeten Gebrauch unentgeltlich überlassen. In Ausnahmefällen können ihnen, soweit dies wegen der Art der Lernmittel erforderlich ist, diese zum dauernden Gebrauch übereignet werden.**

(2) **Der Durchschnittsbetrag entspricht den durchschnittlichen Aufwendungen für die Beschaffung der in einem Schuljahr oder an Berufskollegs für den Bildungsgang insgesamt erforderlichen Lernmittel. Die Überschreitung von Durchschnittsbeträgen in einzelnen Klassen (Stufen, Kursen, Semestern) einer Schule ist zulässig, wenn ein Ausgleich innerhalb der Schule gewährleistet ist und der Gesamtrahmen der festgesetzten Durchschnittsbeträge nicht überschritten wird.**

(3) **Der Eigenanteil bestimmt den Anteil, bis zu dem die Eltern verpflichtet sind, Lernmittel nach Entscheidung der Schule auf eigene Kosten zu beschaffen. Der Eigenanteil darf ein Drittel des Durchschnittsbetrages nicht überschreiten. Der Eigenanteil entfällt für Empfängerinnen und Empfänger von Hilfe zum Lebensunterhalt nach dem Sozialgesetzbuch Zwölftes Buch (SGB XII). Über weitere Entlastungen vom Eigenanteil entscheidet der Schulträger in eigener Verantwortung.**

(4) **Besuchen Schülerinnen und Schüler mit Hauptwohnung in Nordrhein-Westfalen eine außerhalb des Landes gelegene öffentliche Schule oder staatlich genehmigte Privatschule, so werden ihnen die entstandenen Lernmittelkosten in entsprechender Anwendung der für Schulen innerhalb des Landes geltenden Bestimmungen zu Lasten des Landes von der Wohnsitzgemeinde erstattet, wenn die besuchte Schule die nächstgelegene im Sinne des Schülerfahrkostenrechts ist und ihnen in der Schule außerhalb des Landes Nordrhein-Westfalen keine Lernmittelfreiheit gewährt wird.**

(5) **Das Ministerium setzt im Einvernehmen mit dem Innenministerium und dem Finanzministerium durch Rechtsverordnung den Durchschnittsbetrag und die Höhe des Eigenanteils fest, bis zu dem Lernmittel auf eigene Kosten zu beschaffen sind.**

## Allgemeines

§ 96 konkretisiert die Lernmittelfreiheit, die durch Art. 9 Abs. 2 LV nur in ihrem Kerngehalt, **1** aber nicht in der Ausgestaltung verfassungsrechtlich abgesichert ist.

### Zu Absatz 1

Das Prinzip der Lernmittelfreiheit in NRW ist die Ausleihe. Eltern können darauf verzichten **2** und sich die Lernmittel auch selbst beschaffen.

### Zu Absatz 2

Um eine angemessene Lernmittelausstattung zu sichern, muss der Durchschnittsbetrag in **3** regelmäßigen Abständen überprüft und ggf. angepasst werden.

### Zu Absatz 3

Bis 2008 galt abweichend nach § 127 Abs. 1 eine Sonderregelung des Gesetzes zur Entlastung **4** der Kommunen (2003), wonach die Schulträger den Eigenanteil bis auf 49% erhöhen konnten. Seit 2008/09 gilt wieder die allgemeine Regelung.

### Zu Absatz 4

Für Schüler, die eine nächstgelegene Schule außerhalb von NRW besuchen (sog. Pendler), **5** werden die Kosten vom Land getragen; siehe RdErl. vom 29.03.1971 (BASS 11–04 Nr. 1; SchR 5.4/80). .

### Zu Absatz 5

Das ist die Verordnung über die Durchschnittsbeträge vom 12.04.2005 (BASS 16–01 Nr. 1; SchR **6** 2.5/131). Ergänzende Bestimmungen zur Lernmittelfreiheit enthält der RdErl. vom 24.05.2005 (BASS 16–01 Nr. 5; SchR 2.5/151). Beide Texte siehe auch SchRHB V 72. Keine Lernmittel sind danach Gegenstände, die als Gebrauchs- und Übungsmaterial verwendet werden.

## § 97   Schülerfahrkosten

**(1) Den Schülerinnen und Schülern der allgemein bildenden Schulen gemäß §§ 11, 14 bis 18, der Förderschulen gemäß § 20, der Schule für Kranke gemäß § 21 und der Berufskollegs in Vollzeitform gemäß § 22, die ihren Wohnsitz in Nordrhein-Westfalen haben, werden die Kosten erstattet, die für ihre wirtschaftlichste Beförderung zur Schule und zurück notwendig entstehen. Dies gilt nicht für Schülerinnen und Schüler von Bildungsgängen des Berufskollegs, deren Besuch eine abgeschlossene Berufsausbildung voraussetzt.**

**(2) Den Schülerinnen und Schülern der Bezirksfachklassen an Berufskollegs werden die notwendigen Fahrkosten erstattet, soweit sie einen zumutbaren Eigenanteil übersteigen.**

**(3) Bietet der Schulträger oder ein von ihm beauftragtes Verkehrsunternehmen im Rahmen eines besonderen Tarifangebots der Verkehrsunternehmen Schülerzeitkarten an, die über den Schulweg hinaus auch zur sonstigen Benutzung von Angeboten des öffentlichen Nahverkehrs berechtigen, kann der Schulträger nach Maßgabe der Rechtsverordnung einen von den Eltern zu tragenden Eigenanteil festsetzen. Der Eigenanteil entfällt für Schülerinnen und Schüler, für die Hilfe zum Lebensunterhalt nach dem Sozialgesetzbuch Zwölftes Buch (SGB XII) geleistet wird. Über weitere Entlastungen vom Eigenanteil entscheidet der Schulträger in eigener Verantwortung. Werden Schülerzeitkarten nach Satz 1 zur Verfügung gestellt, sind sie die wirtschaftlichste Art der Beförderung; es entfällt jegliche Erstattung von Fahrkosten.**

**(4)** Das Ministerium bestimmt im Einvernehmen mit dem Innenministerium, dem Finanz-ministerium und dem Ministerium für den Bereich Verkehr durch Rechtsverordnung

1. die Anforderungen an die wirtschaftlichste Beförderung,
2. die Entfernungen und die sonstigen Umstände, bei denen Fahrkosten notwendig entstehen,
3. Voraussetzungen und Höchstbetrag für die Erstattung und für den zumutbaren Eigenanteil,
4. Ausnahmen für schwer behinderte Schülerinnen und Schüler und für Schülerinnen und Schüler mit sonderpädagogischen Förderbedarf, für arbeitslose Berufsschul- pflichtige und für Berufsschülerinnen und Berufsschüler, für die es keine entsprechende Beschu-lungsmöglichkeit im Lande gibt,
5. die Voraussetzungen der Erstattung von Schülerfahrkosten für Ersatzschulen.

## Erläuterungen

### Allgemeines

1 § 97 ist die Grundlage für die Erstattung von Schülerfahrkosten. Das Nähere regelt die Schülerfahrkostenverordnung (siehe zu Abs. 4). Siehe zu weiteren Regelungen bei SchR 5.4.

### Zu Absatz 1

2 Für Auspendler, die eine nächstgelegene Schule außerhalb von NRW besuchen, werden die Kosten vom Land getragen; siehe den RdErl. vom 29.03.1971 (BASS 11–04 Nr. 1; SchR 5.4/80).

### Zu Absatz 2

3 Bezirksfachklassen sind verbindliche Fachklassen der Berufsschule mit großem Einzugsbe-reich; siehe dazu bei § 84 Abs. 2 und 3.

### Zu Absatz 3

4 Die Höchstbeträge (12 €) für den Eigenanteil bei Schülertickets richten sich nach § 2 Abs. 3 SchfkVO; siehe bei Abs. 4.

### Zu Absatz 4

5 Das ist die Schülerfahrkostenverordnung (SchfkVO) vom 16.04.2005 (BASS 11–04 Nr. 3.1; SchR 5.4/1); zur gleichmäßigen Anwendung hat das Ministerium die VV vom 23.05.2005 (BASS 11–04 Nr. 3.2) erlassen; siehe beide Texte auch im SchRHB V 73.

Zu Nr. 1: Über die wirtschaftlichste Beförderung entscheidet der Schulträger. In der Regel ist das die Benutzung öffentlicher Verkehrsmittel.

Zu Nr. 2: Für diesen Anspruch auf Schülerfahrkosten beträgt die Mindestentfernung in der Primarstufe mehr als 2 km, in der Sekundarstufe I mehr als 3,5 km und in der Sekundarstufe II mehr als 5 km.

Für alle Klassen 10 gilt die Entfernungsgrenze von 5 km. Die kommunalen Schulträger erhalten dafür einen Belastungsausgleich (§ 21 SchfkVO).

### § 98 Zuwendungen

**(1)** Schulen können für den Schulträger bei der Erfüllung ihrer Aufgaben durch Sach- und Geldzuwendungen Dritter unterstützt werden. Der Schulträger stellt sicher, dass einzelne Schulen nicht unangemessen bevorzugt oder benachteiligt werden.

**(2) Zuwendungen entbinden den Schulträger nicht von seinen finanziellen Verpflichtungen nach diesem Gesetz.**

### Allgemeines

Die zunächst einheitliche Regelung im Entwurf des Schulgesetzes ist aus redaktionellen **1** Gründen (Streichung des § 98 RegEntw.) in zwei Paragrafen (§ 98 und § 99) aufgeteilt worden.

### Zu Absatz 1

Es handelt sich um Spenden, die ohne Gegenleistung gegeben werden. Rechtlich werden **2** Zuwendungen dem Schulträger geleistet, der im Verhältnis zum gebenden Dritten die Zweckbindung beachten muss. Was unangemessene Abweichungen sind, lässt das Gesetz offen. Eine Gleichmacherei durch den öffentlichen Träger ist damit nicht verbunden; sie widerspräche dem Wettbewerb zwischen Schulen, der vom Gesetz gewollt ist und sich im Engagement von Eltern und Förderern ausdrückt.

Ein typischer Fall solcher Zuwendungen sind projektbezogene Zuschüsse, die ein Förderverein (Schulverein) leistet – so z.B. für Projekttage, eine Schulbibliothek, kulturelle Veranstaltungen oder anderes.

Allgemeine Hinweise zur Zusammenarbeit von Schule und Wirtschaft finden sich unter www.schulministerium.nrw.de/docs/Recht/Schulrecht/Fragen-und-Antworten/ Schulleitungen/Verkauf-Werbung-Sponsoring. Siehe auch § 5 Abs. 2.

### Zu Absatz 2

Der Schulträger darf also die Sachkostenmittel einer Schule nicht deshalb kürzen, weil diese **3** auch private Zuwendungen erhält.

## § 99   Sponsoring, Werbung

**(1) Schulen dürfen zur Erfüllung ihrer Aufgaben für den Schulträger Zuwendungen von Dritten entgegennehmen und auf deren Leistungen in geeigneter Weise hinweisen (Sponsoring), wenn diese Hinweise mit dem Bildungs- und Erziehungsauftrag der Schule vereinbar sind und die Werbewirkung deutlich hinter den schulischen Nutzen zurücktritt. Die Entscheidung trifft die Schulleiterin oder der Schulleiter mit Zustimmung der Schulkonferenz und des Schulträgers.**

**(2) Im Übrigen ist Werbung, die nicht schulischen Zwecken dient, in der Schule grundsätzlich unzulässig. Über Ausnahmen entscheidet das Ministerium.**

**(3) § 98 Abs. 2 gilt entsprechend.**

### Allgemeines

§ 99 regelt das Sponsoring, bei dem in der Regel ein Vertrag geschlossen wird, in dem beide **1** Seiten ihre Leistungen vereinbaren. Allgemeine Abgrenzungen für zulässiges Sponsoring in der öffentlichen Verwaltung enthält Nr. 4 des RdErl. des Innenministers zur Verhütung und Bekämpfung der Korruption vom 20.08.2014 (ABl. NRW. S. 492; SchR 1.4/281).

**Zu Absatz 1**

2 Sponsorengelder dürfen nicht im Zusammenhang mit dienstlichen Handlungen stehen. Wichtig ist Transparenz bei Sponsorenverträgen. Für die Schule entscheidet die Schulkonferenz (§ 65 Abs. 2 Nr. 16).

Näheres zum Schulsponsoring siehe bei *Schorlemer*, Schule NRW 2007, S. 548. Das MSW hat dazu einen Leitfaden für Schulen, Schulträger und Unternehmen als Beilage zu Schule NRW (Dez. 2010) herausgegeben. Siehe www.schulinfos.de.

Lehrkräfte dürfen nach den beamtenrechtlichen und tarifrechtlichen Bestimmungen grundsätzlich keine keine Belohnungen, Geschenke und Vorteile im Zusammenhang mit ihrer dienstlichen Tätigkeit annehmen. Die Inanspruchnahme von Freiplätzen bei Schulfahrten ist an Voraussetzungen gebunden. Siehe Handreichung "Belohnungen und Geschenke im Schulbereich"; Schule NRW 2014, S. 168.

**Zu Absatz 2**

3 Dieses Verbot betrifft strikt jegliche Form von Produktwerbung, gilt aber auch z.B. für die Werbung für kommerzielle Nachhilfeeinrichtungen, politische Parteien oder Reiseveranstalter.

Aus der Rechtsprechung: BGH vom 12.07.2007 (Tony-Taler) und *Rux*, SchVw NRW 2008, S. 152, sowie BGH vom 20.10.2005 (Schulfotoaktion) und *Overbeck*, SchVw 2008, S. 19; siehe auch die Gerichtsentscheidungen in SPE 968. Zum Einsatz eines Vereinstrikots (mit Werbeaufschrift) siehe *Nolte*, SchVw NRW 2012, S. 342.

Zum Verbot wirtschaftlicher Betätigung in Schulen siehe § 55. Zur Plakatwerbung siehe § 56. Grundsätze zur Unparteilichkeit vor Wahlen siehe SchVw NRW 2009, S. 126. Siehe auch oben zu § 2 Abs. 6 und 7.

Schülerzeitungen gemäß § 45 Abs. 3 unterliegen nicht dem Werbeverbot; sie können sich durch Anzeigen finanzieren.

**Zu Absatz 3**

4 Siehe dazu die Erläuterung zu § 98 Abs. 2.

# Elfter Teil – Schulen in freier Trägerschaft

## Erster Abschnitt – Ersatzschulen

### § 100 Begriff, Grundsätze

(1) Die schulische Bildung wird durch öffentliche Schulen und Schulen in freier Trägerschaft wahrgenommen. Schulen in freier Trägerschaft ergänzen und bereichern im Rahmen des Artikels 7 Abs. 4 und 5 des Grundgesetzes und des Artikels 8 Abs. 4 der Landesverfassung das öffentliche Schulwesen.

(2) Schulen in freier Trägerschaft sind Ersatzschulen, wenn sie in ihren Bildungs- und Erziehungszielen im Wesentlichen Bildungsgängen und Abschlüssen entsprechen, die nach diesem Gesetz oder auf Grund dieses Gesetzes vorhanden oder vorgesehen sind.

(3) Für Ersatzschulen gelten die übrigen Vorschriften dieses Gesetzes, soweit die Gleichwertigkeit mit den öffentlichen Schulen es erfordert. Auf Ersatzschulen finden über die Vorschriften dieses Abschnitts hinaus die Bestimmungen dieses Gesetzes Anwendung, wenn und soweit dies ausdrücklich bestimmt ist. Die Regelungen zur Schulpflicht bleiben unberührt. Eltern, die Kommunikationsunterstützung benötigen und deren Kinder eine genehmigte Ersatzschule besuchen, haben die Rechte aus § 8 Absatz 1 des Behindertengleichstellungsgesetzes Nordrhein-Westfalen vom 16. Dezember 2003 (GV. NRW. S. 766) in der jeweils geltenden Fassung in Verbindung mit der Kommunikationsunterstützungsverordnung Nordrhein-Westfalen vom 15. Juni 2004 (GV. NRW. S. 336) in der jeweils geltenden Fassung.

(4) Ersatzschulen haben das Recht, mit gleicher Wirkung wie öffentliche Schulen Zeugnisse zu erteilen, Abschlüsse zu vergeben und unter Vorsitz einer staatlichen Prüfungsleiterin oder eines staatlichen Prüfungsleiters Prüfungen abzuhalten. Die Vorschriften für öffentliche Schulen gelten insoweit unmittelbar.

(5) Ersatzschulen müssen gleichwertige Formen der Mitwirkung von Schülerinnen, Schülern und Eltern im Sinne des Siebten Teils dieses Gesetzes gewährleisten.

(6) Schulen in freier Trägerschaft, die besondere pädagogische Reformgedanken verwirklichen, können als Ersatzschulen eigener Art genehmigt werden. Absatz 4 gilt nicht für diese Schulen.

(7) Träger öffentlicher Schulen dürfen keine Ersatzschulen errichten oder betreiben. Der Genehmigung als Ersatzschule steht ferner entgegen, wenn der Träger einer öffentlichen Schule auf die Ersatzschule oder ihren Träger einen bestimmenden Einfluss ausüben kann. Beiträge zur Aufbringung der Eigenleistung nach § 105 Absatz 6 Satz 1 3. Halbsatz bleiben unberührt.

## Erläuterungen

### Allgemeines

Die §§ 100 ff. regeln die Ersatzschulen als die den öffentlichen Schulen gleichgestellte Form **1** von Schulen in freier Trägerschaft. Nähere Regelungen enthält die Verordnung über die Ersatzschulen (ESchVO) vom 05.03.2007/04.12.2013 (BASS 10–02 Nr. 1; SchR 2.7/1; SchRHB V 91).

**Zu Absatz 1**

2    Diese Aussage betont die öffentliche Aufgabe der Schulen in freier Trägerschaft; dem entspricht der Bezeichnungswechsel (früher: Privatschulen). Zur Anwendung dieses Schulgesetzes auf die Ersatzschulen siehe Abs. 2 und 3 sowie § 2 Abs. 10 und § 6 Abs. 2 Satz 2, zur Bezeichnung § 6 Abs. 6, zur Schulentwicklungsplanung § 80 Abs. 1 Satz 2, zu Schulversuchen § 25 Abs. 4, zur Erfüllung der Schulpflicht § 34 Abs. 2, zur Schulaufsicht § 104.

Ein Überblick über die Entwicklung in den letzten 25 Jahren gibt *Möller* SchVw. 2015, S. 155. Zur Rolle der Ersatzschulen aus der Sicht des Schulträgers (Ev. Landeskirche) siehe *Prüßner/ von Moritz*, SchVw NRW 2015, S. 175. Die Qualität und Qualitätssicherung privater Schulen untersucht *Weiß*, SchVw NRW 2016, S. 135.

**Zu Absatz 2**

3    Damit sind Ersatzschulen von den Ergänzungsschulen abgegrenzt; siehe zu diesen § 116.

**Zu Absatz 3**

4    Gleichwertigkeit bedeutet nicht Gleichartigkeit. Diese Unterscheidung eröffnet vielfältige Freiräume für die Ersatzschulen; siehe Abs. 5 und § 101 Abs. 3.

Zur Schulpflichterfüllung siehe § 32 Abs. 2.

Satz 3 stellt klar, dass auch an Ersatzschulen für Eltern nötigenfalls Kommunikationsunterstützung zu stellen ist. Siehe auch bei § 42 Abs. 4.

**Zu Absatz 4**

5    Dieses Recht steht in NRW – anders als in anderen Ländern – der Ersatzschule schon mit der Genehmigung, also ohne besondere Anerkennung zu; das folgt aus Art. 8 Abs. 4 LV.

**Zu Absatz 5**

6    Abweichende oder ergänzende Formen der Mitwirkung sind zulässig, solange die Mitwirkungsvorschriften sinngemäß angewendet werden. Die Standards für die Mitwirkung von Eltern und Schülern müssen also eingehalten werden.

**Zu Absatz 6**

7    Diese Sonderklausel ist die Grundlage für die Genehmigung der Waldorfschulen als Ersatzschulen eigener Art; zur Unterrichtsgenehmigung für die Lehrkräfte siehe § 6 ESchVO. Für diese Schulen sind besondere Prüfungsordnungen erlassen worden: für die Sekundarstufe I vom 21.06.2008 (BASS 13–51 Nr. 2.1; SchR 8.6/61) und – mit VV – für die Abiturprüfung vom 31.10.2000 (BASS 13–51 Nr. 1.1; SchR 8.6/101).

**Zu Absatz 7**

8    Diese 2015 neu gefasste Regelung soll verhindern, dass Kommunen die Vorschriften umgehen, die ihre Aufgaben als Schulträger normieren. Sie schließt Zuwendungen einer Kommune zur Erbringung der Eigenleistung an eine Ersatzschule nicht aus. Unzulässig wäre aber eine rechtliche Beteiligung mit bestimmendem Einfluss.

**§ 101  Genehmigung, vorläufige Erlaubnis, Aufhebung, Erlöschen**

**(1) Ersatzschulen bedürfen der Genehmigung der oberen Schulaufsichtsbehörde. Sie wird erteilt, wenn die Schule in ihren Lehrzielen und Einrichtungen sowie in der wissenschaftlichen Ausbildung ihrer Lehrkräfte nicht hinter den öffentlichen Schulen zurücksteht und wenn eine Sonderung der Schülerinnen und Schüler nach den Besitzverhältnissen der Eltern nicht gefördert wird.**

(2) Eine Schule in freier Trägerschaft kann bis zur Feststellung der Gleichwertigkeit vorläufig, längstens vier Jahre nach Errichtung, als Ersatzschule erlaubt werden. Die von solchen Schulen ausgestellten Zeugnisse werden beim Übergang auf andere Schulen anerkannt.

(3) Ersatzschulen sind berechtigt, den öffentlichen Schulen gleichwertige Lehr- und Erziehungsmethoden zu entwickeln und sich eine besondere pädagogische, religiöse oder weltanschauliche Prägung zu geben.

(4) Eine private Volksschule ist nur zuzulassen, wenn die Unterrichtsverwaltung ein besonderes pädagogisches Interessen anerkennt oder, auf Antrag von Erziehungsberechtigten, wenn sie als Gemeinschaftsschule, als Bekenntnis- oder Weltanschauungsschule errichtet werden soll und eine öffentliche Volksschule dieser Art in der Gemeinde nicht besteht (Art. 7 Abs. 5 GG).

(5) Eine Ersatzschule darf nur errichten, betreiben oder leiten, wer die Gewähr dafür bietet, dass sie oder er nicht gegen die verfassungsmäßige Ordnung verstößt und die persönliche Zuverlässigkeit besitzt. Errichtung und Betrieb einer Ersatzschule erfordern darüber hinaus die wirtschaftliche Zuverlässigkeit des Trägers; bei Personenvereinigungen und juristischen Personen gilt dies entsprechend für die vertretungsberechtigten Personen.

(6) Die Genehmigung ist aufzuheben, wenn die Voraussetzungen für die Genehmigung im Zeitpunkt der Erteilung nicht vorlagen oder später weggefallen sind und dem Mangel trotz Aufforderung der oberen Schulaufsichtsbehörde innerhalb einer bestimmten Frist nicht abgeholfen worden ist.

(7) Die Genehmigung oder die vorläufige Erlaubnis erlischt, wenn die Schule nicht innerhalb eines Jahres seit der Zustellung des Genehmigungsbescheides in Betrieb genommen wird oder wenn der Schulbetrieb länger als ein Jahr geruht hat.

## Erläuterungen

### Allgemeines

§ 101 regelt, unter welchen Voraussetzungen Ersatzschulen errichtet und betrieben werden **1** dürfen. Nähere Regelungen enthält die Verordnung über die Ersatzschulen (ESchVO) vom 05.03.2007 (BASS 10–02 Nr. 1; SchRHB V 91).

### Zu Absatz 1

Das Sonderungsverbot (letzter Halbsatz) entspricht der Privatschulgarantie in Art. 7 Abs. 4 **2** GG. Zum Sonderungsverbot in der Primarstufe bei anerkannten Ergänzungsschulen siehe § 118 Abs. 3 Satz 2.

### Zu Absatz 2

Die vorläufige Erlaubnis ist möglich, wenn über die Genehmigung (oder deren Versagung) **3** noch nicht entschieden werden kann. Vorläufig erlaubte Schulen werden nach § 105 Abs. 3 nur zu 50 % bezuschusst.

### Zu Absatz 3

Die Gleichwertigkeit ist das Wesensmerkmal der Ersatzschule. Siehe auch bei § 100 Abs. 3 **4** sowie BVerfG vom 08.06.2012 zur Gleichwertigkeit einer privaten Montessori-Grundschule (SchVw NRW 2012, S. 167).

**Zu Absatz 4**

**5** Die Regelung ist eine wörtliche Übernahme aus dem Grundgesetz. Vorrang hat die öffentliche Volksschule. Die Volksschule umfasste in NRW die Grundschule und die Hauptschule; diese Regelung in der Landesverfassung (Art. 12 Abs. 1 LV) ist 2011 aufgehoben worden. Zur Grundschule siehe § 11, zur Hauptschule § 14.

Zu den Bekenntnisschulen siehe § 26. Das besondere pädagogische Interesse ist in § 118 Abs. 3 Satz 2 als Voraussetzung auch auf anerkannte Ergänzungsschulen im Primarbereich erstreckt worden.

**Zu Absatz 5**

**6** Es muss objektiv die Gewähr dafür gegeben sein, dass die Ersatzschule ordnungsgemäß geführt wird. Juristische Personen haben eine eigene Rechtsfähigkeit wie z.b. die Kirchen als Körperschaften des öffentlichen Rechts.

**Zu Absatz 6**

**7** Siehe zur Auflösung einer Ersatzschule allgemein § 104 Abs. 3.

**Zu Absatz 7**

**8** Damit soll sichergestellt werden, dass die Genehmigungsvoraussetzungen aktuell erfüllt werden.

## § 102  Lehrerinnen und Lehrer an Ersatzschulen

**(1)** Leiterinnen und Leiter sowie Lehrerinnen und Lehrer von Ersatzschulen bedürfen zur Ausübung ihrer Tätigkeit der Genehmigung der oberen Schulaufsichtsbehörde. Hierzu sind die Anstellungsverträge und Qualifikationsnachweise der Lehrerinnen und Lehrer vorzulegen. Soweit die Lehrerin oder der Lehrer über eine Lehramtsbefähigung verfügt und ihr entsprechend im Unterricht eingesetzt werden soll, ist die Ausübung der Tätigkeit der oberen Schulaufsichtsbehörde lediglich anzuzeigen.

**(2)** Die Anforderungen an die wissenschaftliche Ausbildung der Lehrerinnen und Lehrer sind erfüllt, wenn eine fachliche, pädagogische und unterrichtliche Vor- und Ausbildung sowie die Ablegung von Prüfungen nachgewiesen werden, die der Vor- und Ausbildung und den Prüfungen der Lehrerinnen und Lehrer an den entsprechenden öffentlichen Schulen im Wert gleichkommen. Auf diesen Nachweis kann in besonderen Ausnahmefällen verzichtet werden, wenn die Eignung der Lehrerin oder des Lehrers durch gleichwertige freie Leistungen nachgewiesen wird.

**(3)** Die wirtschaftliche und rechtliche Stellung der Lehrerinnen und Lehrer muss der der Lehrerinnen und Lehrer an vergleichbaren öffentlichen Schulen gleichwertig sein. Lehrerinnen und Lehrer an Ersatzschulen können Planstelleninhaberinnen oder Planstelleninhaber sein, deren Beschäftigungsverhältnis dem einer Beamtin oder eines Beamten auf Lebenszeit vergleichbar ist. Bei der Berufung in das Dienstverhältnis, bei Beförderungen in herausgehobene Leitungs- und Funktionsämter und bei Beendigung des Dienstverhältnisses müssen dann die allgemeinen beamtenrechtlichen Vorschriften beachtet werden, soweit diese nicht auf der Eigenart des öffentlichen Dienstes beruhen. Das Beschäftigungsverhältnis der übrigen an der Ersatzschule beschäftigten Lehrerinnen und Lehrer muss demjenigen von Beschäftigten im öffentlichen Dienst vergleichbar sein.

**(4)** Die Genehmigung nach Absatz 1 Satz 1 kann nur zurückgenommen werden, wenn Tatsachen vorliegen, die bei Lehrerinnen oder Lehrern öffentlicher Schulen zu einer Beendigung des Dienstverhältnisses führen oder die Entfernung aus dem Dienst rechtfertigen würden. Aus den gleichen Gründen kann auch ein gemäß Absatz 1 Satz 3 angezeigter Unterrichtseinsatz untersagt werden.

## Erläuterungen

### Allgemeines

§ 102 regelt, welche Anforderungen an das Lehrpersonal von Ersatzschulen gestellt werden. **1** Ausführlich dazu *Overbeck* in SchRHB zu §§ 102 ff.

### Zu Absatz 1

Die Unterrichtsgenehmigung für die Lehrkräfte soll die Gleichwertigkeit der Ersatzschule **2** sichern. Liegt eine Lehrbefähigung vor, ist die Genehmigung verzichtbar. Für die Tätigkeit in der Schulleitung verlangt § 4 Abs. 1 ESchVO eine Prüfung der fachlichen und persönlichen Eignung. Eine kollegiale Schulleitung hat das OVG NRW vom 17.12.2010 (SchVw NRW 2011, S. 114) zugelassen.

### Zu Absatz 2

Die Vorschrift enthält die Voraussetzungen für die Erteilung einer Unterrichtsgenehmigung **3** im Sinne von § 101 Abs. 1.

### Zu Absatz 3

Die Vorschrift soll die wirtschaftliche und rechtliche Stellung der Lehrkräfte im Sinne des **4** Art. 7 Abs. 4 Satz 3 GG sichern. Was das konkret verlangt, regelt § 4 Abs. 3 ESchVO.

### Zu Absatz 4

Zur Nichtigkeit oder Rücknahme der Ernennung bei Beamten siehe § 18 LBG und § 11 **5** BeamtStG. Die Entfernung aus dem Dienst ist die schwerste disziplinarrechtliche Maßnahme bei einem Dienstvergehen.

## § 103 Wechsel von Lehrerinnen und Lehrern innerhalb des Landes

(1) Die Übernahme von Planstelleninhaberinnen und Planstelleninhabern in den öffentlichen Schuldienst ist im Rahmen freier und besetzbarer Stellen in einem Amt zulässig, das ihrer Rechtsstellung auf Grund des Planstelleninhabervertrages im Ersatzschuldienst entspricht.

(2) Die an Ersatzschulen verbrachten Dienstzeiten von Planstelleninhaberinnen und Planstelleninhabern werden bei Einstellung in den öffentlichen Schuldienst auf die ruhegehaltfähige Dienstzeit wie bei einer ständigen Verwendung als Beamtin oder Beamter im Landesdienst angerechnet.

(3) Lehrerinnen und Lehrer an öffentlichen Schulen können für eine Dienstzeit in der Regel bis zu fünf Jahren ohne Dienstbezüge zur Dienstleistung an Ersatzschulen in Nordrhein-Westfalen beurlaubt werden. Die Zeit, während der eine ohne Dienstbezüge beurlaubte Lehrkraft an einer Ersatzschule tätig ist, ist bezüglich der Ruhegehaltfähigkeit einer Tätigkeit im öffentlichen Schuldienst gleichgestellt.

(4) Bei Beurlaubung einer Planstelleninhaberin oder eines Planstelleninhabers ohne Dienstbezüge für eine Tätigkeit außerhalb des Schuldienstes des Ersatzschulträgers an anderen kirchlichen oder sonstigen Einrichtungen ist von der oberen Schulaufsichtsbehörde auf der Grundlage der vom Schulträger anerkannten öffentlichen Belange über die

Berücksichtigung der Beurlaubungszeiten als ruhegehaltfähige Dienstzeit einschließlich der Erhebung eines Versorgungszuschlages sowie über deren Bezuschussung zu entscheiden.

## Erläuterungen

### Allgemeines

1 § 103 regelt, in welchem Rahmen ein Austausch von Lehrkräften zwischen öffentlichen Schulen und Ersatzschulen möglich ist.

### Zu Absatz 1

2 Die Vorschrift ist neu (SchulG 2005) und soll für Lehrkräfte den Wechsel zwischen Schulen in freier Trägerschaft und öffentlichen Schulen erleichtern und absichern.

### Zu Absatz 2

3 Dies ist eine gesetzliche Klarstellung im Sinne des Abs. 1.

### Zu Absatz 3

4 Diese Regelung ermöglicht eine probeweise oder befristete Tätigkeit an der Ersatzschule.

### Zu Absatz 4

5 Die Vorschrift erleichtert z.B. die Verwendung kirchlicher Lehrkräfte außerhalb des Schulbereichs in anderen kirchlichen Einrichtungen.

### § 104  Schulaufsicht über Ersatzschulen

(1) Die Schulaufsicht sorgt für die Einhaltung der Genehmigungsvoraussetzungen, der Vorschriften über die Erteilung von Zeugnissen und Berechtigungen sowie der sonstigen für Ersatzschulen geltenden Rechtsvorschriften.

(2) Wesentliche Änderungen der Voraussetzungen für die Genehmigung einer Ersatzschule bedürfen der Genehmigung.

(3) Die Auflösung einer Ersatzschule ist nur zum Ende eines Schuljahres zulässig. Sie ist spätestens sechs Monate vor Schuljahresende der oberen Schulaufsichtsbehörde anzuzeigen. Dabei sind die für die anderweitige Unterbringung der Schülerinnen und Schüler sowie die für die Überwachung der Schulpflichterfüllung erforderlichen personenbezogenen Daten mitzuteilen. Außerdem ist dafür Sorge zu tragen, dass der Übertritt der Schülerinnen und Schüler in andere Schulen nicht unnötig erschwert wird.

(4) Die vorübergehende Schließung der Ersatzschule bedarf der Genehmigung der oberen Schulaufsichtsbehörde.

(5) Die Genehmigung geht auf einen anderen Träger über, wenn die obere Schulaufsichtsbehörde den Übergang der Genehmigung vor dem Wechsel der Trägerschaft ausdrücklich zugelassen hat. In den übrigen Fällen erlischt die Genehmigung.

(6) Das Ministerium trifft durch Rechtsverordnung nähere Bestimmungen zur Durchführung der §§ 100 bis 104, insbesondere über die Genehmigung und Führung von Ersatzschulen, die Anstellung von Lehrerinnen und Lehrern, das Feststellungsverfahren zum Nachweis der wissenschaftlichen und pädagogischen Eignung der Lehrerinnen und Lehrer sowie die Schulaufsicht.

## Erläuterungen

**Allgemeines**

Auch Ersatzschulen unterliegen der staatlichen Schulaufsicht; diese ist aber eingeschränkt. **1**

**Zu Absatz 1 und 2**

Nähere Aussagen zur Ausübung der Schulaufsicht über Ersatzschulen enthalten § 7 **2** ESchVO und der RdErl. vom 29.09.2007 (BASS 10–32 Nr. 54; SchRHB V 91/21). Die Schulaufsichtsbehörde wendet sich in der Regel an den Schulträger, in dringenden Fällen auch direkt an die Schule.

**Zu Absatz 3 bis 5**

Diese Regelungen sollen die schulische Laufbahn der Schülerinnen und Schüler absichern. **3**

**Zu Absatz 6**

Dementsprechend hat das Schulministerium die Ersatzschulverordnung (ESchVO) vom **4** 05.03.2007/31.03.2014 (BASS 10–02 Nr. 1; SchRHB V 91/1) erlassen.

# Zweiter Abschnitt – Ersatzschulfinanzierung

## § 105 Grundsätze

(1) Genehmigte Ersatzschulen haben Anspruch auf die zur Durchführung ihrer Aufgaben und zur Erfüllung ihrer Pflichten erforderlichen Zuschüsse des Landes (Artikel 8 Abs. 4 Satz 3 der Landesverfassung) nach näherer Bestimmung dieses Abschnitts. Erforderlich sind insbesondere Zuschüsse zu den fortdauernden Personal- und Sachausgaben. Ausgaben dürfen grundsätzlich nur in Höhe der Aufwendungen vergleichbarer öffentlicher Schulen anerkannt werden.

(2) Das Land gewährt Schulträgern auf Antrag Zuschüsse zur Sicherung der Dienstbezüge und zur Altersversorgung des lehrenden Personals, zu den Vergütungen des Verwaltungs- und Hauspersonals, zu den fortdauernden Sachausgaben, für Bauinvestitionen sowie zur angemessenen Abgeltung des Aufwands für die Bereitstellung der Schuleinrichtung und der Schulgebäude und -räume.

(3) Die nach § 101 Abs. 2 vorläufig erlaubten Ersatzschulen haben keinen Rechtsanspruch auf Zuschüsse. Sie erhalten ab Genehmigung für die abgelaufenen Haushaltsjahre 50 vom Hundert der Zuschüsse, die ihnen bei sofortiger Genehmigung gewährt worden wären, sofern der Schulbetrieb ohne wesentliche Beanstandungen stattgefunden hat. Die Bezuschussung der Kosten der Lernmittelfreiheit und der Schülerfahrkosten erfolgt hiervon abweichend im gleichen Umfang wie für genehmigte Ersatzschulen.

(4) Ersatzschulen, die an einem Schulstandort organisatorisch oder wirtschaftlich als Einheit geführt werden, gelten für die Bezuschussung als eine Schule (Bündelschulen).

(5) Die Gewährung von Landeszuschüssen setzt voraus, dass die Ersatzschule auf gemeinnütziger Grundlage arbeitet. Die Landeszuschüsse sind zweckgebunden und dürfen nicht abgetreten oder verpfändet werden.

(6) Die Schulträger sind verpflichtet, die Landeszuschüsse wirtschaftlich einzusetzen; sie haben sie zur Aufbringung der Eigenleistung durch eigene Mittel oder Einnahmen zu ergänzen. Auf die Eigenleistung sind fortdauernde Zuwendungen Dritter anzurechnen, die zur Aufbringung der Eigenleistung gewährt werden.

(7) Bei der Berechnung der Zuschüsse für Ersatzschulen, die mit einem Internat, Schülerheim oder einer sonstigen Einrichtung verbunden sind, bleiben die damit zusammenhängenden Einnahmen, Personal- und Sachausgaben und Aufwendungen für die Raumbeschaffung außer Betracht. Dies gilt insoweit nicht, als solche Räume und Einrichtungen unterrichtlichen Zwecken der Schulen dienen einschließlich bezuschusster Ganztagsschulen sowie Angeboten offener Ganztagsschulen im Sinne des § 9 Abs. 3.

## Erläuterungen

### Allgemeines

1 Die Vorschriften der §§ 105 bis 115 lösen den verfassungsrechtlichen Anspruch der Ersatzschulen auf die erforderlichen Zuschüsse ein, der sich aus Art. 8 Abs. 4 Satz 3 LV ergibt. Zur Förderung der Ersatzschulen siehe *Lieberich*, Schule NRW, 2007, S. 66; siehe auch *Klein*, SchVw NRW 2008, S. 334, und *Weiß*, SchVw NRW 2008, S. 28.

### Zu Absatz 1

2 Das Kostenbegrenzungsgebot in Abs. 1 Satz 2 ist ein zentraler Grundsatz. Absatz 2 konkretisiert den Personal- und Sachaufwand, der bezuschussungsfähig ist.

**Zu Absatz 2**

Mit dem Schulgesetz 2005 ist das System der Ersatzschulfinanzierung reformiert und durch   3
Pauschalierungen auf der Basis eines finanziellen Status quo vereinfacht worden.

**Zu Absatz 3**

Für die Zeit der Wartefrist für vorläufig erlaubte Ersatzschulen (§ 101 Abs. 2) mindert die   4
Regelung das Risiko ab, wenn die Schule lebensfähig ist.

**Zu Absatz 4**

Dieser Begriff der Bündelschule bezieht sich nur auf die Ersatzschulfinanzierung.   5

**Zu Absatz 5**

Die Gemeinnützigkeit ist eine Grundvoraussetzung; sie schließt eigenwirtschaftliche   6
Interessen (Gewinnerzielung) aus. Es wird nur der nachgewiesene Zuschussbedarf nach dem
Defizitdeckungsprinzip refinanziert.

**Zu Absatz 6**

Solche Zuwendungen Dritter sind z.B. Elternbeiträge für den Schulträgerverein, die freiwillig   7
und zweckgebunden gezahlt werden. Siehe auch § 100 Abs. 7.

**Zu Absatz 7**

Die Mehraufwendungen bei echten oder Offenen Ganztagsschulen (§ 9) werden insoweit   8
bezuschusst. Siehe auch § 94 Abs. 2.

### § 106 Landeszuschuss und Eigenleistung

**(1) Die erforderlichen Landeszuschüsse werden den Schulträgern nach Maßgabe der nachstehenden Vorschriften entweder auf der Grundlage der tatsächlichen Ausgaben oder diesen Rechnung tragenden Kostenpauschalen gewährt. Die Zuschüsse bemessen sich mit Ausnahme der Kostenpauschalen nach dem Haushaltsfehlbetrag der Ersatzschule. Als Haushaltsfehlbetrag gilt der Betrag, um den bei Rechnungsabschluss die fortdauernden Ausgaben höher als die fortdauernden Einnahmen der Schule sind.**

**(2) Nach den tatsächlichen Ausgaben zu bezuschussen sind**

**1. an Personalkosten**
    **a) die Dienstbezüge der Lehrerinnen und Lehrer und des sonstigen pädagogischen Personals, begrenzt auf den Stellenumfang, der zur Erteilung des lehrplanmäßigen Unterrichts (§ 107 Abs. 1) erforderlich ist, sowie**
    **b) die für das erforderliche pädagogische Personal anfallenden Aufwendungen für Beihilfe, Unfallfürsorge, Altersversorgung sowie die Beiträge zur Sozialversicherung,**
**2. an Sachkosten**
    **a) die gesetzlich vorgesehenen Umlagen und Ausgleichsabgaben einschließlich von Beiträgen zur Berufsgenossenschaft, die der Schulträger als Arbeitgeber für das pädagogische Personal und das Verwaltungs- und Hauspersonal abzuführen hat,**
    **b) Gerichts-, Sachverständigen- und ähnliche Kosten einschließlich der Kosten ärztlicher Untersuchungen der Schülerinnen und Schüler, soweit landesseitig veranlasst,**
    **c) die Kosten der Lernmittelfreiheit und die Schülerfahrkosten,**
    **d) die ortsüblich angemessene Miete oder Pacht für die Bereitstellung der Schulgebäude und -räume sowie**
    **e) Aufwendungen für Bauinvestitionen nach Maßgabe des § 110.**

(3) Die über Absatz 2 Nr. 1 hinaus anfallenden Personalkosten für Lehrerinnen und Lehrer werden gemäß § 107 Abs. 3, die Kosten des Verwaltungs- und Hauspersonals gemäß § 107 Abs. 4 bis 6 sowie die über Absatz 2 Nr. 2 hinausgehenden Sachkosten gemäß § 108 pauschaliert abgegolten.

(4) Die pauschalierten Mittel sind gegenseitig deckungsfähig. Nicht verbrauchte oder nicht zweckentsprechend eingesetzte Pauschalmittel sind nach Maßgabe der §§ 112 Abs. 6, 113 Abs. 4 zurückzufordern. Bei Hinzutreten neuer oder Wegfall bestehender Kostenfaktoren sowie bei wesentlichen Kostenveränderungen, die nicht bereits mittels Preisindizes berücksichtigt werden, ist eine entsprechende Anpassung der Kostenpauschalen vorzunehmen.

(5) Die Eigenleistung des Schulträgers beträgt 15 vom Hundert, abweichend hiervon bei Förderschulen (§ 20 Abs. 1 Nr. 2) und Schulen für Kranke (§ 20 Abs. 1 Nr. 4) 11 vom Hundert der anerkannten fortdauernden Ausgaben und der Baukostenzuschüsse für die Ersatzschule (Regeleigenleistung). Auf die Regeleigenleistung ist die Bereitstellung von Schulgebäuden und -räumen mit 7 vom Hundert anzurechnen, wenn Aufwendungen für Miete oder Pacht nicht veranschlagt werden. Die Bereitstellung der Schuleinrichtung wird mit einer pauschalen Anrechnung von 2 vom Hundert abgegolten. Bei Förderschulen und Schulen für Kranke als Bestandteil einer Bündelschule gemäß § 105 Abs. 4 sowie bei sonderpädagogischen Förderklassen an allgemeinen Berufskollegs nach § 20 Abs. 1 Nr. 3 gilt dies mit der Maßgabe, dass sich die den unterschiedlichen Regeleigenleistungen zuzuordnenden Ausgaben prozentual nach dem Verhältnis ihres Stellenbedarfs zum Stellenbedarf der sonstigen organisatorisch zusammengefassten Schulformen der Bündelschule oder des allgemeinen Berufskollegs gemäß § 107 Abs. 1 bemessen.

(6) Die Eigenleistung des Schulträgers entfällt für die Schulbudgets für die Lehrerfortbildung nach § 108 Abs. 5 sowie die Kosten der Lernmittelfreiheit und für Schülerfahrkosten im Sinne der zu §§ 96 und 97 getroffenen Regelungen.

(7) Bei einer nur vorübergehenden finanziellen Notlage kann die Eigenleistung auf Antrag des Schulträgers durch die obere Schulaufsichtsbehörde bis auf 2 vom Hundert der Ausgaben für längstens bis zu fünf Jahren herabgesetzt werden.

(8) Eine Ermäßigung setzt voraus, dass dem Schulträger bei einer nicht selbst herbeigeführten wirtschaftlich bedenklichen Finanzlage eine höhere Eigenleistung unter Berücksichtigung seiner sonstigen Einkünfte und Verpflichtungen nicht zuzumuten ist. Dazu hat der Schulträger nachzuweisen, dass er alle Anstrengungen unternommen hat, zumutbare andere Finanzierungsmöglichkeiten oder Hilfsquellen der ihn tragenden oder nahestehenden natürlichen oder juristischen Personen auszuschöpfen. Unterhält der Schulträger mehrere Schulen, ist eine Gesamtbetrachtung vorzunehmen.

(9) Bei Hinzutreten besonderer Umstände kann das Ministerium im Einvernehmen mit dem Finanzministerium einer längeren Ermäßigung der Eigenleistung zustimmen, wenn der Fortbestand der Schule auf Dauer gesichert erscheint.

(10) Zusätzliche Personal- und Sachausgaben können für Bedarfe, die nicht bereits durch Kostenpauschalen abgedeckt sind, bis zur Höhe der tatsächlichen Ausgaben durch die obere Schulaufsichtsbehörde anerkannt werden, wenn hierfür ein besonderes pädagogisches oder ein besonderes öffentliches Interesse vorliegt. Bei vorübergehender Verwendung von Lehrerinnen und Lehrern aus Ersatzschulen für pädagogische Aufgaben im öffentlichen Schuldienst entfällt für diese die Eigenleistung des Schulträgers bei den Personalkosten.

(11) Im Einzelfall kann das Ministerium auch eine von Absatz 5 abweichende Eigenleistung ohne Vorliegen der Voraussetzungen der Absätze 7 und 8 auf Dauer im Einvernehmen mit dem Finanzministerium festlegen. Dies setzt voraus, dass ein besonderes Landesinte-

resse an der Ergänzung des Schulwesens durch einzelne Schulen mit einem besonderen Bildungsangebot oder einem überregionalen Einzugsbereich besteht.

(12) Das Land übernimmt für Träger von Ersatzschulen, die Beteiligte in der Versorgungsanstalt des Bundes und der Länder sind, im Falle der Zahlungsunfähigkeit des Ersatzschulträgers die Haftung für die Gegenwerte, die aufgrund des Ausscheidens des Ersatzschulträgers oder einer von ihm getragenen Ersatzschule aus der Versorgungsanstalt des Bundes und der Länder entstehen.

## Erläuterungen

Die Vorschriften der §§ 106 -115 regeln das System der Finanzierung der Ersatzschulen und enthalten viele umfangreiche finanztechnische Details. **1**

Noch detailliertere Regelungen enthalten die Verordnung zur Ersatzschulfinanzierung (FESchVO) vom 18.03.2005, zuletzt geändert durch Verordnung vom 28. Januar 2015 (BASS 11–03 Nr. 7.1; SchR) und die VV vom 07.01.2008 (BASS 11–03 Nr. 7.2). Beide Texte sind im SchR 8.3/101 und 121 sowie im SchRHB V 92 mit einführenden Erläuterungen (*Overbeck*) abgedruckt. Auf diese Erläuterungen muss an dieser Stelle aus Platzgründen verwiesen werden. **2**

Ausführlichere Erläuterungen zur Ersatzschulfinanzierung enthält der **Kommentar zum Schulgesetz**, der im **Schulrechtshandbuch NRW (SchRHB)** enthalten ist.

Einen Überblick gibt *Overbeck*, SchVw NRW 2005, S. 36. Zu Schulgeld und Spenden bei Ersatzschulen siehe *Overbeck*, SchVw NRW 2007, S. 149.

## § 107 Personalkosten

(1) Die Bezuschussung des erforderlichen Aufwands an Personalkosten zur Erteilung des lehrplanmäßigen Unterrichts (Grundstellenbedarf) und der nach Maßgabe des Haushalts zuerkannten Unterrichtsmehrbedarfe und Ausgleichsbedarfe richtet sich mit Ausnahme der in Absatz 3 Nr. 1 aufgeführten Bedarfe nach den für die öffentlichen Schulen gemäß § 93 Abs. 2 geltenden Vorschriften zur Ermittlung der Zahl der Lehrerstellen. Nach näherer Maßgabe der Rechtsverordnung nach § 115 können hiervon abweichende Regelungen getroffen werden, soweit diese auf der Eigenart des Ersatzschulwesens beruhen.

(2) Die nach Absatz 1 erforderlichen Personalausgaben für Lehrerinnen und Lehrer sowie für das sonstige pädagogische Personal dürfen in Höhe der im öffentlichen Dienst für vergleichbare öffentliche Schulen nach Maßgabe der beamten-, besoldungs-, versorgungs- oder tarifrechtlichen Vorschriften zu zahlenden Beträge veranschlagt werden.

(3) Pauschal abgegolten werden in Form prozentualer Zuschläge

1. die Personalausgaben für Lehrerinnen und Lehrer für zusätzliche Unterrichtsmehrbedarfe und Ausgleichsbedarfe bei befristeter Beschäftigung von Aushilfskräften (für Mutterschutz, Haus- und Vertretungsunterricht und andere den Unterricht unterstützende oder ergänzende Maßnahmen einschließlich von Mehrarbeitsvergütungen), durch eine Personalbedarfspauschale in Höhe von 2 vom Hundert
2. die über § 106 Abs. 2 Nummer 1 Buchstabe b) hinaus anfallenden Nebenkosten für das pädagogische Personal, durch eine Personalnebenkostenpauschale in Höhe von 0,5 vom Hundert auf den nach Absatz 1 ermittelten Stellenbedarf (Stellensoll).

Die sich hiernach insgesamt errechnenden Zuschlagsstellen werden abweichend von Absatz 2 mit einem Pauschalbetrag je Stelle und Schulform kapitalisiert, den das Ministerium in der Rechtsverordnung entsprechend den im öffentlichen Schulbereich nach Schulformen getroffenen Stellenbewertungen für Aushilfskräfte festsetzt.

(4) Die Personal- und Personalnebenkosten des erforderlichen Verwaltungs- und Hauspersonals werden pauschal abgegolten. Das Ministerium legt in der Rechtsverordnung Durchschnittsvergütungen je Stelle nach Maßgabe der für das Land geltenden tariflichen Bestimmungen fest.

(5) Für das Verwaltungspersonal bemisst sich die bezuschussungsfähige Stellenzahl nach gestaffelt festgesetzten Schwellenwerten an Schülerzahlen je Schulform/Bildungsgang.

(6) Für das Hauspersonal bemisst sich die bezuschussungsfähige Stellenzahl nach dem gestaffelt festgesetzten Umfang der anerkannten schulisch genutzten Fläche.

(7) Für Lehrerinnen und Lehrer im Tarifbeschäftigungsverhältnis an Ersatzschulen übernimmt das Land unter Bezug auf § 8 a des Altersteilzeitgesetzes für den Fall der Zahlungsunfähigkeit des Ersatzschulträgers die Haftung für alle Wertguthaben, die während der Fortdauer der Finanzierung nach den §§ 105 bis 115 aufgrund einer Altersteilzeitvereinbarung im Sinne des § 2 Abs. 2 des Altersteilzeitgesetzes entstehen.

(8) Für Lehrerinnen und Lehrer im Tarifbeschäftigungsverhältnis an Ersatzschulen übernimmt das Land für den Fall der Zahlungsunfähigkeit des Ersatzschulträgers die Haftung für alle Wertguthaben, die während der Fortdauer der Finanzierung nach § 105 bis § 115 unter Bezug auf § 7 e des Vierten Buches des Sozialgesetzbuches aufgrund einer Wertguthabenvereinbarung im Sinne des § 7 b des Vierten Buches des Sozialgesetzbuchs entstehen.

## § 108  Sachkosten

(1) Für die fortdauernden Sachausgaben – mit Ausnahme der in § 106 Abs. 2 Nr. 2 aufgeführten Sachkosten sowie der gesonderten Pauschalen unterfallenden Ausgaben für Bewirtschaftung und Lehrerfortbildung – werden je Schulform/Bildungsgang Pauschalbeträge gestaffelt nach den in der Rechtsverordnung zu § 93 Abs. 2 festgelegten Klassenrichtzahlen festgesetzt (Grundpauschale).

(2) Ausgaben für die Bewirtschaftung der Schulgrundstücke, Schulgebäude und -räume, insbesondere für Heizungs- und Wartungskosten, Kosten für Wasser, Energie, Reinigung, Gebäude- und Sachversicherungen sowie öffentliche Abgaben werden in Form einer Kostenpauschale abgegolten (Bewirtschaftungspauschale). Das Ministerium legt die Bewirtschaftungspauschale auf der Grundlage von mehrjährigen Durchschnittswerten an Bewirtschaftungsausgaben der Ersatzschulen je Quadratmeter anerkannter schulisch genutzter Fläche fest.

(3) Die Bewirtschaftungspauschale erhöht sich um eine Sonderpauschale für die kleineren und größeren Bauunterhaltungsarbeiten in Höhe von 1,8 vom Hundert sowie für die Pflege vorhandener Außenanlagen einschließlich von Außensportanlagen in Höhe von 0,3 vom Hundert des Neubauwertes des Jahres 1970.

(4) Die Grundpauschale des Absatzes 1 und die Bewirtschaftungspauschale des Absatzes 2 sind jeweils nach drei Jahren der Kostenentwicklung anzupassen. Der Anpassung der Pauschalen ist die Entwicklung des vom Statistischen Bundesamt veröffentlichten Preisindexes für die Lebenshaltung der privaten Haushalte in Deutschland (Gesamtindex) für diesen Zeitraum nach dem Stand September des Vorjahres in der Höhe der festgestellten prozentualen Veränderung des Preisindexes zugrunde zu legen.

(5) Ersatzschulen erhalten entsprechend den für vergleichbare öffentliche Schulen getroffenen Regelungen zweckgebundene Schulbudgets für Lehrerfortbildung.

## § 109 Aufwendungen für Miete oder Pacht

(1) Schulträger als Mieter oder Pächter der Schulgrundstücke, Schulgebäude und -räume erhalten einen Zuschuss, der die Aufwendungen an Miete oder Pacht angemessen abgilt.

(2) Miete oder Pacht können nur für die anerkannte schulisch genutzte Fläche und in angemessener Höhe bezuschusst werden. Die tatsächlich gezahlte Miete ist grundsätzlich angemessen, wenn sie die ortsübliche gewerbliche Nettokaltmiete bei Büronutzung mit mittlerem Nutzungswert nicht überschreitet.

(3) Die Mietfestsetzungen sind regelmäßig anhand der Mietpreisentwicklung auf ihre ortsübliche Angemessenheit hin zu überprüfen.

## § 110 Förderfähige Schulbaumaßnahmen

(1) Dem Träger einer genehmigten Ersatzschule werden auf Antrag die Zinsen für ein Darlehen bezuschusst, das zur Finanzierung von notwendigen Schulbaumaßnahmen aufzunehmen ist. Die Darlehenszinsen dürfen im Haushalt nur veranschlagt werden, wenn die obere Schulaufsichtsbehörde der Baumaßnahme und der Darlehensaufnahme vor Baubeginn zugestimmt hat. Tilgungsraten dürfen nicht veranschlagt werden.

(2) Förderfähige Schulbaumaßnahmen sind

1. bauliche Instandsetzung, die nicht aus laufenden Bauunterhaltungsmitteln bestritten werden kann,
2. Neubau und bauliche Erweiterung von Schulgebäuden und
3. der Umbau von Schulgebäuden und sonstigen Gebäuden zur Schaffung von zusätzlichem Schulraum,
4. Sportfreianlagen bis zu einem Betrag von 200.000 Euro.

(3) Nicht förderfähig sind die Aufwendungen für

1. das Grundstück, den Erwerb von Gebäuden und die Erschließung,
2. die Erstausstattung, soweit es sich nicht um mit dem Gebäude fest verbundene Einrichtungen handelt,
3. Schulbaumaßnahmen, durch die Schulraum nur behelfsmäßig oder für eine Übergangszeit gewonnen wird,
4. kleinere Schulbaumaßnahmen, bei denen der zuschussfähige Bauaufwand unter 20.000 Euro liegt (Bagatellfälle).

(4) Der angemeldete Bauaufwand ist nur in der Höhe bezuschussungsfähig, die im Rahmen einer wirtschaftlichen und zweckmäßigen Planung zur Behebung eines Schulraumfehlbedarfs oder zur Bausanierung von der oberen Schulaufsichtsbehörde baufachlich als erforderlich anerkannt wird.

(5) Der bezuschussungsfähige Bauaufwand für Schulbaumaßnahmen nach Absatz 2 Nr. 1 bemisst sich nach den ermittelten tatsächlich notwendigen Ausgaben.

(6) Neu-, Erweiterungs- und Umbaumaßnahmen nach Absatz 2 Nr. 2, 3 und 4 orientieren sich an dem Bauaufwand, der nach dem Schulraumbedarf für die Schaffung des erforderlichen Schulraums einer vergleichbaren öffentlichen Schule notwendig ist (anzuerkennende schulisch genutzte Fläche). Der bezuschussungsfähige Bauaufwand darf die in der Rechtsverordnung festgelegten Kostenrichtsätze nicht überschreiten. Die Kostenrichtsätze sind jeweils nach fünf Jahren unter Berücksichtigung des vom Statistischen Bundesamt veröffentlichten Preisindexes für Wohngebäude (Bauleistungen am Bauwerk) zu überprüfen.

(7) Die Bezuschussung von Darlehenszinsen ist zur Teilfinanzierung nur bis zu 50 vom Hundert der für die Schulbaumaßnahme von der oberen Schulaufsichtsbehörde als notwendig anerkannten Gesamtausgaben und bis zur Höchstdauer von zehn Jahren zulässig. Zuschüsse Dritter werden nicht auf den Landeszuschuss angerechnet.

(8) Das Land hat Anspruch auf Wertausgleich, wenn die von ihm geförderten Schulgebäude für einen anderen als den bei der Zuschussgewährung bestimmten Zweck genutzt werden.

## § 111 Folgelasten aufgelöster Schulen

(1) Wird eine Schule ganz oder teilweise aufgelöst, ist für eine anderweitige entsprechende Verwendung der hauptberuflichen Lehrerinnen und Lehrer im Schuldienst des bisherigen oder eines anderen Ersatzschulträgers zu sorgen. Ist dieses nicht möglich, ist das Land verpflichtet, eine den Planstelleninhaberinnen und Planstelleninhabern zumutbare Unterbringung auf freien Stellen der öffentlichen Schulkapitel sicherzustellen. Für das übrige hauptberuflich tätige pädagogische Personal prüft das Land, inwieweit eine Unterbringung im öffentlichen Schuldienst auf freien und besetzbaren Stellen ermöglicht werden kann.

(2) Planstelleninhaberinnen und Planstelleninhaber sind mit Auflösung der Schule in den einstweiligen Ruhestand zu versetzen, sofern keine anderweitige Verwendung im Ersatzschuldienst möglich ist. Ihr Ruhegehalt sowie die Versorgungslasten der aufgelösten Schule werden vom Land ohne Abzug einer Eigenleistung über das Landesamt für Besoldung und Versorgung festgesetzt und zahlbar gemacht.

(3) Der Anspruch auf Ruhegehalt bleibt außer Ansatz, wenn eine Planstelleninhaberin oder ein Planstelleninhaber anderweitig im Schuldienst tätig ist oder eine zumutbare Beschäftigung im Ersatzschuldienst oder im öffentlichen Schuldienst abgelehnt hat. Bei Ablehnung des Angebots einer zumutbaren anderweitigen Beschäftigung im Schuldienst trifft die obere Schulaufsichtsbehörde die Feststellung über den Verlust der Versorgungsbezüge.

(4) Die Absätze 1 bis 3 gelten nicht für Lehrerinnen oder Lehrer, die als Mitglieder religiöser oder gemeinnütziger Gemeinschaften an der Schule zur Zeit der Auflösung tätig waren.

(5) Unbeschadet der Absätze 1 bis 4 haftet das Land für die Verbindlichkeiten einer Ersatzschule aus betrieblicher Altersversorgung den Planstelleninhaberinnen und Planstelleninhabern und ihren Hinterbliebenen gegenüber unbeschränkt, soweit ohne diese Haftung eine Eintrittspflicht des Trägers der Insolvenzsicherung aufgrund und nach Maßgabe von § 7 des Gesetzes zur Verbesserung der betrieblichen Altersversorgung gegeben wäre.

## § 112 Haushaltsplan, Beantragung und Festsetzung der Zuschüsse

(1) Der Schulträger ist verpflichtet, für jedes Haushaltsjahr einen Haushaltsplan aufzustellen, der die fortdauernden Einnahmen und fortdauernden Ausgaben für die Schule enthält. Das Haushaltsjahr der Ersatzschule deckt sich mit dem Haushaltsjahr des Landes. Für die Berechnung und Auszahlung der Zuschüsse ist die obere Schulaufsichtsbehörde zuständig. Die Zuschüsse werden auf Antrag des Schulträgers für die Dauer eines Haushaltsjahres gewährt. Dem Antrag sind der Haushaltsplan, der Stellenplan und die Besoldungsübersicht beizufügen. Der Antrag muss bis zum 1. Juli des Haushaltsjahres gestellt werden.

(2) Das Ministerium schreibt einen Musterhaushaltsplan und Formularmuster insbesondere für den Stellenplan und die Besoldungsübersicht vor, die für den Schulträger verbindlich sind.

(3) Der Schulträger hat seine Kassen- und Buchführung sowie die Ausgestaltung der Belege nach den für das öffentliche Haushaltswesen geltenden Grundsätzen oder nach den Grundsätzen der kaufmännischen Buchführung einzurichten.

(4) Unter Berücksichtigung der Jahresrechnung des Vorjahres und des Haushaltsplans werden Abschlagszahlungen auf den voraussichtlichen Zuschuss in monatlichen Teilbeträgen im Voraus geleistet; eintretende Veränderungen insbesondere der Personalausgaben sind zeitnah zu berücksichtigen.

(5) Die endgültige Höhe der Zuschüsse wird von der oberen Schulaufsichtsbehörde nach Vorlage der Jahresrechnung und weiterer Nachweise gemäß § 113 sowie erforderlichenfalls nach Durchführung einer örtlichen Prüfung festgesetzt (Festsetzungsbescheid). Die Festsetzung soll zeitnah, spätestens zwei Jahre nach Abschluss des betreffenden Haushaltsjahres, erfolgen.

(6) Nach endgültiger Festsetzung des Zuschusses unter Abzug der Eigenleistung und Bekanntgabe an den Schulträger erfolgt der Ausgleich der vorläufigen Abschlagszahlungen. Von dem errechneten Zuschussbedarf sind die bereits geleisteten Abschlagszahlungen abzusetzen. Überschüsse sind unverzüglich zurückzuzahlen und Fehlbeträge (§ 106 Abs. 1 Satz 3) nachzuzahlen. § 113 Abs. 4 bleibt unberührt.

(7) Das Land kann bei überhöhten Abschlagszahlungen seinen Rückzahlungsanspruch mit Forderungen des Schulträgers aufrechnen. Nicht fristgerecht zurückgezahlte Beträge sind mit 3 vom Hundert über dem Basiszinssatz zu verzinsen.

## § 113 Jahresrechnung und Verwendungsnachweis

(1) Nach Ablauf des Haushaltsjahres ist vom Schulträger eine Jahresrechnung auf der Grundlage des Haushaltsplans (§ 112) aufzustellen. Die Jahresrechnung, mit der er die Festsetzung des Landeszuschusses beantragt, ist spätestens bis zum 1. April nach Ablauf des Haushaltsjahres der oberen Schulaufsichtsbehörde einzureichen.

(2) Zum Nachweis des zweckentsprechenden Mitteleinsatzes zu Lasten der Kostenpauschalen wird dem Grunde und der Höhe nach ein einfacher Verwendungsnachweis zugelassen, der eine summarische Darstellung der Einnahmen und Ausgaben entsprechend der Gliederung des Musterhaushaltsplans zu den entsprechenden Abschnitten der Jahresrechnung enthält.

(3) Der Nachweis der zweckentsprechenden Mittelverwendung in der Jahresrechnung kann auch durch einen von einer Wirtschaftsprüfung geprüften Jahresabschluss erbracht werden, der die Ordnungsgemäßheit der Buchführung sowie die bestimmungsgemäße und wirtschaftliche Verwendung der Landeszuschüsse im Jahresabschluss bestätigt. Ein kirchlicher Schulträger mit dem Status einer öffentlich-rechtlichen Körperschaft kann den Nachweis sowohl für seine Schulen als auch für Schulen ihm nahestehender Schulträger durch Prüftestat seiner Rechnungsprüfungsstelle erbringen.

(4) Soweit die für die Zwecke der Kostenpauschalen vom Schulträger nachgewiesenen tatsächlichen Ausgaben das veranschlagte Mittelvolumen der Kostenpauschalen nicht erreichen und auch keine anderweitige Verwendung im Rahmen der gegenseitigen Deckungsfähigkeit der Kostenpauschalen (§ 106 Abs. 4 Satz 1) vorliegt, ist zunächst von den nicht verbrauchten Mitteln ein Betrag in Höhe des Vom-Hundert-Satzes der jeweiligen Eigenleistung abzusetzen. Der verbleibende Überschuss ist nach näherer Maßgabe der Rechtsverordnung nach § 115 grundsätzlich bis zur Hälfte dem Schulträger zu belassen und wie ein Zuschuss Dritter auf die Eigenleistung des folgenden Haushaltsjahres anzurechnen.

Die Anrechnung ist dabei nur bis zur Höhe der Eigenleistung nach dem letzten Festsetzungsbescheid zulässig.

### § 114 Prüfungsrecht

(1) Die obere Schulaufsichtsbehörde und der Landesrechnungshof sind berechtigt, die zweckentsprechende Verwendung der Landeszuschüsse sowie die ordnungsgemäße Haushalts- und Wirtschaftsführung der Schulträger im Sinne des § 7 Landeshaushaltsordnung zu prüfen. Dies schließt die Befugnis ein, die Einrichtungen und Abrechnung der Ersatzschule erforderlichenfalls durch Beauftragte an Ort und Stelle nachprüfen zu lassen (örtliche Prüfung).

(2) Einzelne Bereiche kann das Ministerium auch anderen Landesbehörden und -einrichtungen zur Prüfung übertragen. In den Fällen des § 113 Abs. 3 kann die obere Schulaufsichtsbehörde von einer gesonderten Prüfung absehen.

(3) In Beihilfe- und Versorgungsangelegenheiten des Personals an Ersatzschulen bearbeiten auf Antrag des Ersatzschulträgers gegen Entgelt

1. die Beihilfeangelegenheiten an Ersatzschulen die örtlich zuständige Bezirksregierung,
2. die Versorgungsangelegenheiten der Planstelleninhaberinnen und Planstelleninhaber das Landesamt für Besoldung und Versorgung, zusätzlich deren Beihilfeangelegenheiten, sofern beides beantragt wird.

Die Festsetzungen der ermächtigten Stellen sind ohne Prüfung der Bezuschussung zugrunde zu legen.

### § 115 Durchführung, Übergangsvorschriften

(1) Das Ministerium trifft durch Rechtsverordnung, die der Zustimmung der für Schulen und für Haushalt und Finanzen zuständigen Landtagsausschüsse bedarf, im Einvernehmen mit dem Innenministerium und dem Finanzministerium nähere Bestimmungen zur Durchführung der Ersatzschulfinanzierung, insbesondere über

1. das Verfahren der Zuschussgewährung, den Musterhaushaltsplan, verbindliche Formularmuster, die Übermittlung auf elektronischen Datenträgern sowie die Rückforderung überzahlter Beträge und deren Verzinsung,
2. die Berechnungsgrundlagen und die Höhe der bezuschussungsfähigen Personal- und Sachausgaben der Schule einschließlich der Bestandteile und Höhe der einzelnen Kostenpauschalen, deren gegenseitige Deckungsfähigkeit, die Verwendung nicht verbrauchter Mittel aus den Kostenpauschalen im nachfolgenden Haushaltsjahr sowie die Anpassung der Kostenpauschalen an Kostensteigerungen mittels Preisindizes,
3. die Art und den Umfang der zu berücksichtigenden Einnahmen der Schule sowie der anzurechnenden Zuwendungen Dritter,
4. die Aufbringung der Eigenleistung, das Wahlrecht des Schulträgers, als Eigentümer oder Mieter abzurechnen, die anerkennungsfähige Höhe einer ortsüblich angemessenen Miete oder Pacht, die Voraussetzungen und das Verfahren zur Herabsetzung der Eigenleistung sowie der Anerkennung eines besonderen pädagogischen oder eines besonderen öffentlichen Interesses,
5. die Zuordnung von Ersatzschulen besonderer pädagogischer Prägung zu bestimmten Schulformen,
6. die Übertragung von Teilaufgaben (Bearbeitung gegen Entgelt und/oder Prüfung der Beihilfe und Versorgung des Personals an Ersatzschulen) auf andere Landesbehörden,

7. die förderfähigen Schulbaumaßnahmen, den zuschussfähigen Bauaufwand, die Höhe von Kostenrichtwerten für Neu-, Um- und Erweiterungsbauten, das Bewilligungsverfahren sowie den Wertausgleich bei Wegfall der schulischen Nutzung.

(2) Die Bewirtschaftungspauschale (§ 108 Abs. 2) wird zum Zeitpunkt des Inkrafttretens des Gesetzes auf 33 Euro je Quadratmeter anerkannter schulisch genutzter Fläche festgelegt. Übergangsweise gibt das Ministerium für die ersten drei Jahre ab In-Kraft-Treten des Gesetzes anstelle dieses Festbetrages der Bewirtschaftungspauschale je Haushaltsjahr einen Höchstbetrag vor; der Höchstbetrag ist schrittweise an den Festbetrag heranzuführen. In der Übergangszeit werden die tatsächlichen Bewirtschaftungsausgaben bis zum jeweiligen Höchstbetrag bezuschusst; § 106 Abs. 4 Satz 1 findet auf die Bewirtschaftungspauschale (§ 108 Abs. 2 und 3) solange keine Anwendung.

(3) Alle aufgrund der Anerkennung eines besonderen pädagogischen Interesses gemäß § 7 des Gesetzes über die Finanzierung von Ersatzschulen (Ersatzschulfinanzgesetz – EFG) erfolgten Refinanzierungszusagen, die über das jeweilige Haushaltsjahr hinausreichen, sind innerhalb von zwei Jahren ab In-Kraft-Treten dieses Gesetzes dem Grunde und der Höhe nach zu überprüfen. Sie sind zu widerrufen, wenn sie durch die Zuschüsse nach diesem Gesetz unter Einbeziehung der Besitzstandswahrung abgedeckt werden. Entsprechendes gilt für die Herabsetzung der Eigenleistung sowie die Anerkennung besonderer Zuschusstatbestände.

(4) Die von Unterhaltsträgern öffentlicher Schulen vor dem In-Kraft-Treten des EFG übernommene Ruhegehalts- und Hinterbliebenenversorgung von hauptberuflichen Lehrkräften an Ersatzschulen bleibt unberührt.

(5) Für die endgültige Festsetzung der Zuschüsse aufgrund von Jahresrechnungen zurückliegender Haushaltsjahre vor In-Kraft-Treten dieses Gesetzes gelten die Vorschriften des EFG fort.

(6) Die bewilligte Bezuschussung von Darlehenszinsen wird bis zur Höchstdauer von zehn Jahren nach den vor In-Kraft-Treten dieses Gesetzes geltenden Bestimmungen des § 13 EFG abgewickelt.

(7) Die in § 10 EFG enthaltene Regelung zur Abgeltung der Altersversorgung für Lehrkräfte als Mitglieder religiöser Ordensgemeinschaften ist auf die bei In-Kraft-Treten dieses Gesetzes bestehenden Versorgungsverhältnisse weiterhin anzuwenden.

## Erläuterungen

Siehe dazu die Hinweise oben bei § 106.

## Dritter Abschnitt – Ergänzungsschulen

### § 116 Begriff, Anzeigepflicht, Bezeichnung

(1) Ergänzungsschulen sind Schulen in freier Trägerschaft, die keine Ersatzschulen sind.

(2) Die Errichtung von Ergänzungsschulen ist der oberen Schulaufsichtsbehörde drei Monate vor Aufnahme des Unterrichtsbetriebes anzuzeigen. Die Anzeige muss die Bezeichnung der Schule enthalten, den Schulträger und die Schulleiterin oder den Schulleiter benennen sowie Auskunft geben über das Bildungsziel, den Lehrplan, die Schulanlagen, die Schuleinrichtungen und die vorgesehene Schülerzahl.

(3) Träger, Leiterinnen und Leiter und Lehrerinnen und Lehrer von Ergänzungsschulen müssen die erforderliche persönliche Zuverlässigkeit besitzen und die Gewähr dafür bieten, dass Unterricht und Erziehung und die dabei verwendeten Lehr- und Lernmittel nicht gegen die verfassungsmäßige Ordnung verstoßen. Ist der Träger eine Personenvereinigung oder eine juristische Person, so müssen die vertretungsberechtigten Personen diese Voraussetzungen erfüllen.

(4) Schulträger und Schulleitung sind verpflichtet, der oberen Schulaufsichtsbehörde jederzeit Einblick in den Betrieb und die Einrichtungen der Schule zu geben sowie die angeforderten Auskünfte zu erteilen und Nachweise zu erbringen. Die obere Schulaufsichtsbehörde ist berechtigt, sich die in der Schule verwendeten Lehr- und Lernmittel vorlegen zu lassen. Die Kosten für eine Übersetzung trägt der Schulträger.

(5) Die Ergänzungsschule darf keine Bezeichnung führen, die eine Verwechslung mit öffentlichen Schulen oder Ersatzschulen hervorrufen kann. Sie darf über die Bezeichnung Ergänzungsschule hinaus keinen Zusatz enthalten, der auf dieses Gesetz, die Anzeige nach Absatz 2 oder eine staatliche Genehmigung, Befreiung oder eine andere Anerkennung als nach § 118 hinweist.

(6) Die Ergänzungsschule darf keine Unterlagen, insbesondere keine Zeugnisse, Schulverträge und Werbematerialien verwenden, durch die die Gefahr einer Verwechslung mit öffentlichen Schulen oder Ersatzschulen begründet wird.

(7) Die Ergänzungsschule ist verpflichtet, die Eltern oder die volljährigen Schülerinnen und Schüler vor dem Vertragsabschluss schriftlich zu informieren über

1. das Ausbildungsziel,
2. die Vorbildungsvoraussetzungen für den Schulbesuch, die Zulassungsvoraussetzungen für eine Prüfung, soweit der Unterricht darauf vorbereitet, und die Stelle, die die Prüfung durchführt,
3. die Vor- und Ausbildung der Lehrerinnen und Lehrer,
4. die Zahl der Unterrichtsstunden in den einzelnen Fächern,
5. die Gesamtvergütung für den Schulbesuch einschließlich aller vertraglich verursachten Nebenkosten sowie die Kosten, die der Schülerin oder dem Schüler durch die notwendige Beschaffung von nicht nur geringwertigen Arbeitsmitteln entstehen,
6. die Kündigungsrechte.

**Allgemeines**

Das Kennzeichen der Ergänzungsschulen ist, dass sie als Schulen in freier Trägerschaft (§ 6    **1**
Abs. 3) Bildungsangebote machen, die es im staatlichen Bereich (öffentliche Schulen) nicht
gibt (vgl. § 100 Abs. 2). Sie werden nicht öffentlich finanziert (vgl. § 105 Abs. 1). Durch das
SchulG-ÄG 2006 sind in den Abs. 3 und 4 neue Vorgaben enthalten, die insbesondere für
ausländische Schulen relevant sein können.

**Zu Absatz 1**

Ergänzungsschulen haben nicht die Rechte der Ersatzschulen (Zeugnisse, Abschlüsse,    **2**
Prüfungen; vgl. § 100 Abs. 4), bedürfen keiner Genehmigung, unterliegen keinem
Genehmigungsvorbehalt und nur sehr begrenzt der Schulaufsicht (vgl. § 117). Ein Sonderfall
ist die anerkannte Ergänzungsschule gemäß § 118; an ihr kann die Schulpflicht unter
besonderen Voraussetzungen erfüllt werden (§ 34 Abs. 3).

**Zu Absatz 2**

Die Anzeige ist Voraussetzung für den Schulbetrieb und gibt der Schulaufsicht die Möglichkeit    **3**
zu prüfen; siehe auch Abs. 4. Bei einem Verstoß gegen die Anzeigepflicht siehe § 126 Abs. 1
Nr. 6.

**Zu Absatz 3**

Fehlt diese Gewähr oder die persönliche Zuverlässigkeit (vgl. § 101 Abs. 5), kann nach § 117    **4**
die Errichtung oder Fortführung der Ergänzungsschule untersagt werden.

**Zu Absatz 4**

Damit erhält die Schulaufsicht die Möglichkeit jederzeit etwaigen Missständen nachzugehen    **5**
und sie gemäß § 117 abzustellen.

**Zu Absatz 5 bis 7**

Schulabschlüsse nach diesem Gesetz können an Ergänzungsschulen nur durch    **6**
Externenprüfungen erworben werden; siehe § 51 Abs. 2.

Die Regelungen der Absätze 5 bis 7 dienen dem Schutz von Eltern und Schülern vor einer
Irreführung. Bei einem Verstoß kann dies mit einer Geldbuße gemäß § 126 Abs. 1 Nr. 5
geahndet werden.


**§ 117  Untersagung**

**(1) Die obere Schulaufsichtsbehörde kann die Errichtung oder Fortführung einer Ergän-
zungsschule untersagen, wenn Träger, Leiterin oder Leiter, Lehrerinnen und Lehrer oder
Einrichtungen den Anforderungen nicht entsprechen, die durch Gesetz oder auf Grund
von Gesetzen vorgeschrieben oder zum Schutz der Schülerinnen und Schüler oder der
Allgemeinheit an sie zu stellen sind. Vorher soll eine angemessene Frist zur Beseitigung
der beanstandeten Mängel gesetzt werden.**

**(2) Die obere Schulaufsichtsbehörde kann, wenn eine Untersagung nicht geboten ist, auch
andere geeignete Anordnungen treffen.**

**Allgemeines**

1 Als Ausfluss der Gefahrenabwehr kann die Schulaufsicht (Bezirksregierung) nur unter bestimmten Voraussetzungen gegen eine Ergänzungsschule vorgehen.

**Zu Absatz 1**

2 Maßnahmen der Schulaufsicht müssen verhältnismäßig sein, d.h. sie müssen erforderlich und im Verhältnis zu den beanstandeten Mängeln angemessen sein. Die Aufforderung zur Mängelbeseitigung mit Fristsetzung und weniger schwerwiegende Maßnahmen haben den Vorrang vor einer Untersagung des Schulbetriebs.

**Zu Absatz 2**

3 Andere geeignete Anordnungen können sich z.B. auf die Unterrichtstätigkeit einzelner Lehrkräfte beziehen. Zur Ahndung von Ordnungswidrigkeiten siehe § 126 Abs. 1 Nr. 6 und 7.

## § 118 Anerkannte Ergänzungsschule

(1) Berufsbildenden Ergänzungsschulen kann auf Antrag die Eigenschaft einer anerkannten Ergänzungsschule verliehen werden, wenn

1. die Lehrpläne und Prüfungsordnungen genehmigt sind und
2. an der vermittelten Ausbildung dauerhaft ein besonderes pädagogisches oder sonstiges besonderes öffentliches Interesse besteht.

Mit der Anerkennung erhält die Schule das Recht, nach einer staatlich genehmigten Ordnung Prüfungen abzuhalten. Die Schulaufsichtsbehörde bestellt die Vorsitzende oder den Vorsitzenden der Prüfungskommission; eine staatliche Anerkennung der Abschlüsse ist damit nicht verbunden.

(2) Eine allgemein bildende Ergänzungsschule erhält die Eigenschaft einer anerkannten Ergänzungsschule, wenn an ihr mindestens das Bildungsziel der Hauptschule erfüllt werden kann.

(3) Einer allgemein bildenden ausländischen oder internationalen Ergänzungsschule kann auf Antrag die Eigenschaft einer anerkannten Ergänzungsschule durch das Ministerium verliehen werden, wenn an dieser Schule

1. a) der Abschluss eines Mitgliedstaates der Europäischen Union oder
   b) ein von den Ländern als Hochschulzugangsberechtigung anerkannter internationaler Abschluss erreicht werden kann,
2. in einem durch das Ministerium bestimmten Mindestumfang Unterricht in deutscher Sprache abgehalten wird,
3. für die Errichtung und den Betrieb dieser Schule dauerhaft ein besonderes öffentliches Interesse besteht.

In der Primarstufe ist eine Anerkennung nur möglich, wenn ein besonderes pädagogisches Interesse festgestellt worden ist und eine Sonderung nicht gefördert wird.

(4) Die Anerkennung setzt voraus, dass der Unterricht nach seinen Zielen, den Einrichtungen der Schule und der Zuverlässigkeit des Trägers sowie der fachlichen Vorbildung und Fähigkeit der Lehrkräfte und Schulleitung geeignet ist, das von der Schule angestrebte Ausbildungsziel zu erreichen. Sie kann mit Nebenbestimmungen versehen werden (§ 36 VwVfG). Bei den nach den Absätzen 2 und 3 anerkannten Ergänzungsschulen sorgt die

Schulaufsicht für die Einhaltung der Voraussetzungen für die Anerkennung und für die Erfüllung der Schulpflicht. Die Anerkennung erlischt, wenn die Ergänzungsschule nicht innerhalb eines Jahres nach Bekanntgabe der Anerkennung in Betrieb genommen wird oder der Betrieb ein Jahr geruht hat.

(5) Die Schulaufsicht über anerkannte allgemein bildende ausländische oder internationale Ergänzungsschulen obliegt abweichend von den Bestimmungen der §§ 116 und 117 dem Ministerium.

(6) Das Verfahren zur Anerkennung einer allgemein bildenden Ergänzungsschule nach Absatz 2 kann über eine einheitliche Stelle nach den Vorschriften des Verwaltungsverfahrensgesetzes abgewickelt werden. Über den Antrag auf Anerkennung nach Satz 1 entscheidet die obere Schulaufsichtsbehörde innerhalb einer Frist von drei Monaten. Hat die obere Schulaufsichtsbehörde nicht innerhalb von drei Monaten nach Eingang der vollständigen Unterlagen entschieden, gilt die Anerkennung als erteilt.

## Erläuterungen

### Allgemeines

§ 118 regelt die anerkannte Ergänzungsschule, die einen besonderen Status besitzt, der sie   1
einer Ersatzschule annähert. Besondere Regelungen sind für ausländische oder internationale Ergänzungsschulen geschaffen worden (Abs. 3 und 5).

### Zu Absatz 1

Berufsbildende Ergänzungsschulen sind oft wirtschaftsnahe Vorreiter neuer Entwicklungen   2
in der Berufsbildung. Die anerkannte berufsbildende Ergänzungsschule führt nicht zu Abschlüssen des Berufskollegs, sondern zu eigenen Abschlüssen, die es an öffentlichen Schulen und Ersatzschulen nicht gibt. Andernfalls wäre sie als eine genehmigungsbedürftige Ersatzschule im Sinne von § 100 zu betreiben.

### Zu Absatz 2

Die allgemein bildende Ergänzungsschule muss mindestens auf den Hauptschulabschluss   3
vorbereiten; die Schüler erwerben den Abschluss aber erst durch die Externenprüfung gemäß PO-Externe-S I (BASS 19–32 Nr. 4.1). Zur Erfüllung der Schulpflicht in der Sekundarstufe I siehe § 34 Abs. 3.

### Zu Absatz 3

Zur Erfüllung der Schulpflicht an einer ausländischen oder internationalen Ergänzungsschule   4
siehe § 34 Abs. 5. Die Anerkennung in der Primarstufe ist eine Ausnahme vom Grundsatz, dass alle Kinder die öffentliche deutsche Grundschule besuchen sollen (Art. 7 Abs. 5 GG, Art. 10 Abs. 1 LV). Das Sonderungsverbot (nach Finanzkraft) verlangt, dass ein hohes Schulgeld für weniger zahlungskräftige Eltern ermäßigt wird (soziale Staffelung).

Zur Erteilung von Ausnahmegenehmigungen zum Besuch ausländischer Schulen siehe den RdErl. vom 16.06.2005 (BASS 12–51 Nr. 4; SchR 3.6.2/51).

### Zu Absatz 4

Damit ist die Aufgabe der Schulaufsicht hier der bei Ersatzschulen angenähert.   5
Nebenbestimmungen sind Befristung, Bedingung, Widerrufsvorbehalt und Auflage (§ 36 VwVfG).

**Zu Absatz 5**

6 Dies ist eine von § 88 abweichende erstinstanzliche Zuständigkeit des Ministeriums, die nur mit dem politischen Streit um Abs. 3 erklärt werden kann.

**Zu Absatz 6**

7 Dieser Absatz ist 2009 neu eingefügt worden durch das Gesetz zur Umsetzung der EG-Dienstleistungsrichtlinie. Dadurch sollen in der EU die Tätigkeiten von Dienstleistern erleichtert und Genehmigungsverfahren beschleunigt werden; vgl. §§ 71a ff. VwVfG NRW; siehe SchR 1.4/1.

## Vierter Abschnitt – Freie Unterrichtseinrichtungen

§ 119  Rechtsstellung, Bezeichnung

(1) Freie Unterrichtseinrichtungen dürfen keine Bezeichnungen führen oder Zeugnisse erteilen, die mit Bezeichnungen oder Zeugnissen öffentlicher Schulen oder von Ersatzschulen verwechselt werden können.

(2) Errichtung und Betrieb einer freien Unterrichtseinrichtung können von der Schulaufsichtsbehörde untersagt werden, wenn Träger, Leiterinnen oder Leiter, Unterrichtende oder Einrichtungen den Anforderungen nicht entsprechen, die durch Gesetz oder auf Grund von Gesetzen vorgeschrieben oder die zum Schutz der Teilnehmerinnen und Teilnehmer an sie zu stellen sind und wenn den Mängeln trotz Aufforderung der Schulaufsichtsbehörde innerhalb einer bestimmten Frist nicht abgeholfen worden ist. § 117 Abs. 2 ist entsprechend anwendbar.

### Erläuterungen

### Allgemeines

Freie Unterrichtseinrichtungen sind keine Schulen in freier Trägerschaft, also auch keine     **1**
Ergänzungsschulen. Sie erteilen Privatunterricht und erfüllen nicht den Schulbegriff des
§ 6 Abs. 1. Sie erfüllen keinen Bildungs- und Erziehungsauftrag, sondern vermitteln in
Kursen oder Lehrgängen bestimmte eingegrenzte Lehrgegenstände (so z.B. Sprachkurse,
Computerkurse, Tanzkurse).

Zu ihnen gehören auch z.B. Nachhilfeinstitute, die gewerblich Nachhilfeunterricht außerhalb
der Schule erteilen. Siehe dazu *Hurrelmann*, SchVw NRW 2016, S. 132. Schätzungen zu
Inanspruchnahme und Ausgaben sind zu finden bei *A. Klemm*, SchVw NRW 2010, S. 220.

### Zu Absatz 1

Diese freien Einrichtungen dürfen sich nicht als Schulen „aufführen" und dadurch     **2**
Irreführung und Verwechslungsgefahr erzeugen (Werbung, Vertrag). Bei Verstößen kann die
Schulaufsicht eingeschaltet werden; siehe § 126 Abs. 1 Nr. 7.

### Zu Absatz 2

Es gilt das allgemeine Recht zum Verbraucherschutz. Eine Anzeigepflicht besteht nach dem     **3**
Schulgesetz nicht. Die obere Schulaufsichtsbehörde reagiert auf Beschwerden über Mängel,
um Schaden oder Gefahren für die Lernenden abzuwehren. Auch hier gilt der Grundsatz
der Verhältnismäßigkeit. Soweit schulrechtliche Regelungslücken bestehen, können
gewerberechtliche Fragen berührt sein.

# Zwölfter Teil – Datenschutz, Übergangs- und Schlussvorschriften

## Erster Abschnitt – Datenschutz

### § 120 Schutz der Daten von Schülerinnen und Schülern und Eltern

(1) Schulen und Schulaufsichtsbehörden dürfen personenbezogene Daten der Schülerinnen und Schüler, der in § 36 genannten Kinder sowie der Eltern verarbeiten, soweit dies zur Erfüllung der ihnen durch Rechtsvorschrift übertragenen Aufgaben erforderlich ist. Die gespeicherten personenbezogenen Daten dürfen in der Schule nur den Personen zugänglich gemacht werden, die sie für die Erfüllung ihrer Aufgaben benötigen.

(2) Schülerinnen, Schüler und Eltern sind zur Angabe der nach Absatz 1 Satz 1 erforderlichen Daten verpflichtet; sie sind bei der Datenerhebung auf ihre Auskunftspflicht hinzuweisen. Andere Daten dürfen nur mit Einwilligung der Betroffenen erhoben werden. Minderjährige Schülerinnen und Schüler sind einwilligungsfähig, wenn sie die Bedeutung und Tragweite der Einwilligung und ihre rechtlichen Folgen erfassen können und ihren Willen hiernach zu bestimmen vermögen.

(3) Standardisierte Tests und schriftliche Befragungen von Schulanfängerinnen und -anfängern (§ 36) und Schülerinnen und Schülern dürfen in der Schule nur durchgeführt werden, soweit dies für die Feststellung der Schulfähigkeit oder des Sprachstandes, für eine sonderpädagogische Förderung oder für Maßnahmen zur Qualitätsentwicklung und Qualitätssicherung geeignet und erforderlich ist. Für Zwecke der Lehrerbildung sowie der Qualitätsentwicklung und Qualitätssicherung dürfen vom Ministerium genehmigte Bild- und Tonaufzeichnungen des Unterrichts erfolgen, wenn die Betroffenen rechtzeitig über die beabsichtigte Aufzeichnung und den Aufzeichnungszweck informiert worden sind und nicht widersprochen haben. Die Schülerinnen und Schüler sowie die Eltern sind über die wesentlichen Ergebnisse zu informieren. Aus Tests und schriftlichen Befragungen zur Feststellung der Schulfähigkeit und des sonderpädagogischen Förderbedarfs dürfen nur die Ergebnisse und der festgestellte Förderbedarf an andere Schulen übermittelt werden.

(4) Andere wissenschaftliche Untersuchungen, Tests und Befragungen sind nur mit Einwilligung im Rahmen des Absatz 2 Sätze 2 und 3 zulässig, wenn dadurch die Bildungs- und Erziehungsarbeit und schutzwürdige Belange einzelner Personen nicht beeinträchtigt werden oder die Anonymität der Betroffenen gewahrt bleibt. Die Entscheidung trifft die Schulleiterin oder der Schulleiter. In Angelegenheiten besonderer oder überörtlicher Bedeutung ist die obere Schulaufsichtsbehörde zu unterrichten.

(5) Die in Absatz 1 Satz 1 genannten Daten dürfen einer Schule, der Schulaufsichtsbehörde, dem Schulträger, der unteren Gesundheitsbehörde, dem Jugendamt, dem Landesjugendamt, den Ämtern für Ausbildungsförderung, dem Landesamt für Ausbildungsförderung sowie den Ausbildungsbetrieben der Schülerinnen und Schüler an Berufskollegs nur übermittelt werden, soweit sie von diesen Stellen zur Erfüllung der ihnen durch Rechtsvorschrift übertragenen Aufgaben benötigt werden. Die Übermittlung an andere öffentliche Stellen ist zulässig, wenn sie zur Erfüllung einer gesetzlichen Auskunfts- oder Meldepflicht erforderlich ist, ein Gesetz sie erlaubt oder die oder der Betroffene im Einzelfall eingewilligt hat. Die Übermittlung von Daten der Schülerinnen und Schüler und der Eltern an Personen oder Stellen außerhalb des öffentlichen Bereichs ist nur zulässig, wenn ein rechtlicher Anspruch auf die Bekanntgabe der Daten besteht und schutzwürdige Belange der oder des Betroffenen nicht beeinträchtigt werden oder wenn die oder der Betroffene im Einzelfall eingewilligt hat. Dem schulpsychologischen Dienst dürfen personenbezogene Daten nur mit Einwilligung der Betroffenen übermittelt werden.

(6) Für Zwecke der Planung und Statistik im Schulbereich dürfen anonymisierte Leistungsdaten der Schülerinnen und Schüler dem Landesbetrieb Information und Technik regelmäßig übermittelt werden sowie für Maßnahmen der Qualitätsentwicklung und der Qualitätssicherung aufbereitet und genutzt werden.

(7) Nur Eltern sowie die Schülerinnen und Schüler sind berechtigt, Einsicht in die sie betreffenden Unterlagen zu nehmen und Auskunft über die sie betreffenden Daten und die Stellen zu erhalten, an die Daten übermittelt worden sind. Das Recht auf Einsichtnahme umfasst auch das Recht zur Anfertigung oder Aushändigung von Kopien; die Erstattung von Auslagen kann verlangt werden. Dieses Recht ist ausgeschlossen, soweit dadurch berechtigte Geheimhaltungsinteressen Dritter beeinträchtigt würde; in diesen Fällen ist eine Auskunft über die verarbeiteten Daten zu erteilen. Zwischenbewertungen des Lernverhaltens in der Schule sowie persönliche Aufzeichnungen der Lehrkräfte über Schülerinnen und Schüler und deren Eltern sind von dem Recht auf Einsichtnahme und Auskunft ausgenommen.

(8) Die Schule kann Eltern volljähriger Schülerinnen und Schüler über wichtige schulische Angelegenheiten wie

1. die Nichtversetzung,
2. die Nichtzulassung oder das Nichtbestehen einer Abschlussprüfung,
3. den vorübergehenden Ausschluss vom Unterricht über eine Woche hinaus,
4. die Entlassung von der Schule oder deren Androhung und
5. die Verweisung von allen öffentlichen Schulen oder deren Androhung

und über sonstige schwerwiegende Sachverhalte informieren, die das Schulverhältnis wesentlich beeinträchtigen. Die Schülerinnen und Schüler sind von den beabsichtigten Auskünften vorab in Kenntnis zu setzen.

## Erläuterungen

### Allgemeines

§ 120 regelt den Datenschutz in der Schule, soweit Schüler und Eltern betroffen sind. Das **1** Datenschutzrecht wird durch die EU Datenschutzgrundverordnung (VO 2016/79 vom 27. April 2016, ABl L 119/1) überformt werden, die als unmittelbar anzuwendendes Recht ab dem 25. Mai 2018 anzuwenden ist.

### Zu Absatz 1 und 2

Die Regelung wird umgesetzt durch die VO-DV I (BASS 10–44 Nr. 2.1; SchRHB V 64). Diese **2** Verordnung enthält einen Katalog der zulässigen Individual- und Organisationsdaten, Leistungsdaten und schulspezifischen Zusatzdaten, die verarbeitet werden dürfen. Die Schulleitung ist verantwortlich (§ 1 Abs. 3 VO-DV I); siehe auch § 24 Abs. 5 ADO.

Ausführlich zum Datenschutz in der Schule siehe *Zilkens*, SchVw NRW 2007, S. 53, 84 und 116, zur Neuregelung siehe *van den Hövel*, SchVw NRW 2007, S. 311. Zur EDV in der Schulverwaltung siehe *Jürgens*, SchVw NRW 2012, S. 37. Auch bei der Veröffentlichung von Fotos auf einer Schulhomepage ist der Datenschutz zu beachten; vgl. Schule NRW 2007, S. 350. Eine Handreichung für Schulleitungen zum Datenschutz in Schulen hat die Medienberatung herausgegeben; Download: www.medienberatung.nrw.de/Publikationen.

### Zu Absatz 3

Siehe zur Schulfähigkeit § 35 Abs. 2, zur Sprachstandsfeststellung § 36 Abs. 2, zum **3** sonderpädagogischen Förderbedarf § 19 Abs. 2, zur Qualitätsentwicklung § 3 Abs. 4.

**Zu Absatz 4**

**4** Diese Regelung betrifft empirische Untersuchungen, die nicht unter Abs. 3 fallen. Nähere Bestimmungen enthält der RdErl. vom 15.07.1996 (BASS 10–45 Nr. 2; SchR 3.1.7/96).

**Zu Absatz 5**

**5** Damit werden die möglichen Adressaten der Datenübermittlung festgelegt. Das Landesamt für Ausbildungsförderung ist im Dezernat 49 der Bezirksregierung Köln aufgegangen.

**Zu Absatz 6**

**6** Dies schafft die Grundlage für die Entwicklung von sog. Bildungsindikatoren zur Messung der Qualität schulischer Arbeit.

**Zu Absatz 7**

**7** Der Umfang des Auskunftsrechts wird durch Satz 2 präzisiert. Zum allgemeinen Informationsanspruch der Eltern und Schüler siehe § 44.

**Zu Absatz 8**

**8** Zur Rechtsstellung Volljähriger in der Schule siehe § 123 Abs. 2. Neu (2006) ist die Regelung in Satz 2, dass volljährige Schüler nicht erst nachträglich, sondern vorab über die Informationen an ihre Eltern in Kenntnis zu setzen sind.

### § 121 Schutz der Daten von Lehrerinnen und Lehrern

**(1)** Daten der Lehrerinnen und Lehrer dürfen von Schulen verarbeitet werden, soweit dies zur Aufgabenerfüllung bei der Planung und Ermittlung des Unterrichtsbedarfs und der Durchführung des Unterrichts, Maßnahmen der Qualitätsentwicklung und der Qualitätssicherung (§ 3 Absatz 4), wissenschaftlichen Untersuchungen (§ 120 Abs. 4), der Schulmitwirkung sowie in dienstrechtlichen, arbeitsrechtlichen oder sozialen Angelegenheiten erforderlich ist. Für Zwecke der Lehrerbildung sowie der Qualitätsentwicklung und Qualitätssicherung gemäß § 3 dürfen vom Ministerium genehmigte Bild- und Tonaufzeichnungen des Unterrichts erfolgen, wenn die Betroffenen rechtzeitig über die beabsichtigte Aufzeichnung und den Aufzeichnungszweck informiert worden sind. Für Zwecke der Lehrerausbildung und Lehrerfortbildung dürfen Studienseminare, Prüfungsämter und das Landesinstitut für Schule die für die Erfüllung ihrer Aufgaben erforderlichen Daten der Prüflinge und der Lehrenden verarbeiten. Lehrerinnen und Lehrer sind zur Angabe der erforderlichen Daten verpflichtet. Andere Daten dürfen nur mit Einwilligung der Betroffenen erhoben werden. Die gespeicherten personenbezogenen Daten dürfen nur den Personen zugänglich gemacht werden, die sie für die Erfüllung ihrer Aufgaben benötigen.

**(2)** In Dateien der Schulaufsichtsbehörden dürfen Daten der Lehrerinnen und Lehrer verarbeitet werden, soweit dies für Zwecke des Unterrichtsbedarfs, für Personalmaßnahmen, für Zwecke der Lehrerausbildung und der Lehrerfortbildung, für die Aufstellung des Haushaltes und die Bewirtschaftung der Haushaltmittel, für die Betreuung der Bewerberinnen und Bewerber für die Einstellung in den Schuldienst oder für sonstige schulaufsichtliche Maßnahmen erforderlich ist. Dazu dürfen regelmäßig Daten von den Schulen und den Studienseminaren an die Schulaufsichtsbehörden und an den Landesbetrieb Information und Technik übermittelt werden. Verhaltensdaten von Lehrerinnen und Lehrer, Daten über ihre gesundheitlichen Auffälligkeiten mit Ausnahme des Grades einer Behinderung, Ergebnisse von psychologischen und ärztlichen Untersuchungen sowie Daten über soziale und therapeutische Maßnahmen und deren Ergebnisse dürfen nicht automatisiert verarbeitet werden.

(3) Für Zwecke der Planung und Statistik im Schulbereich dürfen die nach Absatz 2 in Dateien der Schulaufsichtsbehörden gespeicherten Daten der Lehrerinnen und Lehrer dem Landesbetrieb Information und Technik regelmäßig übermittelt und zur Erstellung einer Statistik genutzt werden, soweit die Verarbeitung von Daten mit Personenbezug für die statistische Aufbereitung erforderlich ist. Die Daten mit Personenbezug sind von den Statistikdaten zum frühestmöglichen Zeitpunkt zu trennen und gesondert aufzubewahren; soweit sie regelmäßig für statistische Aufbereitungen übermittelt werden, sind sie beim Landesbetrieb Information und Technik zu löschen, sobald die Überprüfung der Erhebungs- und Hilfsmerkmale auf ihre Schlüssigkeit und Vollständigkeit abgeschlossen ist.

(4) Im Rahmen der Haushaltskontrolle dürfen Daten des im Landesdienst stehenden Schulpersonals an das Landesamt für Besoldung und Versorgung regelmäßig übermittelt und für diesen Zweck verarbeitet werden.

(5) Daten der Lehrerinnen und Lehrer dürfen an die Kirchen und Religionsgemeinschaften regelmäßig übermittelt werden, soweit dies für die Erteilung des Religionsunterrichts erforderlich ist.

(6) Zur Übermittlung von Daten in den Fällen der Absätze 2 bis 4 können automatisierte Übermittlungsverfahren eingerichtet werden.

## Erläuterungen

### Allgemeines

§ 121 regelt den Datenschutz in der Schule, soweit Lehrkräfte betroffen sind. Zum künftigen **1** EU-Recht siehe § 120 Rn. 1.

### Zu Absatz 1 bis 4

Die Regelung wird umgesetzt durch die VO-DV II in der Fassung vom 17.05.2014 (BASS 10–41 **2** Nr. 6.1). Diese Verordnung enthält einen detaillierten Katalog der zulässigen Daten zu Person, Ausbildung und Beschäftigung der Lehrkräfte und legt fest, welche Zweckbestimmungen mit der Datenverarbeitung verbunden und welche Adressaten bedient werden dürfen. Die Schulleitung ist verantwortlich (§ 1 Abs. 5 VO-DV II, § 24 Abs. 5 ADO). Dazu *Minten*, Datenschutz für Lehrer geändert, SchVw NRW 2005, S. 29.

Zur Führung der Lehrerpersonaldaten in Akten der Schule enthält der RdErl. vom 21.08.1992 (BASS 10–41 Nr. 6; SchR 3.9.4/161) nähere Bestimmungen.

Zweck und Einsatz für das Personal- und Stellenbewirtschaftungssystem des Landes NRW (PersNRW) sind in der Dienstanweisung vom 12.08.2010 (BASS 10–41 Nr. 1; SchR 3.9.4/351) festgelegt.

### Zu Absatz 5

Allgemein zum Religionsunterricht siehe bei § 31. **3**

### Zu Absatz 6

Nähere Regelungen dazu enthält die Dienstanweisung für die automatisierte Verarbeitung **4** personenbezogener Daten in der Schule (BASS 10–41 Nr. 4; SchR 3.9.4/151).

### § 122    Ergänzende Regelungen

(1) Ergänzend zu den §§ 120 und 121 gelten die allgemeinen datenschutzrechtlichen Vorschriften.

(2) §§ 120 und 121 gelten für Ersatzschulen, soweit für diese gleichwertige datenschutzrechtliche Regelungen nicht bestehen.

(3) Eine Verarbeitung der vom Schulträger erhobenen Daten der Lehrerinnen und Lehrer sowie des Verwaltungs- und Hauspersonals der Ersatzschulen durch die zuständige Schulaufsichtsbehörde ist nur zulässig, soweit dies für Zwecke der Zuschussgewährung und -abrechnung des Landes einschließlich der Rechnungsprüfung zwingend erforderlich ist. Entsprechendes gilt für die Verarbeitung personenbezogener Daten für Versorgungsempfänger durch das Landesamt für Besoldung und Versorgung des Landes und für die Übertragung der Beihilfebearbeitung auf andere öffentliche Stellen.

(4) Das Ministerium bestimmt mit Zustimmung des für Schulen zuständigen Landtagsausschusses durch Rechtsverordnung die zur Verarbeitung zugelassenen Daten der Schülerinnen und Schüler und Eltern sowie der Lehrerinnen und Lehrer und regelt dabei im Einzelnen

1. die Verarbeitung der Daten der Schülerinnen und Schüler und der Eltern zu den in § 120 genannten Zwecken,

2. die Verarbeitung der Daten der Lehrerinnen und Lehrer zu den in § 121 genannten Zwecken,

3. die regelmäßige Übermittlung der Daten der Schülerinnen und Schüler, Eltern und der Lehrerinnen und Lehrer an die in den §§ 120 und 121 genannten Stellen; dabei sind Datenempfänger, Datenart und Zweck der Übermittlung festzulegen,

4. die Einrichtung automatisierter Verfahren zur Übermittlung von Daten der Lehrerinnen und Lehrer gemäß § 121 Abs. 6; dabei sind Datenempfänger, Datenart und Zweck der Übermittlung festzulegen,

5. die Dauer der Speicherung der Daten, Zugang, Auskunftserteilung oder Akteneinsicht sowie das Verfahren zur Aufbewahrung, Aussonderung, Löschung und Vernichtung der Daten und Akten.

## Erläuterungen

### Allgemeines

1 Diese Vorschrift verweist ergänzend auf die Geltung der allgemeinen Vorschriften zum Datenschutz.

### Zu Absatz 1

2 Das sind für die öffentlichen Schulen und die Behörden das Datenschutzgesetz (DSG NRW) i.d.F. vom 02.06.2015 (SchR 3.9.4/51) und für die nicht-öffentlichen Stellen (Schulen in freier Trägerschaft) das Bundesdatenschutzgesetz vom 14.08.2009 (SchR 3.9.4/1).

### Zu Absatz 2

3 Die spezifischen datenschutzrechtlichen Vorschriften der Kirchen für ihre Schulen in freier Trägerschaft gehen also den genannten Regelungen vor.

### Zu Absatz 3

4 Diese Regelung begrenzt den Zugriff der Schulaufsicht auf die Daten der Ersatzschulträger.

### Zu Absatz 4

5 Von dieser Ermächtigung hat das Schulministerium mit dem Erlass von zwei Rechtsverordnungen Gebrauch gemacht: der VO-DV I (Schülerinnen und Schüler, Eltern) und der VO-DV II (Lehrerinnen und Lehrer). Siehe bei § 120 und § 121.

## Zweiter Abschnitt – Übergangs- und Schlussvorschriften

§ 123  Eltern, volljährige Schülerinnen und Schüler

(1) Die Rechte und Pflichten der Eltern nach diesem Gesetz nehmen wahr

1. die nach bürgerlichem Recht für die Person des Kindes Sorgeberechtigten,
2. die Betreuerin oder der Betreuer einer volljährigen Schülerin oder eines volljährigen Schülers für den schulischen Aufgabenkreis; die Bestellungsurkunde muss der Schule vorgelegt werden,
3. an Stelle der oder neben den Personensorgeberechtigten diejenigen, denen die Erziehung des Kindes mit Einverständnis der Personensorgeberechtigten anvertraut oder mit anvertraut ist; das Einverständnis ist der Schule schriftlich nachzuweisen,
4. die Lebenspartnerin oder der Lebenspartner des allein sorgeberechtigten Elternteils im Rahmen des § 9 Lebenspartnerschaftsgesetz.

(2) Die durch dieses Gesetz geregelten Rechte und Pflichten der Eltern nimmt die volljährige Schülerin oder der volljährige Schüler selbst wahr.

### Erläuterungen

**Allgemeines**

Die Vorschrift enthält Präzisierungen für die Wahrnehmung von Elternrechten nach dem Schulgesetz. Basisinformationen zur elterlichen Sorge im Schulalltag: *Nolte*, Schule NRW 2014, S. 135, sowie *Böhm*, SchuR 2016, S. 100.  **1**

Zum rechtlichen Rahmen der Partnerschaft von Schule und Eltern siehe *Lambert/Fehrmann*, SchVw NRW 2015, S. 275; zur Elternmitwirkung siehe *Wassmer*, SchVw NRW 2015, S. 272.

**Zu Absatz 1**

Absatz 1 enthält eine Legaldefinition des Elternbegriffs, wie er in diesem Gesetz verwendet wird; sie ermöglicht die durchgängige Verwendung des Begriffs „Eltern" in diesem Gesetz. Der Begriff der Erziehungsberechtigten wird nicht mehr verwendet.  **2**

Zu Nr. 1: Das Recht der elterlichen Sorge regeln §§ 1626 ff. BGB.

Zu Nr. 2: Siehe dazu das bundesrechtliche Betreuungsgesetz (1990).

Zu Nr. 3: Das können z.B. Großeltern sein, bei denen ein Kind wohnt.

Zu Nr. 4: Gemeint ist das Lebenspartnerschaftsgesetz vom 16.02.2001 (BGBl. I, S. 266).

**Zu Absatz 2**

Zu den Konsequenzen für die Volljährigen siehe auch § 50 Abs. 4. Zu den Konsequenzen für die Eltern siehe § 64 Abs. 3, § 72 Abs. 1, § 73 Abs. 1 und § 120 Abs. 8.  **3**

§ 124  Sonstige öffentliche Schulen

(1) Die Lehrerinnen und Lehrer an den Schulen gemäß Absatz 4 und § 6 Absatz 4 sind Bedienstete des Schulträgers. Die Begründung ihres Beschäftigungsverhältnisses bedarf der Bestätigung durch die obere Schulaufsichtsbehörde. Bei öffentlichen Schulen, deren Lehrerinnen und Lehrer Bedienstete des Schulträgers sind, erstattet das Land die Personalausgaben, die der Schulträger für seine zur Deckung des normalen Unterrichtsbedarfs erforderlichen Lehrerinnen und Lehrer aufwendet.

(2) Für die Lehrerinnen und Lehrer an den Schulen der Landschaftsverbände, die keine Förderschulen und Schulen für Kranke sind, gilt Absatz 1 entsprechend.

(3) Bergmännische Berufskollegs werden von einem oder mehreren Schulvorständen verwaltet. Der Schulvorstand besteht aus Vertretungen des Schulträgers, der im Bergbau Beschäftigten, der Lehrerinnen und Lehrer, der Bergbehörde und der Schülerinnen und Schüler, bei Schulen der Sekundarstufe II auch der Eltern. Die Personenzahl der Vertretungen der Werksleitungen und die Zahl der Vertretungen der im Bergbau Beschäftigten muss die gleiche sein, die Zahl der Eltern und die Zahl der Schülerinnen und Schüler müssen zusammen der Zahl der Lehrerinnen und Lehrer entsprechen. Eine Person für den Vorsitz wählt der Schulvorstand aus seiner Mitte. Das Nähere regelt die Satzung, die der Genehmigung der Bezirksregierung Arnsberg als oberer Schulaufsichtsbehörde bedarf.

(4) Schulen, die nach bisherigem Recht öffentliche Schulen sind oder als öffentliche Schulen gelten, behalten ihre Rechtsstellung.

## Erläuterungen

### Allgemeines

1   § 124 enthält besondere Vorschriften für Schulen, die nicht von einer Gemeinde oder einem Gemeindeverband getragen werden, aber öffentliche Schulen sind oder als solche behandelt werden.

### Zu Absatz 1

2   Die Vorschrift übernimmt das bisherige Recht für die sog. Kammerschulen, die von Körperschaften des öffentlichen Rechts getragen werden. Die Lehrkräfte sind also nicht im Landesdienst beschäftigt, sondern beim jeweiligen Träger.

### Zu Absatz 2

3   Zur Schulträgerschaft der Landschaftsverbände siehe § 78 Abs. 3 und 6.

### Zu Absatz 3

4   Die Bergbauschulen, die nicht öffentliche Schulen im Sinne des § 6 Abs. 4 sind, behalten durch die Abs. 3 und 4 ihren Status. Für sie gehen die benannten Spezialregelungen den allgemeinen Bestimmungen des Schulgesetzes vor.

### Zu Absatz 4

5   Diese Regelung bewirkt eine Besitzstandswahrung für Schulen, die nach älterem Recht den Status einer öffentlichen Schule haben (z.B. Stiftische Gymnasien in Düren und Gütersloh).

### § 125   Einschränkung von Grundrechten

Durch dieses Gesetz werden eingeschränkt

1. das Grundrecht der körperlichen Unversehrtheit gemäß Artikel 2 Abs. 2 Satz 1 des Grundgesetzes nach Maßgabe des § 54 (Schulgesundheit),
2. das Grundrecht der Freiheit der Person gemäß Artikel 2 Abs. 2 Satz 2 des Grundgesetzes nach Maßgabe der §§ 34 bis 41 (Schulpflicht) sowie des § 42 Abs. 1 (Allgemeine Rechte und Pflichten aus dem Schulverhältnis),
3. das Grundrecht der Pflege und Erziehung der Kinder gemäß Artikel 6 Abs. 2 Satz 1 des Grundgesetzes nach Maßgabe des § 36 Abs. 2 und 3 (Vorschulische Beratung und Förderung, Feststellung des Sprachstandes),

4. das Grundrecht der Unverletzlichkeit der Wohnung gemäß Artikel 13 Abs. 1 des Grundgesetzes nach Maßgabe des § 41 Abs. 4 (Verantwortlichkeit für die Einhaltung der Schulpflicht).

### Erläuterungen

Die Vorschrift enthält die nach Art. 19 Abs. 1 Satz 2 GG erforderliche Benennung von **1** Grundrechten, die durch bestimmte Regelungen des Schulgesetzes eingeschränkt werden.

## § 126  Ordnungswidrigkeiten

(1) Ordnungswidrig handelt, wer vorsätzlich oder fahrlässig

1. als Eltern der Verpflichtung zur Anmeldung zum Schulbesuch nicht nachkommen (§ 41 Abs. 1),
2. als Eltern nicht für die Teilnahme ihres Kindes an der Feststellung des Sprachstandes sorgt (§ 36 Abs. 2 und 3),
3. als Eltern nicht dafür sorgt, dass ein zur Teilnahme an einem vorschulischen Sprachkurs verpflichtetes Kind regelmäßig daran teilnimmt (§ 36 Abs. 2 und 3),
4. als Eltern, als Ausbildende oder Ausbildender oder als Arbeitgeberin oder Arbeitgeber nicht dafür sorgt, dass die oder der Schulpflichtige am Unterricht und an den sonstigen Veranstaltungen der Schule regelmäßig teilnimmt (§ 43 Abs. 1),
5. als Schülerin oder Schüler nach Vollendung des 14. Lebensjahres die Schulpflicht in der Sekundarstufe I (§ 37) oder die Schulpflicht in der Sekundarstufe II nicht erfüllt (§ 38),
6. als Träger einer Ergänzungsschule diese ohne die erforderliche Anzeige (§ 116 Abs. 2) errichtet oder betreibt,
7. als Träger einer Ergänzungsschule oder einer freien Unterrichtseinrichtung durch die Bezeichnung oder die Verwendung von Zeugnissen, Schulverträgen oder Werbematerialien § 116 Abs. 5 und 6 oder § 119 Abs. 1 zuwiderhandelt.

(2) Die Ordnungswidrigkeit kann mit einer Geldbuße geahndet werden, die in den Fällen des Absatz 1 Nr. 6 und 7 bis zu 5.000 Euro beträgt. Nach der Entlassung der oder des Schulpflichtigen aus der Schule ist die Verfolgung der Ordnungswidrigkeit gemäß Absatz 1 Nr. 5 unzulässig.

(3) Für die Verfolgung und Ahndung der Ordnungswidrigkeiten sind die Schulaufsichtsbehörden zuständig.

(4) Geldbußen, die durch rechtskräftige Bescheide eines Schulamtes festgesetzt sind, fließen in die Kasse des Kreises oder der kreisfreien Stadt, für die das Schulamt zuständig ist.

### Erläuterungen

#### Allgemeines

§ 126 zählt die Tatbestände auf, die bei einem Verstoß gegen das Schulgesetz in NRW als **1** Ordnungswidrigkeiten geahndet und mit einem Bußgeld belegt werden können. Das BVerfG hat anerkannt (B. vom 15.10.2014: Fall Hessen), dass bei entsprechender landesgesetzlicher Regelung auch eine Verfolgung als Straftat (Geld- oder Freiheitsstrafe) zulässig wäre; siehe SchVw NRW 2015, S. 61.

**Zu Absatz 1 und 2**

**2**  Das Nähere richtet sich nach dem Gesetz über Ordnungswidrigkeiten (OWiG) in der Fassung vom 19.02.1987/10.10.2013 (SchR 1.4/51). Neu (2006) ist die Bußgeldandrohung im Zusammenhang mit der vorschulischen Förderung (Abs. 1 Nr. 2 und 3) und die Einbeziehung von Schulpflichtverletzungen in der Sekundarstufe I (Abs. 1 Nr. 5). Bei Nichtzahlung des Bußgeldes kann der Jugendrichter gemeinnützige Arbeit anordnen (§ 98 OWiG).

**Zu Absatz 3**

**3**  Zuständig sind also die Schulämter für die Grundschulen, Hauptschulen und Förderschulen, mit Ausnahme der Blinden- und Gehörlosenschulen; im Übrigen sind die Bezirksregierungen zuständig.

**Zu Absatz 4**

**4**  Die vereinnahmten Gelder (Bußgelder, Gebühren, Auslagen) fließen damit nicht in die Landeskasse, sondern dorthin, wo nach § 91 Abs. 6 auch die Kosten entstehen.

## § 127 Befristete Vorschriften *(hier nicht aufgenommen)*

**Erläuterungen**

**1**  § 127 enthielt zwei Sonderregelungen, die inzwischen ausgelaufen sind:

Die Regelung für die Lernmittelfreiheit (Erhöhung des Eigenanteils bis auf höchstens 49 v.H. statt 33 v.H.) ist am 31.07.2008 außer Kraft getreten.

Das Schulentwicklungsgesetz und die VOSS galten bis zum Ablauf des Modellvorhabens „Selbstständige Schule" zum Ende des Schuljahres 2007/2008 weiter.

## § 128 Verwaltungsvorschriften, Ministerium

**(1) Die zur Durchführung dieses Gesetzes erforderlichen Verwaltungsvorschriften erlässt das Ministerium. Dazu gehört insbesondere eine Dienstordnung für Lehrerinnen und Lehrer und Schulleiterinnen und Schulleiter.**

**(2) Ministerium im Sinne dieses Gesetzes ist das für das Schulwesen zuständige Ministerium.**

**Erläuterungen**

**Allgemeines**

**1**  Die Vorschrift enthält insbesondere Klarstellungen.

**Zu Absatz 1**

**2**  Die Vorschrift regelt die Zuständigkeit des Schulministeriums für den Erlass von Verwaltungsvorschriften (VV), weil sonst nach Art. 56 Abs. 2 LV die gesamte Landesregierung dafür zuständig wäre.

Die Dienstordnung gehört inhaltlich zu den §§ 57 bis 60. Die Allgemeine Dienstordnung (ADO) ist nach inhaltlicher Anpassung an das Schulgesetz am 18.06.2012 in neuer Fassung veröffentlicht worden (BASS 21–02 Nr. 4; SchR 3.2.3/1; SchRHB V 81 mit Einführung).

**Zu Absatz 2**

Die wechselvollen Bezeichnungen des ehemaligen Kultusministeriums in den letzten Jahren **3**
spiegeln die wechselnden Ressortzuschnitte: KM 1950–1995, MSW 1995–1998, MSWWF
1998– 2000, MSWF 2000–2002, MSJK (2002–2005) und MSW (ab 2005).

## § 129  Änderung von Gesetzen *(hier nicht aufgenommen)*

**Erläuterungen**

Die Änderungen betrafen das Lehrerausbildungsgesetz, das Gesetz über kommunale
Gemeinschaftsarbeit, das WDR-Gesetz und das Weiterbildungsgesetz.

## § 130  Aufhebung von Vorschriften *(hier nicht aufgenommen)*

**Erläuterungen**

Die Aufhebungen – siehe **E 1** – betrafen folgende Gesetze und Rechtsverordnungen: **1**

- zum 01.08.2005 das Schulordnungsgesetz (SchOG), das Schulverwaltungsgesetz
  (SchVG), das Schulpflichtgesetz (SchpflG), das Schulmitwirkungsgesetz (SchMG), das
  Schulfinanzgesetz (SchFG), das Lernmittelfreiheitsgesetz (LFG) sowie die Allgemeine
  Schulordnung (ASchO), die Kooperationsverordnung (KVO) und die Wahlordnung
  (WahlO),
- zum 01.01.2006 das Ersatzschulfinanzgesetz (EFG).

## § 131  Weitergeltung von Vorschriften

**(1) Die übrigen Verordnungen, die auf Grund der in § 130 aufgehobenen Gesetze erlassen wurden, gelten bis zum Erlass neuer Vorschriften fort, soweit sie diesem Gesetz nicht widersprechen.**

**(2) Verwaltungsvorschriften sind in entsprechender Anwendung des Absatz 1 weiter anzuwenden mit der Maßgabe, dass sie spätestens nach zwei Jahren diesem Gesetz anzupassen sind.**

**Erläuterungen**

**Allgemeines**

Die Vorschrift regelt die Weitergeltung von Rechtsverordnungen auf Grund der alten **1**
Schulgesetze und von bisherigen Verwaltungsvorschriften.

**Zu Absatz 2**

Dazu gehörten noch manche alten Runderlasse. Sie sind sinngemäß auf die neuen gesetzlichen **2**
Vorschriften zu beziehen, soweit diese nicht erkennbar eine andere Regelung enthalten.

## § 132  Übergangsvorschriften, Öffnungsklausel

**(1) Kreise und kreisangehörige Gemeinden als Schulträger können im Gebiet eines Kreises mit Genehmigung der oberen Schulaufsichtsbehörde vereinbaren, ihre Förderschulen mit dem Förderschwerpunkt Lernen, mit dem Förderschwerpunkt Emotionale und soziale**

Entwicklung und mit dem Förderschwerpunkt Sprache auch dann aufzulösen, wenn sie die in der Verordnung über die Mindestgrößen von Förderschulen bestimmten Schülerzahlen erreichen. Dabei muss gewährleistet sein, dass allein die allgemeine Schule Ort der sonderpädagogischen Förderung ist; § 20 Absätze 2 und 4 und § 78 Absatz 4 sind in diesem Fall nicht anwendbar. Die Sätze 1 und 2 gelten entsprechend für kreisfreie Städte als Schulträger. Die Rechtsstellung der Schulen in freier Trägerschaft bleibt unberührt.

(2) Auf Antrag eines Schulträgers kann die obere Schulaufsichtsbehörde die Auflösung aller Förderschulen eines oder mehrerer der unter Absatz 1 genannten Förderschwerpunkte zugunsten eines inklusiven Schulangebots genehmigen. Absatz 1 Satz 2 gilt auch in diesem Fall. § 78 Absätze 1 bis 3 bleiben unberührt.

(3) Für Schülerinnen und Schüler mit einem besonders ausgeprägten, umfassenden Bedarf an sonderpädagogischer Unterstützung im Förderschwerpunkt Emotionale und soziale Entwicklung können öffentliche und freie Schulträger in den Fällen

1. des Absatzes 1 oder
2. des Absatzes 2 bei Auflösung der Förderschulen mit dem Förderschwerpunkt Emotionale und soziale Entwicklung.

mit Genehmigung der oberen Schulaufsichtsbehörde einen schulischen Lernort einrichten. Dieser kann als Teil einer allgemeinen Schule oder als Förderschule geführt werden. Darin werden Schülerinnen und Schüler befristet mit dem Ziel unterrichtet und erzogen, sie in Abstimmung mit ihrer Schule auf die baldige Rückkehr vorzubereiten. Die Kinder und Jugendlichen bleiben Schülerinnen und Schüler der allgemeinen Schule.

(4) Genehmigungen und Anerkennungen, die Trägern von Schulen in freier Trägerschaft vor Inkrafttreten dieses Gesetzes erteilt worden sind, gelten fort. Deren Aufhebung, Erlöschen und Übergang richtet sich nach den Vorschriften des Elften Teils.

## Erläuterungen

### Allgemeines

1  § 132 enthält insbesondere Übergangsregelungen im Zusammenhang mit der Umsetzung des ersten Gesetzes zur Umsetzung der VN-BRK (9. Schulrechtsänderungsgesetz). Weitere Übergangsvorschriften enthalten § 132 a und § 132b sowie die übrigen Schulrechtsänderungsgesetze; siehe hier nach § 133.

### Zu Absatz 1

2  Absatz 1 ermöglicht es, dass kreisfreie Städte für ihr Gebiet bzw. öffentliche Schulträger in einem Kreis gemeinsam ein inklusives Schulangebot einrichten, das auf Förderschulen mit den Förderschwerpunkten Lernen, Emotionale und soziale Entwicklung sowie Sprache insgesamt verzichtet.

### Zu Absatz 2

3  Nach dieser Regelung kann abweichend von Abs. 1 im Einzelfall ein inklusives Schulangebot eingerichtet werden.

### Zu Absatz 3

4  Die Regelung bezieht sich auf die Förderung von Schülerinnen und Schülern im Förderschwerpunkt Emotionale und soziale Entwicklung, wenn im Gebiet eines Kreises oder einer kreisfreien Stadt alle Förderschulen mit dem entsprechenden Förderschwerpunkt aufgelöst wurden.

Die schulischen Lernorte sind Teil einer allgemeinen Schule oder einer Förderschule.

**Zu Absatz 4**

Die Vorschrift (bisheriger Abs. 7) lässt frühere Genehmigungen und Anerkennungen von ausländischen und internationalen Schulen unberührt von der Regelung in § 118 Abs. 3.

## § 132a Übergangsvorschrift zur Einführung von islamischem Religionsunterricht

(1) Besteht auf Grund der Zahl der in Betracht kommenden Schülerinnen und Schüler Bedarf, islamischen Religionsunterricht im Sinne von § 31 einzuführen, aber noch keine entsprechende Religionsgemeinschaft im Sinne von Artikel 14 und 19 Landesverfassung und Artikel 7 Absatz 3 Grundgesetz, kann das Ministerium übergangsweise bei der Einführung und Durchführung mit einer Organisation oder mehreren Organisationen zusammenarbeiten, die Aufgaben wahrnehmen, die für die religiöse Identität ihrer Mitglieder oder Unterorganisationen wesentlich sind oder die von diesen für die Durchführung des Religionsunterrichts bestimmt worden sind. Die Organisationen müssen eigenständig, bei der Zusammenarbeit staatsunabhängig sein und die Gewähr dafür bieten,

1. dem Land bei der Veranstaltung des Religionsunterrichts auf absehbare Zeit als Ansprechpartner zur Verfügung zu stehen,
2. die in Artikel 79 Absatz 3 Grundgesetz umschriebenen Verfassungsprinzipien, die dem staatlichen Schutz anvertrauten Grundrechte der Schülerinnen und Schüler sowie die Grundprinzipien des freiheitlichen Religions- und Staatskirchenrechts des Grundgesetzes zu achten.

Vertreten mehrere Organisationen das gleiche Bekenntnis oder verwandte Bekenntnisse, soll das Ministerium eine Zusammenarbeit mit ihnen gemeinsam anstreben.

(2) Wenn islamischer Religionsunterricht nach Absatz 1 in einer Ausbildungs- und Prüfungsordnung vorgesehen und an einer Schule eingerichtet ist, nehmen die Schülerinnen und Schüler daran teil, deren Eltern bei der Schulanmeldung schriftlich erklärt haben, dass ihr Kind muslimisch ist und an dem islamischen Religionsunterricht nach Absatz 1 teilnehmen soll.

(3) Eine Schülerin oder ein Schüler ist von der Teilnahme an dem islamischen Religionsunterricht nach Absatz 1 auf Grund der Erklärung der Eltern oder – bei Religionsmündigkeit – auf Grund eigener Erklärung befreit. Die Erklärung ist der Schule schriftlich zu übermitteln.

(4) Das Ministerium bildet einen Beirat, der die Anliegen und die Interessen der islamischen Organisationen bei der Einführung und der Durchführung des islamischen Religionsunterrichts nach Absatz 1 als ordentliches Unterrichtsfach vertritt. Der Beirat stellt fest, ob der Religionsunterricht den Grundsätzen im Sinne des Artikels 7 Absatz 3 Satz 2 Grundgesetz entspricht. Er ist an der Erstellung der Unterrichtsvorgaben, der Auswahl der Lehrpläne und Lehrbücher und der Bevollmächtigung von Lehrerinnen und Lehrern zu beteiligen. Eine ablehnende Entscheidung ist nur aus religiösen Gründen zulässig, die dem Ministerium schriftlich darzulegen sind.

(5) Der Beirat setzt sich wie folgt zusammen:

1. vier theologisch, religionspädagogisch oder islamwissenschaftlich qualifizierte Vertreterinnen und Vertreter der organisierten Muslime, die von den islamischen Organisationen in Nordrhein-Westfalen oder von deren Zusammenschluss bestimmt werden,
2. vier weitere Vertreterinnen und Vertreter, und zwar jeweils zwei theologisch, religionspädagogisch oder islamwissenschaftlich qualifizierte muslimische Persönlichkeiten des öffentlichen Lebens und zwei muslimische Religionsgelehrte, die vom Ministerium

im Einvernehmen mit den islamischen Organisationen in Nordrhein-Westfalen oder deren Zusammenschluss bestimmt werden.

Er wählt aus seiner Mitte eine Vorsitzende oder einen Vorsitzenden.

**(6)** Die Amtszeit der Mitglieder beträgt drei Jahre. Ihre Tätigkeit erfolgt ehrenamtlich. Reisekosten werden in Anwendung der landesrechtlichen Bestimmungen erstattet. Sie erhalten außerdem eine vom Ministerium festzusetzende Aufwandsentschädigung.

**(7)** Der Beirat gibt sich eine Geschäftsordnung. Für Beschlüsse ist die Mehrheit der Mitglieder erforderlich. Die Geschäftsführung übernimmt eine vom Ministerium im Benehmen mit dem Beirat benannte Person.

## Erläuterungen

### Allgemeines

1 § 132a ist durch das 7. SchRÄG vom 22.12.2011 eingefügt worden. Dessen Artikel 2 hat folgenden Wortlaut:

*„Dieses Gesetz tritt am 1. August 2012 in Kraft. Es tritt am 31. Juli 2019 außer Kraft. Die Einführung von islamischem Religionsunterricht als ordentliches Lehrfach wird wissenschaftlich begleitet und ausgewertet. Das Ministerium berichtet dem Landtag darüber bis zum 31. Juli 2018.“*

Diese Regelung geht zurück auf eine Empfehlung der Deutschen Islamkonferenz und stellt eine pragmatische Zwischenlösung dar, bis beim Islam alle Merkmale einer Religionsgemeinschaft im Sinne des deutschen Rechts erfüllt sind. Die Befristung macht ebenso wie Stellung und Bezeichnung der Vorschrift deutlich, dass es sich um eine Übergangslösung handelt. Siehe dazu *van den Hövel*, SchVw NRW 2012, S. 162, und zu den pädagogischen und religionspolitischen Implikationen *Uslucan*, SchVw NRW 2016, S. 239. Zum Ganzen ferner: *Ünalan*, Schule NRW 2016, H. 9, S. 14. Zu den Inhalten des Unterrichts siehe *Korchide*, Schule NRW 2014, S. 362.

Unabhängig von § 132a wird alevitischer Religionsunterricht als Schulversuch gemäß RdErl. vom 21.07.2008 (BASS 12–05 Nr. 7; SchR 3.5.2/25) durchgeführt. Schulformübergreifender Kernlehrplan gemäß RdErl. vom 03.02.2012; siehe SchR 3.5.2/27.

### Zu Absatz 1

2 Die grundsätzliche Einführung islamischen Religionsunterrichts regelt der RdErl. vom 17.02.2012/08.04.2016 (BASS 12-05 Nr. 8; SchR 3.5.2/29). Danach wird dieser Unterricht zunächst für die Klassen 1 bis 4, ab dem Schuljahr 2013/2014 für die Klassen 5 bis 10, schrittweise eingeführt. Voraussetzung ist an der einzelnen Schule, dass mindestens zwölf muslimische Schüler teilnehmen und die personellen und sächlichen Voraussetzungen erfüllt sind. Unterrichtssprache ist Deutsch. Kernlehrplan Gymnasiale Oberstufe: RdErl. vom 22.07.2016 (ABl. NRW. H. 9 S. 36).

### Zu Absatz 2

3 Da es keine förmliche Mitgliedschaft beim Islam gibt, soll damit sichergestellt werden, dass kein Kind gegen den Willen der Eltern vereinnahmt wird.

### Zu Absatz 3

4 Die Befreiung ist hier wie beim christlichen Religionsunterricht geregelt; siehe § 31 Abs. 6.

**Zu Absätzen 4 bis 7**

Dieses Beiratsmodell ist also ein vorübergehendes organisatorisches Hilfsmittel, bis sich **5** islamische Religionsgemeinschaften gebildet haben. Der Koordinationsrat der Muslime (KRM) ist ein Zusammenschluss der muslimischen Verbände.

## § 132b Übergangsvorschrift zum Schulversuch PRIMUS

**(1) Das Ministerium kann auf Antrag des Schulträgers und nach Anhörung der betroffenen Schulen an bis zu 14 Schulen beginnend mit dem Schuljahr 2014/2015 oder dem Schuljahr 2015/2016 für einen Zeitraum von zehn Schuljahren und danach jahrgangsstufenweise auslaufend erproben, ob durch den Zusammenschluss mit einer Grundschule zu einer Schule die Chancengerechtigkeit und die Leistungsfähigkeit des Schulwesens erhöht werden und die Schülerinnen und Schüler dadurch zu besseren Schulabschlüssen geführt werden können. Außerdem soll hierbei erprobt werden, wie im Hinblick auf die demografische Entwicklung und die sich wandelnde Abschlussorientierung der Eltern weiterhin ein wohnortnahes Schulangebot ermöglicht werden kann. Die Anerkennung der Abschlüsse in den Ländern der Bundesrepublik Deutschland muss gesichert sein. Die näheren Regelungen über Änderungen und Ergänzungen der Unterrichtsinhalte, der Unterrichtsorganisation, über die Formen der Schulverfassung und der Schulleitung sowie über die Rahmenbedingungen trifft das Ministerium.**

**(2) Die Arbeit der Schulen nach Absatz 1 wird wissenschaftlich begleitet und ausgewertet. Das Ministerium berichtet dem Landtag darüber bis zum 31. Juli 2021.**

### Erläuterungen

**Allgemeines**

Die Vorschrift ist durch das 10. Schulrechtsänderungsgesetz (2014) eingefügt worden. Sie **1** greift die bereits durch Art. 2 des 6. Schulrechtsänderungsgesetzes (2011) getroffene Regelung auf und fügt sie in das Schulgesetz ein. Zugleich wird die Antragsfrist um ein Jahr verlängert.

Dieser neue Schulversuch „Primus" ist Bestandteil des Schulkonsenses 2011. Dabei wird jeweils eine Grundschule mit einer weiterführenden Schule so vereint, dass von Jahrgangsstufe1 bis 10 integrierte Klassen gebildet werden. Vgl. Presseerklärung des MSW vom 29.06.2012 (PRIMUS-Schulen) und Schule NRW 2013 S. 168.

### § 132c Sicherung von Schullaufbahnen

**(1) Der Schulträger einer Realschule kann dort einen Bildungsgang ab Klasse 7 einrichten, der zu den Abschlüssen der Hauptschule (§ 14 Absatz 4) führt, insbesondere wenn eine öffentliche Hauptschule in der Gemeinde oder im Gebiet des Schulträgers im Sinne des § 78 Absatz 8 nicht vorhanden ist. Dies gilt als Änderung der Schule im Sinne des § 81 Absatz 2.**

**(2) Schülerinnen und Schüler in dem Bildungsgang gemäß Absatz 1 werden im Klassenverband mit Schülerinnen und Schülern des Bildungsgangs gemäß § 15 Absatz 1 unterrichtet; hierbei sind Formen innerer und äußerer Differenzierung möglich. § 15 Absatz 3 Satz 2 bleibt unberührt.**

**(3) Schülerinnen und Schüler einer Realschule mit dem Bildungsgang gemäß Absatz 1 Satz 1 können in den Fällen des § 13 Absatz 3 und des § 50 Absatz 5 Satz 2 ihre Schullaufbahn dort fortsetzen.**

**Allgemeines**

1 Die Regelung ist durch das 12. Schulrechtsänderungsgesetz vom 25.06.2015 (GV.NRW. S. 499) eingefügt worden. Damit hat der Landesgesetzgeber den Schulträgern die Möglichkeit eröffnet, dort an Realschulen einen Hauptschulbildungsgang einzurichten, wo ein Hauptschulbildungsgang sonst nicht erreichbar ist. Die Einrichtung bedarf als Änderung im Sinne von § 81 Abs. 2 der Genehmigung durch die Bezirksregierung.

**Zu Abs. 1**

2 Die Änderung bedarf schulentwicklungsplanerischer Überlegungen, die auch die Erreichbarkeit von Schulen anderer Schulträger für Kinder einschließt, die den Realschulbildungsgang nicht mehr besuchen können (VG Gelsenkirchen, B. vom 16.08.2016 – 4 L 1643/16).

**Zu Abs. 2**

3 Die Regelung macht deutlich, dass damit keine neue Verbundschule mit nach Bildungsgängen getrenntem Unterricht erfolgt. Es kann also keine „Hauptschulklasse" eingerichtet werden.

Die Gestaltung des Bildungsgangs und die Abschlüsse des Bildungsgangs regeln § 47 Abs. 2 bis 5 APO-SI.

**Zu Abs. 3**

4 Zu den Aufnahmevoraussetzungen siehe § 47 Abs. 1 APO-SI.

Neben den im Abs. 3 genannten Schülern können im Rahmen freier Kapazitäten (§ 6 Abs. 5 AVO) auch Schüler anderer Schulen Aufnahme finden.

## § 133 Inkrafttreten

**(1) Dieses Gesetz tritt am 1. August 2005 in Kraft. Abweichend von Satz 1 treten die §§ 105 bis 115 am 1. Januar 2006 in Kraft.**

**(2) Die in den §§ 10 Abs. 6, 19 Abs. 3, 46 Abs. 2 Satz 2, 52, 93 Abs. 2, 96 Abs. 5, 97 Abs. 4 und 115 Abs. 1 und 2 erteilten Ermächtigungen zum Erlass von Verordnungen sowie die §§ 34 Abs. 6, 92 Abs. 1 Satz 2 und § 132 Abs. 9 treten am Tage nach der Verkündung dieses Gesetzes in Kraft.**

**Allgemeines**

1 Die Vorschrift enthält die bei Gesetzen üblichen Regelungen und betrifft das Inkrafttreten des Schulgesetzes in seiner ursprünglichen Fassung. Das SchulG-ÄG 2006 hat den bisherigen Abs. 3 aufgehoben, nach dem die Vorschrift zum Beamtenstatus der Lehrkräfte (§ 57 Abs. 5 Satz 2) am 31.12.2007 außer Kraft treten sollte.

**Zu Absatz 1**

2 Die Neuregelung der Ersatzschulfinanzierung ist dadurch wegen des Haushaltsjahres etwas später in Kraft getreten als das übrige Schulgesetz.

**Zu Absatz 2**

3 Diese Klausel zum sofortigen Inkrafttreten hat insbesondere den rechtzeitigen Erlass der Rechtsverordnungen ermöglicht, die mit dem Gesetz am 01.08.2005 in Kraft getreten sind.

# Weitere Änderungen durch das 6. Schulrechtsänderungsgesetz (2011)

### vom 25.10.2011 (GV. NRW. S. 540)

### Artikel 2 Übergangsvorschriften

(1) Schulen, die an dem zum 1. August 2011 begonnenen Schulversuch „Längeres gemeinsames Lernen – Gemeinschaftsschule" teilnehmen, können bis zum Ablauf des Schuljahres 2019/2020 und danach auslaufend nach den Versuchsbedingungen arbeiten. Ab 1. August 2020 werden sie kraft dieses Gesetzes als Sekundarschule gemäß § 17a SchulG geführt, wenn sie nur die Sekundarstufe I umfassen, oder als Gesamtschule gemäß § 17 SchulG, wenn sie die Sekundarstufen I und II umfassen. Die gesetzliche Mindestgröße muss gewährleistet sein. Auf Antrag des Schulträgers ist die Überführung auch vorher möglich. Gemeinschaftsschulen, die die Sekundarstufen I und II umfassen, können Kooperationspartner gemäß § 17a Abs. 2 Satz 2 SchulG sein.

(2) *(gegenstandslos)*

(3) Die Arbeit der Schulen nach Absatz 1 und Absatz 2 wird wissenschaftlich begleitet und ausgewertet. Das Ministerium berichtet dem Landtag bis 31. Dezember 2016 über das Ergebnis der Arbeit der Schulen nach Absatz 1 und zum 31. Juli 2020 über das Ergebnis der Arbeit der Schulen nach Absatz 2.

(4) Die Schulträger sind berechtigt, bei Inkrafttreten dieses Gesetzes genehmigte organisatorische Zusammenschlüsse von Schulen nach Maßgabe des § 83 Abs. 1 bis 3 in der Fassung des Zweiten Gesetzes zur Änderung des Schulgesetzes vom 27. Juni 2006 (GV. NRW. S. 278) bis zum Ablauf des Schuljahres 2019/2020 und danach auslaufend fortzuführen. Ab 1. August 2020 werden sie kraft dieses Gesetzes als Sekundarschulen gemäß § 17a SchulG geführt. Die gesetzliche Mindestgröße muss stets gewährleistet sein. Auf Antrag des Schulträgers ist die Änderung auch vorher möglich.

(5) Die Genehmigung von Sekundarschulen gemäß § 17a SchulG bedarf bis zum Ablauf des Schuljahres 2015/2016 der Zustimmung des Ministeriums.

## Erläuterungen

### Allgemeines

Die Übergangsvorschriften enthalten weitere Verabredungen im Schulkonsens vom 19.07.2011. Sie sichern die begrenzte Weiterführung der als Schulversuch errichteten Gemeinschaftsschulen (Abs. 1) und ermöglichen einen neuen Schulversuch zur Verbindung einer Grundschule mit einer weiterführenden Schule (Abs. 2). **1**

### Zu Absatz 1

Dies ist die Übergangsregelung für die Gemeinschaftsschulen, die im Rahmen des Modellversuchs 2011 errichtet worden sind. Sie werden spätestens zum Schuljahr 2020/2021 je nach Ausbau und Größe gesetzlich als Sekundarschulen oder als Gesamtschulen weiter geführt. Vorherige Umwandlungen sind Änderungen der Schule gemäß § 81. **2**

### Zu Absatz 2

In Abs. 2 wurde der Schulversuch Primus geregelt. Abs. 2 wurde mit dem 10. Schulrechtsänderungsgesetz (2014) durch § 132 b SchulG ersetzt, siehe dort. **3**

**Zu Absatz 3**

**4**  Dies ist die bei Schulversuchen übliche wissenschaftliche Begleitung. Siehe auch § 25.

**Zu Absatz 4**

**5**  Dies ist die Übergangslösung für die auslaufenden Verbundschulen, die es nach Einführung der Sekundarschulen und Änderung des § 83 nicht mehr gibt.

**Zu Absatz 5**

**6**  Diese Sonderregelung ist wegen der politischen Bedeutung eine Abweichung von § 81 Abs. 3, wonach allein die Bezirksregierung als obere Schulaufsichtsbehörde zuständig ist.

**Artikel 3  Überprüfung**

**Die Landesregierung überprüft die Auswirkungen der Einführung der Sekundarschule und der neuen Regelungen zur Gemeindegrenzen überschreitenden Schulentwicklungsplanung gemäß § 80 und unterrichtet den Landtag bis zum 31. Dezember 2016 über das Ergebnis.**

Erläuterungen

Dies ist die übliche Evaluationspflicht der Landesregierung. Der hier genannte Bericht ist im Dezember 2016 dem Landtag zugegangen (LT-(Vorl. 16/4598).

Eine Zwischenbilanz zog der Bericht der Landesregierung vom 07.05.2014 (LT-Vorl. 16/1884).

Zur Problematik der – durch Bildung neuer Schulen oder mangels Nachfrage – auslaufenden Schulen siehe den Bericht der Landesregierung vom 10.06.2015 (LT-Vorl. 16/3000).

# Weitere Änderungen durch das 8. Schulrechtsänderungsgesetz (2012)

### vom 13.11.2012 (GV. NRW. S. 514)

**Artikel 2 Übergangsvorschriften**

(1) Abweichend von den Regelungen zur Fortführung von eigenständigen Grundschulen nach § 82 Absatz 2 und von Grundschulen als Teilstandorte nach § 83 Absatz 1 können die Regelungen nach § 82 Absatz 2 Sätze 1 und 2 und § 83 Absatz 1 des Schulgesetzes NRW vom 15. Februar 2005 (GV NRW S. 102), zuletzt geändert durch Artikel 2 des Gesetzes vom 14. Februar 2012 (GV. NRW. S. 97), übergangsweise bis zum Ende des Schuljahres 2017/2018 angewendet werden, sofern die Höchstgrenze für die zu bildenden Eingangsklassen an Grundschulen nach der Verordnung gemäß § 93 Absatz 2 Nummer 3 nicht überschritten wird.

(2) Die in § 83 Absatz 1 Satz 4 genannte Frist beginnt frühestens mit dem Inkrafttreten dieses Gesetzes.

(3) Die Landesregierung überprüft die Auswirkungen der Einführung einer kommunalen Klassenrichtzahl als Höchstgrenze für die zu bildenden Eingangsklassen an Grundschulen gemäß § 93 Absatz 2 Nummer 3 und unterrichtet den Landtag bis zum 31. Dezember 2018 über das Ergebnis.

## Erläuterungen

**Zu Absatz 1**

Zur Umsetzung der neuen Regelungen zur Fortführung von eigenständigen Grundschulen 1 und zur Bildung von Teilstandorten wird den Kommunen eine Übergangsfrist bis zum Schuljahr 2017/2018 gewährt. Bereits jetzt muss allerdings die Klassenrichtzahl eingehalten werden.

**Zu Absatz 2**

Dies ist eine Übergangsregelung für bereits bei Inkrafttreten des 8. Schulrechtsänderungsge- 2 setzes bestehende Grundschulverbünde.

**Zu Absatz 3**

Dadurch wird die Landesregierung zur Evaluierung der Auswirkungen der Einführung der 3 kommunalen Klassenrichtzahl verpflichtet.

# Weitere Änderungen durch das 9. Schulrechtsänderungsgesetz (2013)

### vom 05.11.2013 (GV. NRW. S. 618)

## Artikel 2 Übergangsvorschriften

(1) Die Regelungen in § 19 Absatz 5 Satz 3 des Schulgesetzes NRW finden nach Maßgabe dieses Gesetzes erstmals Anwendung

1. zum Schuljahr 2014/2015 für Schülerinnen und Schüler, bei denen erstmals ein Bedarf an sonderpädagogischer Unterstützung festgestellt wurde oder die in der Primarstufe sonderpädagogisch gefördert werden und in die Klasse 5 einer weiterführenden Schule oder die Eingangsklasse einer gymnasialen Oberstufe wechseln wollen; zum Schuljahr 2015/2016 und zu den darauf folgenden Schuljahren gelten diese Bestimmungen auch für Schülerinnen und Schüler der jeweils nächsthöheren Klasse,

2. zum Schuljahr 2016/2017 für Schülerinnen und Schüler der Eingangsklasse eines Berufskollegs; zum Schuljahr 2017/2018 und den darauf folgenden Schuljahren gilt dies auch für die Schülerinnen und Schüler der jeweils nächsthöheren Klasse.

(2) Der Schulversuch „Ausbau von Förderschulen zu Kompetenzzentren für sonderpädagogische Förderung gemäß § 20 Absatz 5 Schulgesetz NRW" endet mit Ablauf des Schuljahres 2013/2014. Die daran beteiligten Förderschulen werden als Förderschulen fortgeführt.

(3) Integrative Lerngruppen gemäß § 20 Absatz 8 des Schulgesetzes NRW vom 15. Februar 2005 (GV. NRW. S. 102), zuletzt geändert durch Artikel 1 des Gesetzes vom 13. November 2012 (GV. NRW. S. 514), können letztmalig zum Schuljahr 2013/2014 gebildet werden. Danach können sie auslaufend fortgeführt werden.

## Artikel 3  *(betrifft Änderung des Landesbesoldungsgesetzes)*

## Artikel 4 Inkrafttreten, Berichtspflicht

### § 1

Dieses Gesetz tritt am 1. August 2014 in Kraft; Artikel 2 bleibt hiervon unberührt. Die Umsetzung der VN-Behindertenrechtskonvention vom 13. Dezember 2006 durch Artikel 1 und 2 wird wissenschaftlich begleitet und ausgewertet.

### Erläuterungen

#### Zu § 1

1 Die Regelung besagt, dass das Änderungsgesetz zur Umsetzung der Inklusion erst zum Schuljahr 2014/2015 in Kraft tritt. Art. 2 ist aber schon 14 Tage nach der Verkündung (15.11.2013) in Kraft getreten (Art. 71 Abs. 3 LVerf NRW).

### § 2

Das für Schule zuständige Ministerium berichtet namens der Landesregierung dem Landtag darüber bis zum 31. Dezember 2018. Der Bericht erstreckt sich auch auf die Veränderung des regionalen Schulangebots (allgemeine Schulen als Orte der sonderpädagogischen Förderung, Schwerpunktschulen, Förderschulen), die Inanspruchnahme der Öffnungsklausel gemäß § 132 Absätze 1 bis 3 Schulgesetz NRW und auf die Ausnahmeentscheidungen gemäß § 20 Absätze 4 und 5 Schulgesetz NRW. Die Kommunalen Spitzenverbände sind an der Erstellung des Berichts zu beteiligen.

## Zu § 2

Es handelt sich um die übliche Evaluationsklausel.  **1**

### § 3

(1) Das für Schule zuständige Ministerium ermittelt im Rahmen einer gesonderten, unter Beteiligung der Kommunalen Spitzenverbände zu erstellenden Untersuchung, ob und gegebenenfalls welche finanziellen Auswirkungen für die Kommunen im Rahmen ihrer Aufgaben im Zusammenhang mit der Veränderung des regionalen Schulangebots durch dieses Gesetz entstehen.

(2) Die Landesregierung wird ermächtigt, durch Rechtsverordnung im Einvernehmen mit dem Landtag bei Vorliegen der Voraussetzungen der §§ 1, 2 KonnexAG NRW auf der Grundlage der in der Untersuchung ermittelten Kosten durch eine Kostenausgleichsregelung den Ersatz der

a) durch Übertragung neuer Aufgaben oder
b) durch Veränderung bestehender Aufgaben

für den kommunalen Aufgabenträger entstehenden notwendigen durchschnittlichen Aufwendungen in pauschalierter Form zu regeln. Eine entsprechende Kostenausgleichsregelung kann unter den gleichen Voraussetzungen auch durch Gesetz erfolgen.

(3) Eine solche unter Berücksichtigung der Untersuchung nach Absatz 1 zu erstellende Kostenausgleichregelung hat rückwirkend auf die entstandenen durchschnittlichen Kosten eines bestimmten Zeitraumes, der nicht mehr als drei Jahre nach Inkrafttreten dieses Gesetzes umfassen darf, abzustellen. Zur Ermittlung der Kosten kann auf Durchschnittsbetrachtungen repräsentativer Kommunen abgestellt werden, wenn die Auswahl der Kommunen im Einvernehmen mit den Kommunalen Spitzenverbänden in Nordrhein-Westfalen erfolgt; ebenso kann die Erhebung und Ermittlung der Kosten durch einen geeigneten sachkundigen Dritten erfolgen, wenn die Auswahl des Dritten nach Anhörung mit den Kommunalen Spitzenverbänden in Nordrhein-Westfalen erfolgt. In die Rechtsverordnung sind auch der Verteilschlüssel und Regelungen zum Verfahren der Kostenermittlung aufzunehmen.

## Zu § 3

Die erst in der zweiten Lesung durch den Landtag eingefügte Regelung dient dazu, den Streit  **1** zwischen dem Land und den Kommunen über die sogenannte Konnexitätspflichtigkeit des Gesetzes ohne Gerichtsverfahren beizulegen.

Nach dem im Einvernehmen mit den KSV erstellten Gutachten von *Klemm* und *Schwarz* (www. Schule-nrw.de) ist das Gesetz zur Förderung kommunaler Auwendungen für die schulische Inklusion vom 09.07.2014/08.07.2016 erlassen worden (Inklusionsaufwendungsgesetz – BASS 11-02 Nr. 28; SchR 2.4/151). Die Hoffnung, damit ein gerichtliches Verfahren vermeiden zu können, hat sich nicht erfüllt. 52 Gemeinden haben gegen diese Passage des 9. Schulrechtsänderungsgesetzes, nicht aber gegen das Inklusionsaufwendungsgesetz Verfassungsbeschwerde beim VerfGH NRW erhoben. Der Verfassungsgerichtshof hat diese Beschwerde durch Urteil vom 10.01.2017 als unzulässig verworfen. Man hätte das Inklusionsaufwendungsgesetz angreifen müssen (VerfGH 8/15).

# Hinweis zum 10. Schulrechtsänderungsgesetz (2014)

### vom 10.04.2014 (GV. NRW. S. 268)

Die Änderungen zum Berufskolleg (§ 22) auf Grund des 10. Schulrechtsänderungsgesetzes treten nach dessen Art. 2 am 1. August 2015 in Kraft. An Berufskollegs eingerichtete Bildungsgänge, die nach diesem Gesetz nicht mehr vorgesehen sind, können auslaufend fortgeführt werden. Die Neuaufnahme von Schülerinnen und Schülern ab 1. August 2015 ist nicht zugelassen.

# Hinweis zum 12. Schulrechtsänderungsgesetz (2015)

### vom 25.06.2015 (GV. NRW. S. 499)

Art. 2 des Gesetzes bestimmt:

(1) Dieses Gesetz tritt vorbehaltlich des Satzes 2 am 1. August 2015 in Kraft. Artikel 1 Nummer 2, 10 und 11 tritt am Tag nach der Verkündung in Kraft.

(2) Artikel 1 Nummer 12 ist erst für Verfahren zur Bestellung der Schulleiterin oder des Schulleiters anzuwenden, die nach dem 1. Januar 2016 eingeleitet werden.

## Erläuterungen

**Zu Abs. 1**

Die genannten Nummern betreffen die Änderungen der §§ 2, 57 und 58 zur Umsetzung des zweiten Kopftuchbeschlusses des Bundesverfassungsrichts.

**Zu Abs. 2**

Regelt das In-Kraft-Treten von § 61 SchulG.

# Stichwortverzeichnis

Die Ziffern beziehen sich auf die Einführung (E) und im Kommentarteil auf die Paragrafen (**fett**) und Randnummern (mager).